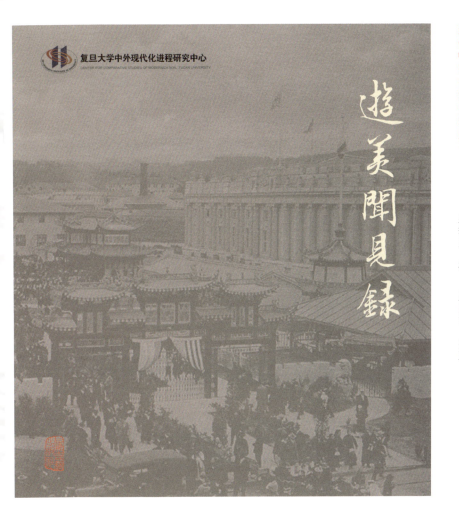

复旦大学中外现代化进程研究中心
CENTER FOR COMPARATIVE STUDIES OF MODERNIZATION, FUDAN UNIVERSITY

近代中外交涉史料丛刊

遊美聞見錄

裘毓麐 撰

裘陈江 整理

近代中外交涉史料丛刊
第二辑

复旦大学中外现代化进程研究中心 主编

编委会成员（以姓氏拼音排序）

裘毓麐像

1915 年巴拿马万国博览会明信片

（右上角盖有"裘毓麟赠"章）

遊美聞見錄

慈谿裘毓麐著

余纂美數載久思爲遊見聞所及以示國人顧在美貼凡公務所屬不克專心記者有有待者文字布近清晉籍我友癖尼之作癖旁有歷失羅然古人入識之遂其國救意感其國救意感致一般識者之興遠甚欺奇懸之文由之泳不能盡宏實者致面引起一般識者之興遠甚奇懸之文由之泳不能盡宏實者致面引起一般識者之興遠甚奇之作識取任公所而近教本毎編扁輯分勿以文章之麗格穗之然余已得貧及之忠告矣余謂吾國人群隙暇中游錄雜文及以評校啟風俗之述他學究之眼光則必先去其一二例倒二顥一將舉究之眼光得其要則之眼光其各途其見聞所及以評校啟風俗之甚至西國政治學術之可捺者亦必以在國舊諸教育風俗無不善亦不當侫於若漢之稱讚也西國立法行致路大鶴周官言意邃邊理化工礦謠學訓同課讓予之除近年者之新臀能喚起我國官之官吏之注且必盡意近年者之多至近月發表謠失一般讚書故乎以近月發表謠失一般讚書故乎國吉時已有此長製造傳物失自覺識後宗願聞以所及者言之當不下百數十種而我國學生

在今日此輪似是而非之議論何不足以眩瞽，時邇俗之耳目而博中西者度負之名矣今日精育良莠稍之官無不後轍久笑失此此調學究之名矣今日精見界知識尚有取十年前坊間刊行之迷失西則謂學上輒嘆尋問多聞學究之辭也評論西國之我相在國上輩尋問多聞學究之評論西國之我相往一旅再就事界矣而西人無論何論西國之相拾取必領國之語國人不善失此而論不求甚拾取必領國之語國人不善失故面藏奧敘風俗而論者結化之必礙遐之奧遐虽其后化之必礙遐之奧遐其后者古籍面略及國之化宿復見若在國自目我者竟其自今尚無綴此之斯復見若在國是并稍劣之辨別乃率洋若者故劣于洋誌之斯不是而藏不羞能不等定優劣直日洋洋遠遜乃不是而藏不羞能不等之能力及目欲爲何誤焉蓋符以此亦非以逃述而評判者皆前定優劣之辨別以妄望尚而其術具有深保育子學生牢問而又編舉焉毎一自西洋鬥來便喘火急假學儀似乃得諭而復介智慧智之庶幾智之庶可假蒸汽輪火假學似乎無以讀諭而復介此稱頌其具有大域義顧彼初等之懵懵育錄所及者言之當不下百數十種而我國學生以供瀏覽起見而成日學生

裘毓麐《游美闻见录》

（《中国实业杂志》1917 年第 8 卷第 1 期）

中華實業界

民國四年九月

巴拿馬賽會中國絲綢茶磁介紹書

裴毓麟稿

中國地大物博開化最早其著名特產足以雄駕全球者不可縷述通商以還絲茶綢緞磁器數項尤為外人所稱羨就歷年海關貿易表觀之實為吾國輸出之大宗亦吾國國際貿易之命脈也巴拿馬河成賽會為近世紀唯一萬國博覽大會而於中美國際貿易關係尤重籌備事務局開辦伊始創疊次行文各省於絲綢緞陶器最應注意勸導商人微集精品改良製作研究裝潢藉以表揚國貨之光榮擴張海外之銷路故此次各省出品亦以絲茶綢緞磁器數項為最多而且最精故查結果經多數名人之評隲皆得選屜大獎於此足見吾國名產精品實當世人所同實且為國際貿易最良之商品吾國若欲振興與實業擴張海外商業則非加意研究左列數項物品不可蓋特述絲茶綢緞磁器之歷史

裴毓麐《巴拿馬賽會中國絲綢茶磁介紹書》
（《中華實業界》1915 年第 2 卷第 9 期）

匡廬筆記（一）

裘毓麐著

今日舉國最痛恨者無如日本人其朝野上下日以併吞中國為事是最可畏者亦莫如日本人然恨之畏之而不籌抵抗之策此世界最無恥之懦夫也語曰知己知彼百戰百勝日人對於我國之偵伺攷察五十年來如水銀瀉地無孔不入（自甲午中日戰爭前十年起）我國人則漠不關心至今仍茫然莫顧在今日而語抵抗之策則以熟知國勢民情為最要余生平對於日本情形最為隔膜民國三年秋赴美時曾在神戶西京橫濱東京等處遊玩五日彼時年稚識淺毫無所得自無可述惟有數事頗感於余心亦可以覘日人之國性也。

清季宣統三年間余肄業京師大學本科（後改名北京大學）一日偶至東安市場散步見地攤上賣舊貨者堆置譯學館奧地講義百數十冊余未入分科前曾肄業於譯學館一見此書心中卽彌覺驚異問其價則每冊僅銅元四枚。（全部共四冊以洋白

裘毓麐《匡庐笔记》

（《青鹤》1933 年第 1 卷第 17 期）

总 序

梁启超在20世纪初年撰《中国史叙论》，将乾隆末年至其所处之时划为近世史，以别于上世史和中世史。此文虽以"中国史叙论"为题，但当日国人对于"史"的理解本来就具有一定的"经世"意味，故不能单纯以现代学科分类下的史学涵盖之。况且，既然时代下延到该文写作当下，则对近世史的描述恐怕也兼具"史论"和"时论"双重意义。任公笔下的近世史，虽然前后不过百来年时间，但却因内外变动甚剧，而不得不专门区分为一个时代。在梁启超看来近世之中国成为了"世界之中国"，而不仅仅局限于中国、亚洲的范围，其原因乃在于这一时代是"中国民族连同全亚洲民族，与西方人交涉竞争之时代"。不过，就当日的情形而论，中国尚处于需要"保国"的困境之中，遑论与列强相争；而面对一盘散沙、逐渐沦胥的亚洲诸国，联合亦无从说起，所谓"连同"与"竞争"大抵只能算作"将来史"的一种愿景而已。由此不难看出，中国之进入近世，重中之重实为"交涉"二字。

"交涉"一词，古已有之，主要为两造之间产生关系之用语，用以表示牵涉、相关、联系等，继而渐有交往协商的意思。清代以前的文献记载中，鲜有以"交涉"表述两个群体之间的关系者。有清一代，形成多民族一统的大帝国，对境内不同族群、宗教和地域的治理模式更加多元。当不同治理模式下的族群产生纠纷乃至案件,或者有需要沟通处理之事宜时,公文中便会使用"交涉"字眼。比如"旗民交涉"乃是沟通满人与汉人,"蒙民交涉"或"蒙古民人交涉"乃是沟通蒙古八旗与汉人,甚至在不同省份或衙门之间协调办理相关事务时,也使用了这一词汇。乾隆中叶以降,"交涉"一词已经开始出现新的涵义,即国与国之间的协商。这样的旧瓶新酒,或许是清廷"理藩"思维的推衍与惯性使然,不过若抛开朝贡宗藩的理念,其实质与今日国际关系范畴中的外交谈判并无二致。当日与中国产生"交涉"的主要是陆上的邻国,包括此后被认为属于"西方"的沙俄,封贡而在治外的朝鲜与服叛不定的缅甸等国。从时间上来看,"交涉"涵义的外交化与《中国史叙论》中的"乾隆末年"基本相合——只是梁启超定"近世史"开端时,心中所念想必是马嘎尔尼使华事件,不过两者默契或可引人深思。

道光年间的鸦片战争,深深改变了中外格局,战后出现的通商口岸和条约体制,致使华洋杂处、中外相联之势不可逆转。故而道咸之际,与"外夷"及"夷人"的交涉开始增多。尤其在沿海的广东一地,因涉及入城问题等,"民夷交涉"蔚然成为一类事件,须由皇帝亲自过问,要求地方官根据勿失民心的原则办理。在《天津条约》规定不准使用"夷"字称呼外人之前一年,上谕中也已出现"中国与外国交涉事件"之谓,则近百年间,"交涉"之对象,由"外藩"而"外夷",再到"外国",其中变化自不难体悟。当然,时人的感触与后见之明毕竟不同,若说"道光洋艘征抚"带来的不过是"万年和约"心态,导致京城沦陷的"庚申之变"则带来更大的震慑与变化。列强获得直接在北京驻使的权力,负责与之对接的总理衙门成立,中外国家外交与地方洋务交涉进入常态化阶段。这是当日朝廷和官员施政新增的重要内容。因为不仅数量上"中外交涉事件甚多","各国交涉事件甚繁",而且一旦处置不当,将造成"枝节丛生,不可收拾"的局面,所以不得不"倍加慎重",且因"办理中外交涉事件,关系重大",不能"稍有漏泄",消息传递须"格外严密"。如此种种,可见从同治年间开始,"中外交涉"之称逐渐流行且常见,"中外交涉"之事亦成为清廷为政之一大重心。

在传统中国,政、学之间联系紧密,既新增"交涉"之政,则必有"交涉"之学兴。早在同治元年,冯桂芬即在为李鸿章草拟的疏奏中称,上海、广州两口岸"中外交涉事件"尤其繁多,故而可仿同文馆之例建立学堂,往后再遇交涉则可得此人才之力,于是便有广方言馆的建立。自办学堂之外,还需出国留学,马建忠在光绪初年前往法国学习,所学者却非船炮制造,而是"政治交涉之学"。他曾专门写信回国,概述其学业,即"交涉之道",以便转寄总理衙门备考。其书信所述主要内容,以今天的学科划分来看大概属于简明的国际关系史,则不能不旁涉世界历史、各国政治以及万国公法。故而西来的"交涉之学"一入中文世界,则与史学、政教及公法学牵连缠绕,不可区分。同时,马建忠表示"办交涉者"已经不是往昔与一二重臣打交道即可,而必须洞察政治气候、国民喜好、流行风尚以及矿产地利、发明创造与工商业状况,如此则交涉一道似无所不包,涵纳了当日语境下西学西情几乎所有内容。

甲午一战后,朝野由挫败带来的反思,汇成一场轰轰烈烈的变法运动,西学西政潮水般涌入读书人的视野。其中所包含的交涉之学也从总署星使、疆臣关道处的职责攸关,下移为普通士子们学习议论的内容。马关条约次年,署理两江的张之洞即提出在南京设立储才学堂,学堂专业分为交涉、农政、工艺、商务四大类,其中交涉类下又有律例、赋税、舆图、翻书(译书)之课程。在张之洞的设计之中,交涉之学专为一大类,其所涵之广远远超过单纯的外交领域。戊戌年,甚至有人提议,在各省通商口岸无论城乡各处,应一律建立专门的"交涉学堂"。入学后,学生所习之书为公法、约章和各国法律,接受交涉学的基础教育,学成后再进入省会学堂进修,以期能在相关领域有所展布。

甲午、戊戌之间,内地省份湖南成为维新变法运动的一个中心,实因官员与士绅的协力。盐法道黄遵宪曾经两次随使出洋,他主持制定了《改定课吏馆章程》,为这一负责教育候补官员和监督实缺署理官员自学的机构,设置了六门课程:学校、农工、工程、刑名、缉捕、交涉。交涉一类包括通商、游历、传教一切保护之法。虽然黄遵宪自己表示"明交涉"的主要用意在防止引发地方外交争端,避免巨额赔款,但从课程的设置上来看包含了商务等端,实际上也说明即便是内陆,交涉也被认为是地方急务。新设立的时务学堂由梁启超等人制定章程,课程中有公法一门,此处显然有立《春秋》为万世公法之意。公法门下包括交涉一类,所列书目不仅有《各国交涉公法论》,还有《左氏春秋》等,欲将中西交涉学、术汇通的意图甚为明显。与康梁的经学理念略有不同,唐才常认为没必要因尊《公羊》而以《左传》为刘歆伪作,可将两书分别视为交涉门类中的"公法家言"和"条例约章",形同纲目。他专门撰写了《交涉甄微》一文,一则"以公法通《春秋》",此与康梁的汇通努力一致;另外则是大力鼓吹交涉为当今必须深谙之道,否则国、民利权将丧失殆尽。在唐才常等人创办的《湘学报》上,共分六个栏目,"交涉之学"即其一,乃为"述陈一切律例、公法、条约、章程,与夫使臣应付之道若何,间附译学,以明交涉之要"。

中国传统学问依托于书籍,近代以来西学的传入亦延续了这一方式,西学书目往往又是新学门径之书。在以新学或东西学为名的书目中,都有"交涉"的一席之地。比如《增版东西学书录》和《译书经眼录》,都设"交涉"门类。两书相似之处在于将"交涉"分为了广义和狭义两个概念,广义者为此一门类总名,其下皆以"首公法、次交涉、次案牍"的顺序展开,由总体而个例,首先是国际法相关内容,其次即狭义交涉,则为两国交往的一些规则惯例,再次是一些具体个案。

除"中外交涉"事宜和"交涉之学"外,还有一个表述值得注意,即关于时间的"中外交涉以来"。这一表述从字面意思上看相对较为模糊,究竟是哪个时间点以来,无人有非常明确的定义。曾国藩曾在处理天津教案时上奏称"中外交涉以来二十余年",这是以道光末年计。中法战争时,龙湛霖也提及"中外交涉以来二十余年",又大概是指自总理衙门成立始。薛福成曾以叶名琛被掳为"中外交涉以来一大案",时间上便早于第二次鸦片战争。世纪之交的1899年,《申报》上曾有文章开篇即言"中外交涉以来五十余年",则又与曾国藩所述比较接近。以上还是有一定年份指示的,其他但言"中外交涉以来"者更不计其数。不过尽管字面上比较模糊,但这恰恰可能说明"中外交涉以来"作为一个巨变或者引出议论的时间点,大约是时人共同的认识。即道咸年间,两次鸦片战争及其后的条约框架,使得中国进入了一个不得不面对"中外交涉"的时代。

"交涉"既然作为一个时代的特征,且历史上"中外交涉"事务和"交涉"学又如上所述涵纳甚广,则可以想见其留下的相关资料亦并不在少数。对相关资料进行编撰和整理的工作,其实自同治年间即以"筹办夷务"的名义开始。当然《筹办夷务始末》的主要编撰意图在于整理陈案,对下一步外交活动有所借鉴。进入民国后,王彦威父子所编的《清季外交史料》则以"史料"为题名,不再完全立足于"经世"。此外,出使游记、外交案牍等内容,虽未必独立名目,也在各种丛书类书中出现。近数十年来,以《清代外务部中外关系档案史料丛编》、《民国时期外交史料汇编》、《走向世界丛书》(正续编)以及台湾近史所编《教务教案档》、《四国新档》等大量相关主题影印或整理的丛书面世,极大丰富了人们对近代中外交涉历史的了解。不过,需要认识到的是,限于体裁、内容等因,往往有遗珠之憾,很多重要的稿钞、刻印本,仍深藏于各地档案馆、图书馆乃至民间,且有不少大部头影印丛书又让人无处寻觅或望而生畏,继续推进近代中外交涉相关资料的整理、研究工作实在是有必要的,这也是《近代中外交涉史料丛刊》的意义所在。

这套《丛刊》的动议,是在六七年前,由我们一些相关领域的年轻学者发起的,经过对资料的爬梳,拟定了一份大体计划和目录。复旦大学中外现代化进程研究中心的章清教授非常支持和鼓励此事,并决定由中心牵头、出资,来完成这一计划。以此为契机,2016年在复旦大学召开了"近代中国的旅行写作、空间生产与知识转型"学术研讨会,2017年在四川师范大学举办了"绝域轺轩:近代中外交涉与交流"学术研讨会,进一步讨论了相关问题。上海古籍出版社将《丛刊》纳入出版计划,胡文波、乔颖丛、吕瑞锋等编辑同仁为此做了大量的工作。2020年7月,《近代中外交涉史料丛刊》第一辑十种顺利刊行,荣获第二十三届华东地区古籍优秀图书一等奖。《丛刊》发起参与的整理者多为国内外活跃在研究第一线的高校青年学者,大家都认为应该本着整理一本,深入研究一本的态度,在工作特色上表现为整理与研究相结合,每一种资料均附有问题意识明确、论述严谨的研究性导言,这也成为《丛刊》的一大特色。

　　2021 年 11 月、2024 年 6 月,由复旦大学中外现代化进程研究中心与复旦大学历史学系联合举办的"钩沉与拓展:近代中外交涉史料丛刊"学术工作坊、"出使专对:近代中外关系与交涉文书"学术工作坊相继召开,在拓展和推进近代中外关系史研究议题的同时,也进一步扩大充实了《丛刊》整体团队,有力推动了后续各辑的筹备工作。《丛刊》计划以十种左右为一辑,陆续推出,我们相信这将是一个长期而有意义的历程。

　　这一工作也是国家社科基金重大项目《晚清外交文书研究》(23&ZD247)、教育部人文社科重点基地重大项目《全球性与本土性的互动:近代中国与世界》(22JJD770024) 的阶段性成果。

整理凡例

　　一、本《丛刊》将稿、钞、刻、印各本整理为简体横排印本，以方便阅读。

　　二、将繁体字改为规范汉字，除人名或其他需要保留之专有名词外，异体、避讳等字径改为通行字。

　　三、原则上保持文字原貌，尽量不作更改，对明显讹误加以修改，以〔　〕表示增字，以（　）表示改字，以□表示阙字及不能辨认之字。

　　四、本《丛刊》整理按照国家标准标点符号用法，进行标点。

　　五、本《丛刊》收书类型丰富，种类差异较大，如有特殊情况，由该书整理者在前言中加以说明。

目　录

前　言

裘毓麐，亦作毓麟，字匡庐，浙江宁波慈溪人。大约生于1890年，[①]清末入译学馆，为乙级学生，宣统元年(1909)夏季毕业，[②]后升入京师分科大学(原京师大学堂，民国后为北京大学)，于1913年毕业，专业为法科政治门。[③] 裘氏所在的这一级毕业生，是中国政治学史上具有真正意义的首批政治学本科毕业生，[④]在中国近代政治学教育史上占有崇高地位。

裘毓麐毕业不久，于1915年在中华书局出版了一本清代史料笔记《清代轶闻》。后来萧一山《近代史书史料及其批评》一文曾经列举多种清代笔记，称颇值得史家加以取材，其中便有这部《清代轶闻》，只是遗憾其与徐珂之《清稗类钞》，小横香室主人之《清朝野史大观》，王瀛洲、葛虚存之《清代名人轶事》，沃丘仲子之《近代名人小传》，胡怀琛之《清谭》等，均不注出处。[⑤] 而关于该书内

---

① 1910年2月4日《申报》所载《学部奏译学馆乙级学生毕业请奖折》中，称裘毓麐当时"年二十一岁，浙江附生，毕业平均分数六十九分三厘八毫"，因此可推断其生年为1890年左右。

② 张心澂：《译学馆回忆录》，全国政协文史资料委员会编：《文史资料选辑》总第140辑，北京：中国文史出版社，2000年，第189页。

③ 《学事一束·北京大学商法科毕业》，《教育杂志》1913年第5卷第3号。

④ 刘杰：《政、学互动中的近代中国政治学教育》，《中国行政管理》2013年第7期。

⑤ 萧一山：《近代史书史料及其批评》，《志林》1942年第3期。

容,袠氏自撰凡例称,对于清代名臣名将、文豪闺秀、侠士畸人、遗逸高僧、宫闱秘史、里巷遗传等逸事异闻,皆力为采求,为的是矫正旧日历史枯淡平衍、晦涩庸腐的弊病。其编撰此书时,所参考的书目不下数百种,于有清一代之名著杂记,旁搜博采。就入选人物事迹的标准来说,袠氏务求入选者"其人其事,影响及于一般社会者,皆穷其源委,详其生平,务使沿革相贯,事实昭著",以冀读者能凭借此书"钩稽已往之陈迹,即可知近日国势民俗之原由"。① 该书有友人所题序言六则,其中多为袠氏同学同邑人物。集合众人序言所提供的信息可知,至少到此书撰成出版的 1915 年,袠毓麐为人称道的是长于英文,对于西方新制度、新学说,皆能窥其奥窔。其平时以研究西书西学著称于同学之中,但《清代轶闻》一出,友人纷纷惊骇于其学问之博,对于国史之熟悉。如徐翱认为袠氏著述乃是"慨时代之递嬗,而舆论之失真也,憬然思有以正之"。所编此书"固非从王官所录也,然抉择精而是非正,则言之有物不悖于古,其或亦知人论世者所不废"。② 而为袠书作序的同学中,最为出名的应是定海陈汉章。陈氏乃近代文史名家,后担任北京大学哲学教授。其在序中也赞道:"同学友人袠君匡庐……博览诸家,露钞雪纂,别裁成书,视余读之,述一事颠末,必详传一人,情性毕露,夹叙夹议,可泣可歌,绝无人间小书之失,奚翅为有清史料而已。"③不过可惜的是,《清代轶闻》对于袠毓麐的生平极少介绍,仅可从这些序言中得知其字为匡庐。另外,所有序言中除了提到其平时以西学见长之外,还提及当时袠氏正好有留学美洲之行,可见

① 袠毓麐:《清代轶闻》,北京:中华书局,1915 年,凡例第 1 页。
② 袠毓麐:《清代轶闻》,序第 4 页。
③ 袠毓麐:《清代轶闻》,序第 3 页。

其人于中西文化均有一定的造诣,绝非一般闭塞守旧之徒。

　　裘毓麐在北京大学毕业后,便计划赴美国留学。1914 年 12 月,正式赴美入加利福尼亚大学学习政治经济学,1916 年学成回国。[1] 期间的 1915 年 2 月 22 日至 12 月 4 日,加州旧金山举办了为期十个月的巴拿马万国博览会,以纪念巴拿马运河开凿成功。裘毓麐正是当时的参与者和见证者之一,其正式职务为中国驻美赛会监督处出品股股员兼农业馆主管。[2] 故在美期间留下的文字记录《游美闻见录》,回国后不久翻译发表的诸多介绍当时世界各国经济和科技发展状态的译文,均是留美的成果。不过在此之后,裘氏几乎很少再有著述发表,最后要到 1930 年代,偶有几篇笔记文章见诸报刊,且思想发生了很大的转向。因此,将裘氏当时连载于报刊上的《游美闻见录》(先后在《时报》《益世报》《大公报》《中华实业杂志》等刊物上刊登,以《时报》版为最全)和相关译文等加以汇编整理,可以作为研究近代博览会、留美学生群体和民初中外经济、科技交流等领域的重要史料。而其后期的思想转向,幸有钱基博、唐文治等人的评论文章可作参证,这些后期文献也可作为考察清末民初新派人物思想转折的有趣个案。

　　因此,将上述文献加以汇集,统一编纂在《游美闻见录》的名下,主要又可从以下几个方面加以专门介绍。首先,其中很大部分内容是裘毓麐作为巴拿马万国博览会亲历者的见闻。裘毓麐是中国驻巴拿马万国博览会的赛会监督处出品股股员兼农业馆主管,

---

[1]　钱基博:《十年来之国学商兑》,《光华大学半月刊》1935 年第 3 卷第 9、10 期合刊。该文称裘毓麐是民国二年(1913)赴美,实际上裘氏是随中国赴美参加巴拿马万国博览会的人员一同出洋,时间是在 1914 年 12 月 6 日。参见《赴美赛会出发纪要》,《神州日报》1914 年 12 月 9 日(《时事新报》同日也有相同报道)。

[2]　陈渔光等主编:《陈琪文集》,南京:江苏文艺出版社,2012 年,第 208 页。

而他同时又是加州大学的留学生，其中到底是何关系，由于证据的不足，笔者只能大体做以下的推断。有记载称，裘氏清末在译学馆毕业后，应是分发到农工商部工作，①后入北京大学商法科，于1913年毕业。因此，此次赴美虽然进入了民国，但很可能他一直在农工商部工作，而其所学以及此次留学专业均为政治经济学，故而能同时兼顾博览会的宣传策划等事务。1914年12月6日，裘氏随同中国赴美参加巴拿马万国博览会的人员一起出洋，当时的报纸详细报道了出发的情形："巴拿马赛会赴美人员已于六号午后四时，在四马路外滩乘小轮至吴淞口外乘蒙古利亚号船前往。是日江干送行者，中西人士五六百人，颇极一时之盛。兹将出洋人物探列于后：监督陈琪及其夫人毛女士，委员欧阳祺及其夫人，沈延祚及其夫人，部派委员陈承修、章祖纯、周清任及其夫人、李宣谏，本处事务员周椒青、陈夔、桂一仙、裘毓麟、夏夔球、斐士、何世准，助理员于垕基，女助理员华英德。各省代表除直隶、浙江、山东已于十一月六号赴美外，是日同行者，湖南、湖北杨卓茂、葛敬猷，江西周泰瀛，广东冯耀卿、褚泽生，四川王国辅，江苏王树榛、吴竞诸人。此次赛品计去四百余箱，尚有一千六百余箱，监督特留事务员林廷藻、吴联魁、曾毓芳三员押运，并派刘、洪、周三员清理未了手续机关取消，其余所遗物件，统由万邦、赵锡珣二员运京，缴农商部点收。闻万、赵二君系奉农商部批准，以办事员任用，二君将于本月十五号前，押运晋京，听候差委，至边省如云贵等省物品，虽已交齐，尚待护照，业由陈监督咨商沪海道尹颁发，闻贵州薛委员、云南

---

① 张心澂：《译学馆回忆录》，全国政协文史资料委员会编：《文史资料选辑》总第140辑，第189页。

郑委员将于日内返省销差矣。"①由此报道可知,此次赴美也是中华民国农工商部主导,因此裘氏如一直呆在商部,则显得颇合情理。

裘氏在《游美闻见录》中称:"余赴美后,在巴拿玛会场历十五月之久,巴拿玛大博览会,实为二十世纪初唯一之大博览,规模之宏大,历次赛会咸弗及。……赴会者共三十余国,所以萃五洲之精英,罗万国之工巧,广搜慎择,聚于一堂,凡莅会场观览者,得于最短时间遍览世界新奇之物品,借以觇各国文化工业之消长,以收比较观摩之效,其关系于学术实业者,决非鲜浅。"加上"会场事实历史,各国咸编专书,以纪其事,美国赛会总局总理,至集绩学之士百数十人,自去年起,分门编纂,于今秋八月始出版,分订二巨册,定价每部合华币三十元,各国杂志所载尤详,而吾国杂志中关于会场记载无一详备精确之作,以视各国,殊有愧色矣。余在会场虽久,所纪殊尠,惟撮述建筑出品大要,杂见于《大中华》及《中华实业界》而已,今特述会场最新奇之点一二,以补前日纪载之阙,当尤为阅报诸君所乐闻焉"。② 因此其在《游美闻见录》中所记与在几种杂志所载文献合看,则可以基本体现他对于此次博览会的介绍之功。由于完全是身处当地,且未来持续在该地求学,故《闻见录》从到达旧金山开始介绍,记录了当时当地的风土人情,华侨的历史与现状,巴拿马博览会的会场布置、中国参会情况、游览攻略以及参观见闻,均可谓是第一手的现场实录。除此之外,如裘氏自道其意在"撮述建筑出品大要""会场最新奇之点",而又利用了各国所

---

① 《赴美赛会出发纪要》,《神州日报》1914年12月9日。
② 裘毓麐:《游美闻见录》,《时报》1916年11月16日。

编"专书""杂志",故除了在 1915—1916 年的《大中华》《中华实业界》等杂志直接介绍博览会外,在归国后的 1919—1921 年,于《江苏实业月志》上发表了 50 余篇介绍各国经济、科技的译文,应是当年介绍博览会盛况的延续,其翻译报道的密度和广度可谓少见。

在这些译文中,经济方面除了综论有关进出口贸易的《输入或输出超过之真诠》等文外,连续介绍了英国、美国、日本、瑞士、荷兰、墨西哥、坎拿大(加拿大)、澳洲、俄国等国当时的经济发展情况及各自问题。在科技方面,主要介绍了工业革命时期众多发明家和巨商的生平与成功之道,人物主要集中于英、美两国,如《纺织机发明家阿克卢德小传》(即理查德·阿克莱特,Richard Arkwright,1732—1792),《世界著名书贾麦克密伦传》(即麦克米伦出版公司的创立者丹尼尔·麦克米伦,Daniel Macmillan,1813—1857),《航业家喀拿特传》(即冠达邮轮的创立者萨缪尔·康纳德,Samuel Cunard,1787—1865),《世界著名造船家赉德小传》(即凯莫尔·莱尔德造船公司的创立者之一威廉·莱尔德,William Laird,1780—1841),《英国电学专家葛尔文传》(即威廉·汤姆森,第一代开尔文男爵,William Thomson,1824—1907),《英国毛织业专家束尔德传》(即提图斯·索尔特,Titus Salt,1803—1876),《纺织机发明家克朗伯敦传》(即塞缪尔·克朗普顿,Samuel Crompton,1753—1827),《英国羊毛巨商霍尔敦传》(即艾萨克·霍尔顿,Isaac Holden,1807—1897),《发明家瓦特传》(即詹姆斯·瓦特,James Watt,1736—1819),《世界著名煤商安立阿德传》(即乔治·艾略特,George Elliot,1815—1893),《缝衣机发明家霍氏传》(即美国人伊莱亚斯·豪,Elias Howe,1819—1867),《世界毛皮巨商史德莱哥纳传》(即唐纳德·史密斯,第一代斯特拉斯科纳勋爵,Donald Smith,1820—1914)等。此外,译文中还介绍了麦哲伦、马哥博罗(即马可波罗)两位伟大的旅行家,以及几位西方近代著名艺术家的事迹,如英国画家兰特西亚(即埃德温·兰茨尔,Edwin Landseer,1802—1873),意大利雕刻家楷纳佛(即安东尼奥·卡诺瓦,Antonio Canova,1757—1822),美国画家彭凡德(即约翰·班瓦德,John Banvard,1815—1891)等。

裘氏的这些著述,与其所学专业密切相关,而其关怀更在于希望中国能在世界经济大潮中早日摆脱积贫积弱的处境。故一方面大力介绍世界各国最新的经济科技动态,另一方面犀利地批评国内糟糕的经济现状。如《游美闻见录》借助巴拿马运河开凿的话头,展望二十世纪的商业发展方向:"二十世纪之商业,太平洋商业之时代也。一国商业之盛衰,恒视其国在太平洋之位置如何为断。……自去岁巴拿玛运河落成,为近世商业开一新纪元,其关于太平洋、大西洋两岸诸国影响甚巨。自苏彝士运河开通以后,而欧亚之风云日急。巴拿马运河告成,太平洋、大西洋之交通骤缩短数十日之水程,美洲东岸诸国之物品,输入亚东,殊形便利,此关于商务者也。""自此河(巴拿马运河)开通,而世界之形势一变,列强对于吾国之国际关系,当必愈形紧逼。……吾国以积弱之余,当世界潮流之冲,忧时爱国之士,宜如何戒慎恐惧,沉思观索,以应世变,其对于世界巨工巴拿玛运河之落成,决不容视为海外新闻,徒供清谭记述之资而已也。"①鉴于当时美国和日本在经济上的突飞猛进,回顾国内却"金融紧迫,实业凋零,哀鸿遍野,崔苻时虞,国民生计,有儳然不可终日之势。就国内商人言之,谨厚者墨守成法,拘

① 裘毓麐:《游美闻见录》,《时报》1916年12月27日。

泥迂阔而不知变通,谭新企业者耳食皆从,疏空窒碍而无补实用。若有志考察实业,漫游欧美数月,归而叫嚣跳踉,大言炎炎,呼吸文明空气暂旬月,而意气已令人不可向迩,求其以冷静之头脑,缜密之心思,弘毅之才力,为国民倡一业能继长增高以期不敝者无有也。而所谓聪明材智之士,力竭其毕生心思才力,奔走于权位利禄之途,揣摩于趋避钻营之术,患得患失,东扶西倒,一若世界之功名事业,无出于官爵利禄者"。裘氏大为忧虑,担心"彼(列强)挟其商业政策,国民富力,操刀待割,乘时进取者,固大有人在。循自以往,恐户内蛮触之争未已,而他人已入室矣"。他愤而警告:"立国于二十世纪竞争剧烈之场,苟国民于新企业、新工艺之智识,茫无所知,而犹沿中古式诡谲侵陵之政策以为治,则国未有能幸免者也。"①以及"一国实业之兴盛,必在宪政修饬、学术昌明之后。若小民憔悴于虐政之下,无以自卫其身家,学子怵于空疏之习,游谈无根,则虽日提倡实业,庸有微末成效之可睹哉。吾国三代后工业之不进者,岂国民智慧之不犹人哉,亦由政熄学废为之梗而已"。②因此,在其著述中还有如《吾国实业不振之原因》等文分析种种缘由,同时又屡有鼓吹提振本国经济的种种办法,可谓苦口婆心。

其次,展现了民国初年留美学生的心态和生活。裘氏在《游美闻见录》中开门见山直陈自己此作"述见闻所及以示国人",强调"吾国人游历欧美各国,苟欲述其见闻所及,以评论政教风俗之得失,则必先去其二弊"。然而何谓二弊?"一为学究之眼光,一为洋迷之眼光是也。"具体而言,"学究之眼光,则以吾国旧礼教、旧风俗无不善,亦无一不当保存,甚至西国政治学术之可采者,亦必

① 裘毓麐:《游美闻见录》,《时报》1916 年 12 月 28 日。
② 裘毓麐:《英国工业发达小史》按语,《江苏实业月志》1919 年第 7 期。

以吾国旧说附会之"。"洋迷之弊,则适与之相反。洋迷一履西土,无殊登仙,景仰西人,无殊天人。无论西国之秕政陋俗,咸诩为美谈;无论西国鄙夫俗子,咸视为神圣。而语及我国政教风俗,似有深恨宿仇,必丑诋之而后快,一若吾国自黄帝尧舜至今,野蛮已五千年,无丝毫文化之可言者。"他作《游美闻见录》,虽说"不敢偏于学究,亦不敢偏于洋迷",①但其鉴于"近年以来,国人中洋迷之毒者愈甚",批评的主要还是"洋迷"问题。②

1916 年,还在北京大学就读的顾颉刚读到了报纸上刊登的《游美闻见录》,他当时可能也有出国的打算,故关心留学生在外的生计问题。由于裘氏在文中警告自费留学的学生切勿寄希望以"半工半读"的方式,解决财力不逮的难题,因为在当时的美国,由于"排斥华工甚,普通华工尚艰于得业"。③ 由此顾氏开始反思当时国内颇为盛行的旅欧勤工俭学运动是否具有可行性的问题。④而关于类似的情况,裘氏在文中举了诸多生动的例子,以提醒不可偏听偏信所谓留洋经验。他指出"苟欲求世界智识,如通外国文者,不如多读西书西报,如不通西文者,亦可择译书译报之佳者读之"。他以自己初到美国的亲身经历现身说法,首先指出不可迷信"出洋老前辈",其言可能反而多不切于实情。比如有"老前辈"对于在美如何乘坐电车的错误告诫,对于购物不可还价的谬言等。其次,如一般盲目推崇外人,称其必定诚实可信、必定慎重人命等

---

① 裘毓麐:《游美闻见录》,《时报》1916 年 11 月 11 日。
② 裘毓麐:《游美闻见录》,《时报》1916 年 12 月 23 日。
③ 裘毓麐:《游美闻见录》,《时报》1917 年 1 月 14 日。
④ 顾颉刚:《民国初年的留美学生》,中央文史研究馆编:《史迹文踪》,上海:上海书店出版社,1994 年,第 141 页。

定论也不可全信。① 此外,在批评"中洋毒"的留学生时,更是辛辣
讽刺。他以曾遇到的一位粤籍留学生为例,称其不通中国普通方
言,只能操英语相谈。而二人交谈后,更得知其粗通之国文,乃是
习自游历中国有年、年老回国的傅兰雅。故裘氏感叹道:"夫中国
人不在中国学中文,而至美国学中文,一奇也。中国人学中文,不
师中国人,而师美国人,二奇也。各项科学,中国虽不发达,何至以
吾国固有之国文,亦必待美人至中国学中文,回美后乃复教中国人
以中国文,天下宁有此迂远荒谬之事耶? 使稍有是非之心者闻之,
当无不为之惊骇,乃吾国留学生恬然述之不以为怪,诚天下事之不
可解者矣。"而他在亲自拜见傅兰雅后更是大受刺激,因为傅氏也
感慨:"中国近日之派遣留学生,何漫不选择至此? 余亲见多数留
学生,中学毫无根底,于中国内情隔膜殊甚,与一未至中国之外国
人无异。即使学成,将使为中国人耶? 为美国人耶? 抑中国政府
将为美国代造就国民耶? 余不解此辈回国后果有丝毫之裨益于祖
国否耶?"②而有鉴于当时日本所派留学生的良好效果,裘氏痛惜
中国留学界多怪诞离奇之现象,而仍无一定方法宗旨。同时批评
中国留学生"在外时,既无选择去取之辨别,回国后则务以大言吓
人,小试不售,即悍然归咎国民程度之不到"。③

　　故裘氏主张:"评论欧美之政教风俗,是非优劣,宜各求其实,
不可随声附和,一味赞美,致未出国门者阅之,疑鬼疑神,无所适从
也。盖制度法令,无绝对之利,亦无绝对之弊,而一国之大,万民之

---

① 裘毓麐:《游美闻见录》,《时报》1916 年 11 月 12 日。
② 裘毓麐:《游美闻见录》,《时报》1917 年 1 月 3 日。
③ 裘毓麐:《游美闻见录》,《时报》1917 年 1 月 8 日。

众,儆诡奇离之风俗,烦颐复杂之政教,决不人人贤良,事事优美也。"①正是其"不敢偏于学究,亦不敢偏于洋迷"的立场,使得其立论虽也偶有偏激之处,但仍不失务实恳切。

第三,裘氏的著述多集中于归国后不久,即 1916 年至 1921 年,此后发表的作品明显减少。又由于裘氏个人资料的奇缺,只能知道在 1921 年 6 月,他已经参与了上海华商证券棉花交易所股份有限公司的发起,后成为常务理事之一;②同年 11 月,又参与了大东物券日夜交易所股份有限公司的筹建,后也成为常务理事之一,③显然忙于从事经济活动。在稍后的时间里,目前只能看到 1926 年其为好友兼同乡柴萼的《梵天庐丛录》所作的序言。文中裘氏自称:"(民初)十余年间,余浪迹南北,离乡日久。"而由于其曾有编纂《清代轶闻》的经验,因此对于同为史料笔记的《梵天庐丛录》颇有一点发言权,序言中称赞柴氏此书"举凡朝野遗闻,艺林佚事,典制考据,名物原始,无不兼包。观其搜求之富,则其平日之精勤可知矣",当然也意在借以批评宁波当时"士竞浮华,俗尚险巧"的学风之衰。④ 在此之后或许正是忙于经商,几乎看不到裘氏的任何著述,最后一个发表高峰要到 1930 年代了,而其思想已明显发生了很大的转向。

1933 年,裘氏在《青鹤》杂志上发表了三篇《匡庐笔记》,其自道:"近年余喜阅宋明诸儒性理等书。"同时批评"乃一二妄人,对

① 裘毓麐:《游美闻见录》,《时报》1917 年 1 月 29 日。
② 《上海华商证券棉花交易所股份有限公司筹备处通告》,《申报》1921 年 6 月 23 日。《上海华商证券棉花交易所今日开幕》,《申报》1921 年 10 月 24 日。
③ 《大东物券日夜交易所股份有限公司筹备处通告第二号》,《申报》1921 年 11 月 2 日。《大东物券日夜交易所股份有限公司理事会成立通告第五号》,《申报》1921 年 12 月 7 日。
④ 柴萼:《梵天庐丛录》裘毓麐序,北京:中华书局,1926 年。

于吾国旧有之学术,不惜出全力以抨击之。一若是类书籍,深有害于人群,碍于文化,非绝迹于国内,则决难图改革者"。这当然与其留美期间批评"洋迷"问题有着一贯性,仍主张"吾国苟欲免敌人之侵凌者,当先去学术上之奴性",①但其为学的根基,明显已非西学,而归于佛典、宋学等。裘氏后期的学术,本可以通过其所撰《思辨广录》一书加以了解,但可惜至今难觅原书,或许该书本就未曾刊行。不过幸好可以通过1935年钱基博和唐文治所撰的书评和序言大致了解,尤其是钱基博的书评,名为《十年来之国学商兑》,实则便是向学界推荐裘匡庐(即裘毓麐)的《思辨广录》,望能"供时贤之论衡而开思辨之境涯"。文章开头对于裘氏的生平经历作了一些介绍:"先生名毓麐,匡庐其字,慈溪人。旧译学馆毕业,升入京师分科大学,以民国二年赴美,留学加利福尼大学,习政治经济。五年回国,曾为文著论欧美社会之崇势利而薄仁义,终无以善其后,而不如孔孟之道为可大可久,刊登《时报》。方以新思潮澎湃莫之省也,于是闭门读书二十年于兹,精究程朱,旁参释老,积久有得,而著为书。"钱文对于裘氏的治学经历与该书主旨作了大量的摘录与介绍,其摘录裘氏自叙治学之经历,则为"三十以前,年少气锐,事事喜新恶旧",且"三十岁以前,固为一纯粹学校之学生,彼时所喜研究者,厥惟西儒之科学。吾国圣经贤传,尚不屑意"。而在回国后数年间,"偶得佛经读之,恍然如久处黑暗之中,骤睹光明,奇趣妙理,日出无穷,读之愈久,好之愈笃。……往年余思研国学,欲略知宋儒道学之梗概,取《近思录》读之,不能得其精意"。但凭借着"读之愈久,好之愈笃"的求学精神,因而得以撰成《思辨

---

① 裘毓麐:《匡庐笔记》,《青鹤》1933年第1卷第17期。

广录》，对于近代以来中西古今学问之争，对于青年修习国学的方法，对于清代学术，对于儒释道三教会通等重大问题提出自己的见解，得到钱基博超乎寻常的赞赏："观其所称，见解超卓，议论中正，以聪明人，说老实话。其论不必为近十年发，而近十年之国学商兑，惟先生殚见洽闻，洞见症结，人人所欲言，人人不能言。"①而唐文治在序言中也称赞裘氏此书"举凡辨章国学，匡救时弊，致广大，尽精微，而会归于有用"，故在文末"深愿以淑人心、扶世道、救中国、救世界之责，属望于裘君"。②裘毓麐一生治学从西而中，由新而旧，渐渐对于中国旧籍和传统学问有着更多同情和理解。裘氏由译学馆出身，而后留学美国，对于西方文字、西方制度、西方文化的了解绝非停留于纸面；而归国后，随着经历学识见长，却能转入宋学甚至佛典之中，可以看出其思想转变的轨迹，或可说是一位学人成熟深思的回归。裘氏能有如此思想转向，在 1940 年还一度引起晚年吴虞的注意，吴氏在日记中称"裘毓麐为美留生，笃信朱子"，而裘氏的思想转向与吴氏晚年自觉"考订训诂，烦碎无补身心"③颇相契合。这种自民初新文化运动以后的思想回澜，也有助于我们反思近代反传统运动的不同面相。

最后，关于裘毓麐的结局目前并没有找到可信的史料，但是笔者发现在抗日战争时期的伪政权"中华民国维新政府"中曾有一位同名同姓的人物。1938 年 10 月 13 日，伪行政院长梁鸿志发布命令："任命裘毓麟为教育部秘书。"④而在此后《申报》关于《南京

① 钱基博：《十年来之国学商兑》，《光华大学半月刊》1935 年第 3 卷第 9、10 期合刊。
② 唐文治：《广思辨录序》，《国专月刊》1935 年第 1 卷第 4 期。
③ 吴虞著，中国革命博物馆整理：《吴虞日记》下，成都：四川人民出版社，1986 年，第833 页。
④ 《中华民国维新政府命令》，《政府公报》1938 年第 25 号。

伪组织之奴化教育政策》的报道中也提到："伪教育部为宣传奴化思想，实行'中日亲善'，借以麻醉一般青年起见，特发行《东方文化月刊》一种，由伪'部长'顾澄氏，指派裘毓麟、汪郁年、汪钺、吴北江、裘汝济、张素康、陶泰基、赵如珩、汪咏夔、朱学俊、林陵西、薛邦迈、崔建才、廉相臣等十四人为特约编辑，其第一期定本年一月出版。"①不过这本《东方文化月刊》笔者暂未能看到，故始终无法确定此"裘毓麟"是否即为彼"裘毓麐"。而如果历史真存在巧合，如果二人实为一人，那么这样的结局与1935年学界对于裘氏及其学说寄予的厚望相对照，就显得极为讽刺了。而裘氏自己也曾大谈欲挽救"国势之危、民生之困"，②这种思想转变与后来政治抉择的反照，所言与所行的背离，则更值得玩味了。当然，最后真正的事实如何，只能期待将来更多的证据了。

裘陈江

2024 年 7 月 14 日完稿

---

① 《南京伪组织之奴化教育政策》，《申报》1939 年 1 月 19 日。
② 裘毓麐：《国学与国货》，《社会日报》1933 年 12 月 12 日。

一、游美闻见录

余旅美数载，久思述见闻所及以示国人，顾在美时，因公务所羁，不克专心记载，余偶有所作，文字苟近滑稽者，我友辄尼之，作而毁者屡矣。虽然吾人远适异国，而欲述其国政教风俗奇离繁赜之现状，苟以谨严之文出之，决不能摹写尽致，而引起一般读者之兴趣焉明矣。是篇之作，窃取梁任公所谓宁芜毋漏、宁俚毋晦之义，亦望读者诸公，勿以文章之严格绳之，然余已深负良友之忠告矣。

余谓吾国人游历欧美各国，苟欲述其见闻所及，以评论政教风俗之得失，则必先去其二弊。何谓二弊？一为学究之眼光，一为洋迷之眼光是也。学究之眼光，则以吾国旧礼教、旧风俗无不善，亦无一不当保存，甚至西国政治学术之可采者，亦必以吾国旧说附会之。共和民主，则唐虞之禅让也；西国立法行政诸大端，则周官之遗意也；理化工矿诸学，则周秦诸子之余绪也。甚至近日最新发明之潜水艇、飞艇，亦谓吾国古时已有此制，惜后世失传者，牵强附会，必至尽失真意而后已。然在今日，此种似是而非之议论，何常不足以哄动一时庸俗之耳目，而博中西淹贯之名。至今日稍有世界知识者，苟取十年前坊间刊行之时务策论、洋务策论读之，当无不哑然失笑矣。此所谓学究之弊也。洋迷之弊，则适与之相反。洋迷一履西土，无殊登仙，景仰西人，无殊天人。无论西国之秕政陋俗,咸诩为美谈;无论西国鄙夫俗子,咸视为神圣。而语及我国政教风俗,似有深恨宿仇,必丑诋之而后快,一若吾国自黄帝尧舜至今,野蛮已五千年,无丝毫文化之可言者。故洋迷胸中无是非优劣之辨别,以华洋定是非,以华洋定优劣。盖在洋者无不优、无不是;而在华者无不劣、无不非也。(凡无智识之留学生,及自名新派,毫无学问而曾经出洋者,皆属之。或曰:既名留学生,何以又谓无学问?答曰:此亦中洋迷之语也。留学生自留学生,学问自学问,不能并为一谈,留而不学,智识何从来。徒藉汽船、汽车之能力,装至欧美等国,摆了几年,一自西游回来,便鸡犬也似登仙。此种谬见充塞国民之脑筋,则绝不能得真学术、真智识。若夫欧美腐败留学生之怪现状,就余见闻所及者言之,当不下百数十条,暇时当录出以供众览也。或曰:留学生中洋迷毒者,当以国文程度太浅之故。以余所见,则又不然。余在美时,见生长美国之粤籍学生,多不识中国字者,与之谈则须操英语,然其中亦有爱国心颇切,论西国政教风俗得失,亦颇中肯綮,固非国文根柢浅者,即中洋迷毒者也。)故游欧美而欲作游记,必须先去学究与洋迷二弊。余学识谫陋,本不敢妄有论列,惟观近人所刊行游记杂作,多欺罔鄙僿之谭,阅之徒乱人意。自维二十年来,致力于中西学问,尚不偏重,平日师友,欧美人与国人各居半数,此篇之作,犹兢兢于前二弊,固不敢偏于学究,亦不敢偏于洋迷也。

近日国人喜研究欧美之政教、风俗、物产、商业,实为国人殷求世界智识之新气象,亦中国近日论时局者,可乐观之一端也。余敢正告国人曰:诸君苟欲求世界智识,如通外国文者,不如多读西书西报,如不通西文者,亦可择译书译报之佳者读之,不必请教出洋老前辈也。余将至美国时,以问禁问俗之故,同行中凡曾在美国多年者,总不免要请教他几句,孰知到美后实验起来,凡出洋老前辈之言,多不切于实情,反不如平日阅书报所得之为确也。试举数端以概其余可也。在太平洋舟中,某君语余曰:"美国电车来往,从不停车,以俟乘车者上下。凡男女乘电车者,一跃而上,一跃而下,健捷如飞。"余闻其言,颇为忧惧,以余乘电车,素无经验,在国内时,不坐电车。然一至美,则既无黄包车、马车,雇汽车则又奇昂,每日须四十元。美国电车情形,即使不如某君所言之甚,设较之上海电车,更凌杂者,则余必大受其累矣。孰知到美第二日,坐电车,合诸某君之言,则适相反,电车必俟乘车者上下完毕后始开动,较诸上海,殊有秩序,而余亦心中释然矣。舟中某君人极谨愿,语余曰:"君至美后,至美人肆中购物,切不可还价,一还价即成笑柄矣。"余颇信其言。余在国内时,素喜一人闲步街市,至美数日后,即一人往街市闲游,随意购物数种,俱不还价,后数次亦皆如此。一日余至一美人肆中购贝壳,已择定三只,每只定价二角半,余复择一贝问其价,则曰:"此须五角。"余以物同而价倍,旋置之。肆主即曰:"余今因君特别减价,亦以二角半售与君矣。"余始悟某君所言之谬,则前数次所购之物,已损失多多矣。

美国凡在一定地段之店肆,或一定种别之商店,确为定价划一,则在中国何尝无此种商店?若普通滑头商店,则往往索价倍蓰于实价,稍不慎即受其欺,尤以犹太人与伊大利人为最无耻,对顾客则信誓旦旦,而所言则无一可信。犹太人嗜钱如命,凡有利可图者,即极卑污、极残酷之事亦乐为之。犹太人英文原音为(求)Jew,西俗凡呼人为(求)者,不啻为詈人之语,即贪吝欺诈之别号也,即和犹太人为(求)亦必勃然变色,洵怪事矣。中国人初至外国,多以外国人为诚实可信,则往往受其欺。余谓中国旧日之诚实商人,为世界最重信用者,各国咸弗及。(凡西人在中国稍久者亦持此论。)故吾国商人交易,口约与契约并重,若在普通商店购物,则付价取物可矣,不必再取收条,亦决无龃龉。若在外国,则宁慎重以取收条为宜。又有公司代卖人,周行各处,消息最灵,此辈最能揣摩他人心理,善于应对,若向代卖人购物,即必须取得收条,否则将付价二次矣。余去岁在美时,一日有书籍代卖人二,造余室,出纽约公司出版英文大字典一,劝余购之,余本有购此字典之意,而代卖人又相劝甚殷,无计却之,乃付价九十元(合华币),取字典一。余居停主人斯笃克君,荷兰人,与余颇相契,代卖人出,斯君问余曰:"君已购此字典乎?"余曰:"已购矣。""价几何?"余曰:"合华币约九十元,已付彼矣。"斯君曰:"然则君受其欺矣,此字典公司购之,诚须九十元,若在代卖人手中购之,则七十元已足,君已多付彼二十元矣。"余曰:"代卖人示余公司定价,合华币约百二十元,彼谓售九十元已特别折扣矣。"斯君曰:"美国代卖人之言,最不足信,君此后慎之可矣。"二星期后,余接公司函,请余付字典价,余深讶之,乃以函示斯君。斯君曰:"君已向代卖人取得收条否?"余曰:"已取得矣。"斯君曰:"慎藏之,万勿遗失,此函置之不答可也。设公司派人来索价,君但以收条示之,彼即无言去矣。君苟遗失此收条者,则必须重付书价,无可与之理论者也。"余曰:"美国商人如此无信耶?"斯君曰:"此固美国人惯技耳,君在美日浅,恐未周知。前数月电灯公司来收费,余以付彼,不幸余妻将收条遗失,隔二星期,电灯公司收费人复来,以无收条故,乃不得不重付矣。"余特录之,欲吾国人之过信外人者一省也。

江苏赴赛代表王君,在卜克利为汽车所撞,伤几殆,余驰至医院视之,问医士曰:"驶汽车者,何不小心至此耶?"医士曰:"此焉足骇,汽车伤人之事,无日无之,即卜克利一小市,每年因汽车撞压而死伤者,不下百人,吾医院今年已治五六十人矣。"余闻其言,后阅日报,留心地方新闻,果每日有汽车伤人之事。他日遇留学生某,以某医士之言告之,某君曰:"此必无之事,美国人最重人道,偶伤一人,则哄动全市,岂有一小市而汽车年伤百人者?"余曰:"此余亲闻诸某医生者,某医生固美国人也,岂有意厚诬其国人耶?"某君仍不信,余曰:"然则日报每日载伤人之事,岂亦虚罔耶?"某君无词以答,然意仍不肯信也。阅数月而法斯脱兰渡船沉没之事出,全船共装渡客五千人,因是日适有盛会,客渡争先上船,平时是船乘客最多时,只能载三千余人,载五千人已远过是船可载之重量,故船离岸只数丈,船即沉下,且陷下入泥中数尺,惟在舱面者得活,死在舟中者实四千人。惨矣! 一日余复遇某君,语之曰:"君谓美国人最慎重人命,今法兰斯脱渡船以贪乘客少数之渡资,而于数刻钟之间,断送四千无辜之生命,宁非天下荒谬绝伦之事耶?"某君不能答。故凡偏于尊信外人之议论,决不合于实情者也。

　　一日,余遇某公司派赴美赛会某君,余问某君现住何处,某君曰:"住乾弗生街某号。"余曰:"是街去市稍远,颇不便。"某君曰:"是街为富人所居,为是城之富人街。"余曰:"君非富人,何必居此?"某君曰:"君不知耶? 美国人最重富豪,是街既为富豪所居,人苟问余住址者,余但以街名语之,彼即默认余为富翁矣。"余味某君之言,颇有某说部所载,白王(皇)明少师文渊阁大学士申公间壁豆腐王妈灵枢之风焉。[①]

---

① 此典故参考吴修龄《围炉诗话》,原文应作"皇明少师文渊阁大学士申公间壁豆腐店王阿奶之灵枢",见梁绍壬《两般秋雨盦随笔》,上海:上海古籍出版社,2012年,第92—93页。

　　余于民国三年冬,乘坐美国太平洋航船公司蒙古号船启行。太平洋航船公司未解散时,往来太平洋汽船共七艘,以蒙古号与满洲号为最大,各载重二万七千吨,约大于招商局往来汽舶十倍,船内设置,亦颇完备。头等舱每间设床二、榻一、盥洗柜一、椅二,舱内蒸气管、风扇咸备,盖乘客须在舟二十二三日,所经各处,气候不齐,风扇火炉,须并用也。蒙古号泊在口外,不能驶入黄浦江,由吴淞口出发,一日一夜余即至日本长崎,凡头等舱客可向船中账房取火车头等票,不复付资,由长崎历神户、大阪、西京、东京,至横滨复下船,可在日本游览五日。(日本游览所得,当另作《东瀛十日记》详言之。十日者,赴美时过日本游五日,回国时过日又游五日也。)盖舟行缓而火车行速,又汽船至长崎、神户、横滨等埠,例须停泊一日或数日,故可在日本游览五日也。由横滨开船,天水相接,共十二日不见片土,乃抵檀香山,则已为美国领土矣。檀香山岛为火成岩,最大火山名曼纳拉,有时火光熊熊,作喷薄迸裂之状。岛中气候颇热,芭蕉、椰树最盛,果品以波罗蜜为最佳,味胜他处,最大城市曰火奴鲁鲁,华侨旅此者最繁庶,中国领事馆在焉。街市颇清洁,两旁悉种热带植物,浓阴满地,爽气扑人,乘汽车游行一周,足令人神旷心怡焉。

　　岛中居民,以檀香山土人为最多,白人、黄人、黑人咸集焉,蕞尔小岛,而五色人种杂处,亦可异矣。火奴鲁鲁物产最新奇者,则是城之水族馆是焉。馆内以玻璃池养奇鱼数百种,游泳其中,入览檀香山水族馆一周,恍如海底旅行,历见水族动止游泳种种形状焉。檀香山产奇鱼,倜诡奇异,千态万状,有黄似金者,赤如朱者,长如带者,圆如碗者,或斑点驳杂,奇丑如蝮蛇,或鳞甲灿烂,在水中闪耀如电灯。墨鱼长须多足,攀附石壁如蔓延。团鱼巨口阔目,状极怪丑。螺蛤蚌贝，种类繁夥，大者逾斗，小者仅如粟粒，或丛刺如猬，或光泽可鉴，颜色鲜明，各色均备，可谓极宇内水产品之大观矣。檀香山又制美术片百余种，悉印檀香山怪鱼图形，余购一套以示诸友，咸诧为生平所未见也。余抵美后，此俶诡奇异之檀香山怪鱼，复于巴拿马万国博览会内之檀香山政府馆内见之。檀香山距美约万里，而是馆网罗檀香山种种怪鱼，越万里重洋而陈列于桑港大博览会，其以鱼类供游人之观览也，不以图画，不以酒精渍之标本，乃以海水泾入馆壁，外嵌玻璃，（海水亦自檀香山运来，以其适于鱼性也。）而鱼蟹螺贝，悉游泳栖止于其中，其陈列方法之新奇，实有出于吾人想像之外者矣。

由横滨至檀香山，复至美国金山，每日须将表拨快二三十分钟，横滨至檀香山，中间须减去一日，名曰反踱日，盖中国美国位置于地球之各一面，中间须减去一日，即东西半球分界也。若由美国至日本，每日须将表拨缓二三十分钟，中间须添出一日。余回国时，另置一表，每日不复拨快，仍金山之时刻，至上海时，与上海海关大时钟相对，上海下午六点二十七时，适为金山夜间二点二十二分，共差八点零五分也。由檀香山开船一星期而至美国金山埠上岸，华人名为金山埠者，以金山为加利佛尼亚省最大商埠，而加省以金矿著名，华人在彼者，昔多从事于金矿之开采也。日本译曰桑港，则译 San Francisco 之音也。金山埠西临金门湾，峭壁森奇，绿波荡漾，即太平洋邮船入口处也。南界金山市小山，重峦叠嶂，如入画图，稍南则崇楼杰阁以山势高下筑成，即金山埠全市也。金山全市在山上，市廛建筑即依山势起伏高下筑成，在高处可望见全市风景。东为金山市海湾，对岸则亚弗密达群山罗列，环抱如屏，葱翠之色，四时不变，极目回望，实兼岛屿、海湾、山林、城市之胜，故二十世纪初最大之巴拿玛万国博览会场亦设于金山埠也。

金山天气温和,寒暑得中,平均一年之温度约在寒暑表五十六度,正月为最寒时期,平均寒暑表四十九度零二,九月为最暖时期,平均五十九度零一〇。近二十年以来,寒暑表升至九十度者,共计不过二十七日,降至三十二度,共计亦不过二十七日,其寒暑之得中,于此可见。生长金山之居民,往往不识严霜冰雪为何物,亦不解暑溽蒸炙、挥汗如雨之苦,则金山气候之佳,似无可伦比矣。然因四时温和,无严寒亦无剧暑,久处金山者,精神易致委靡,且雨期降雨过多,自十一月至三月为雨期,尤易得风湿。余旅金山年余,骨节时觉酸痛,是则旅金山者,不可惑于美国通告之浮词,(各国为振兴城市,招致游客移民起见,无不印成通告多册,插在公众聚集处木架上,任人取览,通告无非盛称其地气候之佳,风景之美,各处一律,日本近亦有之,惟中国独无耳。)不复一审其利弊也。金山花木因气候适中,四时不凋,居民又加意栽植,极形畅茂,细草如茵,落红成红,奇卉杂葩,掩映远树平原间,盖经年如江南暮春风景也。是则金山气候之温和,风光之明媚,凡游客勾留一二月者,无不艳称之不置焉。

金山市最痛心之历史,则华人殖民失败之历史是也。金山市者,为美国太平洋沿岸商业最兴盛之区,由华至美登岸第一商埠,华侨旅此者最繁庶,亦华人移民于美最初之埠也。金山埠为加利佛尼亚省最大商埠,西美何以有今日之富庶,则金矿开发之故,而开采金矿之工程,则华人之力居多。夫美国立国仅百三十年耳,五十年前之西美,犹是榛狉荆棘之场,红夷猛兽杂处其间。华人筚路蓝缕,开辟草莽,垦植经营,不遗余力,昔日荒凉寂寥之地,一变而为繁盛之区,则华人固大有造于美也。不谓时局变移,西美日臻富庶,他人坐享其利,华侨则事事退婴屈让,处处受人排斥,近日美人且订立专条,禁止华工入口矣。

四十年前,日人旅美者,不及华人百分之一,商业不逮华侨远甚,景仰华人如天人。曾几何时,彼挟其国势之猛进,商业组织、金融机关之完备,已有陵轹吾人、鄙夷华侨之势,事相隔仅数十年,华人艰苦辛勤开创美洲之事业,已被太平洋浪淘尽矣。荒凉烟雨之余,得一二历尽磨劫之遗老,旧梦温寻,百端交集,觉天宝宫人,无此凄楚也。嗟呼!依旧山河,吾辈无用武之地;人非木石,他乡多洗泪之时。哀我侨民一回抚今思昔,富不胜身世沧桑之感矣。余之述此者,欲使吾国民知美洲者,非美人之美洲,(此美人即指美洲原有土人。)而统治美洲之主人翁,亦非美洲之土人,乃哥伦布寻获美洲后历年由欧洲移植之欧洲人种也。数十年前,吾侨民同从事于美洲之开辟经营,固未尝后于欧洲人种,乃以国势积弱民智暗塞之故,劳力同而所获效果则适相反。彼美人心目中灿烂庄严之新大陆,实吾前人殖民失败一片伤心地也。吾国民今日苟奋兴图强,六合九洲,何处非吾人建业之地,否则立国于优胜劣败、竞争剧烈之场,而民俗之隋窳偷玩、脆薄柔靡犹似畴昔,疆圉犹将不保,遑论海外之展发耶。己则不竞,何尤于人。我国民苟为惩前毖后之计,则无宁于国力民智稍加之意,不必愤愤于美人禁华工之苛约也,(金山埠唐人街又名中国城。)下等华侨之怪现状详见于后。

余赴美后,在巴拿玛会场历十五月之久,巴拿玛大博览会,实为二十世纪初唯一之大博览,规模之宏大,历次赛会咸弗及。会场建设之资本达美金五千万元(合华币已一万万二千万元),赴会者共三十余国,所以萃五洲之精英,罗万国之工巧,广搜慎择,聚于一堂,凡莅会场观览者,得于最短时间遍览世界新奇之物品,藉以觇各国文化工业之消长,以收比较观摩之效,其关系于学术实业者,决非鲜浅,固非徒目骋怀,视为寻常游览行乐之地而已也。会场事实历史,各国咸编专书,以纪其事,美国赛会总局总理,至集绩学之士百数十人,自去年起,分门编纂,于今秋八月始出版,分订二巨册,定价每部合华币三十元,各国杂志所载尤详,而吾国杂志中关于会场记载无一详备精确之作,以视各国,殊有愧色矣。余在会场虽久,所纪殊鲜,惟撮述建筑出品大要,杂见于《大中华》及《中华实业界》而已,今特述会场最新奇之点一二,以补前日纪载之阙,当尤为阅报诸君所乐闻焉。

会场建筑最伟大新奇者,为珍宝塔。居会场之中心,前临金门湾,巍然屹立,即会场著名建筑珍宝塔也。塔高四百三十五尺,共计七层,顶作圆形,直径凡十七尺,上覆皇冕,取冠盖世界之义,塔巅可与金山市三十七层之楼相并。惟金山市及太平洋沿岸都市尚无三十七层之高楼,则是塔可称太平洋沿岸最高之建筑物矣。建筑是塔时需用材料甚多,计用钢铁一千五百吨,木料一百六十万尺,大柱十二,各重八吨,由纽约某建筑名家制成。塔之四周嵌以人工精制之钻宝十二万五千颗,大者如拳,小者仅如粟粒,能于空中影射光彩,使成七色。入夜则与电光、海湾波光互相映耀,辉煌闪灼,令人不可逼视。会场以夜景为最佳,而珍宝塔实为会场光彩之源焉。此塔美人不独称为万国博览会之眼,并可称为金市全市之眼。近日美人称金山市曰珍宝市者,亦本于此。塔前对会场正门,下临宇宙大院。宇宙院位置于会场之中央,长七百尺,广九百尺,中设花园,池水掩映,环以石像,乃仿罗马著名戏院式建筑而成。院中部级级低落,周围座位可容万人,两傍有二拱门:一在院之东,曰旭日东升,门之巅,东方民族之群像在焉,又名朝阳门;一在院之西,曰夕阳西下,门之巅,西方民族群像在焉,又名夕阳门。东西拱门群像相对,极形壮丽,院中周环建美人星像数十,群像皆举手向上,头戴星冠,以电灯制成,隐寓代表美国各州及领土之意。宇宙院命名之义,即取东方人种与西方人种和好之意也。普通电灯悉显露于外,光芒指涉眼帘,不可逼视。此次巴拿玛万国博览会电灯款式新奇,为从来所未有,将电灯设法收藏,令人见光不见灯,恍如皓月当空,皎洁晶莹,全场物品无不了然。会场夜间放光有二特色:一在珍宝塔顶配置五彩射光灯,当放光时,数道火光由塔顶射出,照耀全场;一在船坞外建一射光台,置大射灯百数十,放光时,齐向会场及各馆顶映射,照耀如同白昼,且能将多数射灯移动,放成种种光彩,如夕阳返照、彩云飞渡、赤霞拥现、扶桑浴日、天女散花、魔鬼跳舞种种光怪陆离之异彩,洵非寻常焰火所能及也。船坞上灯台之光力,共有烛光三十六万万枝,电光大放时,各馆院之最辉煌可观者,莫如珍宝塔,因塔上共嵌有人造钻宝十二万五千颗,其光晔晔然不可逼视,游人至此,莫不叹观止焉。美术馆全馆形式如弯弓形,长一千一百尺,中为圆室,高一百六十二尺,前临一池,楼台倒影,如在画图,奇辉异彩,令人目眩,且能于美丽之中,极幽雅之致,会场夜景以此为最清逸矣。园艺馆馆巅建一大玻璃顶,此圆顶计万一百八十六尺,直径一百五十二尺,大圆顶之周围,复有八小圆顶,大圆顶之下一级,亦建小顶无数,全馆为大玻璃顶所笼罩,俨如水晶宫焉。入夜则以隐秘之探射灯,映照玻璃圆顶上。间以二色镜,使圆顶上彩光旋动如太空星像,极美丽奇异之观焉。日间喷水各池,夜间易以喷火,光焰熊熊,如火山喷薄迸裂之状。会场每星期三次在金山湾内施放焰火及升爆,射人物国旗于天空。船坞上灯台放五彩电光,照耀于战舰汽管中发出之水汽,(会场前金门湾停泊战舰多艘。)恍如五色云雾,迷漫天际,千态万变,令人目炫。会场夜景,布置所以如此美丽完备者,盖日间人人皆有职业,因事务所羁,不克莅会场者,则非于夜间入场观览不可。故日间游会场者,详阅各馆陈列之出品,夜间游会场者,纵观会场夜景及游戏场各种游戏。陈列各馆下午六点闭馆,游戏则于十二点后始闭,鼓吹喧阗,游人如织。入夜拱架跨大道星罗密布,照耀如同白昼,会场营业最热闹之区也。美人某氏游会场观夜景后,出语人曰:游会场而未观夜景,直与未游等。盖会场夜景之美丽,实有出于吾人想像之外者,而会场所以注重于夜景者,亦以夜间入览人数之众多,与会场收入有重要之关系也。

美国政教风俗,可为吾人之规范者甚多,顾秕政陋俗亦宜列举之以示国人,固不必随声附和,一味赞美也。美国社会习俗,凡事则先妇女,故余此记亦先言美国妇女之好尚习惯焉。

美国妇女之鸱张跋扈,其俶诡奇异之现象,实有出于吾人想像之外者。欧美重女轻男,已有积重难返之势,而美国则更甚。妇女骄横恣睢,社会莫敢言其非,男子不忍拂其意,以媚内为丈夫之天职,以柔顺为男子之美德。卒之男子愈柔则女子愈横,妇女愈横则男子愈顺,互相为因,互相为果,举世皆然,已习见之而莫知其非。循此以往,吾恐他日必有倡男女平权之说,(此所谓男女平权者,与吾国今日所谓男女平权者适为反比例,盖此则女欲与男平权,而彼则男欲与女平权也。)大起男女界之革命者,物极必反,亦必然之势也。

余未至美国时,见欧人偏重妇女之习,已心讶之。十年前肄业北京大学时,法文教员苏,法驻华公使馆二第(第二)参赞也。月入约千金,而苏教员自奉殊俭,早晨八点,学校授课,北京冬日天明殊迟,八点不过黎明,天气又严寒甚,使馆至学校约二里,而苏教员步行至校,即黄包车则嫌多费,而夫人出必马车,每月挥霍不下五六百金,苏教习供奉惟谨,无怒色,无倦容。又余经济财政教习英人芬,时命余等请伊夫人观中国剧、食中国菜,夫人有时意弗欲,必固请之,博得夫人一笑,则欣欣有喜色。使有吾国旧社会中,移二公孝妻之心以孝父母,则归震川、方望溪辈闻之,必皇皇执笔,为之作苏孝子传、芬孝子传矣。乃欧美遍地皆孝夫,独无人曲绘其婉顺敦谨之忱,为之作传以示后世,一任其湮没无闻也,亦可惜矣。

美国女子当未嫁时,处境贫困者,则作工不惮劳,一嫁夫即不肯复操作,意谓嫁夫为图安乐计耳,嫁而复以佣工自活,又焉用嫁耶?故美人娶妻后,往往以家累为苦,矫枉过正者,多持独身主义,亦有所激而然也。而妇女之富于虚荣者,则尤以服饰为第二生命,予取予求,妇德无厌,夫婿稍拂其意,即强聒曰:"君视某夫人、某女士,姿容岂视妾强耶?彼徒以服饰时式之故,群誉为社会交际之花,以视妾褴褛寒伧,殊令人气短。妾为君光荣计,不得不略事修饰,君一丈夫,宁不能为床头人吐气耶?"男子一闻此语,则惟有竭蹶黾勉,鞠躬尽瘁而已。

中国赴美赛会中国政府馆,雇一美工人,任洒扫园庭之役。是人年已五十余,发颁白而形容枯槁,然执役甚勤,见余等颇恭顺,每有所问,而举手为礼。余见其年老而执贱役,意颇怜之。一日,余问彼曰:"汝家中与妻子同居乎?"对曰:"余未结婚,焉有妻子?"余问其故,则对曰:"吾美国妇女,岂易与之结婚者?君试思吾一婆人,终日勤劳所得,仅获一饱。设复取妻,彼高贵骄纵之合众国妇女,惟日诛求夫婿以遂其行乐消遣之目的,宁肯同心操作,稍体恤夫婿之苦衷哉?吾美妇女,喜食糖果,又喜食冰其林,(美妇女最喜食冰其林,有一日食五六次者。)食之既多,辄致腹疾,或病齿龋,则频蹙告夫婿曰:'妾今病矣,速为吾延医治之。'夫婿一闻此语,如奉将军之令,不容旋踵,宁复计室如悬磬哉? 设稍枝语者,为妻者可以虐待之罪,诉之法廷矣。君思余一窭人,岁入甚俭,宁能于衣食必须之外,复奉吾妻以饼饵糖果之费? 且终日操作,疲劳殊甚,宁能于夜间休息之时,复任吾妻病榻间之服劳奉养哉?"余闻其言,为之怃然久之。观此则可知美国妇女之真相,及贫乏男子之苦况也。

美国中等妇女亦多贤淑勤劳者,然大抵家境稍裕、姿容稍妍者,则以修饰交际为唯一生活,而醯酱油盐之琐琐家务,则反委诸阘茸男子焉。余在巴拿玛万国博览场办事阅十五月,会场开会时,每日入览人数,平均约十万,妇女殆居十分之七,故欲知美国妇女之心理习俗,莫善于巴拿玛万国博览会,而尤以法兰西政府馆为最著焉。法兰西政府馆者,仿一千八百十三年拿破仑别宫式筑成,为巴黎著名建筑之一也。馆内陈列强半为巴黎最新流行之冠服妆饰,法人豪侈甲天下,妇女服饰,新奇华贵,穷极奢侈,他国咸弗及。法人风俗,近日日趋浮薄淫靡,国力浸衰,亦职此之故。是馆妇女往观者,如中狂易,馆中每日自昕至旰,几无隙地。余往观数次,见妇女游览是馆者,皆兴高采烈,乐不可支,及出馆门,则又多爽然若失,似有不可言之隐恨者,初不解其故,继思之则固有不易之理焉。盖美国妇女最富于虚荣心,服饰珍宝视为第二生命,彼入览妇女见法人陈列之服饰珍宝华丽悦目,多为平生所未见,不觉眉飞色舞,神形俱忘,迨出馆门,始憬然觉彼之服饰珍宝,吾身固无一有焉,则不觉怨尤交加,懊丧而返。此其所以刹那间而前后判若二人焉。夫世人之荣辱得失,恒沉迷于俗见锢习之中,而人生喜怒哀乐,又多为外界无谓之势利所宰制，自达者观之，抑何其可怜又可笑也，而余于妇孺何责焉。

欲知美国婚姻之苦况，其材料之最丰富、最新奇者，则莫如一千九百零八年出版合众国调查部离婚之新刊报告书矣。此书由中央政府特派员至各州调查，自一千八百八十七年至一千九百零七年，前后廿年间，各处法廷所发准与离婚之凭照，不下一百万张，而未经官厅判决，名义上虽为夫妇，而实际已仳离者，亦不下此数。盖美国结婚本极自由，而青年男女学识经验均甚浅薄，因一时之悦慕，草率结婚，迨相居稍久，臭味差池，爱情既弛，下堂求去，其勃溪纷拿之状，实极人间未有之苦况，而决非自由爱恋结婚时所及料者。余旅美数年，阅报章，每日地方新闻离婚之案几于无日无之，而离婚之理由有极怪诡不可思议者。质而言之，妻苟不满其夫者，则无事不可据为离婚之理由，不必其夫实有失德也。如夫言沙门鱼佳，妻言沙丁鱼佳，亦可指为夫妇意见不合，而提出离婚者。又有指夫衣领三日不洗，以为有害卫生而请离婚者。至于豪侈之妇女，则每年新式冠服之费，往往掷万金而不惜，美国凡市上新出时式之冠，价值百元者，过一星期后则售八十元，一月后则仅半价，三月后则或二十元、三十元矣。其他市上流行之新出妇女服饰，其价亦大率类此，然时髦之妇女，则必于最初新出一星期内购之，虽掷倍蓰之价不惜也，迄一月后价稍平，则复购新出高价之冠服，而弃旧者如敝屣矣。苟稿砧不能立如其愿者，则必因此脱辐而请求离婚。嗟呼！夫妇之道，乃竟同于名姬荡妇之诛索，然则其夫妇之为夫妇，亦可想见矣。

余去岁在美国时，阅日报见一老妇离婚案，极怪诞可笑，兹译之以供阅报诸君一噱也。某市一旅馆主人，年六十余老妇也，富于赀,一日控其夫于法廷,请离婚,其夫则仅二十余之美貌青年也。法官问其夫意云何,其夫亦请愿离婚,谓己"未婚老妇时,本执业于某公司,岁入可八百元。老妇自炫其赀,谓苟有人向彼求婚者,则没后悉以财产畀之。余以希望继承财产之故,故与彼结婚,孰知老妇性既骄蹇,督责甚严,终日力作,尤嫌余惰,稍不如意,诃叱立至,平时虽置一冠一履之费,亦靳不我与,名为夫妇,实则主仆。余入赘三年,不啻为彼执贱役三年,而彼绝无丝毫怜惜之心,余反不如佣于他人,尚可月博数十元之工资,且不至日夜操作无休息时也"。世界竟有如此夫妇耶?

噫!美国妇女之现状,既如上所述矣。顾余绝非反对自由婚姻制度者,吾国婚姻之弊,不可胜述,或误于父母势利之见,或误于媒妁欺罔之言。往往以淑女而侣狂暴,以白发而偶红颜,天地间不平之事,实无有过于是者。而姑媳姒娌之间,尤极残酷毒螫,极人生难堪之痛苦,于是而议改革旧制,采欧美婚姻之制以拯其弊。夫孰得而议之者,顾凡采一新制,往往利未见而弊已先见,故欲言其利不如先言其弊。若如吾国今日提倡自由婚姻之论调,辄谓欧美男女结婚,学识经验,俱臻其极,一结婚则白头相爱,断无中道差池者。此种盲从吠声之论,往往出于不出国门、不读西书之维新先生,苟与之一读美国离婚调查报告书,及美国日报中之离婚新闻,当亦爽然若失矣。

美国妇女虽不缠足,然亦以纤小为贵,时髦妇女之履,长不过五寸,后跟之高,则逾三寸,行时则全身向前,彳亍之声,自远而来,一闻而知为妇女之足音。以观吾国女学生昂首阔步,纠纠之概,则有间矣。

美国妇女尤喜涂脂粉,浓妆艳抹,不特青年妇女为然,即已过中年者,亦复效之。甚至鸡皮鹤发之老妪,亦复亦以脂粉厚填枯槁之肤,而强作少妇娇痴之态,余见之辄为忍俊不禁也。

美国妇女以社会尊崇之故,亦往往自适其意,不顾他人。西俗凡在电车中,凡妇女无坐位,则男子固然立起相让,然有时电车坐位仅敷诸客之坐者,而苟遇二三肥胖妇女人,则虽共坐片时,亦必为之排挤而出。盖彼坐时务适己意,不复顾他人也。余在电车中,每见胖妇惠坐余傍者,余即立起不敢复坐。盖与其受数刻钟之拥挤,不如早起立之为愈也。

皙种妇女多狐腋病,当暑衣绨绤时,凡在火车电车中,多领略之。有时不幸坐在韩寿下风者,而一阵阵兰麝之香,芬芳扑鼻,实足令人踧踖不安者也。

美妇女最善修饰,又有学校专教妇女迷眩男子之术,名曰Charming School,若译作中文则可名为妇女迷术专修学校,或径译为旧剧名之迷人馆,亦甚确当也。

美国妇女美容之术,日新月异,有奇妙不可思议者。中年妇女病面多皱纹者,医生能以手术割去面额上皮一小条,而复以手术舒面部之皮令平,即无皱纹矣。惟取资颇昂,又割面皮时亦颇痛苦,顾妇女为美容计,虽掷百数十元之医资,忍一月之痛苦,亦不计也。割后经二三年则复如常,欲无皱纹,必须再割,往往有一生而割三四次者,诚可谓鸡皮三少矣。欧美妇女乳以高大为美观,不高者则以架托之使高,不大者则用新发明之皮管,力吹之使大。然妇女之乳,经皮管吹大后,则生产后无乳可哺子,顾妇女为时髦计,亦不复计及乳子问题也。

美国凡夫妇二人同行者,往往男子右手抱婴孩左手提筐篓,而妇女则手中不携一物也。然寡妇及闺女,独行踽踽者,则虽手提二巨筐,亦健步如常,固未尝稍形竭蹶之态。然苟一见相识之男子,则又立作弱不胜风、娇欲人扶之状,而此男子者不得不起而为之服劳矣。

美国妇女之尊崇,既如上所述矣。顾有一事与之背道而驰,与美国普通妇女信条绝不相容者,则乌泰州之摩门教是也。摩门教倡自富人摩门,以多妻为教经唯一大义。夫皙种人自希腊、罗马以降,既以一夫一妻之制为人伦正道,而摩门教独盛于乌泰等州,地犹是女权最盛之合众国也,人犹是皙种人耶教徒也,曩既以一夫一妻之制,若天经地维之不可摇,他民族婚姻之制,稍与之抵触者,即肆诋为野蛮遗俗,捃击之不遗余力,乃摩门教以是州豪富,挟金钱万能之力,(美国人最崇拜金钱,故金钱万能、金钱即上帝之说盛行。)倡立新教,以多妻为美德,以纳妾为必要。(吾国虽不禁纳妾,然亦未闻以多妻为美德,以纳妾为必要者。)举昔日国民共遵守之常道正义,一切弃毁灭绝之,而鸱张跋扈之合众国妇女,戢戢然莫之敢议,法律亦不之禁,且著为令律,以为是州特别法矣。岂全国蜷伏于金钱势力之下,惟富人得为所欲为耶?抑摩门熟于情伪,谙于世态,而庸俗凡民悉受其愚弄操纵而不自知耶?亦宇宙间不可思议之怪事矣。

美国妇女敏捷活泼之风,实不可及。故中小学校之教员,(大学校亦多女教员。)公司之会计及打字,女子之数尚多于男子,其作事之勤奋,亦决不亚于男子也。非如上海时髦妇女,仅能叉麻雀、吃大餐,说几句应酬话或俏皮话,稍事操作,即嗤为寒伧也。欧美妇女最可令余钦佩者一事,即爱国心是也。欧美妇女谈及国事,其关切诚挚之情,无殊家事,语及其国历史上名人及光荣之历史,则眉飞色舞,兴高采烈;若语其国失败之历史,则意兴索然,如有訾议其国名人及礼俗者，往往勃然变色，不欢而散。非如吾国中洋迷毒之学生，己尚不知中国版图，共有几省，不辨中国历史，共分几朝，一见外人，则胁肩谄笑，惟以丑诋本国政教风俗为快，余诚不解是何心肝也。

美国妇女礼节较欧洲虽脱略，然视吾国妇女，则殊有礼。美国妇女虽极怒之时，而鄙俚之辞，亦不出于口，非如吾国中下妇女，以善詈为能事也。余在美数年，未闻邻居妇女，以细故相口角也。余在上海，凡妇女诟谇之声，达于余耳者，平均计之，最少十日一次也。

一日余疾趋趁电车，与一中年之妇相撞，妇几仆，余自悔孟浪，不知所云，妇乃笑谓余曰："先生恕余，余固未见先生来也。"余乃谢之。又友人某君上汽船楼梯时，右足忽滑，仓卒间遽抱其前列一少妇之足，妇为之牵率几堕，大惊，回顾见某君足滑惊惶状，亦一笑置之。此二事若在中国妇女遇之，则必申申而詈，决不能如欧美妇女之雍容大雅矣。然吾国社会多轻薄子，设妇女遇此等事，不怒而笑，则汽船、汽车中，日必有人起而抱其足者，故欲风俗之温柔敦厚，必普通一般人民，日趋于高尚仁厚，则社会方有改良之望，若徒取欧美习惯风俗，枝枝节节而效之，则非徒无益，且适足以滋其纷扰而已。

欧美妇女长于交际者，其态度之温雅，表情之亲密，言词之漂亮，如饮醇醪，令人心醉，决非吾国时髦妇女，仅以飞扬放诞见长者，所能望其肩背也。吾国凡在社会活动之人，无不讲究交际，然实长于交际者，余实未之多见，或貌似明达而内实鹘突，或逢人敷衍而漫无辨别。至于上海阔人之大请客，以客多为阔，往往聚不伦不类之人于一堂，仿佛龙王开宴，鱼鳖蛟鼍，万怪惶惑。有趾高气扬之大洋行买办,有油头滑脑之捎客通事,有俗气薰人之野鸡道台,有脑满肠肥之财翁,有鄙傲寒伧之行号经理,间以巧言令色、胁肩谄笑之箧片。余每见其工鬘善媚之丑态,满口乱吹乱拍之胡调,汗毛森森然,一根一根为之竖起,恨不投袂而起,终身不复见此怪状,余不解此种宴会将为酬酢计耶? 抑将比赛上海各色人物耶? 在吾辈稍有智识者,厕身其间,若有芒刺在背,精神上之痛苦实过于身受数小时桎梏之刑焉。以吾国商人普通智识之缺乏,于世界大势、国内政闻,本无所知,乃又不安缄默,席间议论风生,忽而谭世界新闻,忽而议国家大政,忽而述前清掌故,怪诞离奇,如聆《西游》《封神》之神话,不知其何所本而有此说,亦不知其何所见而发此论。余遇若辈大议论家发言时,默坐一旁,终席不敢赞一辞,盖若辈之言论,驳之则无话不可驳,正不知从何说起,和之则又万不可也。

欧美妇女率受相当之教育,教育子女,确能发挥儿童之良知良能,而增益其仁慈和亲之美德。故幼童游戏场,虽聚百数十幼童于一处,历数小时之久,亦不闻争哄之声,则西人于孩提时已具合群爱群之美德矣。吾国幼童则不然,苟聚六七幼童于一处游戏,但历一小时之久,则诟谇声争斗声相和迭奏,连续不绝。且欢跃而聚,未及一小时,往往争论殴斗而散,吾国民之散漫凌乱,无公德心,无合群心,不得不归于幼时之失教也。

上海幼童尤为荒谬,牙牙学语之婴孩,而詈人秽污之语已能上口矣。若八九岁以上幼童,终日操詈人秽语如连珠,虽老妪念经之勤,亦不能过之。何若辈父母,竟熟闻之不一禁止耶? 余谓教育孩童,最宜发挥其仁慈笃厚之天性,凡童子天真烂漫,绝无欺诈机械之心,而举动活泼勤奋者,皆将来良善之公民也。若在龆龀之年而已老气横秋,油腔满口,举止轻佻,胸多城府,皆不可造就之朽木粪墙,将来必为社会之败类者也。余在上海所见之幼童,多属此类,余见之辄为吾国前途惧焉。

自耶稣倡救人苦难减轻自己罪恶之说,欧美妇女尤笃信之,见人有疾病痛苦者,多能挺身救之,不辞劳苦,不避危险,其高风醇俗,至足令人钦佩者也。欧美壮男,凡妇女老弱濒于危险者,咸当立起救之,计不旋踵。苟袖手旁观,不赴他人之急者,则必群起非难,谓坐视力不能自卫之妇女老弱濒于危地,而不能奋勇取义以救之,实为青年之奇耻大辱,虽平素亲密之友闻之,或竟与之绝交,此所以养成欧美敦厚侠义之风也。欧美汽船、汽车中,旅客上落时,壮男悉让妇孺前行,虽有急事,亦不趋前,决无如吾国男子,有时反以拥挤妇孺为乐。汽船在洋面遇危险时,壮男必俟妇孺悉得救后,始下救生船,虽生命呼吸之际,亦决无起而相攘夺者。盖欧美人之意,凡体魄弱于吾者,则强者当尽保护扶持之责,而以侮辱柔弱之妇孺为男子之大辱。若见弱于我者则尽情欺之,见强于我者则屈身愿受其欺,此实野蛮人之遗俗,而文明人深耻出此者也。(欧美无道德思想之人,亦有侮辱妇孺者,余回国时,汽船上见一美人屡侮一日本幼童,非欧美人人能守此美德,惟比较中国人善耳。)若吾国都市之浮滑少年,以欺人为智,以辱人为荣,以令人吃苦为开心,驯至社会风俗日漓,人心日险,久之相习成风,虽谨厚敦笃之君子,亦不敢以忠恕之道待俗人,卒之人人皆浮滑,则浮滑者亦必不能独占便宜;人人皆刻薄,则刻薄亦必不能独享利益。余谓浮滑刻薄之行为,如吃鸦片然,初行之虽见小效,久行之必蒙大害,余望吾国青年,急自猛省,毋自杀而复遗毒于社会也。

近日国人读欧美小说,辄慕欧美妇女之喜嫁军人,足以鼓舞国中男子尚武之精神,而病吾国女子之柔弱萎靡不足以语此也。余谓不然,吾国古代妇女,何尝不重军人,三代时卿士大夫,无不兼军旅之职,《左传》称郑子晳与子南争娶徐吾犯之妹,犯请于二子,请使女择焉,皆许之。子晳盛饰入,布币而出,子南戎服入,超乘而出,而女愿嫁子南。此吾国妇女喜军人之证也。挽近军政废弛,武夫出则高车,入则夏屋,居气养体,流连荒亡,有军人之名,无军人之实,而英发雄杰之气,乃反不如舞台上之健儿,吾国男子自不武耳,于妇女乎何尤? 不然吾国名门妇女,何以不喜骚客词人,偏喜妍剧场之武生耶? 此非吾国妇女喜嫁军人之明征大验欤?

林琴南先生《红礁画桨录》序云:"西人之论妇女,恒喻之以啤酒,其上白沫涌溃,但泡泡作声耳,其中澄清,其下始滓。白沫之涌溃,贵族命妇之侈肆罄产,恣其挥霍者也。清澄之液,则名家才媛,力以学问自见者也。滓则淫秽之行,无取焉。"先生是言,实足尽概世界妇女之情况矣。盖世禄之家,鲜克由礼,骄奢逸乐,而能束身谨饬者鲜矣。贫女则饥不得食,寒不得衣,饥寒交迫,则不能复为廉耻礼义所裁制矣。故美国妇女之懿范芳行,可为吾国妇女取法者,亦仅限于中流社会而已。

美国社会最重商业,与吾国并峙太平洋两岸,幅员之广袤既同,交通又极形便利,吾国苟能振兴商业,扩张海外贸易,则美国实为吾国商品外输第一销地也。吾国出口商品最大宗者,曰丝曰茶,余就在美见闻所及,分别言之。中国天气温和,最宜育蚕,自黄帝西陵氏教民育蚕,实为中国蚕丝之始。唐虞三代,九州之土,无不宜蚕,自后妃夫人至民间妇女,无不勤于蚕桑织事,诚以蚕丝为中国古时唯一衣料也。周秦以降,与外国贸易,以及颁赍属国国王及贡使,咸以缯帛棉絮为珍品,华丝固为世界所同好久矣。吾国通商之后，输出品以丝为最大宗，顾近年日本及意大利蚕丝代兴，吾国唯一之利源，几为所夺，此而不急谋改良补救之方，吾国国际贸易前途，将愈不堪设想矣。

华丝品质之优美，久为世人所同认，故虽日、意二国丝商竞争甚烈，而华丝不至完全失败者，诚以华丝品质有独优之处，非他国所能比拟也。观于去岁十月日本蚕丝会，赴美调查员荻原清野之演说，则知华丝品质，实优于日本丝。近日美人已一变曩昔不重视华丝之态度，而有研究采用华丝之趋向，此实华丝唯一机会，不可等闲视之者也。

荻原清野氏曰：中国生丝之品质，其弹性一层，实优于日本丝，与意大利生丝，殆在伯仲之间。美国近时渐有开发及利用中国生丝之倾向，美国生丝检查所长曾声言日本生丝之增加，即为日本垄断之增加，美国须更扩张生丝供给地点，以抵制日人之专断。若斯则价格低廉、品质优美之华丝，实最为适宜。又有薛尔克报馆记者马斯英，亦力说采用中国生丝之需要。荻原氏谓二说皆美人向倾华丝之明证。日本丝商宜急图补救之方法，而万不可等闲视之者也。噫，日人之言如此，顾吾国丝商则竟何如？美国适用生丝之性质及状况，言其大要，略有五端：（一）丝质之强韧，（二）品质之不变，（三）纤度之均一，（四）色泽之均一，（五）商标之信用。按华丝品质优美，丝之白色，系天然白质，并非漂白，漂白丝经过强质，不易耐久，天然丝质地强韧，以之织成绸缎，决无裂开起毛之弊。华丝染料，多用本国上等染料，颜色美丽鲜明，经久不变，较之普通人造染色，稍经日晒，或历一二年即变色者，迥不相同。故就丝质之强韧、品质之不变论之，华丝以天然品质之优美，实远过于日本丝。日本生丝质脆易断，尤以此点最不满欧美人之意，惟吾国丝业素无规模宏大之公司,故丝织品往往不能整齐划一,而商标之信用,亦不能如欧美之明著,西人欲采办者,往往无所适从,此则丝商亟宜注意也。

吾国绸缎如府绸、盛纺、花纺、核桃素绸、摹本缎、漳缎绒等,皆可望在美国畅销。吾国绸缎素有硬面软面之分,论在欧美之销路,则软面实远过于硬面,以欧美妇女之购绸缎,多用贴肤之衬衣,苟绸质厚而硬,或里面略带糙性者,多不适用。中国绸缎手制者多,虽坚韧耐久,远过于舶来品,然其弊在不匀,往往有粗丝横亘其中,殊不雅观。故制造丝经,尤宜以匀净为主,中国绸如府绸、盛纺、花纺数项,苟能略事改良,适合西人之嗜好,复注重广告,推广销路,则虽岁增一万万元之输出,亦非难事也。

欧美妇女服绮罗绫缎者,多系豪富,然衣不数次,辄弃置更新。故料不嫌薄,惟颜色花样,须日新而月异耳。华绸以质地厚实为良,成本过重,以致利润难图,而花样复陈陈相因,销路遂一蹶不振。日本政府及社会,对于丝绸之销运外国,提倡不遗余力,设研究改良丝绸学校于西京,以期投合美人之嗜好,于横滨复设出口丝品检查所,凡出口之丝经,必经政府加以检查,此日本丝所以畅销于欧美也。吾国苟欲蚕丝绸缎畅销于海外,则亦当效日人之成法,而盛纺、花纺数项,可望畅销于欧美者,必须将门幅放宽,以二尺三四至二尺六七最为合式。若仍延吾国之旧绉纱纺绸门幅,大抵在一尺五六之间,以之制美国妇女之衣服,实不适宜。盖用一幅则既苦窄狭,用两幅则又多废料,耗废既多,则撙节浮费之念起,而销路亦因之滞钝矣。

巴拿玛万国博览会审查之结果,吾国绸缎、丝茧数项得奖甚优,较意大利、日本等国,有过之无不及,亦吾国丝业之一大转机也。计绸缎品获大奖者为浙江纬成公司、河南陈源记及山东杨宾珊；获名誉奖章者为吴江永亨昌、上海通纬、浙江梅莪青；获金牌奖者为山东丝业公会、山东周昌即、江宁南京商会、南京张德茂、武进仁和号、江宁原太、吴江张质彬、浙江袁震和缎庄、浙江万源缎庄、山东丝业工会、汉口老彩章、云南农林局、成都劝工局。丝经、生丝获大奖者为江苏义成永、上海信昌、上海祥升；获名誉奖章者为山东丝业公会、无锡裕隆森、上海大经丝厂、上海勤昌、上海锦成丝厂、无锡隆昌、广东颂维亨、四川模范丝厂、旭东丝厂；得金牌奖者为山东成生利、聚盛长、裕丰德，江苏黄坤记、华纯泰丝厂、裕和丝厂、源盛丝厂，上海振锟裕、无锡裕昌、乾康丝厂、裕祥丝厂、裕康丝厂，上海赓记，上海华庆，河南金盛永，广东协纶，四川蜀眉丝厂等，其余得银牌奖、铜牌奖及奖词者，尚有三十余家，不复列入。蚕茧一项，所得之奖亦不下三十，合绸缎、丝茧所得奖章计之，实达百枚以上，此实吾国丝业最荣誉之事，愿吾国商人勿坐失此机会也。

在美国通行之茶，共分六种，曰工夫茶，曰乌龙茶，曰珠茶，曰日本茶，曰日本烘茶，曰锡兰茶，而以锡兰茶及日本茶为最销行。论华茶之色味，实远胜于锡兰茶及日本茶。余在美时，曾遍购日本茶及锡兰茶品之，色香味三者，均不及华茶。顾锡兰茶能利用广告之效用，茶味浓稠，投合美人之嗜好，且时分赠小盒茶样，俾美人咸晓然其价廉品美，故凡得某公司赠品茶样者，即喜购某公司之茶，此锡兰茶畅销之原因。华茶则不然，进口时概用木箱或席袋装入，既无特别之装潢及标识，虽购者饮而嗜之，亦不知其确实之茶名及商号，则第二次苟欲购同样之茶，困难已立见矣。且华商吝惜广告费，日报及杂志中从未见华茶之广告，无怪普通美人或竟不知华茶之名也。

日本茶近日在美国最销行，十年前日本茶在美销额甚微，尚远不如华茶。顾旅美华侨多系粤产，粤商富于耐苦冒险之精神，而乏活泼变通之思想，而素未受教育之商人，往往知有广东，不知有中国，进口货必采办粤土产，而摈弃他省之名品，广东本不产名茶，远不如江西、两湖、安徽、浙江所产，茶品已不如人，而无耻商人，又屡已染色及泡过茶混蒙进口，每为美国海关拨回，即不染色者，亦系最下等之广东劣茶，于是华茶信用一落千丈。

日本乘此机会，大登广告于各报，谓日本茶性质净良，决无泡过及染色之弊，美人信之，销路大增。日人浔厉猛进，利用广告，时分赠品，改良茶种，检查出口茶品，至今各国茶在美国销路，日本茶居第一，华茶几无人过问。自今以往，设不急图补救之方法，数年后，华茶名称将消灭于美国市场矣。余未至美时，辄怪华茶实优于日本茶及锡兰茶，何销路反不如彼，口之于味有同嗜，何独至于美人有口而不能辨味，至于今乃恍然明其失败之故。华茶在美滞钝之原因，是无异华商竭力自斫伤之，而非由于日商、锡兰商攫夺竞争之结果，此实吾国茶商失败之原因，亦近日实业界中最痛心之历史也。以茶之品质而论，华茶实优于日本茶及印度茶，以美国进口之茶而论，华茶实不及日本茶及印度茶远甚，故吾国国内销行之名茶，美人咸不知之，而美人所知者，乃华商进口最粗劣、最无味之华茶也。

美国人工最昂，故商品每经一商号，则价骤增，茶叶进口亦不能逃此公例。如茶叶进口公司售茶于茶叶批发行，须获赢利百分之四十或五十，（例如进货价每磅二角者，售出时须三角或二角八分。）茶叶批发行售茶于大杂货行，又须获赢百分之四十或五十，复由大杂货行转发各小杂货店，辗转增加，每经一处即须增价三分之一,至顾客购茶时,茶之价格已较茶进口时价格增至二倍有余。故凡美国商号经买外国物品者,美人仍获厚利,非如吾国烟纸店经买三炮台香烟、刀牌香烟者,仅获赢利百分之二三,徒为外人之傀儡也。茶叶进口行以便于销行起见,率喜购价值较廉、品质较次之茶,因此印度茶如立泼登茶、立葛威茶、泰德来茶,所以畅销美国也。国人苟欲华茶畅销于美国,则必须减轻其成本,庶定价可以低廉,且必装成小盒,标识明晰,又大登广告,则必能战胜日本茶与印度茶矣。

巴拿玛万国博览会审查之结果,华茶获奖最优,计获大奖者为江西、湖南、湖北、安徽、江苏、浙江、福建七省。获名誉奖章者,江西南昌出品协会之文虎牌茶、大总统牌茶、嘉禾牌茶、橘牌茶四种,共得四枚,湖南宝大隆兴(与)曾昭模,上海谦顺安。得金牌奖者,上海茶叶会馆得四枚,上海茶叶协会,江宁陈雨耕,上海忠信昌,上海益芳公司,上海裕生华茶公司,上海鼎兴隆,江宁永大茶栈,宜兴德元隆,江西南昌出品协会,湖南浏阳商会,湖南安化县昆记,湖南黔阳商会,福建马玉记,福建福安商会,福建周鼎新,四川茶场,合银牌奖、铜牌奖及奖词计之,茶叶一项,所得之奖实不下五十也。

丝茶两项实为吾国国际贸易之命脉,故述之稍详,其余物品可以畅销于美者尚多,或为吾国人所不注意,或竟为国人所不知,余故一一分述之以示国人也。

欧美各国均不产竹,产竹最盛者,惟中国与日本耳。近日世人对于竹之需要,日形加增,竹之特长,在于质轻而坚韧过于木材,如用为飞艇材料,尤为适宜。异日再有他项发明,竹或竟为工艺上重要之物品也。即在今日,凡竹制之椅桌器具,美人咸喜其精巧别致,竹制之篮匾及竹刻小件,如嘉定之竹刻、台州之竹簧,玲珑精巧,大为西人所推许。日人知世人对竹之需要日增,近年来日本竹销运海外,积极进行,不遗余力。此次巴拿玛赛会,日本农业出品,竹为最多,农业馆之栏干,高逾二丈,长十余丈,悉用日本竹建成,所以引起一般入览者之注意也。闭会后复以竹之全部,分赠美国各公共陈列所,所以提倡表扬者至矣。吾国则适与相反,出品人殆以竹为粗劣农产,不知可为重要输出商品也。农业出品,竹为最少,不过寥寥二三十小干,且最普通之猫竹、棕竹、龙须竹、慈竹、笔筜竹、籐竹等,凡可为工艺材料者,均未之见,而此二三十小干中,有所谓湘妃竹者,有所谓龟背竹者,有所谓实心竹、鱼鳞竹者,粗仅如指长,不过三尺,皆不适于实用,以与日本比较,相形见绌,实觉自愧。美人入览者,又时问中国是否亦产佳竹如日本,吾辈对此问题,殊觉颜汗,在当时固不能不列举中国所产佳竹以对,然吾国既有名产,何以不陈列于万国博览会,而独让日人出色,是实吾人恶颜无以对人者也。竹制之篮,浙江约有出品二三十只,陈列于中华政府馆,不一月即告罄,且有定价奇昂,一竹篮须售华币八元、十元者,美人犹争先购定,如恐不及,然如此定价,大不宜于推广海外之销路。盖高价物品,只能销于一时,不能持久,且他人易起而摹仿挽夺,吾商人苟为久远之计,固不宜见小利而失大也。

吾国种花、养花方法研究最久,如牡丹、芍药、菊花种类之繁,不可胜举,奇花异卉,令人自(目)炫。至于业艺圃者,取梅、柳、梓、楠、松、柏、橘、柚诸树,栽诸盆盎间,长者屈之使短,大者削之使小,或肤寸而结果实,或咫尺而作龙鳞,闲庭小院,高下罗列,衬以碧玉之苔,荫以绿油之幕,能使书斋,陡成萧洒。此固雅人之清玩,抑亦世俗所同好也。日人凡擅艺圃术者,多以各种盆景,在美国出售,获利颇厚,横滨、神户、长崎通商口岸,盆景种类甚多,亦为销与旅日外人计也。吾国艺圃之术，当不下于日人，固何以独以海外之利，拱手让日人也？

吾国花卉之销运美国者，以余所见言之，只腊梅花与水仙花耳。美国全国气候，大抵温和，冬季亦不甚凛冽，普通花树，必易栽培，美国富绅贵妇，又有爱花之癖，名花异种，不惜掷巨资以购之，倘能详细调查美人之嗜好，择吾国花木之宜于美国土味者移植之，亦未始不可于海外辟一利源也。

近年以来，国人中洋迷之毒者愈甚，凡品物之佳者，辄冠以洋字之徽号，花生之大者，明明中国产也，而偏名曰洋花生，面粉之白者，明明中国面厂所磨也，而偏号曰洋粉。一时风气所波，乃至牵累吾国之狗，亦蒙最不名誉之辱谤，诚吾国狗族之大不幸也。近日国人谈世界狗之种类，凡可希贵可珍爱之狗，则必为洋狗，如血猎狗、婆尔狗、哈立狗、皮格尔狗、哥利狗、雪泰狗、克拉姆伯狗、哥格狗、泰赖狗、麦斯铁夫狗、瑶克县狗、克来皮格尔狗、旦痕台狗、拉撒狗、西藏狗、赖姆排狗、勃痕乾拉狗、排勃狗、纽芳兰狗、袋鼠狗、麦耳替斯狗、拉伯赖达狗、辟立宁狗、排白脱狗、皮雪脱狗、抛波狗、葛立封狗、香宾狗、大但南狗、包梅莱凝狗、勃隆尼斯狗、排泼隆狗、匈牙利狗、达尔麦丁狗等百数十种，皆高等民族之贵狗也。若语及中国狗，一若只有乡村间游行之癞狗、蠢狗，望之即令人生厌，决不足与洋狗相提并论也明矣。孰知事竟有大谬不然者，世界最珍贵之狗，实为吾国北京狗。余在美时，游狗类陈列馆，内有中国狗六种，皆世界最珍贵之狗也。一曰北京狗 Pekingese，二曰哈叭狗 Happa，三曰周周狗 Chow-Chow，四曰小种狗 Pug，五曰顶毛狗 Chinese Crested Dog，六曰小狮狗 Little Lion Dog，尤以北京狗、哈叭狗、小狮狗三种价最昂，每头自美金三四百元至美金二千元，以去岁美金之价值,合华币五千元,已与上海阔大少讨红倌人之身价同矣。余又闻某君言,欧美繁盛商埠,匪人诱拐少女,闭之密室,以姿色之高下,分等级售与痞徒为倡,每名自美金二三百元至五六百元,孰谓世界最尊重妇女国之妇女,其身价乃不及北京一狗耶?吾国二次革命以前,袁皇帝利用财神,创设新党,收买少数无耻之党员,据当日报章所载,所得亦不过三四千元,彼高贵煊赫之伟人,其亦深悔当日轻贬身价耶?吾国之狗何幸,获此高贵之价值,洵足以自豪矣。北京狗之所以可贵者,以毛色形状皆相称,耳大面短,鼻凹而孔上仰,腿短而弯,行时周身摆动,腿作键形,毛色花纹,均须调匀。北京狗所以成此种种特殊形状者,由于天生者,仅耳大面大身矮数项耳,其余如鼻之凹、鼻孔之上仰、面之短,皆由人工造成,非天生也。北京畜狗者,狗初生后,即以手日摸揉其面部使短,以指日按其鼻之中间使凹,以极浅之盆为矮狗之具。狗生二三月后,以人牙将尾咬去一半,并抽去其筋,面即不复长矣。至于毛色之匀净,则历选毛色匀净之牝牡使交,经多次选择传种之后,毛色亦愈匀净矣。又于牝狗孕仔时,狗之卧室壁上四周,悉精绘毛色匀净之狗,使之日夜睇视,则异日所生之狗,毛色自不至驳杂矣。北京养狗之专门家,惟太监及旗人,所畜之狗,能使以上所列之条件,完全不缺。余在京时,畜哈叭狗二,所生狗仔,无一佳者,以未加以种种人工之造就也。欧美人累购北京哈叭狗佳者至本国传种,然一至外国,所生之仔,其种立变,鼻已不凹,鼻孔已不上仰,腿已不弯而直,面已不短而长。余在美国所见之北京狗,多属此种,盖在美生长,非新自北京到美者也。美人犹珍重视之,屡语余曰:"此北京佳狗也。"余观此等变种之北京狗,只可欺蒙外人之耳目,若在北京购之,价值尚不及华币一元,特未便当面说穿,以扫他人之佳兴耳。

于以知豢畜北京狗之技术,惟北京人擅之,惟吾国饲狗之习,不过视为一种玩好之具,初无营业之思想,今北京旗人及太监,失业者众,生计日就困乏,苟能以北京狗供吾国输出之品,变无业游民而为国家生产者,未始非一举两得之计也。

欧美之狗,虽狰狞可畏者,苟以手招之,或以手抚其背,则辄摇尾以示亲昵之意,虽遇生人亦决不噬啮也。吾国狗则不然,苟非家中所豢养之狗,以手抚之,辄嘷然作噬人之状,其故由于西人多爱狗,无故决不虐待之,吾国人习惯则不然,见狗则鞭扑交加,狗本其平日之经验,凡见人举手向彼者,知必不怀好意,故亦以正当防御之方法相对待也。余阅西国小学读本,辄教小儿善待禽畜,视之当如小友,初不解其用意之所在。继见欧美人家庭,父母见儿女之叫嚣跳踉,犹不措意,惟一虐待犬猫小禽,则必立呵止之,盖西人教育子女,无处不欲养成其仁慈敦厚之美德,虽至犬猫小禽之微,亦不欲长小儿忍骛残酷之心也。夫欲一国群力之固、团体之坚,则必一国国民有互相亲爱、互相扶持之团结力,然后其国本固而民气强,方不为外人所侮。若吾国国民,互相猜忌,互相残贼,人生世上,不见一可亲可爱之友人,徒见阴骛、狠戾、浮滑、荒唐之辈,日扰扰于吾侧,则吾人之于对群,辄生憎恶之念,而爱众之心,自无由生矣。民德至此,则虽聒以合群爱人之义,亦决不生丝毫之效力,于以知西人教儿女之善待禽畜,由物及人,于孩提时已具仁慈之美德,实深合教育之原理,而决不可以细故忽之者也。

吾国鸡卵价值之廉,甲于地球,内地交通不便之处,每枚不过五六文(如北方乡间),通商口岸,蛋价稍昂,较之美国,尚相去远甚。美国冬季蛋最贵时,每打须美金六角,以平常美金价值合华币,已一元三角余矣。吾国蛋价成本之低廉既如此,欧美人需用之广复如彼,(欧美人最喜食蛋,而饼干、点心、补丁,又无一不需鸡蛋。)倘能研究装储输运之法,畅销欧美,何难于丝茶大宗出口货物外,为国民另辟一海外利源也。惟美国商人排斥舶来商品殊甚,凡非美国不能生产之物(如丝茶竹等类),则必多方阻尼其销行。去岁上海运鸡蛋数十箱,至美国金山销售,金山蛋价顿跌,美国畜鸡之家,以不能保持其往日之高价,于是嫉中国蛋甚,广散谣言,谓中国蛋皆不新鲜,食之有害卫生,又运动加省议会,提出议案,凡出售中国蛋之杂货店,必须于窗饰上书明本店出售中国蛋,又于蛋上一一注明中国字样,其意以为如此烦琐困难,则中国蛋不禁而自禁矣。于是杂货店不利此议案之实行,延律师抗议,律师驳原议案曰:"倘以此议案为法令,则将来食中国蛋者,亦必须在面上一一标明'余食中国蛋之人也'。"提议者无以难,遂不成立,观此则可见美商排斥外货之甚矣。

美国畜鸡之法最详备,孵卵用电炉,每次可孵百数十,电炉可常使在一定适当之热度,决不至如中国用火孵卵,有时过热,有时过冷,冷热时时过当,卵因之受伤,或孵而不出,或出壳而仍多死者。中国苟讲究畜鸡,则孵卵电炉,必须采用,价亦低廉,每具不过美金数十元也。美国畜鸡之家,多者数千,少者二三百,盖以畜鸡为生,不复营他职业也。专门研究养鸡之书甚多,故方法亦甚详备,栖宿之所,清洁干燥,颇宜鸡性,小鸡食料,用数种食物混合而成,皆能滋养小鸡,使速长成,每日与以一定分量之食物,盖雏鸡如婴孩,多与之食则过饱,少与之食则过饥,过饥过饱,则死伤必多矣。

美国最大屠兽场,在芝加哥养牲之场,可容牲十六万头,职工九千人,屠场一点钟内可屠牛三百五十余头,羊豕之属倍蓰之。美国全国所食之肉,悉宰于芝加哥屠场者也。故美国市上所售之牛肉、羊肉,咸用冰冻,由芝加哥运来,最暂者亦必在冰箱内藏十余日,久者或数月或数年无新宰者。余乘蒙古号赴美时,船中烹饪甚佳,而味均不鲜,初不解其故,继乃知船中所蓄之牛羊鸡豚之肉,皆购买于美国市场,由美至菲律宾须一月,在菲律宾又须停泊十日,再由菲律宾、香港、广州、上海、日本开往美国,则船上所食肉类,只少亦藏在冰箱五十日以上矣,且不准沿途添新购肉类,诚事之最无理由者,亦可见美人排斥外货之甚矣。余至美后,遇英人某君,谈及此端,深为诧异。某君曰:"是焉足怪,美国某市,有一鸡已藏冰箱逾六十年,以屡次售时,均未检及,后发见仍出售与人食云,诚可谓古冷鸡矣。"芝加哥屠场之附近,悉为罐头食物厂,自屠宰而洗刷而分割而烹煮而装罐,不过六小时而已毕事,可谓神速矣。牛羊之毛革骨牙,无一不可为制造之原料,牙则磨之为粉,髓则烹之为胶,血则为肥料,骨则为纽为针为梳,毛则织之为毡为绒,皮之用尤广,可制靴、制箱、制缰、制盒、制囊及他种种器具。猪鬃则可制各种衣刷、靴刷、牙刷及他刷类,总计牛羊豕副产物(如毛革骨牙是也)之所值,视正产物(如牛羊豕之肉是也)四倍有余云。于以见科学进步,废物无不可利用也。以视吾国人视羊豕之牙骨为无用者,诚可谓弃货于地矣。

豚为吾国最普通之牲畜,穷乡僻壤,无不饲养,佳种尤多,西人多嗜之者。北方半(牛)羊之畜牧颇盛,肉类之价,廉于欧美市场,奚翅倍蓰。惟美人排斥外来食品甚烈,此关恐不易通过。若欧洲各国,则固不禁吾国肉类之运往者,况近日欧战大启,各国交战,需要食品甚殷,美国、日本以食品运往者,无不获利倍蓰。加以近日交通便利,保藏鲜肉悉用冰箱,万里外运来肉类,无异新宰于市者,吾国商人苟能研究运销鲜肉、腌肉之方法，或可为他日出口之大宗货物，未始非扩张海外贸易之一道也。

中国烟叶，佳种甚多，制雪茄烟颇宜。美国烟商现在拟增加采用，愿吾国商人设法推广销路也。花生、核桃二项，在美销路颇广，花生每磅约二角，核桃每磅约五角，以中国核桃、花生价值之廉，倘复能减轻运费外费，则必可获厚利矣。欧战既启，德国染料不能出口，各国染料价值骤增十倍，然中国固不乏可制染色之原料，如靛青、如五倍子，其余种类甚多，惜余不能列举其名。青靛及五倍子，则在美时累有美人向余调查中国价值及产额，吾国商人徒知攘夺小利，不能自辟利源，甚可惜也。近日市面之萧条，金融之紧迫，论者咸谓受欧战之影响，然余观美国及日奉（本）去岁之商业，则因欧战反大获其利。去岁美国运欧货物额，较之平时，汽车则增一倍，铜则增二倍，麦及他食料增至四倍，火药增至七倍，骡马增至十五倍。日本在美输入亦骤增，然美日二国商人，岂不因欧战反大发其财耶？吾国商人当自咎无用耳，于欧战乎何尤？植物油如桐油、蓖麻油、花生油，颇可期在美销行。青田石刻石质不甚净润，雕刻尤泥陈法，较之意大利石刻，诚不逮远甚。然欧美自机器盛行以后，人工日昂，凡手工所制之品，较之机器所制，无不价高数倍。青石既系手工雕刻而成，定价又低廉，西人咸乐购之，青田石初运欧美销售时，西人颇希珍之，获利几十倍于中国。近年贩运渐多，利亦渐薄，青田居民朴素异常，又富耐苦冒险之精神，只身携青田石至欧美澳各洲销售者，不下数百人，虽商业细微不足道，然决非都市浮滑之民所能及也。广东象牙雕刻，本甚著名，最细者能雕刻至二十余层，细如毛发，昨（乍）详视之不能见其精妙，本为美国所重，然其弊在不知画理，既无阴阳背向之分，徒增叠床架屋之病。

吾国稍知画理者,已嗤其妄,况西人以绘声绘色为尚乎？日本牙刻,精细不及华工,然颇合画理,故能以巧制胜。中国绣片,亦坐此弊,不能在欧美畅销,除少数名绣外,余均不及日本。木工雕刻,如浙江仁艺厂,取白果、白楂、香樟等木,（取其性坚韧而细腻。）用雕工雕成人物花鸟山水亭台诸形景,宛如一幅画图,远近分明,颇投合西人嗜好。仁艺厂在比利时亦有分厂,经兵燹后,损失颇巨,去岁余见是厂雕木挂屏一张,高三尺、广尺余,美人某以一千八百元购去（合华币）,洵可谓得善价矣。

杭州舒莲记折扇、团扇,颇为西人所称许,前赴意大利都即赛会,已获优奖,此次美国巴拿玛赛会,又获最高之大奖章,倘能设法在美国出售,可望畅销。福建近年工业颇发达,如新式各种角梳及仿西式之皮箱,美人乐购者甚众,此但宜讲运送出售之法可耳。福建漆器精美,在中国推第一,惟美人对之殊冷淡,似不注意,恐尚未能领会其佳处耳。宁波朱红漆之桶盘及小件,美人亦多购之者。山东草帽缏,品质颇佳,巴拿玛赛会已获大奖,倘能制时式草帽,尤可望在欧美销行也。中国古瓷,最为欧美人所推许,柴窑、宋窑,具名贵无论矣,即康雍乾三朝之精品,在欧美市场,每件已非万元不办,自嘉道后,华磁日窳。近日讲究改良磁器之法,于普通磁器,诚宜仿西式花样,以期抵制外货,若精制则必须力守柴窑、宋窑、康熙窑之旧,万不可惑于耳食盲从之说,亦仿西式,致失吾国固有唯一之美术,反为西人所唾弃,则华磁将无人过问者矣。余在美时,见英人摹仿中国古窑磁器,无不逼肖,虽凤麟狮象,亦一仍吾国旧形,不求其肖实物,于此可见西人推崇中国古磁之风矣。

二十世纪之商业,太平洋商业之时代也。一国商业之盛衰,恒视其国在太平洋之位置如何为断。美国自麦荆尼、罗斯福秉国后,并菲律宾,县檀香山,无畏战舰、潜水舰之增造,急起直追,如恐不及。自去岁巴拿玛运河落成,为近世商业开一新纪元,其关于太平洋、大西洋两岸诸国影响甚巨。自苏彝士运河开通以后,而欧亚之风云日急。巴拿玛运河告成,太平洋、大西洋之交通骤缩短数十日之水程,美洲东岸诸国之物品,输入亚东,殊形便利,此关于商务者也。美国舰队,分太平洋、大西洋二处,东西分驻,不易集合,自巴拿玛运河开通,舰队往来自如,呼应既灵,调遣自易,此关于军事者也。自此河开通,而世界之形势一变,列强对于吾国之国际关系,当必愈形紧逼,观于日本十年以来,全国上下对于太平洋两岸商业之发展、(日本近年来在吾国及美国商业日形发达,进步甚速。)太平洋航权之竞争,(自美国太平洋邮船公司解组后,太平洋航权几全握于日人之手。)惨淡经营,猛进不已,则其故可思矣。吾国以积弱之余,当世界潮流之冲,忧时爱国之士,宜如何戒慎恐惧,沉思观索,以应世变,其对于世界巨工巴拿玛运河之落成,决不容视为海外新闻,徒供清谭记述之资而已也。夫吾国与美,并峙于太平洋东西两岸,幅员之广袤同,气候之温和同,物产之丰饶、矿藏之宏富则又相同,而开化之早、人工之廉,则远过之。乃美国自十九世纪以来,各项实业,均甚发达,国民富力,超越英法,欧洲战争以后,世界金融商业之中心,已有自伦敦而移至纽约之势,则百年来美人之实业政策,亦可谓踌躇满志矣。

而回视吾国经济现像,则有不忍言者。金融紧迫,实业凋零,哀鸿遍野,萑苻时虞,国民生计,有僾然不可终日之势。就国内商人言之,谨厚者墨守成法,拘泥迂阔而不知变通,谭新企业者耳食皆从,疏空窒碍而无补实用。若有志考察实业,漫游欧美数月,归而叫嚣跳踉,大言炎炎,呼吸文明空气暂旬月,而意气已令人不可向迩，求其以冷静之头脑，缜密之心思，弘毅之才力，为国民倡一业能继长增高以期不敝者无有也。而所谓聪明材智之士，力竭其毕生心思才力，奔走于权位利禄之途，揣摩于趋避钻营之术，患得患失，东扶西倒，一若世界之功名事业，无出于官爵利禄者，其亦曾放眼一观世界潮流大势，彼挟其商业政策，国民富力，操刀待割，乘时进取者，固大有人在。循自以往，恐户内蛮触之争未已，而他人已入室矣。夫立国于二十世纪竞争剧烈之场，苟国民于新企业、新工艺之智识，茫无所知，而犹沿中古式诡谲侵陵之政策以为治，则国未有能幸免者也。

美国国内第一流人物，于政治之竞争，殊形冷淡，一国之俊彦，群相率入实业界。故美国商业之兴盛，为近世各国之最，而各种新企业资本之雄厚，规模之宏大，销路之广远，组织之完备，实足令吾人眙目拆舌，惊叹不能自已者。故美人国内种种之建设，足令吾人钦佩，足为吾人之规范者，厥惟实业，而决非政治及教育也。美人论述新企业书报及调查报告，余搜集多种，暇时当择尤选译，以示国人。此记则为篇幅所限，不复论列，惟述巴拿玛万国博览会公司内容之组织而已。

巴拿玛万国博览会，以吾国人目光论之，则必为美国政府所建设也，不然则官商合办也，又不然则必政府支出巨款，以补贴会场之损失也。而孰知有大谬不然者，巴拿玛万国博览会实为一公司，故又名巴拿玛太平洋万国博览会公司，公司资本，悉由商人募集，内容之组织，无殊一普通公司，惟对外则以美外交部总其成，以崇其体制耳。故万国博览会虽为增益人类幸福、比较世界文明而设，而公司之目的则仍不外乎红利。盖既名为公司，必以获利为本，设无利可图，或且至于亏耗折蚀，则投资者必不踊跃，决不能得巨大之资本,而非徒恃报馆之鼓吹,演说家之劝导,所能集事也明矣。然巴拿玛万国博览会以数千万之资本,经营是局,又值欧战大启,欧洲士女决无航海观会之余兴,美国居民皆由欧洲移植,眷念祖国,游兴亦衰,其影响及于会场收入者甚巨。当会场开会之先,旁观者咸惴惴然以耗折为会场虑,孰知开会十月,平均每日入览人数,最多时每日达十八万余,最少时每日亦六万余,且愈近闭会数月,入览人数愈形踊挤,是以会场以数千万之资本,开会十月,收回成本外,犹能获利甚厚也。观于万国博览会获利之故,而知美人组织大公司之经验,企业家手段之敏捷,眼光之远大,实非吾国商人所能望其肩背者也。故博览会内容之组织,当尤为国人所乐于研究,余故略述之,以供有志新企业者之取法焉。

首倡开设巴拿玛大博览会者,为金山商会会员海尔氏 R.B. Hale,金山之著名实业家也。一千九百四年十二日(月),海氏尝致书商会,谓宜乘巴拿玛运河开通,或纪念发见太平洋四百年之便,开设万国大博览会,以图金山市商业之兴盛。商会会员咸韪其议,遂于是年四月议决种种办法,而其中最要之主动人,即海氏也。会议既决,遂正式宣告于议会及社会,要求协助,金山市政厅及加州政府咸允拨款津贴之,其初定名太平洋赛会公司,复经准备委员之研究,乃改称巴拿玛太平洋万国博览会也。〔一〕千九百十年二月十八日,赛会财政委员会长查利摩亚氏,即会场总理,尝在商务总会开市民大会,历言大博览会与金山市之关系,及募集资本之必要。于是应股份者,异常踊跃,开始之四十户,皆各购股份美金二万五千元,(美金一元,平均合华币二元二三角,去岁之奇昂,今岁之骤跌,皆为一二十年来所未有。)其次或美金乙万元,或五千元,仅二小时,已达美金四百零八万九千元之巨额。是时纽纶斯与旧金山竞争地点于议会,施强烈之运动,其结果国会受总统塔虎脱之意旨,将此议案停顿,俟开□期国会时,再行议决,并声明开设万国大博览会者,不问其旧金山市,抑纽纶斯市,于未得国会议决以前,大博览会会社之资金,至少须集得美金七百五十万元。故巴拿玛太平洋万国博览会,对于一千九百十年二月□行召集之第六十一议会,不可不先为之准备,而当时筹集之资本金,尚止有美金五百万元,对于国会之规定尚不足美金二百五十万元。故是年六月十六日巴拿玛太平洋万国博览会会社,开特别会议,增加资金美金二百五十万元,并即时通告国会,于是对于国会运动之准备,始完全告成。未几,加州政府及金山市议决,各津贴五百万美金,共一千万元,合博览资金七百五十万元,共美金一千七百五十万。较之伦敦哈德公园博览会,建筑费仅二十万磅(镑),巴黎博览会经费四千八百万佛郎,芝加哥博览会资本美金一千万元,圣路易博览会资本及活动金一千一百万元,则比较历次赛会之资金,当以巴拿玛博览会为最雄厚矣。此外加以美国各州政府馆建筑费美金八百万,各国政府馆建筑费美金五百万,场内商人之建设,游戏场内游戏艺术各馆用费美金一千二百万元,个人或公司陈列出品需美金六百五十万元,统计总数当在美金五千万元以上,宁非世界空前未有之博览会耶?

此次筹备博览会事务重要职员,均由西美太平洋沿岸一带推出,实业家、制造家、政治家、文学家、资本家皆有之,类皆名誉卓著、经验素深者,筹备会务,以美京外务部总其成,会场职员,公举总理一人,为全会场之首领。此次巴拿玛万国博览会列入赛会者,计三十四国,美国各州咸赴会,国内国外公共团体赴会者不下三千,以及国内国外闻人莅会,咸宜以宾礼待之。是会场总理,实当外交之冲，而总理交际之烦剧，无异一国之外交总长，会场职员，共举却西摩亚 Charles C. Moore 为总理，摩氏美丰姿、善辞令，长于交际，举为会场总理，实可谓会场得人也。总理事务室设于加利福尼亚州政府馆，巴拿玛万国博览会由加利福尼亚州人发起开设，实以加利福尼亚州为主体，故加利福尼亚州政府馆建筑之壮丽，为各州政府馆之冠，而建筑用费之巨，亦远为他州所不及，（建筑费美金二百万元，合华币四百五十万元，面积约三十余亩。）实为会场内政府馆之最大者。建筑仿西班牙古礼拜堂式，以加利福尼亚州最初为西班牙殖民地也。馆内设有最大之跳舞厅，会场开大宴会及茶话会咸假座于是，跳舞会几无日无之，会场总理事务室设于是馆者，亦以其便于交际也。加利福尼亚州政府馆实为会场交际之中心，而女界事务所亦附设于此。故是馆布置陈设之美备俱臻其极者，亦有不得不然之势。馆之中心，辟大花园一，遍植加州产名花异木，间以清幽水景，馆前铸古神父沙拉像，面向金门湾，作伸手欢迎全球来宾之状。加州之名产，曰花果、曰金矿，是馆出品，亦以此二者为最多，至于陈列方法之伟大新奇，多有出于吾人想像之外者，尤非他馆所能及也。盖大博览会之成立，多得助于各国各团体之协赞，会场总理如专理会场事务，而以总理以下人员，当外交之冲，则殊非郑重外宾之道，且易失赴会者之欢心，会场总理不能专理会场事务势也，然会场总理既日疲于交际，而会场事务亦不可无综核之人，故总理之外复设监督，论外交上之名义，则总理尊于监督，论经理会场之实权，则监督实优于总理，各司其事，亦各尽其长，会场之一切布置筹画，监督实负完全之责任，总理不复过问。会场监督斯葛夫博士于赛会经验最深，沉毅谙练，勇于任事。斯君曾于一千八百九十三年充芝加哥博览会副总理，一千九百年美国政府派充巴黎赴赛代表,一千九百零四年充圣路易赛会监督,旋充芝加哥博物院总理,其对于赛会经验之深,已可慨(概)见。监督事务所在会场总事务所,列室百数十,各司各科之办事室咸在焉。监督之下,出品司长一人,营业司长一人,工程司长一人,会基分配司长一人,各司长之下尚有各科,掌出品、建筑等事,每科各置科长一人,下设科员、助理员、书记,在总事务所及各馆办事者不下千人,咸承命于监督。巴拿玛博览会总理与监督并设,形似骈枝,然苟明万国博览会情形者,知非如此则外交与事务必有偏废之虞,而决不能得良好之结果。吾国异日苟开设万国博览者(会)者,不可不师其制也。

会场妇女总事务所附设在加利福尼亚州政府馆,其余各政府馆,亦多附设妇女事务所者,以博览会之成立,得女界襄助之力为多,如加州政府馆内六十方英尺之装饰,由卜伦女士专司其事,珍宝塔下之少年泉,亦由女士配置,美术馆之珍品由女界出品者颇多,其余各馆院之塑像,亦多由于妇女之协助焉。妇女会又设女界游客保护会,派员随时在会场内分路稽查,使妇女入览者,得免一切危险。凡往来会场之邮船、火车,亦派女会员随时稽查焉。

关于会场内便利及防护事件之设置,略述之如左:

济急医局,由美国卫生局办理,一切布置与城市医院无异,共分两部:(甲)陈列部,所有物品纵人入览。(乙)施医部,会场游人无论何时何病,皆可入局医疗,有医士多人从事疹(诊)治,又特辟一室,备置医科各书,凡医士入会场观览者,皆可随时入室研究。

火警局,组织消防队分驻三处,甲局设在菲立摩会场入口处,乙局设在游戏场中心点,丙局设在美术馆附近,与加州政府馆相对。

印刷局,设在近士吉街会场入口处,内分十一部,兹特述其重要二部:(甲)报界事务所,各国各州报馆派访员来询会务情形者,随时通报一切。(乙)通问部,游客询问会场情形,随时有人招待答复。

电报局,金山电报公司均在会场内设报局,会场内发电一切费用,与场外无异。

电话处,美人之使用电话,较之各国最为发达,场内各馆几于无处无之。

邮政局,由美国政府设局办理,内分二部:(甲)陈列部,陈列关于邮政物品,纵人游览。(乙)邮政部,办法与普通邮政局同。

船车票事务所,美国各轮船、火车公司,皆在会场设有事务所,以便游客购定船票、车票,或盖印换票等事。寄物处,专备游客寄存物件,给小票一纸为凭,回领时可按物给费。

警察局,与城市警察无异,管理极形周密。

救生局,设在会场西端尽处,备救生艇,以防不虞,其余分派特别巡警,以保护迷路之幼童,设立专所,检收遗失之物件,以备失主领还,此皆会场便利游客及防御危险之种种设备也。

伊大利为欧洲古国之一,画术雕刻甲于欧洲,他国技士有志精造者,咸往习焉。其工艺品最称精美足以引起游人之兴味者,则为意大利雕刻白石裸体美人,(亦有非裸体者,惟裸体居多数。)石质澄莹洁白,曲肖美人肌肤,雕工又悉按生理上筋肉达发之理,修短肥瘦,俱合美人程格,骨头停匀,颦笑咸宜,体貌意态,栩栩如生,游会场者,咸乐购之,每具数千金不惜焉。石刻大者盈丈,小者仅四五寸,价值虽小件亦强半在美金百元以上,余以价昂未之购也。余购石像照片十余幅,小说大观五集、六集之石像插图,即余所寄赠也。裸体美人雕刻及绘画,西人视为最高尚名贵之品,凡学校及公共之地皆陈列之,绝无秽媒之意存乎其中。余在美日日见裸体雕刻、裸体绘画,惟足以兴起高尚优美之思想,绝无荡佚轻薄之意味,于以知美术裸体画与春画绝不相混。西人禁春画甚严,凡店肆及居家,苟藏春画者,警察皆得入搜之,获则科以重罚,社会亦恶春画甚,凡上流社会士女,苟购有春画者,其友咸鄙视之,或竟与之绝交。吾国近日一知半解之徒,见西人之重裸体画,于是起而提倡春画,凡俶诡奇离之小说杂志,无不插入含有春画意味之图画,以吸引青年之购读者,荒谬支离,莫此为甚,是则不可不慎辨者也。

瑞士居万山之中,壤土褊小,尚不足以当吾国一小省。阿拉伯斯山最高之峰,悉在其境内,山巅积雪,经年不消,而风景绝佳,湖光山色,掩映生辉,烟树风帆,历历在目,俯视平原,则浅草如茵(茵),落红成阵,浓阴晦暖,细涧潆洄,欧人称瑞士为欧洲之公园。欧美士女每岁束装往游历者,不知几千万人,岁费不知糜金钱几百亿兆也。瑞士人因此益修葺其道路,保护其湖山,以吸引世界之好游者。美国影戏馆中常演瑞士著名风景画片,余见之辄心向往也。瑞士工艺品,以钟表为著名。此次巴拿玛赛会,金山市之美瑞协会,曾与瑞士政府交涉,钟表出品以美瑞协会为最多。最小之表,圆径之大,仅如中国一银角。西人置表贵实用,以时刻准为一义,银表钢表佳者,亦值四五百元,金表最便宜者仅十余元。非如吾国购金表者,且研究十八开、十四开之表壳,或注重打簧,区区一表耳,而中西人观念之不同如此。盖一重实际,一务外观,故西人往往以巨富而用铜表,吾国则虽学徒伙计,苟力能摒挡二三十元者,则无不勉力购一中看不中用之金表以眩人也。

余旅美时,与荷兰人斯笃克同居,谈及郑延平之历史,斯君津津乐道之。盖延平战胜荷人,征服台湾,固为吾国最光荣之历史,而荷人震于延平之战略,事相隔几三百年,其余威犹未堕地也。延平赐姓朱,军中呼为国姓爷,欧人习闻之,不复知其姓名,凡欧洲记载延平事者,无不称国姓爷,推崇备至。乃吾国中洋毒之学生,不知延平为何人,有时外人道及之,亦茫然不知所对,殊足令人齿冷也。

一日晤见一粤籍留学生,不通中国普通方言,乃操英语与之谈。余问某生曰:"君识中国字乎?"答曰:"识之,余固略能读中国书者也。"余问:"何人教君国文?"答曰:"余之师中国固甚有名,乃傅兰雅先生也。(傅兰雅博士,旅中国久,制造局聘傅翻译物理、化学等书多种,年老回美,乃任美加利福尼大学中文教授。)"余闻其言,实诧为生平未闻之奇谭。夫中国人不在中国学中文,而至美国学中文,一奇也。中国人学中文,不师中国人,而师美国人,二奇也。各项科学,中国虽不发达,何至以吾国固有之国文,亦必待美人至中国学中文,回美后乃复教中国人以中国文,天下宁有此迂远荒谬之事耶? 使稍有是非之心者闻之,当无不为之惊骇,乃吾国留学生恬然述之不以为怪,诚天下事之不可解者矣。虽然,终愈于一窍不通,而复悍然丑诋祖国文字为无用者。

留学生某肄业美大学正科已数年,一日试验论理,教员以总统威尔生命题。此公虽在美数年,固不知威尔生为何许人也,顾英文原音总统为伯理玺天德,校长美国亦名伯理玺天德,某生以为此必本校校长名威尔生者也,乃即以本校校长威尔逊为题作文缴卷。教员见之,乃忍俊不禁。又有毕业于美某大学之法律硕士某君,于吾国历史、地理之知识,其程度尚在初等小学学生之下。一日于大庭广众中,误认中国织毡地图为美国地图。(只有地势图形,无字,然甚明晰,一望了然,某君实不识中国地图,非一时误认者也。)时美副总统亦在座,与会者多贵绅要人,副总统亦漫应之,众未便面斥其非,某君退后亦不自知也。若彼大学肄业生者,旅美数载,肄业大学亦数载,既不知美国总统姓名,亦不识本校校长姓名,某硕士者既不识中国地图,又不识美国地图。若二公者,无怀氏之民欤?葛天氏之民欤?(二公与余相识,姑讳其姓名。)

傅兰雅先生现寓卜支利镇秋兰街二千六百二十号,一日余往访之,先生年已八十余,须眉皓白,精神矍铄,与余谭颇久,有时尚能操一二北京语。余前后往谒三次,先生所以勖余者良厚,意甚可感。先生示余以聂君云台所赠之《曾文正公日记》(即坊间刊行本),先生谓:"中国近代名人,余最钦佩者为曾文正公,设今日得如曾文正公一二人出而维持危局,则十年之后,不难立致富强。"谈及袁世凯,则时露不满之意。(时帝制尚未发生,袁最出风头时也。)先生语余曰:"余不解中国近日之派遣留学生,何漫不选择至此?余亲见多数留学生,中学毫无根底,于中国内情隔膜殊甚,与一未至中国之外国人无异。即使学成,将使为中国人耶?为美国人耶?抑中国政府将为美国代造就国民耶?余不解此辈回国后果有丝毫之裨益于祖国否耶?"呜呼!先生之言如此。余对今日所派遣之留学生,多不满意,先生此论,实先获余心也。

傅兰雅先生又谓余曰:"中国今日派学生留学美国,宜择中西学俱有根柢,已毕业于国内大学本科,则到美后不必复入大学正科,可直入大学毕业班专修一科,一年即可得硕士学位,再习二年,可得博士,留学三年,可得博士学位而归。较之派程度低浅之学生,到美后入大学正科,尚觉勉强,留学四五年,仅仅毕业于大学正科,得一学士学位,已急急不能久留。凡仅毕业大学正科者,不过略识专门学门径而已,决无高深学问之可言。中国苟欲留学生回国时适于实用,则不可不于派遣时严为选择焉。"先生之言,凡稍明教育者,类能言之,顾何以派遣留学生诸公,并此浅近之理,亦不知耶?日本派学生留学欧美,尚后于我,人数亦尚不逮我国,顾日人留学外国者,回国后类皆有益于社会,何我国留学界偏多怪诞离奇之现象,扰扰至今,仍无一定方法宗旨耶?日本凡派赴外国留学者,必先毕业于本国大学,得有学位,或已充教员数年者,其人皆已成材,其学已具有根柢,鉴别之识既明,庶不为外界之诐辞所转移。故能采人之长,补己之短,知其利之所在,亦知其弊之所在,回国后苟有措举,必能缘人情依人性,因时制宜,非徒骛冯虚凿空之谈者,所可同日语也。吾国留学生在外时,既无选择去取之辨别,回国后则务以大言吓人,小试不售,即悍然归咎国民程度之不到。呜呼!其曷不一反躬自省耶?

余回国时,舟中遇日本留德、法毕业生某君,某君固先毕业于东京帝国大学,大学充助教数年,复留学于德、法二国者也。余与某君综论中国派留学生之不得其法,日本官派留学生选择慎严,回国后所以有益于社会,某君深韪余言,顾何以人人共明之理,而吾国当局者,独不幡然一变其计画耶?

一日余遇新到美留学生某,浑身洋气,叫嚣跳踉,不可向迩,卒然问余曰:"君知吾国昔日所派留学生,何以为补于国乎?"余曰:"不知也。"某生曰:"昔日所派之留学生,多已受中国野蛮学校教育,已曾读过中国野蛮书,虽在欧美呼吸文明空气数年,而胸中所受野蛮余毒,终不能划除清净,此所以无补于国也。今日所派留学生,宜择年在二十岁以下,在国内教会学校专修英文,英语纯熟,生平未尝读中国野蛮古书,禾(未)受中国野蛮父兄之教育者,方为合格。再至文明国游学数年,则一切言辞动作,当无一不神似西人,即令欧美人视之,恐亦不能辨矣。君试思吾国留学青年,言辞动作既与欧美人无异,则吾国有不富强如欧美者乎?"余闻此惊人之论,嘿然不敢赞一辞,虽然余窃疑焉,某生亦中国种也,眼不碧而发不黄,某生无论如何善模仿西人,此生已无冒称洋种之希望。母也天只,不谅人只。某生苟自念及,固当引为毕生恨事者也。呜呼!外人之论如彼,留学生之言如此,某生何足道,独不解吾国司教育者,乃竟一无所闻耶?

美国各大学入学限制甚宽,不必毕业高等及豫科,亦不必经入学考试。盖欧美人之入大学,纯为学问问题,非为资格问题。苟自思程度不及者,决不贪虚名而思躐等,以学位之虚名,社会绝不重之,凡平庸无奇之学士、硕士,往往并月数十元之位置亦不能得,反弃所学而作普通工人以糊口者。余在美时,所见木匠、铜匠,固有学士、硕士在其中也。博士之学位,若在学校修业期满而得者,则社会并不注重,盖自大学正科起,循序渐进,苟不中途废止者,六年必可得一博士。故但有六年耐性者,人人能得博士学位,非真学智渊博,材智过人也。是以学校毕业之博士,非有特长可以自见者,则虽大学助教之位置亦不易得,主课教员更无论矣。学位之得与否,既于资格毫无关系,则求学者决无虑其躐等幸进,而入学时自无须严为甄别矣。故美欧人往往有青年时迫于生计,不得毕业于大学,及在政界或实业界已建事业,年老退职后,以五六十岁之老翁,复入大学听讲者。余在美国加利福尼亚大学政治讲堂,一日见一老妪,年已六十,伛偻而至,余初以为学校办事人也,继见其入讲堂作学生坐椅上,乃知老妪亦听讲来也。于以知欧美人入大学之目的,非如吾国人专希望毕业后之光荣也。欧美学者,凡号称通儒、享社会上大名者,必其学力识见,确有过人之处,或著一书而备受社会欢迎,或建一议而切中时事弊害,或考古而多所心得,或讲学而新有发明,则其人必为朝野所注目,有所著述,必能风行全国,固不必问其人是否得博士、硕士之学位,是否毕业于大学也。如袁氏顾问古德诺,固美国有名法学家也。即以当今美经济学名家而论,不过雪立门氏、亚达姆氏、克拉克氏、伊利氏、赖甫林氏、盾伯氏、普莱痕氏、泰塞葛氏、精琦氏、勃陆克氏十数人而已,美国著名大学之经济学课程,此十数人教授之也。美国刊行关于经济学之书籍报告及经济学报,十数人之著作也。此十数名家在大学毕业时,固强半未得博士学位。(欧美学制,凡学者有名著刊行后,由大学赠以博士学位,非毕业时所故得也。十数经济学名家之博士头衔,大概由大学所赠,如古德诺现亦得法学博士称号矣。)

而在大学毕业得经济博士者,何虑千数百人,顾何以多碌碌无所表见耶?于以知欧美人所重者,乃学问非学位,学问与学位绝对不能并为一谭。彼欧美人凡在学界享盛名,负全国人之望者,则必在大学毕业十年、二十年之后,实积数十年之苦心精诣而后得之,而决非循年按资之初毕业于大学之博士、硕士所可袭取冒称也。学位之不能代表学问,在欧美则不特辩而自明。顾余察近日国人心理,苟一评论学术,则三大谬见,横亘胸中,实吾国学界前途之障碍物也。何谓三大谬见?一以留学生与学问并为一谈。(即以游学欧美归者,皆有学问也。)二以学校与学问并为一谈。(以肄业著名大学者,即为优秀学生。凡毕业于美国哥伦比、哈佛特、颜尔、麻省、泼林斯登、哥纳尔、费城、卜克利、威斯康新诸大学者,必为学识优长者也。)三以学位与学问并为一谈。(即以所得学位之高下,定学识之高下也。)不知留学生自留学生,学问自学问,不能并为一谈。留而不学,智识从何来?若徒藉汽船、汽车之力,装至欧美等国,摆了几年,一自西游回来,便鸡犬也似登仙。此种谬见,充塞国民之脑中,则决不能得真智识、真学问。诸君当知学生与果木异,非如莱阳之梨、新会之橘、洞庭山之枇杷,凡产于某地者即佳果也。学生则不然,苟非刻苦力学,则所产之地土虽佳,未必即佳学生也。不然彼生长欧美文明国之愚夫俗子,车载斗量,不可胜数,何尝因产地佳而变易其品质哉?若学校与学生,固有密切之关系,然谓毕业于有名大学者,即为学识优长,此说实不可通。何也?学校非工厂也,学生非货物也,吾人如于欧美名厂定造快枪一万杆,或定购金表一万只,则凡制于同一工厂者,其品物必同,无稍参差。若毕业于同一学校,人数达数千数万以上,乃谓毕业生之程度,亦能如名厂之制货品,无参差不齐之病,此说其谁信之耶?孔子固中西所同认大教育家也,试问弟子三千人,智愚贤不肖皆相等耶?北京大学先后任国文经史教席者,如吴汝纶、张鹤龄、邹代钧、屠寄、王舟瑶、宋育仁、饶橹龄、陈衍、林纾诸先生,非宿负海内重望者乎?宁得谓北京大学毕业学生程度皆齐一耶?此皆浅近易见之理,不待辩而自明者也。余反复申言之,尚期国民一悟也。

美国入大学时,学科选定后,一科中细目数十。(如习理财,则内分经济泛论、经济史、工艺史、商业史、货币学、银行学、财政学、租税论、关税论、社会主义学说、社会主义学史、佣工论、托辣斯利弊论、企业组织论、国际贸易论、保护贸易论、专卖论、运输论、商业地理等数十项。)学者得自由择性之所近者五六项习之,已可毕业,不必贪多务得,竭蹶从事也。且所授学科,非经学校议决,决不变更,非如吾国学科,有时随校长、教员或学生之意而变动,令人无所适从,此最有害于修业,所亟宜革除者也。美国著名大学,皆建设于空旷幽静之地,离市廛必在十里或二十里以上,所以使学生得专心研究学问,不致以庸俗卑陋、势利炎凉之见动其心也。大学校长及教员,必为夙负学界重望之人,苟学识资望未孚者,决不敢侥幸尝试,而国内高官政客亦决不敢以大学校长及教员为安插私人之计。故大学校超然于政教工商各界之外,大学校长及教员之进退,不容校外人参一议,亦不许校内学生表发意见。由(主)科教员苟非自行告退,得以终身掌教,年老退职后,则主(由)①学校给以半俸赛(养)老。教员苟无政治上、实业上野心者,得专心研究学术,不必复有求于外人也。故欧美人运动作官吏、运动作议员,皆习见之事,而决无人敢运动大学校长,校长亦决不敢引援浅见寡闻之私人滥充教习也。校长及教员,饬身甚严,不特嫖赌等事,在欧美普通社会视为立身之大戒者,固决无虑大学人员出此,即寻常饮酒消遣,亦必严禁绝之以为多士矜式。且大学校得特定法令,凡大学附近(大学所在之地,名大学区。)之饭店及杂货店,不得贾酒,违者警察获则严罚之,此其所以能养成朴素静肃之学风也。

美国著名大学十余,规模以哥仑比大学为最大,学生逾七千人,历史以哈佛特大学为最古。各大学所受学科,各有专长,如哥仑比大学以教育、政治、矿学、化育著,哈佛特大学以法律、医学、政治著,哥纳尔大学以农学、土木工程、水力工程著,麻省大学以造船、矿学、电机、机器著,卜克利大学以矿学、农学著,芝加哥大学以教育、理财、政治、化学著,费城大学以理财、商科、医学著,密纳苏泰大学以农学著,威斯康新大学以煤铁及钢铁制造著,颜尔大学以森林、道学、普通学著,密芝根大学以医学、化学、造船著,泼林斯登

---

① "主"和"由"二字在原文中同一行,故可能是排版时串行。

大学以算学、物理、动植、政治、古文著，斯旦福特大学以工程著，考罗赖陀大学以矿学著，阿哈荷州大学以磁器著，意立纳寒州大学以铁路机器、铁路管理、农学著，以上所列皆美国著名大学，吾国留学生亦大半肄业其中。各大学之经费，均甚充足，尤得富豪捐助之力居多，如密芝根大学则得煤油大王陆克范罗之捐助美金数千万元，必珠堡大学则铜铁大王卡匿奇捐助美金五千万元，斯旦福特大学则为是区富豪斯旦福特独建，合计建筑费及经费亦达美金五千万元，合美国各大学计之，则得各富豪捐助金额，不知几兆亿也。以留学费用而论，则东美西美，廉于东美，①比较各大学学费，则最高者美金二百五十元，普通在美金百元左右，廉者自三四元至二三十元，最廉者为范尔班赖莎大学，则学费仅一元也。顾有一事敬告吾国有志自费留美之学生，于赴美之先，必须筹定数千元之经费，万不可惑于昔日留学生之报告，为苦学生可半工半读，到美后可以工资充学费也，美人排斥华工甚，普通华工尚艰于得业，况学生乎？美国青年凡有志而财力不逮者，可采半工半读之方法，若吾国留学生，则事实上万办不到。余在美时，亲见此项学生困苦艰难之情况，有时非人所能堪，且恐处境过窘，学业亦无成也。

十五年前余肄宁波中学校，亦曾中洋迷毒之一人也。凡西人食物如面包、如牛油，咸珍之为文明人食品，不问其美恶也。顾宁波地僻不能得佳牛油，臭恶不易食，顾余当日嗜之者，非嗜其味，以牛油既为文明人食品，余苟不嗜之，则不得自诩为文明人矣。臭恶固难闻，意其中当必有佳处，余固不敢不勉强以博文明之徽号也。后至上海及北京，食牛油臭味已略减，迨至美国，则牛油绝无臭味，

———————
① 原文如此，似应作"西美廉于东美"。

且略带清香,回忆当时食臭牛油情况,不觉失笑。余顾今日中洋迷毒者,毋日日大嚼臭牛油,而复施施自诩知味也。

余赴美时,同行某君亦洋迷也。舟中某君语余曰:"美国最下等之客栈,必当优于上海新旅社、孟渊旅社也。"余曰:"恐不必然。"而某君以为其言必不谬。及至美,一日余与某君经某街,见小客栈林立,污秽狭陋不可言状,在墙上大书每客住一日仅收洋一角。余顾谓某君曰:"君谓美国最下等客栈亦必当优于孟渊旅社及新旅社,君如能在此处住一夕者,余明日当范蒙旅馆(金山最大旅馆)宴君。"某君逡巡不敢进,不敢复持前说。然此尚非美国最下等者,最下等者每日仅收费五分,卑陋臭秽愈甚,固无殊上海郑家木桥一带小客栈也。美国纽约最大旅馆头等房间,每日须华币三百余元,室内陈设,皆前法皇路易十四宫中物,李文忠游美时住此馆,仅住二等房。如上海西人所设礼查、汇中、客利诸客寓,在美国仅得为中等旅馆,非上等也。即此可见美国贫富之阶级,相去太远,而社会主义之所以日盛也。美国法学家古德诺,袁氏聘为法律顾问,著《共和弊害论》,引起恢复帝制之大风潮,当日古氏受吾国人之掊击,不亚于筹安六君子也。然以余在美所闻言之,古氏亦为袁氏所卖,实蒙冤也。袁氏之聘古德诺及有贺长雄为法律顾问也,固非真欲咨询法律于古氏也。袁氏喜弁髦法律,而政客伟人时以违宪犯法绳之,袁氏觉不便,以二氏既为东西法律巨子,国内谈法律者,资望不逮古氏远甚,则他日党人以违法攻袁氏者,得二氏作文辨护,自可箝制反对者之喙矣。古氏到中国后,袁氏礼遇优渥,又时厚赉之,欧美人性直,心感袁氏,遇事思效力,以报答袁氏。袁氏又时遣心腹在古氏前说共和国体,如何不适宜于中国,民党如何骄横恣睢、阘茸贪婪,中国所恃惟袁公,袁公一旦捐馆舍,则全国惟有糜烂耳。古氏似已信之，袁氏知欧美人重名誉，古氏又为闻人，设告以所图之隐，诱以利禄，使冒天下之大不韪，则必为古氏所拒绝。顾近日国人中洋迷之毒愈甚，一标示外人言论，则开（闻）风而靡，袁氏思利用此弱点，故帝制运制（动），必假古氏之论为导线也。袁氏乃用马蒙虎皮之计，适古氏允任美国基大学校长，[①]将返国，袁氏遣心腹某私谓古氏曰："先生议论学术，久为吾国人所景仰，先生今以事返美，而吾国危机四伏，国本动摇，先生倘肯著一论，泛言共和之弊害，使吾国民有所警觉，则吾国咸拜先生之赐矣。"古氏以此等汛（泛）论国体之论说，本学子所宜研究者，忻然允之，万不料此一纸书引起滔天大祸也。当是时帝制派黑幕中准备已一切完毕，单等古氏论说一到，即行动手。故一面发表古氏论说，（闻古氏论说发表时，古氏适在太平洋航船上，此亦帝制派诡计，古氏虽欲辨正，亦已无及也。）一面筹安会即行开场，并非杨、孙诸君子，因见古氏论说后，然后再发起筹安会，真欲与国民商榷国体问题。以此中鬼秘，恐至今日，多数国民尚被袁氏瞒过也。古氏到美后，有此生不复再履中国壤土之誓，则此中必有难言之隐，而帝制运动，可谓逐节骗、随时骗，诚古今中外未有之大骗局也。

　　黄远庸先生在金山上海楼被刺，上海楼者，金山市之中国菜馆，即所谓杂碎店（Chop Suey）也。黄君至美后，寓金山斯多克登街卜克利旅馆。黄君遇害前数日，黄君友人已有所闻，劝其速离金山，黄君不听，故及于难。是夕，黄君在上海楼已食毕，至账桌取火燃雪茄吸之。忽枪声竞发，初发二枪未中，弹从他人头上飞过，后二枪悉中黄君要害。黄君疾趋至餐室，坐下，不复作声，同食者尚

① 原文如此，古德诺时任约翰·霍普金斯大学校长。

未知黄君受创,问之不答,起视之已气绝,血流满地,惨矣。逾时警察始至,凶手已远飏。黄君死后,金山中西各报所载,多忆度之词,未得真相。美国某报所载尤奇,谓黄君乃袁世凯之侄。余初不解其何以有此谬说,继思之实因美人呼人姓名,习惯上先名后姓,故中国称黄远庸,在美国称远庸黄,远庸之远(Yuan)与袁世凯之袁(Yuan),在英文拼法上固无稍异,此某报馆所以误载黄君为袁皇帝侄也。

一日,余在金山市菲立摩街,见埃及女士谈相广告,余好奇之心不觉勃发,乃进而询焉,相资美金一元,谈过去事多符合,女士曰:"如欲告君以秘密,须美金五元。"余依违之间,不觉点头允许。回寓后,居停主人斯笃克及同寓诸友,闻此语事咸嗤余之愚,几同美国佛兰克令幼时故事,余亦自悔孟浪焉。余检箧中尚有埃及女术士谈相广告一纸,兹译之以供读者一噱焉。略言:"本女士能预知未来种种事实,倘蒙贵客枉顾,本女士能指示一切,何业最宜,何年流运最佳,何年当有疾病破财等事,如何避危就安,如阿(何)克制仇人。本女士足迹遍地球,所相各国贵绅士女数逾千万,莫不惊为神奇。今游历至美,暂寓菲立摩街三千零四十四号,不久即返欧洲,诸公欲安身建业者,幸勿惜小费而自迷前途也云云。"美国巴拿玛万国博览会场内,有相面馆四五处,取资较廉,而江湖气之重,无殊上海青莲阁上相面先生也。欧美术士,挟许负术者,所以必大书埃及神相者,以埃及立国最古,神秘之士,惟古国始有之,然信之而往请相面筮卜者,则固美国新国民也。欧美妇女,信相卜者尤多。余在美时,见相面馆数处,生意固不恶也。彼未出国门之维新先生,辄谓欧美文明国,决无迷信等事,诚辽豕井蛙之见也。日本此风尤盛,余在东京、横滨游数日,见市廛中大书"周易神卜,奇相惊人"之招牌,不下十数处也。

中国下流社会,喜文身为饰,如《水浒传》之九纹龙是也。不料美中下社会,亦喜于身臂上刺成花纹,以为美观,名曰泰陀(Tattoo),东西洋之下等社会,其心理固相同也。

英人殖民政策最为完备,余虽未至坎拿大、澳洲,无由窥英人殖民之精义微旨,然在巴拿玛博览会中,详观坎拿大及澳洲政府馆之陈列布置,已可见英人殖民政策之宏远矣。盖各国政府馆者,由美国政府函请各国建筑政府馆一所,于会场建筑悉采本国式,馆内陈列亦悉用是国所制器具。例如中国馆建筑式则仿太和殿模型,而室内陈列,则为红木紫檀之器具,以及书画、绣片、陶器、漆器也。故游一国政府馆者,不啻身游是国之名都胜境也。而余游坎拿大政府馆及澳洲政府馆所得者,即谓之坎、澳全境游记之缩印可也。

坎拿大政府馆,外观伟大庄严,馆内陈列物品又极美备,建筑费美金三十一万,陈列费美金三十万,馆内面积七万方尺,用木材二百万方尺,各国政府馆以坎拿大馆为最特色,且能表里如一焉。馆内陈列有矿产、农产、渔牧、林木、铁路等出品,两旁表示坎拿大风景及物产,围以铁栏,近栏处用模型,更接以油画,映以电灯,一室之中,俨具数千百里之景像。仰视天则明月斜挂,云霞掩映;俯视地则□草如茵,川原无际。或作火山温泉迸裂喷薄之状,或拟寒江古树冰雪交辉之形,入览者恍若身游其地,不辨何者为模型,何者为油画也。馆内图画表册甚富,所以表示坎拿大之物品风景,以发起世人殖民兴业之雄心,洵不愧伟大国民之气象也。馆之建筑纯用英国式,内悬英历史上名人画片尤多,又以坎拿大精美地图及详细说明书分赠游人,藉以表扬坎地之名产及企业,意甚善也。各国政府馆陈列物品,以华贵而论,当推法兰西为第一,以云详备切实,吾必以坎拿大馆为巨擘矣。盖法人竞浮华,英人重实际也。

澳洲政府馆建筑,颇形壮丽,澳洲为新开辟之洲,地广民稀,英人利用吸收各国殖民之政策,从事开辟经营,以展发天然之富源。馆内陈列农产品、矿业品、牧畜品及各种农业器具,如灌田机、引水机等,均极完备。又刊澳洲农矿垦牧各项事业报告多种,厚者一册至五六百页,共二十余种,叠之高可二尺,报告装订既精美,图画亦甚鲜明,任入览者取携,不复取资,以一人之腕力携之,恒觉惫不能兴。书中具言澳洲垦植畜牧之利益,藉以兴起他国人民移植之观念,亦澳洲政府奖励移植之一种政策也。

美国人素守门罗主义,不事远略,自麦坚尼秉国后,并合檀香山及菲律宾群岛,美国始有殖民地。檀香山游览所得,余既述之矣,然论物产之宏富,则檀香山远不及菲律宾。盖菲律宾之幅员既倍蓰于檀香山,而菲律宾名产如木材、苎麻、烟草、贝壳等,遍销各国,非如檀香山仅以糖供合众国之需要也。

菲律宾自隶美后,美人刻意经营不遗余力,教育、实业较之隶西班牙时,确有进步。菲律宾群岛,气候温和,农产尤富,美人欲乘巴拿玛万国博览会之机会,以表示美人殖民政策之完备,故于菲律宾、檀香山二馆,布置陈列,均甚注意。菲律宾产木材甚富,且多佳品,全馆建筑,悉用菲律宾木材,馆内陈列器具,亦悉用菲律宾木材制成。又陈列木材约三百余种,有明净如镜、不施髹漆而光可鉴人者,有斑纹驳杂、如着彩色者,千态万状,令人目不暇给。中有一圆桌,桌面长约二丈余,阔一丈,为一木刳成,无斧凿痕,洵异材也。农产品中烟叶亦甚著名,菲律宾又名小吕宋,世界驰名之吕宋烟,即为菲律宾烟叶制成也。此外如苎麻,如椰子,亦为菲律宾重要农业,此次出品陈列,亦颇费匠心。麻则用纯麻制成八角亭,亭高二丈,周四五丈,旁则陈列麻绳,各式均备。菲律宾所产麻,洁白细韧,以之制绳,既美观而复耐久用,故美人于苎麻一项出品,极为注意者,亦菲律宾重要出口商品也。椰子堆积如小山,又以高逾三尺之玻璃瓶,陈列各种椰子油及椰子制成品。余纵观巴拿玛博览会,凡关于农产品一项,各国选择出品时,无不严于去取,一国之农产品,与选者不过一二十种,余皆摈不与列,而此一二十种之重要农产品,则必以伟大新奇之陈列法陈列之,所以引起入览者之注意,藉以博审查时之优奖,如此方无背出品与赛之宗旨也。吾国出品人不明此理,农业品与赛者,不下二千种,而二十二行省无省不产之谷麦菽粟,每省莫不有此种赛品千百瓶罐焉,累累然一若取代表地方主义,似阙之不足以示其物产之富者。而盛谷麦菽粟之器具,或径仅三寸之玻璃瓶,或古色斓斑之洋铁罐,间以三竿两竿之竹,一寸二寸之木材,其又焉能引起入览者之注意,而表示吾国之名产也?日本近年因竹输入美国者,额颇巨,农业馆之栏干,高逾二丈,长十余丈,悉用日本竹建成。美国某省产盐,以盐铺成雪景,取麋皮制一麋奔驰雪中状,角背悉堆白盐如雪。瑞士牛乳驰名世界,牛乳陈列则以牛乳制成小溪,复制腊人作村女提桶挹水状。美加利福尼省产佳果,馆内果品陈列,堆积如山,或作一大轮,直径数丈,缀以电灯,终日用电力转轮不息,其意以农产品类皆平淡寻常,非出奇则决不能使普通一般入览者之注意也。于以知各国对于出品之征集陈列,要皆胸有成竹,别出蹊径,而非如吾国盲从杂凑也。菲律宾馆面积颇广,馆之建筑为三角形,仿西班牙殖民地建筑式。馆内分左右二部,左部陈列为土人手工制成品,草席、草帽、银器、贝壳等。菲律宾草帽,与世界驰名之巴拿玛草帽并称,菲律宾产之贝壳,世界制钮工厂多取原料于菲。右部陈列为化学品、矿产品及国立印刷局成蹟(绩)品,学校、铁路、工厂、地质各项调查表咸在焉,所以表示菲律宾之新企业也。馆内又有售品部,以菲律宾土人手工制成品出售。

美国历史上最光荣之人物,足为全国国民所景仰者,于人则为华盛顿,于物则为自由钟是也。自由钟,予在美时曾于博览会见之,华公遗物亦多亲见之。会场又特制一室,悉仿华公住宅形况,予往游之,不啻亲见华公当年所居之古屋也。

佛乾尼亚州(Virginia),美人号为总统之母州,以手创合众国第一任大总统华盛顿之故乡也。美人尊崇华盛顿甚,呼之曰国父,国父诞日,全国休息,以志纪念。凡华盛顿遗物遗迹,虽琐细不足轻重者,亦必郑重保守之,目为历史重要之纪念品。夫一国历史上之豪杰,为国民信仰之中心,保其遗物,崇其祀典,非特国民反本报始之礼宜然,其所以兴起后人爱国卫民之观念者,关系非浅鲜也。

〔佛〕乾尼亚州政府馆,悉仿华盛顿住宅式建筑,又特辟一室,室内陈列器具,悉用百数十年前物,灯则石油灯,火炉则以薪木为燃料,盖室内各物,无一非模拟华公当年家庭情况,不使稍有参差。入观是室者,无异身游华公当日燕居之古屋,而回忆室中主人之勋业功德,则爱敬之心,自油然而生矣。

华盛顿葬于比路诺,在华盛顿府南四十里,墓之周围大五十五尺,坊聚万石而成,而门笋之处,绝无痕迹,其建筑术之工巧庄严,洵不愧为合众国国父之墓也。华盛顿纪功华表构造时,征石于万国,各国赠石,皆系以铭,用其国文泐之,以颂美国国父之功德。当时中国驻美使馆亦赠一石,其文为使馆道员某所撰,乃以陈胜吴广比之,盖袭《瀛寰志略》华盛顿赞也。梁任公先生谓此石终不可磨,此耻终不可洒。呜呼!以曩日吾国外交人员之暗于外情,昧于常识,固无往而不辱国也。

美国费城独立厅者,美国十三州倡议独立时,为群贤集议之所,内陈列自由钟,所谓撞自由之钟,以振兴国民独立之精神者也。美国为新造之邦,历史上重要纪念物,固未有过于是钟者,故虽为一古朽破碎之铜钟,(钟不甚大,高约三尺余,中有罅缝。)美人咸以历史上瑰宝视之。巴拿玛博览会之宾夕法尼亚州政府馆,模仿独立厅而成,令人发怀旧思古之情,且会场于六月间由费城运自由钟至金山,即陈列于宾州政府馆,至十一月初始运回费城,凡入场游览者,莫不以一睹此闻名世界之自由钟为快焉。今年《中华妇女界》第一期插图,内有中华妇女在自由钟前摄影一张,即余所寄赠也。

安狄生者,即留声机器发明家,为美国电学巨子,亦世界第一电学家也。安氏于近世各种电机发明修正之功最多,现已拥资数千万,美国人称为电学大王。去岁,安氏至金山观万国博览会,会场为之特定一日,名曰安狄生日。凡名人莅会,如前大总统罗斯福、塔虎脱先后入览,会场皆特定一日以欢迎之,名曰罗斯福日、塔虎脱日,而安狄生以一布衣亦膺此荣典,亦可见欧美人之推崇硕学矣。安狄生之预言,谓将来电学昌明,则人间所用之种种器具,几无一不可易以电制者。安氏之预言,将来或竟成事实,数十年后之吾人回视今日,当亦如今日吾人之视中古时代矣。安氏之言曰:"电力耕种机器发明后,则今世界所用之各种农具,皆可废弃。电学昌明后,凡器具之用木者,皆可代以钢铁,价仅值木材五分之一,而品质之轻巧坚固,则远过之。且木材种种色泽纹理,仍可施髹漆仿之,而敷彩设色,可随人意,其美丽决非天然木材所能及。印书之纸,可改用电气制成之镍纸,坚韧柔软,过于今日所用之纸。且镍纸二万页,厚仅寸许,以之订书,尤为轻便。以电气制衣机制衣服,但须将衣料如布、如钮、如线、如包衣纸、如硬板纸投入机之一端,即能组为衣服,复以硬纸内衬,以纸包就而推出于机之彼端,不必用丝毫人力也。"安氏预言中,其最饶趣味而耐人寻绎者,则造金术是也。安氏谓电学昌明,则黄金可以人工造成,不必如今日之披沙拣金,劳力多而所获少也。以吾国财政之枯窘,政客伟人,熟视国削民困,咸非所恤,独恨黄金不多,不能供其挥霍耳。安氏果能发明此术乎? 吾知衮衮诸公,为之执鞭,所忻慕焉。

美国飞行家有名斯密斯 Art Smith 者,技尤神奇,有飞行大王之称。年仅逾弱冠,而术已突过诸名家。去岁,巴拿玛博览会聘斯氏每星期在会场飞行四次,每次飞行十五分钟,合计之一星期共一点钟,会场每星期酬以美金二千元。一点钟之工资,而可得华币四千五百元,诚可谓世界最高之赁金矣。斯氏驾飞艇于空中,颠倒上下,无不如意,能在空中将飞艇翻身至十数次,如中国武丑之翻筋斗然。巴拿玛万国博览会闭会典礼,在夜间十二时半,斯氏先飞行数周,继乃于飞艇之尾燃一种发光之烟质,能在空中凝结数分钟始散,彩色分明,如落霞然。于是斯氏以飞艇为笔,以艇尾之烟为墨,竭其平生之能力,飞艇颠倒纵横,在空中书成 P.P.I.E. Farewell 数字。(译言巴拿玛万国博览会,今与诸公告别矣。)是夕莅会场者,逾四十万人,斯君飞行之术,莫不叹观止焉。斯氏飞行时,往往故作惊人之举,若已失手堕落者,旁观者方惊骇万状,而斯氏挽艇突起,倘祥天际,操纵自如。斯氏将飞艇落下时,非如寻常飞行家徐徐放下,斯氏当飞行极高时,能骤然将艇收下,一落千丈,如流星然,殆如文学家故以险句险韵惊人也。斯氏今年应日本之聘,与余同乘地洋丸至日本。回国后阅报，知斯氏已在日本飞行数次，大受日人之欢迎。不幸某日飞行时机忽损堕地，折一足，不知斯氏今日仍能演往昔之绝技耶？否耶？

美国加利福尼亚州之大树，历年之久，考之美史，已不可详。据精于推测者言之，谓此树之生，当在五千年以上至八千年云。树根有一腐孔，其大可容车马出入，树颠之高，实在四百呎之上，又有哥仑埠之古树，其对径已达十三尺，亦著名大树也。美国博物院陈列之古木，以树节推之，亦多生于纪元前之乔木云。

奥立曾纳州（Arizona）之大峡谷（Grand Canyon），亦美国一奇境也。崖削起千寻，下临无地，石嶙峋怪伟，雷轰电劈，色赭如经火炙，极目四望，群峰高下罗列，径路逶迤如羊肠，云起山巅，纵横作态。人行云中，绵绵如弹絮拂衣袂间，前行者隔数步窅不见，缘径而下，见老树盘空，如鬼魅离立攫人之状，茑萝蔓引，苔藓斑剥，蜿蜒如长蛇。雨后瀑布天落，流注石涧，累累若贯珠，且万缕方幅而下，俨如一幅水晶帘焉。微风荡之，又时作笙竽巢和之音，独坐岩石上，神骨俱清，几不知为人间世矣。是峡岩石之奇，千态万状，不可思议。白乐天记奇章公所著之石，谓："有盘拗秀出如灵丘鲜云者，有端俨挺立如真官神人者，有缜润削成如珪瓒者，有廉棱锐刿如剑戟者。又有如虬如凤，若跧若动，将翔将踊，如鬼如兽，若行若骤，将攫将斗。风烈雨晦之夕，洞穴开呀，若欲云歘雷，嶷嶷然有可望而畏者。烟霁景丽之旦，岩岿霭霱，〔若拂岚扑黛，〕霭霭然有可狎而玩之者，昏晓之交，名状不一（可）。撮要而言，则三山五岳，百洞千壑，覼缕簇缩，尽在是（其）中。"①读乐天是记，实不啻为

---

① 这段文字出自白居易《太湖石记》，文字据《全唐文》所收版本校对，见董诰等编《全唐文》，北京：中华书局，1983 年，第 6910 页。

奥立曾纳大峡谷之岩石写照也。

余谓评论欧美之政教风俗,是非优劣,宜各求其实,不可随声附和,一味赞美,致未出国门者阅之,疑鬼疑神,无所适从也。盖制度法令,无绝对之利,亦无绝对之弊,而一国之大,万民之众,俶诡奇离之风俗,烦颐复杂之政教,决不人人贤良,事事优美也。此固浅近之理,稍有是非辨别之心,类能知之,乃举国惑于诐辞,靡于颓风,非卓然能自拔乎流俗者,固难为耳食盲从、吠声效颦者道也。黄岩王君叔晋,与余同学逾十年,同时毕业于高等及大学正科。王君于民国三年赴英,今夏得勃明哈姆大学硕士学位。王君好读书,书未尝去手,无所不读,盖亦无所不记,作中西文论著,得纸笔,按案疾书,数十纸立成,闳博辨丽,读者咸称奇,洵留学界中不得多得之人才,亦余生平之畏友也。余旅美时,王君时贻予书,偶检行箧中有一函,论洋迷之弊,词颇痛切,特录之以为中洋迷毒者之棒喝焉。书曰:"弟在此持论,常与时贤相左,众咻之下,几难自持,得兄手教,助我张目。既而思之,又一喜而一惧,喜者我道不孤,惧者声气太弱也。留学而至欧美,见高房大屋则震之,见车龙马水又震之,外震物质文明,内无是非辨别,转谓风俗政教无一不善。是犹贵官之门役,名妓之龟奴,出见轻薄子,衣服丽都,不觉起敬起爱,谓其举动言默(状),无一不善也。转念自国人,十九穷酸相,先存羞恶之心,有何美好之事。近日之醉心欧化,吐弃国风,良以此耳。以上所云,未免善骂,与吾兄书函往复,故敢随意倾吐,无所顾忌,藉非然者,则一字一语,皆有轻重,吾行踟躇,吾言嗫嚅,方忧谗畏讥之不暇,遑敢伸眉论列乎? 今且平心静气,毋为轻薄口吻,则与时贤容有商榷余地。请问物质文明,果与精神符合否耶? 苟就物质以言精神,则不聋不瞽者皆能为之,何必我辈? 苟物质之外,别有精神,则其盈虚消长,果何如耶?欲证此语,吾又不能不为腐败之议论,一为腐败之议论,闻者又却走矣。居今之世,不言英美学派,不言德法学派,乃于故纸堆中搜寻证据,其不为笑者几何?虽然吾中国人也,顾不能为中国语耶?为仁不富,为富不仁,此言物质精神两相背驰也。衣食足知荣辱,此言物质精神两相依倚也。有时而背驰,有时而依倚,则非符合可知,必能破此迷信,而后可言性灵,否则高房大屋,车龙马水,必为风俗政教不移之证据矣。是谓有耳目无心思,吾兄方极其心思,为具体之研究,曰某事如何阗茸,某事如何抑郁,但开卷第一语,即曰美国物质极其进步,美国财力极其雄富,则闻者见此一语,以下皆可不读,读之亦不了了了矣,又疑前后矛盾也。兄其奈之何哉?夫谓物质即精神,因之兼收并蓄,无善无恶,皆为之,如食鱼者并食其刺,食肉者并食其骨,则得失犹参半也。无如物质财富,未可一日几,为之又无术,而阗茸抑郁之气,收之本甚易,为之,又为社会所称许,无怪食鱼仅食刺,食肉仅食骨,反赞不容口,以至梗抑以死,犹谓饱死胜于饥死,是非至死不误耶?举世同为猫犬之嗜,吾亦同为猫犬之归耳。偶因惠存,发此愤懑,足下当知舌梗而喉塞无声久矣,暇时请多赐教言。天涯知己殊不易,昔日之联床清话,已成陈迹,日后之奔走闲关,恐成不了也。"

去岁王君复贻余书曰:"弟颇有意著述,但自视终觉歉然,承兄不弃,乃以名山事业,邀我共事,感激之至,当同译一书,藉志平生交谊,并订文字因缘,应译何书,惟兄所命,但不能急就耳。第方搜辑经济学说,冀集诸家之大成,又泛滥于中国旧学,冀拨死灰,再扬新火,兹事颇不易,但齐人言齐,楚人言楚,又岂得已耶?二书当待十数年后,苟不中道夭折,吾知有以报国矣。将来求助之处,必为不少,欧美著述家其能卓然自立者,皆得朋友匡救教益之力也。惜知交寥落,如我兄者不能数人也。"王君既发此宏愿,吾愿王君回国后,舍弃一切,万勿入政界旋涡,勉成此书,余信今日中国,王君外固无人能成此名著也。

前年余编《清代轶闻》一书,因赴美匆促付印,秕谬之处,均未及厘正,出版后以数部寄留英同学某君,某君复以一部寄英国剑桥大学中国教习乾寒耳斯,乾先生为英国第一中文学家,著有《中国文学史》等书,先生覆书,谬承奖许,余深愧是书体例之芜杂,读先生手书,益觉颜汗无地矣。

(全文共分三十八次陆续连载于《时报》1916 年 11 月 11 日至 1917 年 1 月 29 日,部分内容又刊登于《益世报》1916 年 11 月 17 日至 20 日、《大公报》1916 年 11 月 22 日至 12 月 13 日和《中华实业杂志》1917 年第 8 卷第 1 期,以《时报》版为最全)

二、巴拿马万国博览会文献

巴拿马大博览会述略 附会场庆典日期及每月入览人数。

近年吾国上下，亦竞言赛会之利益矣。自去岁至今，赴日本大正博览会，赴美国巴拿马万国大博览会，又于北京开国货展览会。政府设法提倡，人民乐于出品，未始非吾国近年实业前途可喜之一现象。夫赛会之目的，在振兴商业，改良国货，则赛会之利益，政府虽间接蒙其影响，而直接受其利益者，厥惟实业界。夫既实业界直接受其利益，则赛会事务，必须由实业界集资经营，而决不能徒恃政府筹款筹备明矣。故此次美国巴拿马万国博览会，虽略受政府之津贴，而多数资金，悉由资本家投资而得，故又名巴拿马太平洋万国博览会公司。是以能规模闳大，基金雄厚。夫既名为公司，则必以获利为目的，设无利可图，或且至于亏耗折蚀，则投资者观望逡巡，决不能得巨大之资本，而决非徒恃报章之鼓吹、演说家之劝导所能集事明矣。吾国近日既以赛会为振兴实业之先导，则二十世纪初最大之巴拿马万国博览会，当必为吾国人所乐闻。巴拿马博览会以数千万之资本，尤能获利甚丰，其故当尤为吾国人所乐闻也。巴拿马大博览何以能获利，则不外游客众多之故，以会场唯一收入，实为每日入览者之券资。故欲知会场何以能获利，但论会场每日何以能致游客如此众多之故，即已得其纲领矣。

巴拿马大博览会，开会至十月之久，又值欧洲战争方酣，全欧人民困于兵役，富豪士绅决无航海观会之逸兴。且美国居民多由欧洲各国移殖，眷念祖国，游兴亦衰，影响及于会场者，亦非鲜浅。而每月每日平均入览人数，最低数每日犹及五万，最高每日平均至十八万余，此非独由于会场建筑之壮丽，出品之新奇而已也。实由于美国及各国公私团体赴会之踊跃，会场又设种种特别庆典日，以招致游客，此其所以能维持至十月之久，而不至衰敝。且愈近闭会数月，入览人数愈形踊跃，此其所以以数千万之资本，建设此伟大之会场，于十月之中，能收回成本，且获红利至百数十万之丰也。

会场开会期内，美国及各国公私赴会团体，及会场特别种种庆典，既与入览人数有重要之关系。余故节译会中各场报告，凡赴会团体之较重要者，略述其名称及宗旨，而于篇末并附每月庆典日期，每月入览人数，及各大庆日入览人数焉。

当未开会以前，会场总理得各国通函，于开会期内来赴会者，约有二百二十六大团体，每团体叙集，少则四日，多则十五日，平均每日有四团体开会。而临时加入者，尚不在此数。统计之大小团体约三千余，今将赴会各大团体，分别述之于左：

团体属于农业者二十一、教育二十二、会党三十六、商业二十二、希利尼文之会党二十三、政治十五、工艺十五、工党九、物理二十二、谱系七、历史五、文学十二、宗教九、社会八，此外尚有美国及各国之小团体，或先联合后复分别开会者。盖赛会之宗旨，实为交换人委（类）之智识，促进世界文明之进步，非仅罗致各国物品，陈列各馆，眩异矜奇，悦目骋怀而已也。各团体时期之分配如下：

四月，研究卫生。

五月,研究社会、物理、宗教、慈善事业。

七月,研究教育。

九月,研究工程电学。

十月,研究保险。余临时定期赴会者尚未列入。

团体之最重要者,为美国教育大会,代表到会者约有四万人,皆系学校教员,并有农业专科及农业试验场各人,同时到会。此次教育陈列面积,约五英亩,为各国各学堂教育图表并成绩品。凡关于普通教育、社会教育、文学教育、实业教育及男女学生手工品咸在焉。吾国教育部亦派北京大学教授陶君赴会。此次教育馆出品,搜集教育试验之程式及方法,分析及比较,以表示世界文明之进步。而多数出品,尤足以表示一千九百五年后教育方法之进步。故尤为世界教育家所注意,而赴会亦甚形踊跃也。

万国工程大会,系巴拿马运河总工程师戈沙副将发起,其宗旨为研究世界最大最要之工程。当时将章程刊发,邮寄各国工程师者,共八万函。开会到会者甚众,吾国农商部亦派员赴会。

电学会开会,有万国电学工艺会、美国电气化学会。同月开会,有二十一国代表,计分三十五团体。

卫生会、保险会、消防会三次开会,是为万国保险大会之第一次,凡火险、海上保险、生命保险咸属焉,共有团体二百余。

万国护病会,有代表六千人。联合美国公共卫生会开会,研究防肺病及防传染病之善法。美国红十字会、医学会、牙科会、国家治理疯人会,均于夏季开会。

矿产会、运输矿产会中,又有环球煤油会代表,赴会者共三十四国。

万国振兴薯业会、亚花草会、菩提子种植会,皆于六月开会,各代表以数千计。

学界团体中,有物理会、教员会、美国大学和平会、学生会、政治会、社会学会、天文学会、万国著作家会、新闻界会,各派代表赴会,甚形踊跃。

宗教联合会有团体数百,八月开会,妇女传教会亦与焉。救世军会,有十万余人,主其事者为勃廉委甫将军。宗教陈列品之中,有非洲及印度等处耕获图,乃当年传教初至彼方,教导土人耕获之故事也。南洋爪哇之麻疯院图,此院亦为教会所建,而传教士各处所撮风景照片亦甚多。

演武一部,以沙卢荣君为总理。沙卢荣君为美国演武厅发起人,昔德京柏林开阿林壁演武会,亦由沙君司理一切。又有英国袭爵立登,善驭帆艇,亦来与奖。美总统威尔逊豫备银爵一座,英王乔治第五亦有奖品以奖竞走者。初定章凡得奖之人,仍约定于一九一六年第二次阿林壁演武会,在柏林竞赛。今全欧困于战斗,能否实行,尚在不可知之列也。

演武厅之画迹及建筑,举定美国演武会副会长卢勃君主理之。至于演赛技艺,有网球、脚球、哥护球、笠球、体操、拳击、游泳、竞走、跳高种种游戏,赴赛者甚众。

当开会前,美国陆军部函请各国赴陆军来会操,已得数国允许。初豫计各国派陆军会操者约五万以上,后因欧洲战争忽启,各国多未能践约。惟美国海陆军,时在会场演操,间有数国如日本,仍派海陆军赴会。

美国海军军舰,约十数艘,停泊在会场前海湾。凡遇会场庆典,海军军士,时会操以助兴。至于飞艇,几每日有之,飞行家有名斯密斯者,年仅弱冠,技尤神,超越侪辈,驾飞艇于空中,高下颠倒,无不如意,能在空中将飞艇翻身至十数次,如中国剧场武丑之翻筋斗然。有时故作惊人之举,或失手欲堕者,观者目眩心骇,而斯密斯徜徉天际,操纵自如,飞行之技,吾于斯君叹观止矣。(斯密斯有飞行大王之称。)

万国畜牧会,将其最有价值之牲畜陈列会场。又有联合农业银行贸易田产及修理道路会。此外又有最新奇之团体来赴会研究者:(1)强种会,研究选择壮健之男女为婚配,造成壮健人种之计。(2)牲畜会,由美国农部主持研究牲畜生育法。(3)美国母教会,研究家庭之教育。(4)改良婚姻会,研究合婚离婚之利害。(5)清纯人种会,论血统混杂之弊。(6)妇女联合会。(7)日尼技慈善会、卢沙斯治慈善会。以上各团体,分期开会,研究体育、德育种种问题,使人类日臻进步。

此次赛会,妇女亦甚踊跃。美国妇女,游兴最豪,而美人习惯,凡集会结社,必假妇人以鼓动国民之兴趣,方易至于繁盛,则此次大赛会,妇女赴会固不容稍后也。

统计各团体,于赛会时赴会者,少者二百五十人,多者四万人。此等代表,男女界均有之,要皆世界优秀之人物,而以研讨世界最新之学术为目的。若以五百团体计之,每团体平均为二千人,已有一百万人。此一百万人中,为政治家、文学家、外交家、工艺家、宗教家、美术家,互相研究,互相资益,各挟新思想而来,各得新智识而去。使万国学子得以比较观摩,以促进世界文明之进步,此大博览会实可①世界公共之大学校,而赛会之所以可贵者亦以此也。若以吾国往者赛会之习见搜集古希珍异之物品,以供士女之观览,

---

① 原文如此,疑有缺字。

徒取快意于一时者,则去赛会之本旨远矣。

巴拿马大博览会获利之原因既述于上,就会场经理一方面言之。若就社会方面言之,欧美国民于饮食、征逐、冶游、赌博之嗜好,远不如吾国之甚。而稍受教育者,尤以嫖赌为立身之大戒。偶值大博览会,全国上下,咸视为唯一消遣行乐之地,而入览者因之众多。若就吾国近日社会情形言之,犹不足以语此也。其他如会场电灯配置新奇,夜景美丽,凡居民日间因职务所羁,不克赴会者,咸于夜间入场观览。故夜间入览之人数,不亚于日间,亦为会场获利之一原因。会场事务烦重,职员人数甚众,然能各举其事,不致冗脞,故似糜费而实经济。美国国民注重实业,国内优秀人物,于政治上之野心,殊形冷淡,而实业上之经营,则力争上流。故能建置伟大新式之企业,而屡收成效也。至于会场游戏场,内设各种游戏,种类甚多。游人往往因欲观游戏场,而购券入场者。(因游戏场在会场内,欲观游戏场,必须购会场入门券。)是游戏场固大有造于会场,乃会场不过画地六十五英亩,辟为游戏场,初无甚费用,而科费则甚重。会场须征收所得百分之二十五,结果会场获利。而在场内营业者,往往亏耗拆(折)蚀,且有被会场封闭,将器具拍卖以偿会场费者。美国实业现像,大资本家往往压制小资本家,易流为专横垄断之弊,举国皆然,盖已成积重难返之势矣。

附:会场每月庆典日期

二月二十日会场开幕式。二十二日赛船。同日华盛顿生日,赛篮球。二十四日日本政府馆开幕日。二十七日诗人朗忽卢日。同日赛汽车。

三月九日中国政府馆开幕日。十五日赛篮球,继续至六星期,圣彼德力克日。十九乌泰省农业日。二十一日橙日。二十二西林日。二十六美国体操日。二十七日同上。二十九日费路遁弗角力日。

四月五日各国赛飞船,至二十四日止。初七日哥挨渥省日。初八日飞船日。初九文美亚布利斯日,同日赛球。初十日同上。十四日佛虔尼亚日。十六日美国角力日。十七日同上。十八日保险日,同日赛飞船。二十一日麦戚斯施省日。二十一日竞拳。二十三日卢易地纳省日,同日竞拳。二十四日竞拳。二十六日舞剑日,至三十日止。

五月初一休假日,公共学校庆日,操兵。初二日金山公共学校日,同日操兵。初三操兵。初四同上。初五竞拳、操兵。初六竞拳,又森林会社日,同日操兵。初七,竞拳,同日操兵。初八竞拳。初九操兵。初十加利纳省日,同日操兵。十二教会学校日。十三同上。十六欧洲古宗教日,又教员会日,又北加纳省日。二十四日帝国日。

六月初一操兵。初二同上。初三同上。初五丹麦国日。初六日公共学校运动日。初七同上。初八日同上。初九日同上。初十诵圣诗日,又天主教日,又公共国堂运动会日。初十同上,又檀香山日。十二公共学校运动会日。十三同上。十四同上,又升旗日,又赛网球。十五赛马,共赛十一日,同日公共学校运动会,同日赛网球。十六同上,同日勃仑埠玫瑰花日。十七波顿埠日,又权衡度量日,又太平洋友谊会,同日赛网球。十八太平洋岸瑞典人唱歌日,又欧洲古宗教日,同日赛网球。十九同上。二十一操兵。二十二日同上。二十三同上,又瑞典国日。三十日盲人日。

七月初一奥立近省车梨果日。初二赛游泳。初三同上。初四美国独立纪念日。初五公共学校运动日。十二同上。十三同

上。十四同上。十七活动影戏日。十九赛游泳。二十同上。二十
一美国森林会日,又美国历史会日,又赛游泳。二十四赛游泳,又
犹泰省日,又地却埠日。二十六操兵。二十七同上。二十八日弗
罗立达省日,同日操兵。三十赛拳角力,赛网球,同日弗诺士及盐
河谷日,又勃利士吉埠日。

八月初一至初八德人日,又加利福尼亚矿务日,同日操兵。初
四赛脚踏车,同日操兵。初五美国运动会日,又万国运动会日。初
六赛球。初七同上。初九赛马。初十赛哑铃。十七竞走。十八同
上。二十一日各学堂毕业聚会。二十三操兵。二十四同上。二十
五同上。二十六美国森林会日。二十八新思想日。

九月初四大学校学生日。初六美国运动会日,又加利福尼亚
省日,至十二日止,同日操兵。初九运动会日。十三赛棍球。十四
同上。十五同上。十六同上。十七费卢亚佛埠日。十八赛棍球。
二十五竞走角力。二十七至十月二十九日竞走操兵。二十八操
兵。二十九操兵。

十月初四赛网球。初五同上。初六同上。初七同上。初八同
上。十一万国赛棍球。十二同上,又哥伦波纪念日。十三至十五
日赛棍球。十八嘉利宽省日,赛篮球,赛拳角力。十九至二十三日
同上。二十七日赛羊狗。三十日赛马。共十三日。

十一月十五柯利近省苹果日。二十日圣提哥埠日。

十二月初四闭会日。

其余庆典日期,临时订定者,尚未编入。如前总统罗斯福莅会
场演说日,为罗斯福日。(参观卢斯福会场演说照片说明。)前总
统塔虎脱莅会场演说日,为塔虎脱日。电学大王安迪生莅会场演
说日,为安迪生日。凡世界名人莅会,或临时特别团体赴会,皆为

会场特别庆典日也。

会场每月入览人数

巴拿马太平洋万国大博览,自一千九百十五年二月二十日开会日起,至十二月四日闭会日止,入场参观者,每月计人数如左:

二月总数八十三万零九百八十人,平均每日九万二千三百三十一人。

三月一百六十九万零零四十二人,平均每日五万四千五百一十七人。

四月一百四十万九千七百七十七人,平均每日四万七千九百九十二人。

五月一百六十六万七千九百四十七人,平均每日五万四千一百二十七人。

六月一百五十八万四千一百九十八人,平均每日至五万二千八百零六人。

七月二百一十五万七千六百六十四人,平均每日六万九千六百零二人。

八月二百二十八万七千二百四十八人,平均每日七万二千七百八十二人。

九月一百一十九万六千八百八十二人,平均每日六万六千五百八十二人。

十月一百九十三万九千七百八十八人,平均每日六万二千五百七十三人。

十一月二百五十二万零一百三十四人,平均每日八万四千零零四人。

十二月七十二万七千七百三十六人,平均每日十八万一千九百三十四人。

开会十月每月皆有庆典,以大庆日计每日入览最多人数如下:

闭会日四十五万八千五百五十八人。

十一月二日桑港市日,三十四万八千三百七十二人。

二月二十日开会日,二十五万五千一百四十九人。

七月四日美国独立纪念日,十九万零八百四十六人。

九月九月(日)加利福尼亚省附入美国纪念日,十八万三千三百二十人。

九月六日工人日,十四万四千五百五十八人。

各 馆 之 建 设

(1)美术馆

美术馆在八大馆之西,自南至北,宛如弓形,长一千一百尺,中为圆室,高一百六十三尺。前临一池,楼台倒影,如在画中。入夜利用波光、电光,互相映照,奇辉异彩,令人目眩。且能于美丽之中,极幽雅之致,会场夜景,以此为观止矣。全馆用钢条及西门汀筑成,不虞火灾。馆前巨柱排列,凡近池处,有雕刻石像在焉。圆亭之顶,表面绘美术画八幅,四幅为描绘美术发达之意,余四幅为加利福尼亚省四名产,一曰麦,二曰金,三曰果,四曰花是也。是馆面积,占地广九百五十英尺,建筑费美金五十八万元,建筑师为阿比曼毕。

(2)教育社会经济馆 合为一馆。

教育社会经济馆为八大馆之一。(八大馆排列成行,中有拱门相衔接,建成城形。八馆建筑形式略同,无特殊之可述,故所记亦略同。)在西南隅,教育馆之西,为管理街,管理街之西,即美术馆圆室前之大池焉。是馆面积,占地广三百九十四尺,长五百六十二尺,建筑费美金三十四万四千二百六十三元。

(3) 文艺馆

文艺馆在教育馆之东,右傍珍宝塔。(亦八大馆之一。)是馆面积,占地广四百七十五尺,长五百八十五尺,建筑费为美金三十四万四千一百八十八元。

(4) 制造馆

制造馆在文艺馆之东,左傍珍宝塔,即与文艺馆中间一珍宝塔也。(亦八大馆之一。)是馆面积,占地广四百七十五尺,长五百五十二尺,建筑费美金三十四万一千零六十九元。

(5) 工艺馆

工艺馆在制造馆之东,中与制造馆间一花卉院,南向棕榈街。(亦八大馆之一。)是馆面积,广四百十四尺,长五百四十一尺,建筑费美金三十一万二千六百九十一元。工艺馆正门,为模仿西班牙著名大寺建筑,颇为壮观。

(6) 交通馆

交通馆在制造馆之北,前临海湾。(亦八大馆之一。)是馆面积,占地广五百七十九尺,长六百十四尺,建筑费美金四十八万一千六百一十元。建筑费较他馆稍多者,因交通馆陈列,如机关车等,极为沉重。地板载重力,须较他馆强固,建筑费亦须稍多也。

(7) 农业馆

农业馆在文艺馆之北,前临海湾。(亦八大馆之一。)是馆面积,占地广五百七十九尺,建筑费美金四十二万五千六百一十元。

(8) 食品馆

食品馆在教育社会经济馆之北,前临海湾。(亦八大馆之一。)是馆面积,占地长五百七十九尺,广四百二十四尺,建筑费美金三十四万二千五百五十五元。

（9）采矿冶金馆

采矿冶金馆,在工艺馆之北,前临海湾。(亦八大馆之一。)是馆面积,占地广四百五十一尺,长五百七十九尺,建筑费美金三十五万九千四百四十五元。

（10）机械馆

机械馆在八馆之东,不与八馆相连,为陈列各馆之最大者。是馆面积,计长九百六十七尺,广三百六十七尺。一千九百十四年正月竣工,五月二号开万国蹈舞会,即在此楼,赴会约二万人,尚觉宽裕,其闳大可知矣。其建造材料,用木板八百万方尺,铁料一千五百吨,铁钉可满载汽车五辆。馆顶起伏成曲线形,计长九百七十二尺,高一百二十尺,门前大柱,有四偶像,喻言汽力、电力、发明、理想四义,建筑费美金六十五万九千六百六十五元。

（11）园艺馆

园艺馆形式,最为特色。馆之圆顶,计高一百八十六尺,直径一百五十二尺。大圆顶之周围,复有小圆顶八。此大圆顶,纯用玻璃砌成,望之内外透明,俨如一水晶宫焉。夜间是馆大圆玻璃顶上,现五色活动光彩。其法用隐秘之探射灯,映照圆顶上,间以二色镜,使圆顶上光彩旋动,恍如空中虹霓,甚为美丽可观。是馆面积,广六百七十二尺,长三百二十尺,建筑费美金三十四万一千元,技师为毕威尔及勃拉华。

（12）牲畜馆

牲畜馆在会场西部尽处,与美海军营相接。是馆面积,占地六

十五英亩,内分大陈列所、马陈列所、牛陈列所、羊陈列所及其他牲
畜陈列所,因便利于饲养管理之故,而建筑亦各不同焉。

文艺出品宗旨

印刷术

关于此类之陈列,为书画技艺门重要部分,须力求完整。此项
工艺之方法及产物,大半由于人类教育发达而得结果也。

日报杂志及各种报章,用照相、石印各方法,使人人悉知世界
之新闻轶事,其利甚溥。

近世打字机著著进步,实足辅助人类之职业及能力。

默记机者,留声机利用电气,能速记他人语言,可以代速记生
者,为本门有价值之出品。至各种复写机等,亦能引起人兴趣
者也。

本门出品,所包甚广,实含教育意旨,极有趣味。表示印刷之
活动工作之次第,如雕刻匠、石印匠、刷字匠之雕刻印字施浮凸饰
折书等,皆须详示其工作之始末也。

本门对于出品人之忠告,无论国内国外出品人,凡关于印刷部
出品,对于本会皆须具有热诚之协助,庶使文艺门内印刷部出品,
最有价值最有兴趣也。

书报及书籍装订法

本门所包甚广,且极有趣,包括各种书报而言。近世新闻业日
行发达,为铸造舆论之重要机关。凡搜集新闻方法,新闻社及新闻
记者室之模型,世界各种日报杂志,说明新闻发达之历史,可追溯
至报业创始时代,以及广告方法。其征集及陈列之法,新闻团皆须
力求美备。

书籍及书籍装订,自钞录书籍时代,至近时极华丽之装订,此项事物可得繁缛有趣之出品也。

广告之效力最大,近世用画术广告之方法,于工业最有利益也。

书籍装订门,当表示叠折装订施浮凸饰种种方法,及其他有趣味之成书次第。此项出品,以活动工作为宜,能使入览者乐于观瞻,且含有教导公众之意旨焉。

地图世界志风土志

各种地图,表示山川城邑之位置,以供普通应用外,凡统计上调查之结果,亦可以绘图之意义表示之。此项出品,可使观者一览即可了然也。

预备此种地图,须有奇巧之方法表示陈列之,则显明易见自无隐晦之虞。

分类用之奇巧机械法式,统计用之牌纸,皆可为本门有趣味之材料。

关于某项特别详细地图,如名胜风景图,最能引起观者之兴趣。本门尤为欢迎,例如美国之那安革勒大瀑布等。(原本通告所举,皆系美国著名胜境。若吾国预备此门出品,如西湖、雁荡、罗浮、峨嵋、五岳等名胜地,倩画工制成精图,即为最有味之出品也。)

大号地图,可以详示地面形状者,亦甚有趣。天球仪及天文表,亦可列入本门内。

证明制作地图艺术之说明,实足以使本门材料,新颖有趣也。

纸之制造

本门包括制纸之全部,制纸用之机械及方法,并各种原料及制成品。

造纸发达之历史,由上古埃及以草制纸时代,降至今日,旁及东方(即亚洲,欧美人称亚洲皆称东方。)各国制纸方法及成品。此项出品,极为离奇广博。制纸机械之重要机能,须陈列在适宜地点,利用蒸汽力,使之发动,机械大小,须适宜此项出品,机械须在会场发动,以证明制纸艺术之次第,最为有益,否则模型亦可充赛品也。

照相

本门包括照片术全部之方法及成品,并选择上等照相,以供赛品。

征集上等照相,研究陈列方法,必可得美术鉴识家之欣赏。较之昔日铅笔画片,当更有价值也。

搜集世界照相专家制成照片,可得繁多极有趣味之出品。其陈列方法,皆须得此项专门家之协助,方为有益。最新发明之着色照片,及科学上应用之天文照相、测量照相,检查皆可从宽。

照相箱及其附属物,亦为本门应备之出品。

近日发明用电线照相术,可照远处之人物风景。此项技术日有进步,而在一千九百十五年会期内,必可更臻完备也。

与照相术最有关系而进步最速者,为活动电影戏。自电影发明后,凡足迹不出乡里,一生未曾游历者,可以最少之费,于电影馆内,即能周知世界离奇之生活风俗景物也。

科学上应用之活动电影,如外科工作、生理上发育之次第,以及世界历史上著名事实,皆为本门最有价值之出品。

用最新发明电术,合活动电影、留声机为一,名留声活动电影。活动影戏之发明已新奇,然仅有形而无声,此电学上最新之发明,乃能将人之声容笑貌,毕显于影片之上,其奇妙更不可思议矣。此重要之发明,亦可于会场文艺门见之。

精细测量器科学仪器等钱币及奖牌

本门范围甚广,包数类繁复并有趣味之器具。

近日南北极之发见,实由利用各种测量器之效。如六分仪、罗盘、验气象器具等,皆极有价值,可在本门内陈列。

测量天文用之大望远镜及架,并手术之准备,磨研用之透镜及方法,海陆军用之回照机,及其他有趣物件,皆足引起入览者之注意也。

人类用以计算之机械,各种精巧度量衡,皆易令人注意。

币之铸造及成品,搜集珍异希有之钱币及模型,衡钱币器,及他项制造钱币及模型用之器具,皆甚有趣味。搜集古代钱币等,亦有价值之出品也。

医药及外科

近日医术上用机械,大有进步,故本门所包医术器具范围甚广。

防病及治病方法,因人类经验学识发达,日有进步也。

经近世诸医学大家种种发明,裨益人类,实难言喻征明此种方法之器具,在本门尤为重要也。此次巴拿马运河最大工程之落成,实足以征明近世医术之完备。当运河工作时,由参将哥辩斯①君统率运河工程卫生队,用科学上作用,扑灭毒蚊。昔日因毒蚊致死之疟疾,始形消灭。而往日工程上种种之障碍,亦因之除去。此项方法及准备,可供美国政府之出品。

比较古代医家术,尤令人注意。如表示各种药科植物,各种外

①　此人应即是威廉·克劳福德·戈格斯(William Crawford Gorgas)。

科器具,以及治牙方法及镶牙。此项出品,对于药剂师及外科医生,皆可得观摩教导之益,甚有裨益于人类也。

近日药学医术进步之速,本门出品,较他项赛品,尤为有功人世。

药科、外科、牙科、应用器具之标本,尤为本门重要出品。

解剖模型、诊断用器具,医院应用器具,海军医院事务检疫船舶系留所用熏药消毒药,及他项扑灭霉毒之计画,亦须详为表示。

制造化药品及药品

本门包括二十四类,皆极有趣,虽于常人,亦甚有关系。(言不必专攻化学或学品者始有关系。)

化学一科范围甚广,几乎各种工业,皆有关系,供化学制造用之材料种类既多,故可集成繁多之出品也。

有趣味之化学品制造方法,可在会场表示,惟须无恶劣臭味煤气者。

制造药品用之机械计画,亦可表示,如制药片机器、制药丸机器、制药包机器等皆是也。

实验室之器具及准备,供化学药科制造之用,尤得为本门出品。

本门有数种出品,极易引起人兴致,如蒸溜(馏)物、肥皂、香料等,及他项药物药科,皆极有趣味者也。

表示药物搀和之方法,检验药物搀和之法,此项出品,于公众卫生最有效力也。

以上所述,不过就本门尤宜注意之点,分别言之。至化学门及药料之出品,固甚繁多也。

乐器

乐器一门,包括各种乐器,如近世大号风琴,旁及野蛮人用之粗劣乐器。

乐器及奏乐应用器具,对于公众之适用,较之他门出品,范围尤广也。

乐器之制造及方法,亦可在本门表示,使入览者益增趣味也。

近世自能发音之奇巧乐器,种类日多,此项乐器制造,日形完备,以供出口,皆极有趣味。如留声机等自动奏乐器,电气风琴,及他项机械发动乐器皆是也。

剧场之用具及设备

近世剧场之建筑及用具,进步甚速。如山川、城郭、林木、宫室之布景,火焰、电光、磷光、烟火之假设,以及电雹、风雨、枪炮、车马之声,皆与实物酷肖。因科学上种种发明进步,伶人之技艺亦愈形优美。关于本门之出品,实最有趣味、最有价值者也。

用电之交通

电之用度最广,近世各项工艺职业,皆利用此奇妙之电力,日有进步发明。各门应用科学中,以电气为效用最大矣。

电报、电话,日形完备。近日文明各国,为交通必不可缺之机能,远方之交通,因电学愈发明,愈形便利。凡昔日远方递信之困难,时日之延久,自电学发明,天涯消息,瞬息可通。据电话局之通告,在一千九百十五年巴拿马赛会时,可由桑港赛会场内,直接由电话与美东部海滨之处谈话(如纽约等埠)。计其距离,盖已逾三千英里矣。

无线电报,事实上已甚适用。无线电话,在一千九百十五年间,可望更形完备也。

最新发明之火警报机、窃贼警报机，及警察吹号。

除陈列于文艺馆，供游人观览，以实验是品之功用外，在会场各处，亦可陈列。

土木及战事工程

巴拿马运河，为世界建筑工程上第一大成绩。在此次赛会，乃表示文明国工程发达之绝好机会也。

近世工程之奇巧发达，其效不可胜述。如建筑铁道，昔之空旷之地，一变而为繁盛之区。高山峻岭，昔之艰于跋涉者，则凿隧道以通之。大川广河，建筑铁桥，而济人无俟乎舟楫矣。他如浚深水道港口，以便海舶之交通，开筑水渠河道，昔日荒芜不毛之瘠土，水利兴而五谷繁生矣。

往者之工程，可示吾人以昔日人类利用天然力及支配天然力之证例也。

大公司之工程，可搜集各种模型及说明工程性质及范围，以供本门出品材料之助。

本门出品，以模型最为适宜。如表示模型全体过于繁重，次于模型者，为各种已成完全建筑物之照片图型等。工程详记、工程报告，及他建筑技艺上之文报，皆足以表示之也。此门所包极广，自一百九十类起，至二百十五类止，因便利阅者起见，分为三部。自二百零九类至二百十一类，属于建筑术，本门可得繁多有趣味之出品，如升降机、气筒、各种桥梁，海上或陆地建桥筑地基之方法及准备，土工用之方法，战场防御及附属物，水力之改良，城邑水管之安置，内包滤水方法及附属物，沟渠及污物之藏纳，道路之建筑及维持方法。

因航路固见，对于河道海港之浚濬，运河之开凿，贮水渠及支河等,可用模型或详细图画表示。

各种浚泥船、沉杙机、拥壁工程,宜用模型表示。

码头防浪堤、运河水闸、海塘及堤塘等,亦以模型表示为宜,并附以图及照片。

巴拿马运河之落成,使世界人之视线,咸注于此工程上之大胜利,实人人认为最有趣味者也。巴拿马海腰之凿开,可谓近世工程上之新纪元。

城邑地底水煤气电线等管之道,及驾空铁道运送旅客之停车场,及应用品,皆最易引起人兴味之出品也。

至于建筑工程,如近时衙署建筑之模型,可表示其钢制房屋架格,避火建筑物,通气及水管安置之程式与建筑,房屋表面用及屋内之材料,皆为极适合之出品。

公共建筑医院住屋,地面装饰,公园之模型、图画、照片等,以供出品亦甚适宜也。

建筑术

证明精巧建筑术之出品,为极有趣之赛品。建筑术及其附属之技艺,于增高经济生活程度,极有效力。凡证明生活进步之出品,须详为记述,并表示其特点。

表示建筑术之出品,凡各项建筑工作之精致图样模型及照片,皆包括在内。房屋之装修,及铺张山川风景之建筑物,凡供建筑用装设雕刻之草图及模样,皆此门出品也。

巴拿马赛会会场之建筑,及桑港地震后全市重行建筑之房屋,皆近世精巧建筑术最好范围也。

附述

出品纲目各条,皆可附以详记,以便出品人之参考。

本会所发章程,凡附于场基陈请书空白中者,出品人当填写陈请书时,须详加研究,务使所填各条,皆与本会章程适合。

豫备出品时,出品人所宜注意者,于出品之布置动作,皆须有引人入胜之意趣,方足以餍入览者之望。至于各种特别工作,无论何时,以能实行试验为宜。

文艺门对出品人陈列地点之许可,尤严核其实际。出品人宁选择其少数精良赛品,布置陈列,均须合法,较为精当。彼徒知征集赛品,滥竽充数者,亦徒见其多而寡当而已。

(《大中华杂志》1916 年第 2 卷第 1、3 期)

巴拿马赛会中国丝绸茶磁介绍书

中国地大物博,开化最早,其著名特产足以雄驾全球者,不可缕述。通商以还,丝茶、绸缎、磁器数项,尤为外人所称羡。就历年海关贸易表观之,实为吾国输出之大宗,亦吾国国际贸易之命脉也。巴拿马河成赛会,为近世纪唯一万国博览大会,而于中美国际贸易关系尤重。筹备事务局开办伊始,即叠次行文各省,于丝茶、绸缎、陶器最应注意,劝导商人征集精品,改良制作,研究装潢,藉以表扬国货之光荣,扩张海外之销路。故此次各省出品,亦以丝茶、绸缎、磁器数项为最多而且最精。故审查结果,经多数名人之评骘,皆得迭膺大奖。于此足见吾国名产精品,实为世人所同赏,且为国际贸易最良之商品。吾国苟欲振兴实业,扩张海外商业,则非加意研究左列数项物品不可。兹特述丝茶、绸缎、磁器之历史及特色,俾薄海内外咸晓然吾国物产之优美,且以鼓舞国民海外贸易之企业心焉。

中国丝之历史及特色 <small>丝织品绸缎附。</small>

中国天气温和,最宜育蚕。自黄帝元妃西陵氏教民育蚕,是为中国蚕丝之始,实先于耶稣降生二千余年也。唐虞三代,北之兖冀,南之荆扬,宜蚕之土,备载夏书。故古者天子诸侯之后妃夫人,亦勤于蚕桑织事,以为国民倡率。至于民间妇女,更视蚕丝为唯一之职业。所谓男耕女织,蚕丝自古与耕作并重,且国家设立专官以督率教导之,惰者则科以罚。孔孟之书,尚反复称蚕桑之制,诚以蚕丝为吾国实业之要素,故慎重如此。吾国古时,与外国贸易之品以及颁赉属国国王贡使者,皆以丝帛充之。华丝为世界同好,固非通商后始畅销外国也。五口通商以后,华丝之需要日增,每年输出之丝类及丝织品,几占出口总额之半。吾国丝质精美,久为世人所共认,无庸赘述。惟华丝特色最多,恐尚有未为西人所深悉者,特举重要优点如左:

(一)华丝系天然白质,并非漂白。漂白丝经过强质,不能耐久。天然丝颜色鲜明,质最耐久,决无裂开起毛之虞。

(二)华丝染料,多取本国上等染料,颜色美丽鲜明,经久不变。较之普通染色,稍经日晒,或历二三年,即变色者,相去奚翅天壤。故欲制上等衣服,非用中国丝绸不可。

(三)中国丝质,柔软坚韧,迥逾他国之产。薄者轻逸稀疏,服之最为凉爽;厚者坚致茸密,又极温暖,以之制冬夏衣服,最为适宜。

(四)中国人工低廉,甲于全球。故各种丝织品,定价亦甚低廉。

丝织品(府绸)

府绸原系贵州遵义府所产,故曰府绸。又以柞茧所制,亦名茧绸,山东、河南等省多织之。欧美人称此绸为棒机,又名河南绸。近因销路日广,南方亦竞织此绸,较之山东、河南等处所产者,尤为精美。

府绸功用,质地坚韧,用以制各种男女衣服,实为丝织无上妙选。近日用度更广,如窗帏、被革、台毡、杯帕等。富贵之家,亦外用之。中国湖州白丝,系天然白丝,与漂白丝向不相同。漂白丝则经过强质,不能耐久。湖丝颜色鲜明,质地坚韧。中国上等府绸,纯用上等湖州白丝为经,上等柞丝为纬。是以洁白耐久,愈洗则愈光洁,永不起毛,销运各国,逐年加增,实为丝织品最流行之品也。

薄绸与板绫

薄绸与板绫,浙江等处均产此品。而太湖一带,业此者尤众。以太湖之水,不含石灰。犹法国丝绸工厂,设于里昂一带,取里昂河纳江源于瑞士来茫湖之水清也。义大利绸厂之设于瓜摩,全赖瓜摩湖之清水也。其余各国著名绸厂,亦多设于河水澄清之处。中国丝质之佳,甲于全球。又取太湖澄清之水洗丝,故此项绸货,如秀水、盛泽等处所产者,实为丝织品中最佳衣料也。

核桃绸

核桃绸质地轻逸,最适于西女制衣裙之用。近年销行颇广,花样时时翻新,益臻美备。

黑色素缎

黑色素缎,实为近年美国妇女流行一种衣服。其制以纯丝黑光缎,而以阔四寸许之白花纱穗边,缘其领及襟袖,蓬茸垂线以为饰。向例美国大城市各衣服行,每年会议,特请妇女百数十人,穿时样衣服靴帽,在会堂回翔行步,由众品评,择其最优胜者,为衣饰模范。各衣服店又将各种衣服,被诸妇女肖像,排列商店玻璃窗间。此黑缎亦时尚之一种也。此项黑色光缎,既为西妇女所尚,销售日广,花样翻新,定价低廉,诚其最适之衣料也。

摹本缎

摹本缎,本系中华著名丝织品,近日销运外国之额日增,花样悉仿外国最新花样织成,美丽悦目。

玄色缎

玄色平缎,亦为中国著名丝织品,供男人衣里之用,质耐久而外观亦雅。

漳缎绒

漳缎绒,亦为中国著名丝织品,供制背心用,最为适宜。以之制窗帘椅垫,最为美丽耐久。

大花宁绸

大花宁绸,亦为中国名产,以制妇女外套,最为适宜。

织锦

织锦,系江宁名产,花色鲜妍,金纹艳丽,条分缕晰,作领饰、袖饰、领结之用,最为美丽悦目。

银素貂绒

银素貂绒,亦为江宁名产,系仿照泰西花摹本缎织造,极为销行。其余中国著名织品,如浅色素缎、盛泽素缎、纯经缎,皆为制衣服之佳料。

湖绉

湖绉质地轻逸,颜色鲜明,最宜制普通衣服之用。

文明纱

文明纱,系镇江出产,花样新妍,染织优美,价值尤廉,最宜供西妇夏衣之用。

官纱纺绸

素官纱、花官纱、纺绸,均为杭州著名丝织品。以之制夏衣,最为轻逸凉爽,且价既低廉,质又耐久。

铁线纱

铁线纱,为华人最通行之夏衣,以供西人制夏衣之用,亦颇相宜。

华茶之特色 中国古时饮汤饮水,饮蜜饮冰,并无所谓茶也。用茶较晚,故历史从缺。

(一)中国地味气候,最宜产茶,香味馥郁而清冽,较之他国所产者,形色虽或相同,自嗜茶者细辨之,香味自多不同之处,以中国土味特宜产茶故也。且茶质极纯,有益卫生,无碍病体。前有著名之英国大医士晏都卢加乐登广告,普劝各国医院,概用华茶,以华茶毫无杂质,又无烟煤等气味,为饮料第一佳品,如病人用之,尤为合宜。伦敦华茶社,历登告白,尤极口赞扬。该茶社为中外茶商组织而成,盖深知华茶之佳妙,如法国向用加非作饮料,今则渐改用茶,俄国用茶,则愈推愈广。故世界各国对于华茶之需要,亦必逐年加增。深愿各国讲求卫生家,细品华茶之气味,自知华茶性质之佳妙,制造之精良,当信所誉非虚,所言皆实,间有蜚言谰语,不辨而自明矣。

(二)制造依旧法而大加改良,洁净绝伦,尽善尽美,较诸纯用机器制造,不免尘埃煤气之侵入者,味迥不同。

(三)采摘必俟畅晴天气,藉太阳之热力晒干。

(四)用炭烧透,至无烟为度,上盖薄炭,文火缓缓焙之,毫无烟味,与用机器以煤火焙者大不相同。往日茶户间有以柴火焙茶,则有烟味,今已一概改用炭火,此尤其特别改良之点也。

（五）中国茶商,因输出日增,近日大加改良。凡包装上等华茶,改用最新罐诘法,且装潢华美,封口严密,即历时较久,决无走气变色之虞。华商以利便西人起见,每罐盒封纸,必用英文详述此种茶之品质、产地、用法、价值,俾西人易于购择,以免误购劣品。

华茶用法

华茶之美质特色,既如上所述,顾得上等华茶,而不知用法,则仍不得华茶之真味。英文载华茶初输英伦时,价极珍贵,然卒不知用法,乃抛其汁而食煮过之茶叶,或和火腿食之。当时英人以茶叶为舶来珍希之品,虽食其渣滓,仍相率称为异味,至今阅之,令人发大噱。若今日仍不知用茶方法,则与往日之英人何异？华人善于品茶者,第一须辨水味。泡茶之水,须以著名之泉水为最,如不可得,则以天泉水、雪水代之。若用混浊不洁之水,则茶味全失矣。烹时用武火二滚便泡,滚久则水味变矣。停滚再泡,则叶浮矣。用银壶或瓷壶开水泡一二分钟,即当斟出。红茶可稍久,绿茶万不可久泡。更有一要件为西人宜注意者,则华茶万不可熬煎,致全失茶之真味。袁随园所谓吃熬茶其苦如药,其色如血,此不过肠肥脑满之人吃槟榔法也,恶劣极矣。如喜浓则叶宜多用,喜淡则叶宜少用。如斟出时嫌色淡,宜酌加茶叶,第一次斟出后,可用开水复泡,如色浓仍可再泡第三次。红茶可搀牛乳及白糖,暑天或搀少许柠檬汁及糖,其味甚鲜。至绿茶则不宜搀牛乳及糖柠檬等物,至茶之色味全变。

红茶制法

谷雨前当畅晴时,采摘嫩叶,用竹叶垫地摊,放当阳处晒透。

随用木桶收藏,上覆洁布一时许,俟发汗倒出,再晒半时,盛以竹器。用炭火焙九分干,摊开过一宵,猛火筛三次,随筛随撅,约换筛六七度,拣去梗子再筛,净复火成堆上箱。

绿茶制法

摘下即摊开使干,烧红锅炒干为度,用武火分筛发拣。再用炭烧红,上覆灰,用锅炒热,或用文火,或用武火,各适其宜。近年制法,愈加精良,且纯是本色,毫无染色杂质之弊。

磁器之历史及特色 各种磁器附。

中国陶器昉自有虞,《史记》称舜陶于河滨,器不苦窳,舜作什器于寿丘,厥后制成渐精,其坚致光泽者,厥名曰瓷。汉晋以还,渐工敷色,缥瓷、绿瓷、紫瓷之制,屡见诸书。柴窑、宋窑,尤为珍希。前清宫中尚多藏之,民间鲜觏精者,每件非十万圆不可得矣。柴窑者即周柴世宗时物,工人请示用何彩色,世宗批曰"雨后天晴云过处,这般颜色做将来"者是也。宋时名窑甚多,如宋哥窑,即名窑之一。哥窑者,宋章生一、生二昆季,为浙江之处州人,同业瓷。龙泉之窑,各主其一,生一以兄故,其所陶曰哥窑。色青浓淡不一,多断纹,间有白色,纯粹如美玉,为希世珍。清初景德镇官窑,亦能仿制,此柴窑、宋窑之大略也。降及有明,作者辈出,聿兴彩画,而瓷品于是乎大备。前清初叶,国库充盈,内府所藏,穷极美富,辄萃宋元明瓷器及三代秦汉古铜为之模范。而于江西之景德镇,特设官窑,规仿制造。时若卢石门生、唐隽公英之俦,类皆当代卓卓之名画家,莫不供奉内廷,绘摹彩泽,有以集往古之大成。是以康雍乾三朝之瓷,造精诣微,备极美丽,遂为寰球万国所推崇而名以显著。道光以降,国中多故,所产渐窳。通商以后,西人嗜华瓷者,咸不惜以巨金购清初瓷器者,盖以此也。近日吾国磁业家恫吾国唯一之美术寖衰,思所以力追其盛,爰搜集宋明清初各品,而择其恢奇佚丽者,不惜巨资,访求大匠,专令驻厂而监造之。竭虑殚精,规规摹仿,所艺乃日底于成,往往一器之出,而鉴古家摩挲爱玩,辄为先朝美术,复见于今,盖骎骎乎有青出于蓝之望焉。故近日精制磁器,如沈仲礼先生监制磁器,历赴比国及义国都朗博览大会,皆膺上赏。于是列邦之赴赛者咸晓然于吾国新瓷,其原质之优异,工艺之精良,方之古昔盛时,诚无多让,不吝善价,争相罗致,嗜古之风,为之一变。而英、法、义、比诸国,殆莫不知有沈制瓷器者,徽章奖励岁有所闻。近者如江西之景德、湖南之醴陵,亦风兴起,力求精良,质既精致,价亦低廉。故华瓷之运往各国者,输出额日见增益。至于仿古之故瓷,精良绝伦,较之古昔名磁,有过之无不及。诚足使世界咸晓然于吾国瓷器之品质,而尤足以餍各国品鉴家之欲望焉。

(《中华实业界》1916 年第 2 卷第 9、12 期)

巴拿马赛会中国名产介绍书

扇　类

　　扇类　苏杭一带,所制之扇,夙著美誉,畅销全国。自通商以来,西妇亦多乐购之。诚以中国扇质精细,工作一丝不苟,且样式轻便玲珑,绘画鲜明美丽。前赴欧美赛会,多得优等奖评,陈列各项扇类,购买一空,往往求过于供远甚,即此已可见西人之欢迎华扇矣。

吾国扇业,为西人所欢迎者,如杭州舒莲记,其最著名者也。所制各项时式名扇,质料精细,工作一丝不苟。从前在欧美赛会,已得金牌。近因出口畅路日广,加意改良。前年赴义国都郎赛会,一经陈列,随即售罄,惜所列无多,不能遍应顾客耳。盖华扇式样既美,质又耐久,较之用劣料制成徒取一时美观历日即坏者,相去诚不可以道路计。西人近日深知华扇质料之精美,故购用者日见其众。此次巴拿马赛会审查之结果,舒莲记已获大奖矣。兹将最销行外国之时式扇名列举于左:

(1)折扇　全骨细雕绣花　全香细雕扇　全棕竹双泥金书画　全棕竹双真金书画　全象牙双面金书画杭扇

(2)团扇　堆花纨扇　苏绣花纨扇　各种书画纨扇

草　帽　缏

草帽　中国自改革后,洋装者日众,草帽之需要,骤增数倍。近日用中国产上等草制造各种草帽,甚为精美,定价亦廉。山东草帽缏,此次巴拿马赛会,经万国审查之评定,已膺大奖矣。

酒

烟台张裕酿酒公司葡萄酒

张裕公司开设于山东烟台,开办迄今,已二十一载,计资本二百万元,由美、奥等国选择佳种葡萄,在烟台辟东西山地二千余亩种植葡萄,因烟台气候土味,最宜种植佳品葡萄。又置办新式机器,建设地窖,并设玻璃厂,制造酒瓶,聘请奥国著名酒师,现任烟台奥国领事官哇务男爵,照西法酿酒。历年所酿成者,藏之窖中,已满二十年之期,始行发售。气味醇厚,较之法国最著名葡萄美酒，有过之无不及。前赴南洋劝业会，得奖超等文凭，并经各国官商试饮，均极赞美。今届发售，蒙政府特许准免税厘三年，故定价特廉。今巴拿马运河告成，中西交通益形便利，张裕公司窖藏二十年之佳酿，亦适于此时届发售之期。张裕公司赴美与赛之酒，经审查官试验，均甚满意，已给大奖。此外获金牌奖者，为江苏万某，河南西会福，安徽张立达，山东兰陵美酒公司，浙江吴式之、马卣侪，直隶果酒公司等，共十八家。得银牌奖者，为浙江绍兴方柏鹿，安徽黄星五，江苏宝应美利号等二十二家。观于此次获奖之多，则华酒之价值，与西人之嗜好，已可概见。无如吾国随波逐流之青年，偶有酬酢，以饮洋酒为时髦，而鄙弃吾国固有之佳酿。予历亲欧美日本等国民，于本国名产，无不珍重爱惜，未有如吾国之趋时盲从者。以耳代目，昔人已引为大戒，不意吾国无识之徒，竟有以耳代口者。子舆氏谓口之味有同嗜，何至有口而不能辨味，实因此辈胸中茫无定见，是非辨别之心，已泯没无存。此固吾国世道人心之大忧，而不得以饮食细故忽之也。

绍兴酒

绍兴酒为中国著名美酒，陈至二三十年以上者，味尤醇美，销行遍各行省。凡上等华人宴会，必以绍兴酒为尚，虽道远价昂，必力致之。西人凡寓华稍久者，亦皆嗜之。凡赴华人宴会者，往往却西酒而乐饮绍兴酒，即此已见西人嗜绍酒之深矣。惜前悉用坛装，不能致远，苟悉改装玻璃瓶每瓶重一斤或半斤，装饰以华文、英文石印说明之，瓶口以火漆固封，使无变色走气之虞，则销路自广矣。

说明巴拿马赛会审查宗旨

近年吾国政府,何以注重赛会乎？意在振兴实业,挽回权利而已。商人何以乐于出品乎？意在审查时得优奖,以表扬物品名誉,推广销路而已。夫商人赴赛之目的,既在得奖,则审查之章程及宗旨,必当为吾国商人所乐于研究。若商人于审查之宗旨及办法,一无所知,而贸贸然出品,贸贸然作说明书,无论如何慎密周详,终不免详略失当、轻重倒置之处,则物品虽优美卓越,亦终不免因之贻误矣。余就巴拿马大博览会审查时见闻所及,并就吾国商人出品言之,觉吾国出品人,于审查之宗旨及办法,未免太形隔膜。如普通农产品,普通日用品,粟可充饥,布帛可以御寒,此固为人人所共晓,审查员非来自他星球,何至并此智识而无之,谓必如吾国说明书,详述粟可充饥,布帛可以御寒,豆谷则详言何时下种,何时秀实,何时刈获,其可笑孰甚也。至于公司规模之大小,每年销额之总数,此固审查时最宜注意者,而吾国则略而不详。吾国商业,向无精确之报告统计,审查员偶有询问,吾人固无从调查而代为答复,此尤吾国实业界最为缺憾者也。他国赛品,为推广销路之计,无不竭力表示其价值之低廉。（审查时亦注重此点,价廉者给奖亦可较宽。）赛品定价,决无高于是品市价者,吾国赛品则大不然,往往有在国内价值低廉,而赛品价格倍蓰之,且竟有至数十倍者,一若非定价特昂,故作惊人之举,不足以表示其物品之珍希。盖商人多狃于吾国往昔赛会之成见,而于近世赛会之宗旨,则失之远矣。物品赴赛之唯一目的为何？不外推广国外销路是已。吾国物品,可望畅销于海外者,约为二种:一为天然名产,因土味气候之关系,产品极良,如丝茶及他农产品是也。一为吾国手工特精,凡物品特适宜于手工者,无不优美卓越,如刺绣、雕刻及编织物是也。此二者皆为吾国最适于国际贸易之商品,出品时宜力求精备,获奖以多多益善者也。至于近日吾国模仿西人之物品,如化学品,如化妆品,如印刷术(玻璃版、铜版、石印等),如照片,如交通模型,固为吾国新工业之重要者。若在内国赛会时,凡此项物品,制作较精者,固宜极力表扬,给以优奖,藉以提倡国货,抑塞漏卮。惟以制作而论,一时当不能与欧美诸国竞争,亦决无外销之希望,以此类物品赴外国与赛,不过仅表吾国新工业进步之一端,至于得奖之高下,无甚关系,此宜详审其轻重者也。至于农业品如花生、胡桃、竹、木材、麻、药材(内有数种颇为外人所需要),外人需用甚广,可望大宗输出,出品时固宜慎为选择,庶可得优奖,以表扬物品之名誉,且分量亦须稍多,俾入览者易于留意。况审查时亦注重此点,同类物品,过多固无谓,过少亦殊形窒碍。如花生仅一小瓶,麻仅一小束,无论品质如何优美,决不能得最高之奖。此等物品,往往为吾国人所轻忽,不知关系于商业甚重。此宜慎重筹备,以与他国竞争,(日本既甚注意上列物品,且皆为大宗出品。)而决非三竿两竿之竹,一寸二寸之木材所可了事也。若既非普通日用品,又非吾国所特产,绝对无出品赴赛之必要。如虎豹之皮,药材中之野苓、野茯苓,姑无论吾国非产虎豹特多之国,美人亦未尝苓苓。即使因此次出品而外人须此,然吾国每年产额,只有此数,虎豹既不可豢养,苓苓又不可种植,天固不能因需要加增而多生虎豹,因销路扩张而多生苓苓也。以此出品,可谓无一取义。若貂狐则每年产额多而用途广,可为大宗出口商品,固不能与虎豹相提并论矣。吾国普通农业品,如豆麦谷实,二十一行省无不产之,则但须将最著名之省,慎为选择,毋使品质稍有参差,分量宜稍多,不可每种仅一瓶一罐,陈列装饰,亦宜力求美备,则审查时必可得最高之奖。若必博搜广集,凡产豆麦谷实之二十一行省,每省无不有此种出品千百瓶罐焉。一省之中,每县又有若千(干)瓶罐焉。重复雷同,毫无取义。此累累然豆麦谷实之瓶罐,一若取代表地方主义,俨如各省各县之出代议士然,固无论千万豆麦谷实之出品人,审查时决不能人人得奖。即使人人给奖,而此种出品人,多系小农,得奖又奚为者?岂仅种植一二亩之豆麦,亦能运往海外销行耶?此固不明赛会审查宗旨而盲从杂凑者也。美术品限制极严,必须独出意匠,不仿古人之绘画雕刻,方为合格(详见拙著《中国刺绣雕刻介绍书》中)。吾国以工作精良,凡美观之品,如刺绣、雕刻、景泰蓝、细瓷,皆为美术品,则失之远矣。以上所述,仅就余意见所及言之而已。若悉数之,将累数十事而不能尽,是在出品人临时审慎变通,方可期于尽善,若一一缕述之则赘矣(《审查章程》见后附录)。

附:巴拿马赛会审查章程

第一条 万国审查评奖会审查委员之总数,须适合出品人人数百分之二,但不得过于此数。凡一国出品人至五十人以上者,得派出审查官一人,代表工业或技术或国家名义所派出审查人数,须照出品之重要及出品人数分配之。

第二条 凡审查官之组织分三种。

一、部别审查官。

二、门别审查官。

三、高级审查官。

第三条 凡美国自派之审查官,由各该馆主任选荐。其各国及美国属地部别之审查官,由各国监督派出。

第四条　凡由各馆主任选荐之审查官,须得出品部长之认可,经认可后,须开单送由总理核准。

第五条　凡各国监督派出之审查官,须开单送请美国会场总理备案。

第六条　凡审查官之派出,应依照巴拿马赛会总章第二十二章之第四第六第七办法,方为有效。

第七条　凡部别审查官之组织如左:

会长一员,副会长一员,书记一员。

第八条　部别审查官之会长、副会长之选出,须由美国公民中选出一人。各国得共选出一人、书记一人,得不在审查官之列。如不在审查官之列,得由主任于荐充人数中指定一人。

第九条　各馆主任对于各该馆之审查官,有指导组织之权,俾得关于该馆审查计画,有适当之办法,并得视察审查官之是否照章办法。

第十条　各馆主任关于各种出品,应注意之点,须加以指导者。其审查官所开之会议,得由主任核准。

第十一条　部别审查开始,自一千九百十五年五月三号起,限以二十日间竣事。(但园艺馆不在此限,或早或迟,得临时规定,其牲畜门定于九月三十号开始。)

第十二条　凡部别审查事项,如不能在规定时间完毕者,得移交由门别审查完结之。

第十三条　每部审查官,由各馆主任推荐,经出品部长选派一人或一人以上,于该部赛品,具专门学识者,从事审查。

第十四条　每部审查,凡属于该部赛品,应详加审查,并须于该赛品之意匠发达及制造,可以表明该赛品监制人之优点者,加意审查之。

第十五条　审查官须分备目录,分载不得竞奖之出品人姓名,应得奖出品人姓名,应得奖制作人姓名,并备册报告,特别重要出品,其关于该部赛品总目,则统载之。

第十六条　此项报告,须送该馆主任证明之,在送入后五日期内,该馆主任对于该门之推许,得加评议。

第十七条　因审查迅速起见,部别审查,可分选委员审查之。

第十八条　委员会依照上列第十四条、第十五条、第十六条章程组织之。部别审查毕后,须报告覆审审查部,检查部别已经审查之物品,得表示意见而评议之。

第十九条　如因审查事务迫促,经该馆主任之陈请,出品部长之认可,得并合二部或二部以上审查之。

第二十条　凡暂时出品,及赛品之完全表示,须经过较久之时间,或其他理由,不能于限定审查时间完毕者,此项赛品审查之期限,可延至闭会时。因关于特别审查,可以特别期限规定之。

第二十一条　凡暂时赛品,审查毕后,审查官须备目录记载应得奖人名,并须送交该馆主任证明之。

第二十二条　经出品部长之认可,各馆主任可另制暂时出品之特别奖给。

第二十三条　每门门别审查,以属于该门各部部别审查官之会长副会长组织之。

第二十四条　门别审查官,得选会长一人、副会长一人、书记一人。

第二十五条　门别审查官之会长、副会长,须一人系美国籍,一人系赴赛国籍。

第二十六条　门别审查书记官,由该馆主任推荐后,由审查官选任。

第二十七条　每门门别审查,得该馆主任通知五日后,须组织完备,着手审查。

第二十八条　门别审查官之职掌,对于部别审查之报告,须慎重检查,对于各部请奖意见不同之处,加意调和,俾悉照评奖定章办理。

第二十九条　门别审查官,得部别审查官评奖报告,从事覆查,不得过五日。覆查所得之结果,须经各馆主任送至出品部长处,于五日内,由出品部长送至高等审查处,完结门别审查未了事项。

第三十条　除高等审查官外,本会出品部长,须为高等审查官副会长四人中之一人。

第三十一条　高等审查官人员,由本会总理派出高等审查官资格。凡赛品最多九国,赴赛监督,门别审查官之会长、副会长,各馆主任,合众国委员,加利福尼省委员,皆得充任。

第三十二条　高等审查官,可由上列各项人员中选出。

第三十三条　各馆主任,代表一馆。赛会总局总理认为须要时,得由美国门别审查官中,派出代表一人,与高等审查。

第三十四条　高等审查官书记官一人,须由高等审查官推荐人名中,由审查官选任一人。

第三十五条　高等审查官,得完结评定各部对于出品人或监制人之评奖。

第三十六条　得奖物品之通告,由高等审查官会长送至该品陈列之馆,交出品人。

第三十七条　出品人接到得奖通告后,如出品人以为不满意时,于三日期内,得由出品人提出愿书,送高等审查官长。此项愿书,于七日内得具详细说明书,表示所给之奖,何以不适合不公允之故。

第三十八条　高等审查官,得审查门别审查官评奖之公允与否,并调整其意见不同之处。惟未经门别审查官陈报事项,高等审查官不得检查之。

第三十九条　高等审查官,须于一千九百十五年六月三号召集审查事项,须于十五日内完毕。一行竣事,即须由高等审查部刊行得奖名册,报告得奖全部名册,由总会依照本会总章二十二章第一条第三条第七条刊行。

第四十条　审查委员会,由高等审查会长及副会长四人组织之。审查委员会,如认为须延长期限时,得于审查会毕后,延长审查委员会期限。

第四十一条　赛品得奖详册,应由审查委员会预备手续,搜集人名、品名,并刊行之,以便分给奖章。

第四十二条　各种审查,对于赛品之审查评议,须严守秘密。

第四十三条　赛会总局总理、赛会总局监督、出品部长、各馆主任,对于各项审查,得随时与会。

第四十四条　对于赛品给奖之议决及评定,由审查官多数表决之。

第四十五条　凡出品人选充审查官后,对于本部该出品人亦有出品时,须声明对于自己出品,不得竞奖,并声明无须审查。

此条规定,惟对于公司或组合之总理代理人或代表人适用之,对于由政府名义派遣之官吏或代表,不得适用此条。

第四十六条 凡二人或二人以上之出品,合陈列于一处者,各出品人分制奖章分给之。(二人皆分制奖章,非数人合制一奖章也。)

第四十七条 公共出品,得合一奖章,惟公共出品人姓名,须咸镌在奖章上,但各出品人亦得各领一奖章。

第四十八条 如各部出品人欲分得奖章者,审查部得分制奖章,分给各出品人。

第四十九条 如同一出品,分属各部者,只能得一奖章。

第五十条 如同一出品,陈列在各部者,以所得最高奖章表示之。

第五十一条 凡一出品人,而有数种出品,分陈列于各门者,各门得分给奖章。

第五十二条 如出品人不欲得自己出品列入自由竞奖之列者,须于出品人陈请陈列地点时,通知该馆主任,并声明不合竞奖之理由。此项陈请书,须移交总局监督,经监督认为须要后,方为有效。凡不得竞奖之物品,无须审查,亦无须颁给奖章。

第五十三条 除奖给出品人外,凡关于该品之发明家、意匠家、技术家,如此项监制人尚存在,经审查官审查,认为有特殊之技术者,亦得给奖。所谓监制人,指制造著名物品之意匠及制作而言,如仅帮同整理及陈列赛品之人,不得称监制人。

第五十四条 凡出品人已得奖章,后得依章呈请该馆主任,将监制人姓名单,转交特别审查处,并说明该监制人之技术及能力,工作之价值及范围,及作工之时期。如审查会认为合于监制人资格,得分别给奖。

第五十五条　审查物品成绩功效时,得用十进法计算之,以百分为满分,例审查商业出品,其计算分数之式如下:

55*a*　就用途上计算该品之出产程序机械,乃计划上之价值,并该品有益于人类生理、心理、道德、教育种种地位上之影响。(此项分数,不得过二十五分。)

55*b*　表示该品之发明制造及应用上之精巧及机敏。(此项分数,不得过二十五分。)

55*c*　陈列之成蹟(绩),足以表示精巧及兴趣,为本会场中引人入兴有价值之物品。(此项分数,不得过十分。)

55*d*　表示该品商业贸易之范围,就开会前(赛会以前)总销额年报计算之。(此项分数,不得过十分。)

55*e*　品质及价廉,如论及该品具特别重要性质,或该品以廉价出售,物品优美,得以招徕顾客者。(此项分数,不得过十分。)

55*f*　在适定期内,陈列完毕,并保存物品方法完美者。(此项分数,不得过十分。)

55*g*　表明该出品人对于该品事务经过之时期,以示该品或由初始发明品进步者,或由发明此品人所制成之品,加以改良修正者。(此项分数,不过五分。)

55*h*　历次赛会得奖之次数及等级。(此项分数,不得过五分。)

第五十六条　特别金质奖章,得由门别审查推荐陈列最精巧最完备最有兴味之赛品,得给特别金质奖章。

第五十七条　下列分数表,可用以许定物品成绩功效,并以定奖章等级,仍以百分为满分。

57*a*　赛品得分自六十分至七十四分奖铜牌。

57*b* 赛品得分自七十五分至八十四分奖银牌。

57*c* 赛品得分自八十五分至九十四分奖金牌。

57*d* 赛品得分自九十五分至一百分奖名誉优奖。

57*e* 审查得最高分数者,奖大奖章,惟每类只得一大奖章。

57*f* 在一定情形及特别理由,得以奖词(无牌)奖励之。

第五十八条 审查乐器(在三十七部内)以一百五十分为满分,以五十分计算音调,此特别部类赛品,其分数即按照一百五十分分配核定之。

第五十九条 给出品人之奖章,须由总局总理、总局书记官、高等审查会会长、总局出品部长及各馆主任之签名。

第六十条 关于牲畜之奖,给用条带,不给牌。

第六十一条 特别纪念奖章,以备分赠本会职员、美国各洲赴赛委员、各国赴赛委员之用。

第六十二条 凡代表赴赛各国派出之审查官,不得向本会领薪,每日用费,亦不得支给。

(《中华实业界》1916 年第 3 卷第 2 期)

中国刺绣之历史及特色

中国文明最古,三千年前,吾国刺绣之术,实始于舜(见《尚书·益稷》篇),大禹之衣,黼黻絺绣,絺绣即刺绣也。其初本为朝祭之服,厥后能者渐多,用者渐广,于是转相传习,日益精巧。迄周朝《冬官考工记》"五采备为之绣"。三国吴王孙权赵夫人善书画,巧妙无双,孙权欲得善画者,绘魏蜀形势,夫人于方帛之上,绣成列国图,山川城郭,朗若列眉。卢眉娘能于一尺绢上绣《法华经》七卷,字之大小,不逾粟粒,而点画分明,细于毛发,尤为后人所称道者也。三百年前明代顾氏,筑露香园于上海今之九亩园地,绣名大噪,至今江浙沿称顾绣,其针法专尚细密光薄,名曰套针。自是以后,江浙之绣,专事细密光薄,甲于全国,惟稍乏疏散虚实之致。近者吾国刺绣大加改良,本吾国古来刺绣之特长,更参以画理,阴阳向背,各得其宜。自近日刺绣专家余沈寿女士,以三十年之苦心研究,发明双套针旋针、飞针、疏密针、虚实针等刺绣法,绣货益日有进步。余沈寿女士以绣品进呈清光绪帝、皇太后,奉旨嘉奖,并赐四等商勋。一九一一年,以绣成之意大利国皇帝皇后肖像,价值英金三千磅(镑),赴意国都朗万国赛会,得世界至大荣誉之卓绝奖。清政府即以中国政府名义,特赠意皇帝皇后,蒙意皇帝皇后答赠中国政府以最高级之圣玛利宝星,加奖制作人以嵌有义国皇家徽章之金钢钻金表一件,为特别珍贵之纪念品。此实中国绣货近日最荣誉之历史也。近年中国绣货改良进步,日新月异,绣工学校、绣工传习所、绣工研究所,各处林立,故能推陈翻新,穷极精妙。绣花卉人物,简洁精确,赋色明丽,天机物趣,毕显无遗。绣山川名胜,冷淡幽隽,沉雄古逸,各尽其妙。盖中国刺绣历史之古,制作之精,地球上洵推独步。加以选料取材,皆用上等,绝无以次货图利之弊。此固西人乐购华绣者,所同声赞美者也。中国绣货优点甚多,兹略举如左:

(1)中国丝质最佳,颜色鲜明,非如经过强质之漂白丝,不能耐久。故上等绣货,非用中国丝线不可。

(2)中国绸料质最佳,又最耐久,无论历时如何久远,决无裂开起毛之弊。故用上等绸缎刺成名绣,与名画无异,可保存至数千百年,决无损坏。

（3）中国上等染料,染成颜料,鲜明美丽,迥异寻常市品。中国数百年前之古绣,颜色鲜明幽雅,较之新刺成者尚远过之。西人之争购中国旧时绣货,诚为特识。近日华人深知染色关系于绣货甚重,上等绣货,悉用中国染料。虽价格较之普通市品高出数倍,然仍不稍惜工本,致遗美中不足之诮。

（4）中国美术刺绣,精美绝伦,往往一件须经年始就,非定价稍昂,制造者必致耗折。其余普通绣品,定价皆极低廉。兹将中国刺绣最通行之件举列于左:

刺绣小件　如台单手巾、洋烛座子、手囊外套、手巾外套、衣服装饰品、茶具等,均欧美最畅行之绣品。

椅垫　用枣红、金黄、深蓝、湖绿、墨绿各色,素缎或洋缎,或漳绒为底,上绣花鸟。

桌饰　用素缎绣成。

炉围　用素缎绣成。

衣披　用素缎绣成。

挂屏　用素缎绣成。

靠垫　用素缎绣成。

台毯　用素缎绣成。

茶几毯　用素缎绣成。

琴毯　用素缎绣成。

绣旗　用素缎绣成。

小圈粒绣品　即广东之打子粒,北京之打仔刺绣,小圈粒乃西国妇女之所称。西人以其手工繁难巧妙,视为珍品,畅行甚广。

绣旗。

绣花拖鞋。

此次巴拿玛赛会，余沈寿女士出品，为耶稣绣像。绣地高五十四英寸半，宽十六英寸，椭圆形，系从美术明信片上印画之耶稣像摹绣而成。绣像为耶稣在耶路撒冷头戴蒺藜血渍胸面受苦将死之绣像，此像精神，能显耶稣受刑时面上痛苦，从痛苦中现出救世主代世人受罪之无穷爱心，尤为特色。此像面部之丝，共一百十一色，其各色之符号，附绣十字架于绣像上端。十字架上之丝，每一横条为一色，共为一百十一条以表明之。骤视之似亦有同色，细审之实无一同者。绣架亦极精致，用楠木、檀木制成，所嵌花纹，均系真金银丝。此绣像陈列于美术馆，经审查会评定，给以大奖（最高之奖）。惟余女士绣像，初次审查，审查官拟给名誉优奖，询之美术馆主任，云美术品须自出心裁，独成意匠，凡模仿名人绘画者，例不能得奖。惟刺绣系工艺品，如将余女士绣像移往工业审查部审查，可获大奖。于是将耶稣绣像移至工业部审查，始获大奖。按美术馆定章，美术品凡模仿名人绘画者，无论如何精工，皆不给奖。吾国此次赴赛之绘画，多系仿古之作，虽经审查会竭力通融，所获之奖，已不甚高矣。此后如逢万国博览会，吾国人以美术品赴赛者，尤宜于此点慎重加意。虽仿古之作，亦不必留模仿字样于画上，致见摈于审查会也。中国绣品，余沈寿女士获大奖外，江苏、浙江、广东、湖南、四川等省绣品，获名誉优奖、金牌奖以数十计。而教育馆各女学校之刺绣成绩品，获奖亦优。就绣品言之，吾国近日确有进步，美国机器盛行，于手工不甚注意，妇女刺成之绣，粗劣异常。于中国精美之绣，普通一般人民往往不能领略，甚至上流士女尚有误认绣片为绘画者。语以此系手工针线刺绣而成，始形惊叹之色。若中下社会，则虽语以故，亦茫然不识。此种情形，皆余屡屡在会场目击,而非同道听涂说之比。于以知吾国手工精品,实有予人以不可及之处,苟能精进不已,则全球莫能与吾竞也。彼无识盲从、一知半解之徒,足迹一履西土,如登天国,崇拜西人,无异天人,一若西国之村姑俗子,咸具审别工艺精品之目光,而丑诋吾国物品,若无一足称道者,其识见之卑陋,固不足道。而冷淡优美工业精进之兴味,灰国民海外之贸易心,自误误人,莫此为甚。余故详辨之,愿吾国人,毋轻听妄谭以自误也。

(《中华妇女界》1919 年第 2 卷第 1 期)

中国最著名之雕刻术

中国雕刻之术,发明最早。《韩子》称:"尧有天下,饭于土轨,饮于土铏。舜作食器,斩山木而材之,削踞(锯)修其迹,流漆墨其上。"盖唐虞之时,尚未有所谓雕刻也。殷人食器雕琢,觞酌刻镂,则雕刻之术,实始于殷,距今已三千余年矣。其后雕刻之术益精,派别益烦。《通俗文》曰:"金银镂饰器谓之错,镂竹器谓之笭箸,竹器边曰匾。"杨雄《蜀都赋》曰:"雕镂钏器,百技千工。"盖华人雕刻之技,古时已极盛。诚以华人最富于忍耐性,往往于一器一物,穷年累月而为之,故能极精极微,须麋毕现,鬼斧神功(工),世所罕觏。兹就中华最著名之雕刻,略可分为玉、石、木、象牙、竹器、桃核数种,兹分述之如左:

玉器雕刻

中国攻玉之术最工,骎然奏刀,迹浑象脱,异样天成,素质弥焕。刻山水花鸟者,细入豪芒,须麋毕现,鬼斧神工,咸叹观止矣。

石器雕刻

中国石器雕刻,亦甚著名。近如青田石刻成图章小件等,石质净润,雕刻精妙,近年畅销海外。欧美自机器盛行以后,人工日昂,凡手工所制之品,咸较机器所制为珍希。青田石既系手工雕刻而成,定价又低廉,故西人咸乐购之。今青田人在海外贩卖青田石者,几遍五洲,岁额以百万计。青田僻处群山之中,居民尤朴素异常,顾能以只身至海外营业。其艰苦冒险之精神,洵非都市浮华之民所能及也。

木器雕刻

中国雕工随处有之,清乾隆时,以宁国、徽州、苏州、杭州最盛亦最巧。乾隆皇帝六次南巡,江浙各处名胜,皆造行宫,俱列陈设,所雕象牙、紫檀、花梨屏座,并铜磁玉器架垫,有龙凤、水云、汉纹、雷纹、洋花、洋莲之奇,至每件有费工千百日者,自此雕工日益盛云。近日江浙等处,取白果、白杨、白楂、香樟等木,其性坚韧而细腻,用上等雕工雕成人物、花鸟、山水、亭台诸形景,宛然如一幅名人图画,形神毕肖,远近分明。所成之式,多为折屏、围屏、挂镜、橱柜、桌椅等类。如浙江仁艺厂等,近日尤畅销欧美,其额日增,木料之佳,雕刻之美,固已同声共赏矣。

象牙雕刻

广东制各种象牙雕刻,极精极微,能雕刻至二十余层。惟专尚细密,不复参合画理,稍乏疏散虚实之致,因此不甚为西人注重。以广东象牙雕刻所造之精,稍为变通,固不难超群绝伦,独步世界也。相传清中叶刻象牙最精者,能于方寸象牙上,刻字数千,字之大小,不逾蝇足,而点画分明,细于毛发,必须用显微镜视之,方见其微妙。乾隆时有杜士元者,刻一象牙臂搁,刻十八罗汉渡海图,数寸间有山海树木岛屿波涛掀动翻天之势,真鬼工也。

桃核雕刻

中国雕刻桃核、橄榄之舟船人物,精妙灵巧,最为特色。精者能将橄榄核或桃核雕刻成舟,作东坡游赤壁图。一方篷快船,两橹头稍篷,及柁篙帆樯毕具,俱能移动。舟中坐三人,其巾袍而髯者,为东坡先生,着禅衣冠坐,而若对谈者,为佛印,旁有手持洞箫,启窗外望者,则相从之客也。船头上有童子持扇烹茶,旁置一小扇,盘中安置茶杯三盏,舟师三人,两坐一卧,细如毫毛,精妙不可言喻。又有以山桃核为念珠一百八枚,圆如小樱桃,一枚之中,刻罗汉三四尊或五六尊,立者,坐者,课经者,荷杖者,入定于龛中者,荫树趺坐而说法者,环坐指画论议,袒裼曲拳,和南面前趋而后侍者,合计之为数五百。蒲团、竹笠、茶夜、荷策、瓶钵、经卷毕具。又有云龙风虎,狮象鸟兽,戏猊猿猱,错杂其间。初视之不甚了了,明窗净几,息心谛观,所刻罗汉,仅如一粟,梵相奇古,或文织绮绣,或衣袈裟,水田绨褐,而神情风致,各萧散于松柏岩石间,可谓艺之至矣。如近日普通桃核雕刻,精致虽稍逊,然尚能雕刻投合西人嗜好,定价低廉,固可望畅销也。

竹器雕刻

竹刻小件,如江苏之嘉定、浙江之台州,所制各种竹器,如文房器具及桌上陈设品,玲珑精美,雅洁巧便,定价亦极低廉,尤足以供国际贸易商品也。

世界各国,产竹者惟中国、日本二国。(其余虽有数国产竹,产额甚微,多不合用。)近日世人对于竹之需要,日形增加。凡竹制成之篮匾桌椅用具等,西人咸乐购之。中国此次出品,竹篮数十只,陈列在中华政府馆,不一月即告罄。且出品人有定价奇昂,一竹篮须华币十元者,西人犹争先购定,如恐不及。(惟如此定价,大不宜于推广海外贸易。华商苟为久远之计,固不宜见小利而失大也。)日人知此,故对于竹海外销路之推广,积极进行。此次巴拿马赛会,日本农业出品,竹为最多。近年输入美国竹原料及制成器具,为额甚巨,亦日本近日大宗之输出品也。惜吾国出品人不知竹可为吾国重要输出品,农业出品,竹为最少,不过寥寥数十小干而已。余反复述此者,尚望吾国人急起直追,毋以大利拱手让人也。

（《中华实业界》1916 年第 3 卷第 2 期）

丝业之改良

华丝品质之优美,久为世人所同认。故虽日、意二国丝商竞争甚烈,而华丝不至完全失败者,诚以华丝品质有独优之处,非他国所能比拟也。观于去岁十月日本蚕丝会赴美调查员荻原清野之演说,则知华丝品质实优于日本丝。近日美人已一变曩昔不重视华丝之态度,而有研究采用华丝之趋向。此实华丝唯一机会,不可等闲视之者也。

荻原清野氏曰:"中国生丝之品质,其弹性一层,实优于日本丝,与意大利生丝殆在伯仲之间。"美国近时渐有开发及利用中国生丝之倾向,美国生丝检查所长曾声言,日本生丝之增加,即为日本垄断之增加。美国须更扩张生丝供给地点,以抵制日人之专断。若斯则价格低廉品质优美之华丝,实最为适宜。又有薛尔克报馆记者马斯英,亦力说采用中国生丝之需要。荻原氏谓二说皆美人向倾华丝之明证,日本丝商宜急图补救之方法,而万不可等闲视之者也。噫,日人之言如此,顾吾国丝商则竟何如? 美国适用生丝之性质及状况,言其大要略有五端:(一)丝质之强韧,(二)品质之不变,(三)纤度之均一,(四)色泽之均一,(五)商标之信用。按华丝品质优美,丝之白色,系天然白质,并非漂白。漂白丝经过强质,不易耐久。天然丝质地强韧,以之织成绸缎,决无裂开起毛之弊。华丝染料多用本国上等染料,颜色美丽鲜明,经久不变。较之普通人造染色,稍经日晒或历一二年即变色者,迥不相同。故就丝质之强韧、品质之不变论之,华丝以天然品质之优美,实远过于日本丝。日本生丝质脆易断,尤以此点,最不满欧美人之意。惟吾国丝业素无规模宏大之公司,故丝织品往往不能整齐划一,而商标之信用亦不能如欧美之明著,西人欲采办者,往往无所适从,此则丝商亟宜注意也。

吾国绸缎,如府绸、盛纺、花纺、核桃绸、素绸、摹本缎、漳缎绒等,皆可望在美国畅销。吾国绸缎素有硬面、软面之分,论在欧美之销路,则软面实远过于硬面。以欧美妇女之购绸缎,多用为贴肤之衬衣。苟绸质厚而硬,或里面略带糙性者,多不适用。中国绸缎手制者多,虽坚韧耐久远过于舶来品,然其弊在不匀,往往有粗丝横亘其中,殊不雅观。故制造丝经,尤宜以匀净为主。中国绸如府绸、盛纺、花纺数项,苟能略事改良,适合西人之嗜好,复注重广告推广,销路则虽岁增一万万元之输出,亦非难事也。

欧美妇女服绮罗绫缎者,多系豪富,然衣不数次辄弃置更新,故料不嫌薄,惟颜色花样虽日新而月异耳。华绸以质地厚实为良,成本过重,以致利润难图,而花样复陈陈相因,销路遂一蹶不振。日本政府及社会,对于丝绸之销运外国,提倡不遗余力,设研究改良丝绸学校于西京,以期投合美人之嗜好;于横滨复设出口丝品检查所,凡出口之丝经必经政府加以检查,此日本丝所以畅销于欧美也。吾国苟欲蚕丝绸缎畅销于海外,则亦当效日人之成法。而盛纺、花纺数项,可望畅销于欧美者,必须将门幅放宽,以二尺三四至二尺六七最为合式。若仍沿吾国之旧,绉纱纺绸门幅大抵在一尺五六之间,以之制美国妇女之衣服,实不适宜。盖用一幅则既苦窄狭,用两幅则又多废料,耗废既多,则撙节浮费之念起,而销路亦因之滞钝矣。

（《兴华》1917 年第 14 卷第 1 期）

三、外国实业、科技译介

输入或输出超过之真诠

我今标此题以立论,我知国内号称精通计学之士,必斥此题义之不明了,以为一国与各国贸易输入输出,咸登诸册,一查即得,有何难知?凡输入超过输出者,国必贫;输出超过输入者,国必富。此经济上不易之原则,岂复有讨论之余地者?我但取海关表册一展阅之,而已洞若观火矣。十年以来,此种论调充塞国人之脑中,一若天柱地维之不可摇者。呜呼,何言之简易若此耶?国际贸易之精意,欧美经济学者著作专书以说明之者,不下数十种。如勃斯泰泊尔之《国际贸易论》,勃斯蒂之《保护贸易之诡辩》,滔雪克之《美国税则》,史费斯克之《国际贸易论》,克莱亚之《外国汇兑浅论》,麦克莱夫之《国际汇兑》,斯旦胡德之《十九世纪英国国际贸易》,霍白生之《国际贸易》,论伊利之《今世之问题》,嵩麦之《保护贸易论》,挨雪莱之《税则问题》,威尔斯之《实用经济学》,开莱之《利息整理论》,白敦之《经济原则上之保护政策》,洛德之《殖民地之税则》,客冰赫姆之《自由贸易之进行》,此十六种则尤其最著者也。使输入输出上超过之真相及其利害诚如我国经济学家立论之简捷轻快,则彼欧美诸子穷年矻矻、忘寝废食以终身者,诚可谓天下之至愚者矣。窃谓学问之道,宜痛下审慎愤悱之工夫,而不宜以虚骄矜怠之气中之。近年新学勃兴,浅谫剽疾之士,不悟西国学子之立说,辨难如是其详且慎也,乃欲于旬日之间捷成速化,以浅鲜之尝试,自谓已穷天下之理,乃复著述以诏人。嗟乎,天下之患在不知学,至知求学而复信谬说以自画,则终无省悟之一日矣。余草是篇:(一)欲使我国民知一国之输入输出额不能专据海关表册为准。(二)欲使我国民知一国因富力及实业上种种之关系,有时输入远超过输出,国不为贫;反之输出远超过输入,国不为富。其说则采译欧美经济书报中之最浅近者,其义则慎守原文之意,不敢稍以己意增减其间,致蹈文人徒骋词锋,不顾事实之弊。顾是篇所说,第就学理上立论,非谓输入超过输出不足为我国民之病也,非谓输入超过输出非我国近日贫乏之一原因也,非谓我国输入超过输出而复得不列入海关表册上之大宗输出,以弥此缺而适剂于平也。(如英国输入远超过输出,顾得不列入海关之大宗输出以调剂之,英人绝不以为病,详说见后。)至我国输入超过输出之现象,及其救济之方法,他日当更草一文以详论之,不复列入是篇范围中焉。

何谓一国之输出输入不能专据海关表册为准也?法经济学家葛特氏之言曰:"输入输出之额,虽可于海关表册上见其大抵,然精确之输入输出之总额,非纯为外货及国货之进出,不列入海关表册内者甚多,不可但据海关表册以为尽得其国输入输出之真相,及其国富力之消长盈虚也。"葛氏举其重要者三项、附属三项,其数之巨,已绝可惊,是皆不列入于海关表册上者也。(一)投资他国之利息。凡一国实业已发达者,国内之资本必充斥,利息必低,国民挟资而难觅年利较优之新企业,则竞投资于殖民地或实业较为幼稚之国,以冀得较高之利息。由此论之,则前者为债权国,后者为债务国。债权国每年可收入巨额之年息,债务国每年当付出巨额之年息。如英法等国常投资于殖民地及他国者则为债权国,如南美诸国、(合众国前假英法资本以兴国内实业,其数甚巨,欧战前尚为债务国,今则一反而为债权国矣。)土耳其、西班牙、埃及、印度、澳洲,当假他国资本以开发国内实业者,则为债务国。此巨额利息之收入或付出,并不列入海关贸易册上,而此海关册上所载者,则适得反例之结果。其理盖以此巨额之利息,债务国果由何道以付之债权国乎?并非岁运若干之现金与债权国,实由债权国国民购货于债务国以输入也。由此道则债权国与债务国两蒙其利,债务国之生产者,债权国之资本家企业家及消耗者,互蒙国际贸易之利益,而无输送现金之糜费。由此道则债权国输入必增,而此海关册上大书每年输入超过输出几千万几万万者,或即他国每年应付此国利息之数,非真输入超过输出也。故曰仅据海关表册观之,适得反例之结果也。余今更举浅近之例以证明之。例如我国自民国成立以后贷日本资本甚巨,设我人此后每年须付日本利息三千万元者,则我国对于日本贸易虽输出输入每年同为一万万元,实际上日本输出每年已超过三千万,不得谓之平衡也。(二)船舶所收之运费。运送货物之船舶,须劳力及资本甚巨,由船舶获得之利润固分配于船舶之主及造船家以为劳力资本之报酬。凡一国船舶较他国为多者,则收入之运费亦必较多。若无往来国外之船舶,即对于外人无运费收入之可言。而此间最宜注意者,即货物输入之时,货价与运费同为输入。盖海关册上于货品原价外复将运费及保险费与他项杂费列入,反之出口时仅将输出货价记入册内,而运费保险费及杂费,则须于进口国之海关登之。故同一价值之物,输入与输出相较,往往输入时高于输出。盖一则并计运费保险费杂费,一则已除去也。因此结果,故一国船舶之多少,于输入及输出之真相,恒有变动,不可一例论也。试以我国与日本比较之,日本造船业日益发达,商船遍于五洲,邮船会社、东洋汽船会社等,成立后于招商局,而进步甚速。欧洲开战后,不特船舶足供本国货品运送之用,且可代各国运输货品,而收其运费,则近年日人收入之运货费,实为无形中之巨额收入。反之,我国仅一招商局规模稍大,开办已五十年,商船尚未出国门,内河之航政尚大半握于外人之手。至于对外贸易之运费,则我国直可谓无分毫之收入。以与日本较,假定我国与日本对外贸易同为每年三万万元,日本则以本国船舶运送十分之七,以外国船舶运送十分之三。设以货品价值十分之一为运费言之,则输入输出同为三万万元,总额为六万万元,以十分之七装本国船舶,则日人每年可收入运费四千二百万元。设与我国比较,对外贸易输入与输出,同为三万万元,表面上虽似平衡,然实际上日本之输出已超过我国四千二百万矣。(以货价十分之一计,运费已就平时廉者言之。若欧战时,运费大涨,则万不止此数也。)

(三)外人之游资及旅费。凡一国或因湖山之明媚,或为历史上有名古邦,其他多历史纪念品及名人遗迹,足供好古家之考鉴者,咸有吸引游客之魔力,则各国士女之往游其地者必多,如欧洲之法兰西、瑞士、意大利其尤著者也。欧人称瑞士为世界之公园,欧美士女每岁束装往游者,不知几万人,每岁游费不知糜金钱几百兆也。据法国新近人口调查局报告,侨寓法国之游历家,约六万六千人,每人每年游费平均约美金二千元,(余所据之书,系美人译自法人著者,故以美金计算。)已为最低之额,则岁已得一万万二千二百万元美金矣。此巨额之收入,又非可于海关册上发见者也。然短期之旅行家尚不在内,其游费之数亦非微细不足计算者也。此所谓游历家者,则专指纯以游览为目的而侨寓法国者,其旅行一切费用,由游人自本国汇寄而来者。其在法国则并不营一业执一艺以自赡,故在法国所用之旅费即无异纯为法国所收入也。若外人在本国营业而居住者,其旅费则不能与此相提并论。若国家或私人雇用外人以治事者,则与营业者又不同。例如我国雇用一英人为教授或技士,岁薪为五千元,设是人以二千元汇回英国,以三千元充旅费,则二千元已为直接之汇出,而此三千之旅费中则须辨明其用费种种之区别。(如旅北京者,寓中国房屋,则中政府所付之薪一部分间接已为房主收回。若寓英人所设之旅馆,则情形复异矣。)当有一部分间接仍为流出,一部分始可称为旅华旅费。经济上之理则甚复杂,不可以简单思想说明之也。我国立国最古,历史上名胜所在甚多,而天然风景之美丽,亦久为外人所称道。倘我国民能修葺其道路,保护其湖山,吸引世界多数之游人,则每岁他国人游览侨寓之费,未始不可得岁额数千万之收入,亦一无形中抵巨大输入物项也。(以上所谓海关者,实为税关二字之误。顾何以不更正而仍其旧者,实因我国俗称进口各关为海关,厘卡为税关。近人所著书,亦以海关包括我国进口各关,人人已习见之,若余一旦骤易以税关,则恐多数人仍误为厘卡,势将益滋纷淆,不如其已也。海关二字何以不妥?则当知我国非如英国与日本为岛国,凡他国货品输入者,必由海道。我国惟滨海七省有海关,凡无海口之北部一带及西北、西南之由陆地与外人贸易者,其输出输入之额将悉除去之,不列入乎?则遗漏殊多。若仍列入,则海字殊无着落。盖既于关上加一海字,即不能复包括陆地一切进口各关也。就学理上言之,则海关二字必须更正也。否则如欧洲之瑞士等小国,四面皆与他国接壤,并无海口,将谓瑞士无关以科进口出口货品乎? 天下宁有此理耶?)

就以上所列论之,则知一国之输出输入,不列入海关表册者甚多,非得各方面精确之调查,不得见一国输入输出之真相。若谓披阅海关表册,而已为一览无遗者,诚浅俗之见也。除上列三项之外,尚有三项虽不如前三者之重要,然因国内经济现状之不同,而收入之数则大异,非不可得巨额之收入也。如银行之回佣货品之保险费,则凡其国之银行业保险业发达者,可收入他国巨额之银行回佣及保险费。反之为实业幼稚之国,如我国之今日则必须付他国以巨额之银行回佣及保险费。此中盈虚消长,亦不可不深究而详察之也。他如侨民汇归之赡养费,凡一国民人在外国谋生者多,则每岁汇归母国之赁金,其数必巨。设我国今日得二百万华工,散居各国者,以每人每岁汇归百元计之,每岁已得二万万元矣。其额之巨,已可抵数项大宗之输入。此三项之出入,并不列入海关表册中也。更合前三者计之,则其数已绝巨,而均非由海关表册可以考得者,则何由窥测一国输入输出之真相乎? 我故曰一国之输入输出,不能专据海关表册为准也。

何谓一国因富力及实业上种种之关系,有时输入远超过输出国不为贫,反之输出远超过输入国亦不为富也? 曰一国与各国贸易不能专求海关册上货物输入输出之平均,当注意于国际上债权债务之平均。故苟为债权国,而国内企业及各种设置均甚完备者,则无形之输出甚多(亦可谓无形之收入),则表面上虽输入远超过输出,国不为贫。反之苟谓债务国,又因各种特别关系,(例如美国人好游,其游费用于欧洲者,超过于欧人用于美国旅费之总数。此种现象,则可视为特别关系。各国经济现象均有不同之特因,不可不知也。)则无形之输入甚多(亦可谓无形之支出),则虽输出远超过输入国不为富。明乎此,则可与言国际贸易矣。试思英国自十九世纪以来,久握世界金融及商业之牛耳,国力之富当为人人所共认。以我国浅谫之士,私心臆度,必以为英国国际贸易输出远超过输入也,不然比较他国亦必输出较多于输入也。孰知竟有大谬不然者,英国之输出不特不能过于输入,且输入远超过输出。自十九世纪末叶以来,每年输入超过之数,约在一万万四千二百万磅(镑)以上,有时或稍高或稍低,然均离此数不甚远。此输入超过输出之数,非一时例外之现象,乃长期并无变动之贸易状况也。英人不以此贸易状况为忧,反以为可喜。何也?我于上节不云乎,输出输入之总额非纯为外货与国货之进出,不列入海关表册上者甚多。例如(一)为投资他国应得之利息,(二)为船舶所收之运费。一国除直接输出输入之货品外,其应付外人之利息及运费,或应由外人收入之利息及运费,为数甚巨。而英国经济即因此二者及他项之关系,不以输入远超过输出为病者也。今先就第一例投资之利息言之,英人国内实业发达,比较他国为先进国,其贷给巨资与实业较幼稚之国以为建筑铁道、开发矿山以及国内种种新企业建设之用者,几遍五洲。故英国对于他国强半为他国之债权国,凡对英负债务诸国,每年须付英人以巨额之利息,合各国之总额约八千万磅(镑)。各国负英债之数合政府属地个人公司计之,约二十万万磅(镑)以上。此利息之收回,非以海舶载各国之金银而归也,则英国国内所用之原料品,佣工之食料品,及他货品之输入英者均为他国付英利息之代表,特非金银而用货物而已。英人既为各国之债权国,每年输入超过输出如此之巨,适足以代表英人岁受各国之利息而已。英经济学家罗杰氏曰:"巨额输入之超过,非谓英人支出过于收入,乃谓英人收入过于支出,且此种收入于贸易上最有利益者也。"罗杰之言,学者宜深思而心知其故也。更就上所述之第二例船舶之运费言之,英人凤称海上之王,船舶之多为世界各国之冠,按其统计凡地球上船舶之隶英资本家者,殆占总额百分之七十。故英国之船舶不徒供英人与各国间运送货品之用,实供世界各国间运送货品之用,其运费之收入岁自四千五百万磅(镑)至五千万磅(镑)之巨。此其间尤宜注意者,即货物输入时直偕运费同为输入,而货品输出之际,于应得物价之外复多此运费一项,以为余羡,英祁芬氏谓之无形之输出入。此无形之输出入虽不能见诸海关表上,而其总数实占贸易全额百分之十一以至十五,则所以影响于输出输入为何如也。惟第三例上所谓外人之游资及旅费,英人于此第三例则略有出入。因英国既非如瑞士吸收外人巨大之游资,亦非如美人支出之游资远过收入,故此项在英出入无甚差池,不必置论,可以英人之杂项收入代上所述之旅费及游费。例如英人在外国营业者,每岁汇归母国之储蓄金,每日寄书亲友之邮费,印度政府付英人退职官吏之养老金,及英人在各国营业者收得之利润,合而计之,虽不能如前二者影响之巨,然亦非细数也。

就上所论各节观之,则于输出输入之真诠,略可得之大概。我人当知国际贸易之收入或支出,非罗载货币进口出口,仅以货币计算物价,以为交易之媒介、价值之标准而已。实际上无异国际之货品交易输出输入之物价每相抵划,通币仅为平准一时有余或不足之补助,决不能容巨额之货币继续输入,或巨额之货币继续输出。质言之即实际之输入输出,决无永久超过之理也。譬如我国对美贸易,输出为一万万元,输入为一万万二千万元,非美国运送一万万元至华,复运回一万万二千万元至美也,实藉银行汇兑作用为之媒介。例如美商购华丝一千万元,华商购美烟草一千万元,其结果则华丝商对华商购烟草者可有一千万元之债权,美烟草商对于美商购华丝者可有一千万元之债权。故假定我国对美贸易输入超过输出二千万元,即除货物价相抵外,我国尚对美负二千万元之债务也。然此种现状往往因供求相剂之理,久之仍趋于平。英耶文斯谓金银亦货品之一种,亦为天然供求之律所支配。如一国货币输出过多,则通币必形缺乏。揆诸供少求多之理,货币之价值必高。货币之价值既高,则物价必低,物价低则外货之输入必减,国货之输出必增矣。葛特氏复详论之曰:凡国民支付外国债务时,未必输出硬货,货币以国境为限,必不能通用于他国,于是汇票尚已。汇票者实我人支付国际债务之正当方法也。而汇票之价格恒随需要供给之多寡为涨落,债务超过债权,则汇票之需要增而价格贵,购此以履行其外国债务者势必贴水,而商人因对外债权,可以汇票出售者,乃获厚利。究其终也,可为促进货物输出之媒。至支付外国债务之商人,实立于不利之地位,谁复乐多购外货以输入。故其极也,又为减少货物输入之机。不宁惟是,债务债权既不平均,因此硬货流出过多,则供不足以给求,货币之价必高,国内物价必低。物价低廉,诚非经济上之佳况,然因物价之低廉可以引起外人多购货品者也。当此时也,国内物价既廉,则货币之购买力强,因国际间债权债务之不平均,则汇兑行情必发生高下之变动。凡营出口商业者,以较廉之价值而购得同一之货品,复加以汇率下落之利益,则必获利而输出自增。反之而进口商业者,以同一之货品,而以较廉之价值售出,复蒙汇率腾高之损失,则必难获利,而输入自减。国际间货品之交易,不能由高价之市场趋至低价之市场,犹水不能强挽之使逆流也。而国际间货币之流通,则必由低价之市场流入高价之市场,犹水性之必就下也。有时一国经济现状,亦有出此原则之外者,则必因外界特殊之关系,犹孟子所谓:"水搏而跃之,可使过颡;激而行之,可使在山。"迨外界之阻力一去,则水性必仍就于平面也。贸易之潮流,不能一方面永远过于他方面,无异海水之潮,不能永远一方面涨而无退。因天然原则之支配,必起变更,不过时间久暂之关系耳。故一国硬货流出之后,久之因天然之趋向,仍必流入其国,就贸易统计观之,可得一简易之观察。我人当知贸易之真义,不外以物易物,即经济学上所谓物品交换是也。通货不过占贸易一小部分,尚不及贸易全额百分之十。故债务债权有必趋于平均之倾向,此理由经济学界名之曰经济上之调和。凡一国苟非因一时特殊之势力所支配,则国内经济现象不能逃此公例。由此观之,一时债权债务之不平均,因贸易上自然之原则,其趋向仍必复归于平均也。

或曰:子之说辨矣,虽然,我人每披览世界商业调查表册,凡一国输出商业不发达者,或国恒患贫困,何也?答曰:此吾子倒果为因之说也。吾子但见一国输出商业不发达者,其国恒贫,因认为输出盛则国富,输出衰则国贫,为经济上不易之公例,亘古今历东西而常信也。顾吾子徒知凡一国输出商业呈衰微之现象,则贫困之结果恒随之而至,而不知一国输出商业,何以呈衰微之现象,则必更有种种原因在也。吾人一探论其因,自不能承认输出商业之衰微,即为其国贫困之总原因也。吾人当知凡一国输出商业衰微者,其国民必阘愚劣窳,而乏干练明达之企业家也,其国内实业必痿瘁枯竭而无奋兴新明之气象也。且大抵国内时起纷争、危机四伏,商民惴惴然日虑生命财产之不保,而乏久远之思想。更有何人肯斥巨资,而建规模宏大之新企业者?当此时也,民智鄙僿,民德污下,执政者放荡恣睢,贪残奢侈,横暴自营,而罔恤民困。小民黠惰腆鲜,苟安旦夕,恶少穷子,游手奸偷之徒,充塞闾阎,以为民病。总以上之原因,其国安得不日就于贫乏,而输出商业之衰微,仅为上述种种原因所获结果之一,不得倒因为果,即认为其国贫乏之原因也。反之,凡一国输出商业发达者,必为政治修明教育孟晋之国。其于国际贸易上种种商业组合,如银行业、保险业、邮电业、航海业已一切完备。国民企业能力已充实,国中又时出德慧术智、高视远想之企业家,以为商民先导。故能出品精良,为他国人所乐购,或以精密之计画、崭新之发明,能以同一之货品,而以较廉之价输往他国,其输出商业之发达宜也。故其国之富盛,亦为上述种种原因所获结果之一,而非谓输出商业发达,即为其国富盛之原因也。故凡国人以输出商业衰微为病者,亦惟修明其内政,增进其民智而已。非可行揠苗助长之术,以期获效于旦夕之间,则其结果未有不窒泥而难行者也。苟不明此原理,而欲强抑输入商业使之衰微,强振输出商业使之发达,昔人谬信重商主业(义)之诐说,已有先吾人而行慄悍轻捷之政策,以为可以起衰而致富也。孰意所得结果,往往呈反背之现象,行之稍久窒碍殊多,势必改弦更张,或回循故轵(辙)而后已。何则?凡一国欲强抑输入商业、强振输出商业者,不外厉行极端保护政策而已。然厉行极端保护政策之结果,国内幼稚之工业,因保护政策之厉行,得摈斥他国商品之竞争于国内市场,营此者往往获利。故一方面就国内工业言之,未始不可呈兴盛之气象。然此国内之工业既比较他国为幼稚,因保护政策而始得成立,则其物产之品质、价格,决不能与外国同一货品自由竞争于外国商场。故因保护政策之结果,虽可避去外国商品竞争攫夺之危险,然因品价之比较,仍不能引起外人竞购所产之物品也,则输出之商业,仍难期其发达。不特不能发达已也,因极端保护之故,输入之商业必大受打击,而日形衰落。就经济上自然之现象言之,输入之商业既就衰落,则输出之商业亦受其影响,而同就衰落。故就国内商业一方面言之,则同时起衰微之象。若谓能强抑输入商业,使永久衰微,而一方面复能强振输出商业使永久兴盛者,则吾未之前闻焉。更就吾国今日经济现状言之,苟国人以输出商业不发达为忧,则愈不可不以巩固国本启发民智为先务。若厉行强抑输入强振输出之政策,而国政之纷扰偾督,民俗之惰窳偷玩犹如曩昔,而谓能以强力使输出商业发达,致国民富厚之效者,吾不信也。不然当欧洲大战五年中,凡染料、钢铁、玻璃、军用物品等,或来货已绝,或价值倍蓰,虽厉行极端之保护政策,亦决不能使物价相差如此之巨。然此五年中,未闻业此数项之商人,能乘此时机组织一规模弘大之公司,而建设是业,一巩固不拔之基础者。观此成例,苟国政不修民智不进,则国内殆无实业之可言,不特输出商业难期发达已也。(当欧战中,商人因囤货而价涨获利者不过少数,商民之得失赢亏,于一国经济现象仍无变动之可言也。以其暂时因来货缺乏而获利,则获利之时机仅以销完囤货为限,而无继续之性质。且既有因价格暴腾而获利之商人,亦必有因价格暴腾而蒙害商人也。故就一国经济现象言之,徒引起商人投机幸进心之勃发,呈一时纷梦之象,无丝毫实利之可言。不然因近日禁烟之结果,土商获利较他业更巨,宁得视为吾国经济上可喜之现象哉?)若夫吾国关税制度,因条约之束缚,国内实业蒙其弊害者不可胜言。苟能从事改订,以抒商人之积困,以保护国内幼稚之工业,固为吾人所日夜期望者。如消费品(烟酒等)、侈奢品,则宜重科之,以禁制国民豪侈之风,保存旧日谆朴懿粹之美德。反之,如书籍、仪器、工业原料用品及交通物品等之输入,则宜除免其进口税,以期国内实业之发展。故吾国国际贸易现象,倘使输入之物品,多数为启发民智、振兴工业之用具,则一时输入之超过,诚为经济上可喜之现象。若如今日外国之消耗品、侈奢品销行国中,日进不已,而启发民智振兴工业之用具,反微细不足比数,此吾人所当引为殷忧,而非徒蒙输入超过之弊害也。

虽然以输入超过为可忧,以输出超过为可喜,此人之恒情,非独吾国浅见之士为然也。其原因由于过于重视金银之价值,谓以吾国之商品,易他国之金钱,其利恒归吾国。反之以他国之货品,易吾国之金钱而去,则吾国恒蒙其弊害。更由此而推论之,则凡一国输出超过,金银必由他国流入,其国必富。反之而输入超过,金银必流出他国,其国必贫。盖以既富金银,则百事咸具,国内金银之增加,即国富之增加。故欲增进国家之富庶繁盛,先当以增加国内之金银额为目的。此论之误点,由于过于重视金银,而不悟输出无永远超过输入之理,且不明国际贸易之原理。凡一国能以是种商品畅销他国市场者,必因天时地力、人工技艺之关系,能以较廉之生产费,产出较良之商品。使国家对于外国之输入品,概加以人为之限制,虽国内少数之工业家蒙其利益,而国内一般人民必增其生活之费用,于事业之发达反生阻碍。且国内工业当受保护与否之界限,殊不易划清,有时反使适当之实业家,不能受保护,不适当之实业家反受保护,甚无谓也。更就其过于重视金银之谬点言之,吾人当知金银亦商品之一种,必交易而始具价值。其用途既有限,虽无限制继续输入,亦仍无益。若以金银易货品为损失,则如奥、美产金银之区,其居民大抵皆矿业也,其土产即金银也。凡与他国交易者,不得不以土产之金银易他国之商品,宁得以商品易金银为利,以金银易商品者为病哉?近世之重视金银,与吾国上古之贵粟主义略同,孟子所谓:"以粟易械器者,不为厉陶冶;陶冶亦以其械器易粟者,岂为厉农夫哉?"诚深明经济原则之论也。且金银必流通而后效用始见,储聚堆积,虽多亦无裨于实用。使一国而务以输入金银为务,效西、葡诸国之覆辄(辙),而国内之工业仍日就废弛,则国民日用衣食之供,仍须仰给于外国,则金银之继续输出,为经济上必不可避之现象,而非可以法令强为挽止者也。近日经济学者大抵不承认金银即为富力,以金银仅为富力之代表,而不能以金银包括一切富力也。就上述各节观之,则知使输出无永远超过输入之理。今更以历史上之成例与国际汇兑之情形言之,以明输入或输入之超过无继续存在之理由也。

就历史上成例言之,西班牙之往事其最著者矣。西人之经营美洲也,尚在荷兰、英、法之前。方其盛也,握海上之霸权,富强甲于全欧。而其末运之萧条,几有一败不可收集之势。无他,西人骤得广漠之富源之新大陆,误认金钱为国家唯一之富力,皇皇然日事囊括金钱,以输入母国为务。而国民之愚陋傭瞀,犹如畴昔,以鄙僿之国民,而骤得多金,则奢侈放荡之风勃兴。他国之消耗品、奢侈品为西人所需要者日多,复逞其豪暴虚悇之气,不屑经意于国内工业,实业凋零,金融滞涩。当是时,其国内金银,虽充溢于内,而珍贵之品仍须自外国购入,驯至求过于供远甚,即国民日用衣食之货,亦不得不仰给于他国之商贾职工。于是昔之罗掘他国金银而输之己国者,至是仍不能逆抗经济潮流之大势,复继续而流入他国矣。此因西人过于重视金钱,而欲以摽夺戕贼之术强致其国于富也。法当哥尔勃亚秉政时,盛唱重商主义,(经济学家又称为哥尔勃亚主义,即极端保护政策也。)奖励输出,给商人以输出奖励金,厉遏输入，科以重税。且谓欲输出繁盛，非使物价低廉不可；欲物价低廉，则必须先减少其生产费，非使庸金下落不可；欲庸金下落，非先使国内之食料及日用品价皆低廉不可，故严禁农产品之输出。哥氏厉行此政策，国内工业受其保护，虽具进步，而农民则因此大困。哥氏不悟天下之事物无不利害相与倚伏，乃欲网罗万事，而一切纳之于规则之中，束缚驰骤太甚，而于个人之营业反多障碍。故哥氏之政策，仅奏效于一时，行久遂多窒泥矣。迨一千六百八十三年哥尔勃亚死，维秉国钧者痛诋哥氏之政策，尽废之。虽多偏讦之见，然哥氏政策之弊害，至是固不能不求变通矣。俄国当十九世纪初，西欧大饥，俄之农产品输出骤增，而他国制造品之输入亦随之而增。翌年西欧大稔，对于俄国农产品之需要随减，而俄人对于西欧商品之需要已成习惯，继续输入仍有增无已。正货流出，国内金融呈枯竭之象。俄政府欲摈斥外国商品于国内市场，重科进口税，以阻遏外货之输入，厉行奖励内国工业政策，凡自棉、丝、羊毛三种原料所制成之布帛呢绒以及皮革玻璃等，莫不自行制造。又大输入制造所用之原料，其意欲人力强遏正货之输出，以增加国民之富力也。卒之国内工业虽因保护而兴，而国际贸易则因苛税而大减。俄人悟其失策，乃于一千八百五十二年减轻各种进口税率，后复改订数次。自改订税则后仅三十年，而输出额已增至三倍，则其效可睹矣。日尔曼诸邦当拿玻仑败后，欧洲大局敉平，国际间之贸易亦渐盛，昂不尔厄、不来梅诸埠之商业复兴。顾当时日尔曼诸邦之工业界，尚未采用英国新发明之机械，一旦遇英国制造品之竞争，大受挫折，遂厉行保护规条，以排斥英国商品，而其成绩则殊微薄。经济史学家谓日尔曼列国工商业较之未行保护以前，更为不振，故未几亦改变方针矣。综观各国既往之事实，凡欲致其国于富厚之域者,必当详思熟虑,慎施其调剂平衡之策,则国民方能食其赐。若昧于经济天然之趋势,以肤浅之思想,而行慄悍之政策,则未有不遭失败者也。吾人苟以往事为殷鉴,则知输入超过输出之现象,固自有正当救济之方法,而非可以卤莽灭裂从事者也。

更就国际汇兑上情形言之,因输入或输出之超过,恒生国际汇兑。行情涨落之结果,因汇兑行情涨落之变动,转足以调制输入或输出之趋势。欲明其故,则不可不先知国际汇兑之性质及其涨落时之原因矣。国际汇兑者,商人欲免除运输正货之种种耗费及危险,其支付国外债务之正当方法,恒以国人对于外国所有之债权,供支付国外债务之用,以银行汇票为之媒介,而使国际间之债权债务,互相抵消者也。国际汇兑既为了结国际贷贷之利器,其所以成立之原因,则在国际间有贷贷之关系。盖既有贷贷之关系,而后始有向银行卖买汇票之人。既有卖买汇票之人,而后有逐日进出之行情,即所谓汇票市价也。国际贷贷之由来,其原因不一,如有价证票之卖买,外债之募集,偿还外国旅行家之旅费及住费,殖民地之运送金,国外企业收得之利润,均足为发生国际贷贷之原因。而其最重大者,即国际间之输入输出是也。因输入输出之互异,而汇票供求之因生焉。例如上海商人以丝茶输出于纽约,则必卖出纽约之汇票。反之由纽约而输入钢铁布匹,则必买进其汇票也。顾国际之输入输出,决不能相符合而适剂于平也。于是市场上汇票之供求不能平均,设当此时,更无他种方法以调剂之,则汇票之行市必生高下,此汇票市价变动之所由来也。汇票市价之高下,大率由于输出入品额多寡而生变动。然如上节所述之运费、银行回佣保险费,亦足以与汇兑行情以重要之影响。如一国实业兴盛,各种航业、银行业、保险业建设完备,输入输出之商品运送、保险、汇划等事,悉取给于国人所设之公司,则虽输入输出平均适相抵划外,而运费、回佣保险之收入,无一不需汇票,则汇票之供求,必不平均也。若一国之货品,其运送、保险、汇划等事,悉仰给于外人所设之商号,则虽输出之物品,足以抵消输入物品之代价。然运输、回佣、保险等费,仍须由本国商人一一支付与外人,则国际间之贷贷必不平均,而汇票之供求,亦仍不能剂于平也。盖国际汇兑之均势,亦与国际贸易均势之原则同,不专在输入输出之平均,而在国际间债权债务之平均也。

汇票行情之高下,原于汇票供多求寡之关系。而市场上汇票供求多寡之变动,由于国际间贷贷额数之消长。如一国与他国贷贷额正相等,则卖买汇票者,其数亦必相等,数等则价平矣。此时汇票之市价,自无高下,即百元之汇票,以百元卖买,经济家亦谓之国际汇兑之平准。换言之,即汇票之时价,与票面之额相等,无增亦无减也。如市场上对于汇票之需要增,欲买汇票,当给汇票之贴水,即百元之票额,其市价在百元以上也。反之,汇票之需要减,买汇票者可得汇票之折扣,即百元之票额,其市价在百元以下也。往昔之经济家,以汇票市价之涨落,即为国际汇兑顺逆利损之区别,其说仍渊源于中古之重金主义。以今日经济情况论之,则殊无健全之理由。汇票之市价增,则供给汇票者受其利,而需要者蒙其损失。反之,行情下落时,则需要者受其利,而供给者蒙其损失。此所谓利所谓顺,正彼所谓损所谓逆也。利损顺逆参半,殊不足以定国际汇兑之得失。顾以汇票腾贵之结果,恒致正货流出国外,而有破坏信用基础之虞,此则经济上不可不虑及之现象也。盖汇票之腾贵,苟在现金输送点之上,则应付外国债务之商人,宁负运送之耗费,直接输送现金于外国矣。设有美人负英人二百磅(镑)之债务,二百磅(镑)之值,适抵美金千元,由美汇千元至英,现金输送费每千元仅须十元。设汇票市价，竟腾至十元以上，则商人此际，必输送现金于英伦，复换英磅（镑）以支付债权者，不复需用汇票矣。故汇兑行情之涨落，虽因市场供求之多寡而生变动，然经济上天然之趋势，恒若有一程限焉，为之节制，不易逾越。即汇票之贴水与折扣，决不能高至现金输送点以上也。此涨落之两极点，谓之现金输送点。汇出之票，贴水达此极点，则现金必输出。汇入之票，折扣达此极点，则现金必输入。盖商人之卖买外国汇票，不过欲了结贷贷关系而已。设汇票行情腾至现金输送费之上，则对外国有债务者，当支付时，不如舍汇票而直运现金。又设汇票行情落至现金输送点之下，则对外国有债权者，当收回时，亦不如舍汇票而直输入现金也。如此则汇票将无人过问，而此奇异之市价，亦决无成立之理。故平时汇票行情之高下，常不能出此两点也。然亦有时汇票之贴水折扣，竟超现金输送点之外者，经济家名之曰特异汇兑行情。则必其国之经济情况，突呈不稳之形势，或因战事内乱发生，或市场骤起恐慌，凡对于是国有债权者，欲得最富于流通力之现金之念甚盛，以免意外之损失。当是时债权者不问条件如何，但冀售出汇票，收回现金。而需要汇票者，则因市情前途之危险，有迟疑不前、守成观变之势，于是卖者急欲求现，而买者低减价格。其势卖者恒为买者所要挟，故斯时汇票之行情，往往逾越输送点程限之外，此例外之一原因也。汇票所以代表金银，而金银之为物其性质恒与市场之普通商品同，供少则值昂，供多则价落，故其产额之多寡，影响恒足以左右国际间汇兑之行情。设在金本位之国，遇金之产额骤增时，则一切物价必腾贵，其实非物价腾贵也，实因金之产额增，而货币之值下落之故。故购一同等之物品，而须给以视往日较多之货币。当此时也，输出必减，输入必增，市场上对于汇票之需要，亦必随之增其市价,或竟超过现金输送点之上。故此际货币之输出,亦同于普通之商品,势必由低价之市场,流入高价之市场,即商人竞输此国低值之货币于价值较高之国也。他如因本位不同之国际贸易,而忽生金银比价之变动,因国内财政之棼乱,而纸币不能兑现,其结果足以支配汇兑行情,而使涨落恒越常则者也。汇兑行情之涨落,恒为国际间输出输入之消长所支配,而上列之数种原因,其势力实强于输入或输出之超过。故当此际,而国际间之汇兑行情,乃不复为国际贸易之形况所支配矣。此国际汇兑上之特殊情形,亦如一国之输入输出,有时为特殊之势力所支配,而失其平衡之倾向者也。

计算国际间之汇兑行情,大抵不外二法:一曰汇出,一曰汇入。如言美金一元,值吾国二元四角,此以美国货币为基据,以衡量吾国之货币,此汇出之市价也。如以吾国一元,合美金四角二分,此以本国货币为基据,以衡量外国之货币,此汇入之市价也。二者方法虽异,实际则同,不外以此方之市价,与彼方之市价互相换算而已。然因汇出汇入行情涨落之影响,而从事输入或输出商业者,其利害得失,则因之而互异也。设从事输入商业者,当汇出之时,适值汇票需要超过供给之际,则汇票市价腾,汇出者购同额之外国汇票,而须给以较多之本国货币,在汇出者之市价为逆为不利。反之,当汇出之时,适值汇票供给超过需要之际,则汇票市价落,汇出者以同额之本国货币,而可购得较多外国货币之汇票,在汇出者之时价为顺为利。若汇进者之顺逆利害,则适立于反对之地位焉。然此汇出者或汇进者之顺逆利害,将有继续存在之性质乎?曰不能也。国际汇兑行情之变动,亦犹国际间之输入输出,受各方面情势之影响,而生超过之现象。久之,必仍为天然上之经济原则所支配,而复趋于平衡焉。试以英美之汇兑为例言之,由英汇美之价,每二英磅(镑)合美金十元,此汇兑之平价也。一旦美金汇价涨至九元五角,则在英汇出者为逆为不利,此时由美输入货品者,对于输入商品之价值十元者,昔仅以二磅(镑)买得者,今须二磅(镑)二先令一辨士三矣。此汇票涨价,输入商人所蒙之损失,不得不抬高其输入品之售价,价贵则有销路钝滞之虞。于是业输入者,不得不减少其输入额矣。输入减,则汇美之需要亦减矣。由英输出货品至美者,则因美金汇兑涨价之故,其利害正与之相反。原价二磅(镑)之商品,输出于美国,照平时汇兑之价,非美金十元不能收回原价者,今仅卖九元五角,已足以偿其值,则营输出商业者必易获利。而推广其输出品之销路,则输出之额必增。输出之额既增,则由美汇英汇票之需要亦必随之而增。当此时也,由英汇美之行情跌,(两国汇兑行情,由此国汇出之行情涨,即彼国汇进之行情跌,此涨则彼跌,此跌则彼涨。以英美两国为例,美金之汇价涨,即英金之汇价跌也。)输入者因蒙不利,而减少输入额,则由英汇美之需要减。又因由美汇英之行情涨,输出者因可得汇兑之余利,而竞增益输出,则由美汇英之供给增。汇进之供给增,而汇出之需要减,则汇进行情,自有日趋于腾贵之势。而此时进出之汇兑行情,复有渐剂于平之倾向,汇兑平则因汇兑行情变动而发生之输出超过输入,亦必仍归于平也。更易一方面言之,如英美间汇兑行情适与上者相反,即英金汇出之行情涨,而美金汇归之行情跌。换言之,即以英磅(镑)汇兑美金,每二磅(镑)涨至美金十元以上,而美金则每十元跌至二磅(镑)以下也。汇美之款,前每十元须汇英金二磅(镑)者,今且不足二磅(镑)。此时由美输入之货品,可以减价售出,推广国内之销路,则输入之额必增。输入之额既增,则由英汇美之需要亦随增。而此时由英输出货品于美者,曩者原价二磅(镑)之物,售美金十元,即足以收回原价者,今必须售价在十元以上,始足以偿汇归行情跌价之损失,则市价必贵。市价贵则销路必减,而输出之额亦必减少。输出之额既减,则由美汇英之供给亦减。由美汇英之供给减,而由英汇美之需要增,则汇出之行情自不得不趋于腾贵,则前因汇出之行情跌而多输入外国货品者,至是汇价复剂于平,乃无额外之利可图,而输入贸易无复能超过输出矣。

(《江苏实业月志》1919 年第 1、2、3 期)

日本近年交通业发达比较表

近世交通业之发达,实为文明进步之导线,往昔交通上种种之阻险窒碍,均为人类发明之机械所制胜,往还既日形便利,而物质上及精神上之文明,均由观摩交换而日振兴。故欲比较各国国力之消长、内政之兴废、教育之普及与否,恒以交通发达之程度为标准。此表为日本最近所编,余旅美时为日赴赛委员古桥氏所赠者也。日本近年进步之速,实令他邦惊羡不已,亟译之以示国人,其亦观此表而知所兴起乎。

日本递信省所管岁入及岁出每五年之比较

一千八百九十三年

岁入　　　　　九、四一〇、〇〇〇元

岁出　　　　　六、八七〇、〇〇〇元

一千八百九十八年

岁入　　　　　一八、〇六〇、〇〇〇元

| 岁出 | 二三、九二〇、〇〇〇元 |

一千九百零三年

| 岁入 | 四〇、四六〇、〇〇〇元 |
| 岁出 | 四六、五六〇、〇〇〇元 |

一千九百零八年

| 岁入 | 四五、六九〇、〇〇〇元 |
| 岁出 | 四九、一六〇、〇〇〇元 |

一千九百十三年

| 岁入 | 八八、七五〇、〇〇〇元 |
| 岁出 | 七七、三八〇、〇〇〇元 |

邮票及明信片枚数每五年比较

一千八百九十三年

| 邮票 | 一六一、三四〇、〇〇〇枚 |
| 明信片 | 一四五、七九〇、〇〇〇枚 |

一千八百九十八年

| 邮票 | 三〇一、五八〇、〇〇〇枚 |
| 明信片 | 二七五、八六〇、〇〇〇枚 |

一千九百零三年

| 邮票 | 四六三、七六〇、〇〇〇枚 |
| 明信片 | 三四〇、三四〇、〇〇〇枚 |

一千九百零八年

| 邮票 | 六九九、七六〇、〇〇〇枚 |
| 明信片 | 四九六、二九〇、〇〇〇枚 |

一千九百十三年

邮票　　　　　八五八、四八○、○○○枚

明信片　　　　八○二、二八○、○○○枚

普通邮便物每五年比较表

一千八百九十三年　　　　三二○、八九五、八九三件

一千八百九十八年　　　　六○五、三四六、五五四件

一千九百零三年　　　　　九○五、○七六、八三七件

一千九百零八年　　　　　一、四三八、六一四、九七七件

一千九百十三年　　　　　一、七九三、七六五、八二三件

私制明信片由邮局传递每年比较表

即画家印刷之美术明信片，非由邮局售出者。

一千九百零九年　　　　　七六、一七七、六六八件

一千九百十年　　　　　　七九、六四九、三一○件

一千九百十一年　　　　　九四、五七七、九一六件

一千九百十二年　　　　　九二、二五九、八一四件

一千九百十三年　　　　　一一六、八三一、三二五件

邮递包裹类每五年比较表

一千八百九十三年　　　　七三四、七一六件

一千八百九十八年　　　　四、九一六、四九五件

一千九百零三年　　　　　一○、二八四、五四七件

一千九百零八年　　　　　一九、一七二、四二二件

一千九百十三年　　　　　二五、二七三、六六四件

一千九百十三年日本与各国间邮件往还比较表

由日本寄中国五、二九六、八四〇件　由中国寄日本三、〇七八、六五一件

由日本寄美国二、九五〇、四〇八件　由美国寄日本二、二八五、一一四件

由日本寄英国九一〇、四三三件　由英国寄日本一、一〇二、五五二件

由日本寄德国六一〇、四四五件　由德国寄日本六九四、〇九〇件

由日本寄俄国三〇一、二六一件　由俄国寄日本一四一、一二八件

由日本寄法国二〇五、八九〇件　由法国寄日本二八四、六一二件

由日本寄印度一九一、五三〇件　由印度寄日本一二八、六七〇件

由日本寄巴西八九、三六九件　由巴西寄日本二三、四四二件

由日本寄奥国七七、一一四件　由奥国寄日本六二、一二三件

由日本寄意大利五四、六七三件　由意大利寄日本二八、六六六件

由日本寄瑞西四四、七六四件　由瑞西寄日本三九、三八七件

日本与各国间邮递包裹类每五年比较表

	由日本寄各国	由各国寄日本
一千八百九十三年	一〇件	一四五件

一千八百九十八年　　四、五七八件　　　一六、三七四件

一千九百零三年　　　一三、八七六件　　　一六三七四件

一千九百零八年　　　五七、二四三件　　　五四五三二件

一千九百十三年　　　一四〇、〇五六件　　一四九、〇二〇件

电报通数每五年比较

一千八百九十三年　　　　六、四九〇、九六二通

一千八百九十八年　　　　一四、九七三、三八二通

一千九百零三年　　　　　一八、七五三、六六二通

一千九百零八年　　　　　二六、九五五、〇二五通

一千九百十三年　　　　　三三、二一八、三九三通

一千九百十三年日本与各国间电报往来通数比较

由日本发至中国七七、七四二　　由中国发至日本八九、〇一七

由日本发至英国三九、二三九　　由英国发至日本四一、二一五

由日本发至美国二九、三五五　　由美国发至日本三二、〇八〇

由日本发至香港二〇、二六三　　由香港发至日本二二、九二五

由日本发至德国一九、六八〇　　由德国发至日本一七、七五三

由日本发至印度一五、二三八　　由印度发至日本一六、三五六

由日本发至俄领亚细亚七、三一一　　由俄领亚细亚发至日本八、五二二

由日本发至法国五、四八四　　由法国发至日本四、一七七

由日本发至瑞西三、一二四　　由瑞西发至日本二、二三六

由日本发至俄国一、六一四　　由俄国发至日本一、三八六

由日本发至比国一、三七〇　　由比国发至日本一、五三九

以人口之众寡与人民发邮电之通数相比例,世界各国以英国为第一,日本近年邮电业虽进步甚速,然视欧美文明先进国,尚远不逮,不过略胜于俄罗斯而已。故欧美先进国人民,使用邮电之程度,以俄罗斯为最弱。以一千九百十三年日本递省调查所得言之,俄国每人平均发信十一封,每百人平均发电二十七封。日本每人平均发信三十二封,每百人平均发电六十五封。伊大利每人平均发信四十三封,每百人平均发电七十封。奥地利每人平均发信五十九封,每百人平均发电八十七封。法兰西每人平均发信八十七封,每百人平均发电一百六十九封。和兰每人平均发信九十封,每百人平均发电一百十六封。比利时每人平均发信一百零三封,每百人平均发电一百二十五封。德国每人平均发信一百零五封,每百人平均发电九十九封。瑞西每人平均发信一百十四封,每百人平均发电一百七十四封。英国每人平均发信一百二十封,每百人平均发电二百零五封。故人民发邮电之程度,当以英国为最高,而瑞西、德、法次之,其余各国无精确之统计可考者。则不复列入焉。

电话使用者每五年比较

一千八百九十三年	二、六七二具
一千八百九十八年	八、〇六四具
一千九百零三年	三五、〇一三具
一千九百零八年	七八、五一七具
一千九百十三年	二〇〇、二七一具

邮政局每五年比较

一千八百九十三年	四、二七五所

一千八百九十八年　　四、三二五所

一千九百零三年　　　五、八九八所

一千九百零八年　　　六、八五四所

一千九百十三年　　　七、二四四所

电报局电话局每五年比较

一千八百九十三年　　电报局　七一五所
　　　　　　　　　　电话局　二四所

一千八百九十八年　　电报局　一、二六九所
　　　　　　　　　　电话局　四〇所

一千九百零三年　　　电报局　二、四九三所
　　　　　　　　　　电话局　三五六所

一千九百零八年　　　电报局　三、五七一所
　　　　　　　　　　电话局　九九七所

一千九百十三年　　　电报局　四、八〇五所
　　　　　　　　　　电话局　二、九九七所

电灯使用每五年比较

一千九百零三年　　　三六五、〇九〇

一千九百零八年　　　一、二三〇、八七六

一千九百十三年　　　六、一四八、四二〇

电动机马力每五年比较

一千九百零三年　　　四、一〇七马力

一千九百零八年　　　一七、〇九四马力

一千九百十三年　　　一〇七、二七三马力

电车辆数每五年比较

一千九百零三年	三四四辆
一千九百零八年	一、六六〇辆
一千九百十三年	三、九九〇辆

汽船吨数每五年比较

一千八百九十三年	一六七、四九〇吨
一千八百九十八年	四六四、二四六吨
一千九百零三年	六五七、二六九吨
一千九百零八年	一、一五二、五七五吨
一千九百十三年	一、五一三、九四一吨

帆船吨数每五年比较

一千八百九十三年	三三、六六六吨
一千八百九十八年	一四九、三八五吨
一千九百零三年	三三一、一五四吨
一千九百零八年	三七〇、二二五吨
一千九百十三年	四八七、三四七吨

海员人数每五年比较

一千八百九十三年	二、五一九人
一千八百九十八年	一一、一一八人
一千九百零三年	一三、三七二人
一千九百零八年	一六、二七九人

一千九百十三年　　　　　　二〇、〇〇〇人

机械师人数每五年比较

一千八百九十三年　　　　　一、三七七人
一千八百九十八年　　　　　二、〇七八人
一千九百零三年　　　　　　三、一七六人
一千九百零八年　　　　　　五、五二四人
一千九百十三年　　　　　　八、一六七人

灯塔每五年比较

一千八百九十三年　　　　　一四〇
一千八百九十八年　　　　　一三七
一千九百零三年　　　　　　一六五
一千九百零八年　　　　　　二〇二
一千九百十三年　　　　　　二三八

航路标识每五年比较

一千八百九十三年　　　　　七六
一千八百九十八年　　　　　六六
一千九百零三年　　　　　　七六
一千九百零八年　　　　　　一〇〇
一千九百十三年　　　　　　一二三

国内邮递汇票总额每五年比较

一千八百九十三年　　　票数　三、三七〇、〇〇〇
　　　　　　　　　　　金额　二八、五六〇、〇〇〇元

一千八百九十八年	票数	六、三四〇、〇〇〇
	金额	五六、二〇〇、〇〇〇元
一千九百零三年	票数	一〇、二五〇、〇〇〇
	金额	一〇二、二五〇、〇〇〇元
一千九百零八年	票数	一五、八五〇、〇〇〇
	金额	二〇九、〇一〇、〇〇〇元
一千九百十三年	票数	一九、七七〇、〇〇〇
	金额	二六六、五八〇、〇〇〇元

国际邮递汇票出入总额每五年比较表

（a）汇入票数及金额（由各国汇至日本）

一千八百九十三年	票数	五、一〇〇
	金额	二四〇、六二六元
一千八百九十八年	票数	一五、〇八六
	金额	八六八、〇三二元
一千九百零三年	票数	六三、〇四四
	金额	四、三五六、〇七七元
一千九百零八年	票数	一四三、九八三
	金额	九、八〇五、四七二元
一千九百十三年	票数	六三、六八六
	金额	一一、二九七、一四三元

（b）汇出票数及金额

一千八百九十三年	票数	二、四二九
	金额	六八、七九九元
一千八百九十八年	票数	四、四〇五
	金额	一一三、〇七一元
一千九百零三年	票数	九、八四七
	金额	二七九、三一二元

| 一千九百零八年 | 票数 | 一七、四〇六 |
| | 金额 | 六二二、六三六元 |

| 一千九百十三年 | 票数 | 二九、五八五 |
| | 金额 | 一、〇〇三、〇一七元 |

邮便贮金人数及金额每五年比较

| 一千八百九十三年 | 人数 | 一、〇六〇、二三五人 |
| | 金额 | 二六、一五五、四九九元 |

| 一千八百九十八年 | 人数 | 一、二五五、五七七人 |
| | 金额 | 二二、四九〇、九一八元 |

| 一千九百零三年 | 人数 | 三、五六一、八四四人 |
| | 金额 | 三二、七五五、六九九元 |

| 一千九百零八年 | 人数 | 八、八八五、一六七人 |
| | 金额 | 一一二、一四一、五七二元 |

| 一千九百十三年 | 人数 | 一二、八九〇、二五五人 |
| | 金额 | 一九九、六五二、八一二元 |

（裘毓麟译，《江苏实业月志》1919 年第 1 期）

纺织机发明家阿克卢德小传

当一千七百五十二年之顷，英泼兰斯顿 Preston 小村中一陋巷，巷口至低地（按吾国北京房屋亦往往有低于街巷数阶级，入室须下降数级者。）有一小屋，屋前树一蓝白之竿，上钉一白铁之招牌，略谓："如人欲剪发或修面者务祈下临本室，本主人当竭诚以待也。"此日居陋室中之剪发匠，即他年创造纺织机之阿克卢德 Sir Richard Arkwright，赫然为近代重要之发明家。英国工商革新之动机,实基于此,英王锡爵以酬其功,而今日英人以纺织业雄视世界者,亦受阿氏之赐也。顾阿氏当日贫困殊甚,长日光阴大半消耗于磨刮剃刀及烹煮匜水之中,以候顾客之惠临。而至者实寥寥,或竟日未见一人下临者。一夕阿氏坐于小轮低床之前,默念度日之艰,与其墨守二辨士修面之定价以自困,不如减价以招徕之。次晨即于白铁招牌上加一招贴,谓:"来至低地修面者减价收一辨士。"阿氏同业见此招贴怒其破坏成例,群詈其无耻,且加以恫吓,阿氏不为动。顾村人以同一修面而阿氏独减收一辨士,人人欲节省此一辨士之费,咸趋阿氏之室,而此小屋中乃不至如前之长日寂寞矣。他理发室受此减价之影响,顾客大减,乃亦不得不减价改收一辨士。阿氏闻之,乃更减收半辨士以抵制之,于是阿氏营业,村中莫能与之竞矣。阿氏乃窭人之子,其父母有子女十三人,阿氏最幼,终岁勤劳所得,仅免冻馁,焉有余资以供子女教育之费者?故阿氏幼时求学之时机殊鲜,然其立志贞固,凡作一事,始终不懈,必底于成而后已,实为阿氏他日成功之基也。至一千七百六十年,阿氏以理发执业至微,所得仅获一饱,思改执诮习之业以自瞻(赡),乃为售发匠,收买各种弃发,自加整理修饰,复转售于假发匠。以善于经营,未几即稍有储蓄以娶妇。而于暇时研究机械学,思解明机械永动不息之理。此艰深之问题,在当日固不易于解决。顾以氏专心掣讨之故,久之已极有成效。阿氏又以当时棉纱之供给恒不足以资纺织之需要,民间以出布有限,时闻怨言。阿氏思于机械上有所发明,以解除此困难,乃得友人钟匠名开 Kag 者之助,始从事于新事业。阿氏信其业之必成,始弃旧业,竭其心思材力,终日钻研。又尽出平日之贮畜,购材料以置数模型,日事装配修改,以期尽善。当是时阿氏既失职业,复罄余资,乃贫乏无以自存矣。其妻以阿氏愚,屡劝告之,阿氏不听,其妻以近日贫乏之由来,实原于阿氏试制新机之幻想,乃迁怒于模型,毁其数具。阿氏不堪其扰,乃与妻离居。(按西俗,夫妇不合者可以离居,与离婚有别。离婚名 divorce,离居名 separation,不必经法律上种种手续也。)至一千七百六十八年。阿氏新机之模型已成,顾阿氏当日并一辨士而无之,褴褛已同街头之丐。时值国会选举,阿氏友人以阿氏投票举己,乃给衣一袭,俾得至选举处投票焉。阿氏又惧以新机为纺纱者所仇视,欲亟离兰开州而至脑丁海,顾阿氏贫困既久,又无友人之资助,几濒绝望。当进退维谷之际,阿氏新机得义德及斯辣德制袜公司之助,信其新机之可资实用,更劝他人与之合资。至一千七百六十九年,阿氏新机始经官厅注册,给以专利之凭照,阿氏于是建一用马力之新纺纱厂。二年之间,成效大著,新机制成之品,销行颇畅。至是而艰苦卓绝之发明家,始获其创业之效果矣。乃制造家复嫉其成功,相约不用阿氏新厂之棉纱,虽新机所制之货品优于他厂,亦摈斥不收买。阿氏垂成之功,几败于同业倾轧之行为。阿氏乃以新机制袜与布以报复之,因此竞争之结果,阿氏新厂成立后五年间不甚获利。其后外界之险阻,悉为阿氏之毅力所战胜,新厂之基础大定,阿氏始克享丰亨优裕之境遇矣。至一千七百九十二年殁于家,遗资达五十万磅(镑)。

(裴毓麐译,《江苏实业月志》1919 年第 2 期)

近日英国实业界之成功者

英国自十七世纪以来,久握世界商业之霸权,精进卓越之企业家，先后辈出，其德慧术智，多足资吾人之规范者。今略述其最近实业界之成功者数人，其始也由贫窭匮乏之生，而卒享丰亨优裕之境，此其精思毅力，确有过人之处，足以战胜一切外界之险阻艰难，而无事乎幸运依托者也。彼黜惰终身而日形怨尤者，其亦知所返矣。

英国夙称海上之王，航海界多杰出之人才。伊斯梅 Thomas Henry Ismay 其尤著者也。伊氏之始从事于航海也，其业至微，氏悉意经营，猛进不已，卒创设白星航路公司于一千八百七十一年，航行于利物浦及纽约间。白星航路公司者，为英国最大汽船公司之一。成立以来，其业日盛，氏以手创公司之主人，获利甚厚，其殁也，计其资产已一百二十五万磅（镑）矣。

华德莱者 William Whiteleys，英著名百货商店之创办人。氏一生成功之诀，实在勤奋朴劳之毅力。氏初学习布商于威克菲特，后至伦敦，助理他人经营商业者殆十载，治事敏捷，佣主咸乐任之。氏于此十年中，积资七百磅（镑），乃始自营一业。初贩装饰品，业甚发达，逐渐推广，遂改为百货商店，未几复为英伦百货商店之最著者。至一千八百九十九年，氏以年老退养，乃以手创之百货商店售于他人，而得值一百八十万磅（镑）之巨焉。

英国近日有著名之织纺棉纱厂，名可炽者，厂屋所占之地，约六十英亩。公司雇用职工约五千人，赫然为近世重要工厂之一。然在一千八百二十六年，厂主可炽 James Coats 创设之初，规模殊狭小，后日事扩充，始臻兴盛。可炽营是厂，尤注意于工人之安乐及幸福，除去一切之困难障碍，使工人于工作时，咸乐尽其力，厂中出品成效日增。可炽宏识远虑，固异于寻常之资本家，亦可炽厂兴盛之重要原因也。（按可炽厂之出品输入吾国甚巨，而可炽之洋线则几至内地之乡村无不用之,亦可见其销路之广矣。)

世界之最大芥末制造厂,当推英国可尔孟 J.J. Colman 公司矣。十九世纪初,创办人可尔孟 Jeremiah James Colman 设一小肆于脑威区市相近之处,以贩卖零星之芥末而已。其后销路日广,以地僻不适于营业,乃移公司至温松河上之喀罗市,以既获水道运输之便利,且为火车经过之地也。公司内部之组织,可尔猛(孟)创办之初,悉心擘画,咸臻美备。至是复得地利上之优胜,营业益形发达,遂为世界最著名之芥末公司。于一千八百七十一年,当选为国会议员,甚有声于当世,盖可氏实以一身而兼政治家与实业家也。

其性质与芥末略相似,其作始也同为微末无足轻重之商业,而卒为世界重要之制造品者,则椰子核粉及诸古律糖是也。(诸古律糖,亦可名为椰子核粉糖,即以热带所产椰子之核,磨碎加以砂糖香料等物而成。)初所制甚微,复以嗜之者众,为近日欧美重要之食品。(俗名咖啡糖或可可糖,今且盛销于吾国矣。)英国最著名制椰粉及椰粉糖之公司二:一为弗赖寒公司,为博士弗赖寒 Fry 所手创,于一千七百二十八年,设立于勃里斯拖。博士竭毕生之精力,经营此厂,雇用之工,达五千人。制成之椰粉及椰粉糖,销行之广,几遍五洲。其二则为喀特勃莱兄弟公司,为喀特勃莱 George Cadbury 所创设,厂室位置于北明翰附近之斯泰莱村。其规模之宏大,出口之精良,视弗赖寒公司有过之无不及也。公司于一千八百七十九年,购地十五英亩,以三英亩建厂屋,绕厂之四周,则建精致之工人住室,以安为厂宣力之劳工,即世所称伯佛拉庄者是也。

英国最著名亨得利帕马公司,殆为世界饼干厂之巨擘。厂屋占地甚广,雇用之工逾六千人,每日制造饼干之原料,须用牛一万九千所产之乳及乳油,十五万鸡所产之卵。销行之广,几于无远弗届,欧战前吾国所用上等饼干,帕马公司之产品几占销额之大半。公司之创办人名帕马 George Palmer,于一千八百四十一年与亨得利合资建是厂于里丁 Reading,故名亨得利帕马饼干公司 Huntley and Palmers Reading Biscuits Co. 也。帕马初习磨粉业与糖果业于唐敦市,及与亨得利合资创办饼干公司。建设之初,帕马即拟以机器制造饼干及他食品,(时机器制造犹未盛行。)试用之后,成效大著,产额日增,获利甚厚,而公司之基础遂大定矣。帕马氏后当选为国会议员,其殁也已极人间富厚优裕之境矣。子孙袭其遗资,仁厚好施,致力于社会慈善事业,常捐巨款以助其成,人交誉之。其所居之村,有名帕马园者,建设之华丽,久为世人所称道,亦可想见其主人之富厚矣。

评曰:余述可尔孟、喀特勃莱、帕马三名厂创设人之事略,非独为此数子者为英国近世实业界之伟人也,亦非独谓此三公司之产品销行已遍五洲,为各国之重要食品也。良以欧战前吾国所销之芥末、饼干及椰糖三公司之产品,几占销额之强半,其影响及于吾国商业甚巨。以近日习尚之竞嗜舶来品,则是三者之销行,且有日增月盛之势。内地各埠寄售外国食品之商店,莫不有三公司之物品出售,几同美孚之煤油,英美公司之烟草焉。不谓吾国绅富士女日食帕马之饼干、喀特勃莱之椰糖、可尔孟之芥末,若进而问此数者制造之工厂、创业者之姓名,则知者殆无几人。他人制造之而我仅能销费焉,已贻外人之非笑,乃谓并其商号厂地而不识焉,亦吾国士夫之羞也。夫人情莫不察其近而遗其远,日用饮食之品,虽妇孺犹知其为人生之要需,而加以掣讨焉。设有人焉述其工厂之情况、创业者之姓名,以告销费是品之主人,此较诸泛言欧美商情,闻之者当更亲切有味也。今既略述其梗慨(概)于上,他日当更译数子之传,及三公司内部之组织,以供诸社会焉。

富尔敦创造汽船记

世界最初之汽船,建于纽约,创造此船者,名富尔敦 Robert Fulton,而是船即历史上著名汽船之祖名克莱芒德者 Clermont 是也。当富尔敦成此船,众见之大笑,若辈以数千年之经验,舟行所恃者桨棹樯帆而已,从未见舟作此形者,乃欲驶船以汽,直痴人说梦而已,相聚评议,决此船之必不能行。未几富尔敦试汽船于河,黑烟自烟囱吐出,众复大笑,以为是舟岂能自行者。众凝视之,则见船旁两轮已动,船即前进不已,则固无藉乎桨棹樯帆也。众始信汽力可以行船,乃不复笑富尔敦矣。汽船上溯至阿尔白南,居民见之大异,若辈固不知汽船何以制成,尤不解汽力何以能推船前进,咸诧为生平所未见。当汽船往来河中,他舟之舟子见黑烟自船中突出,而船自行动,以为是必怪物,势且飞而食人,则伏舱中不敢出,或趋至岸上以避之。久之众习见之,群议始息,而汽船之使用亦日广矣。

挨姆斯昌创造来复炮记

当十九世纪中,英法联军攻俄,大战于克立米亚,是谓之克立米亚之役。当是时,英军所用枪炮率系旧式,炮身尤笨重,转运甚难,弹力亦不能达远。时有挨姆斯昌 Lord Armstrong 者,思创造新炮,以矫英军旧日枪炮之阙。殚精深思,继乃有所贯悟,于是创造来福炮。来福炮(仍旧译名,译意则当名旋弹炮,言发炮时弹在炮身内旋转而出也。)发炮时,弹在炮身内旋转而出,弹距力既远且准,而炮身重量反减轻,便于转动。子弹由后膛纳入,较之由前膛纳子弹之炮,同一时刻内发炮之数可增至数倍。炮弹非复旧日图形,改用平底锐头者,中敌无不摧摩。挨姆斯昌又为调节反冲力,以去发炮时之困难。自是来福炮出,而世界军械之智识为之一新。佥谓来福有三长:炮身轻便,一长也;炮弹距力较远,二长也;弹发距力远且准,三长也。英廷乃许挨姆斯昌以特卖权,命安耳斯威克厂承造新炮,以挨姆斯昌董制造新炮事宜。安耳斯威克厂后复与他钢铁公司、造船公司并合营业,益形发达,于是始兼营造船业。挨姆斯昌以创造新炮有功于军国,至一千八百八十七年英王锡以爵,使世袭之。至一千九百年挨姆斯昌病殁,英人追思其功绩,至今犹未艾也。

(《江苏实业月志》1919 年第 4 期)

德莱希创造后膛枪记

普人德莱希 Johann Nikolaus Dreyse 者,窭人子也。幼师事某铜匠,学习制锁。年十九,尽得其师之术,德莱希乃辞其师,思以艺糊口四方。行经节纳,时值一千八百六年,法皇拿玻仑统大军攻普,普王御之节纳,普师败绩,国人新覆其军之地也。德莱希

见伏尸累累积道旁,血流殷地,皆普鲁士效命疆场之军士,痴立
睨视,泪落如縻。继乃拾道旁一枪审视之,喟然叹曰:"欧洲各国
军器之粗劣,恐无过普鲁士者矣。我国将士挟此钝器以敌拿玻
仑剽疾之师、法人新锐之军器,宜其败也。我既以制锁为业,若
舍锁而制枪,为术当不甚难。我誓异日必为祖国制一新枪,较之
今日法人所持者精利更出其上,此新枪出,则吾国复仇之机至
矣。"乃蠃縢履跃,兼程向巴黎而进。德莱希既入巴黎,知有瑞典
人名鲍利者,以制枪术受法皇宠任,受命为法国兵厂制造新枪总
监。德莱希求入厂供使令,鲍利许之。德莱希勤于所事,阅数
月,鲍爱其机敏,深倚为臂助。一日,鲍语德曰:"法皇命我董造
新枪,发枪时可于枪之后膛纳入子弹。此枪若成,法军当无敌于
天下,各国军士所持之旧枪,悉成废物矣。"德莱希怦然心动,私
念法皇以不世之雄才,用兵如神,若复益以新枪,则全欧当蹒伏
于法人铁骑之下。区区普国,宁能免其荼毒者?乃决意以术阻
其速成,阳夙兴夜寐,竭心力助鲍,而隐牵制之,以堕其计画,终
拿玻仑之世,后膛枪终不适于实用。至一千八百三十五年,德莱
希之后膛枪始开始铸造。复阅二十年,德莱希悉心研究,凡新枪
阻碍阙陋之点,悉为修正,乃始适实用,无复遗憾。德氏于一千
八百六年入法巴黎鲍利厂,先后凡历五十年之久,而后后膛枪始
完全告成。德氏毕生心力,亦尽于此矣。德氏献其新枪于普王,
经普陆军考验,佥谓新枪精利无比,大足为普军之助,乃立拨巨
款命德莱希监制新枪,以供军队之用。至一千八百六十四年,普
与奥合兵代丹麦,普军中已有用新枪者,冲锋陷阵,精锐远出他
枪之上。普王大喜,嘉德莱希功,锡以世爵,复命德莱希增募良
工,日夜制造新枪,期于数年之中,厂中所出新枪,足敷全国军队

之用。时他国已习闻普制新枪，心窃忧之，顾以军事秘密，无从探访，然亦不料其精利至于此也。至一千八百六十六年，普与奥战，普军悉用新枪，奥军大挫，开战不过一星期，奥军力竭求和。盖自古用兵强邻，未有如此神速者也。语其故，则不外普军军器精利，决非奥旧式枪炮所能敌，于是世人始震德莱希之勋业矣。至一千八百七十年，法皇路易拿玻仑大举攻普，普王率师御之，大败法师，即世所传一千八百七十年普法战争是也。德自是称为第一陆军国，为欧西诸国之殷忧者，殆四十余年。

论曰：拿玻仑以盖世之枭雄，威震殊俗，乃好兵不戢，复思创制新枪，以制全欧之死命。卒之利器未成，而蹂躏全欧之怪杰，已长眠荒凉寂寞之孤岛中矣。德莱希一窭人子，执业至微，当其挟艺求食，计惟图温饱畜妻子，已足生平之愿耳。乃以忠卫祖国之故，不惜竭毕生之精力，以发明后膛枪。迨是枪出，而德意志之霸图成，揿奥蹶法，德人以铁血主义雄视欧洲，为他国之疾病者，殆数十年怨毒之中人既深，而欧洲战争之大风云亦自此启矣。孰谓近世欧洲之战争，其枢纽握于区区锁工之手耶？人生世上，其可以贫贱自轻哉？

（《江苏实业月志》1919年第4期）

论物价高下之原因

吾国自古于货殖之学夙无专书，方领儒生，侈谈性理，羞言生产。商人以污下自居，方谓吾侪细民，逐什一之利以自赡，安命任运，奚事学焉。至清季迄今，国民鉴于欧美先进国以商业致富强之故,朝野上下亦竞言重商政策,以资提倡矣。顾近日大多数商人之智识,较之曩昔,仍鲜进步。封于商情市价,恒多臆度虚无之谈,而乏精确高远之见。夫商人所操之业果何所事乎?不外懋迁有无,求善价以沽货物而已,则营业之利钝赢朒,当以物价涨落之情形为标准。然则物价高下之原因及其通例,当为商人所熟察而明辨矣。顾余与商人接,聆其言论备督殊甚,于物价之原理原则,往往为欧美商人所共见共晓者,而吾国人尚多未之辨。故对于市情物价之变动,事前之臆度,事后之评论,仍不外模糊影响缥缈虚无之语。成败利钝,则诿之命运,暗中摸索而已。一旦与高掌远蹠深思好学之外商遇,则未有不受其操纵箝制,几至无往而不失败也。是篇之作,则选译欧美学者论物价之最浅明而饶有趣味者,欲使近日经济学之新说,稍稍输入商人之脑中。故录其浅近之喻言,遗其艰深之学理,条目程序,间有节删移置与原文未合之处。若谨守原著之体例,则其中尽多晦涩艰深之语,决非人人所共晓也。是篇既非供学子之覃讨而作,读者亦幸勿以经济学之条例严绳之也。

物价高下最简要之公例,可括言之曰:供少而求多则价必昂,供多而求少则价必廉。换言之,供多之时,必值价廉而求少也。供少之时,必值价昂而求多也。更易一方面言之,求多之时,必值供少而价廉也。求少之时,必值供多而价昂也。凡此公例,不过说明物价之倾向。然因他方面情势之变动,此例有时不足以征信。故欲说物价高下之原因,苟非深思明辨,则鲜能获其真相也。余默察吾国商人之论物价,其最易致误之点约有三端:(一)徒见物价之涨落,而不知物价何以涨落之故及其程界也。(二)不知辨明物产生成之迟速难易,及求物者对物需要伸缩力之强弱也。(三)误认货币之低落,为物价之腾贵是也。

（一）何谓徒见物价之涨落，而不知物价涨落之故及其程界
也？近日交通之便利，商品之繁多，物价之变动，俶诡奇异，千态万
状。苟泛观其表面，几有令吾人瞀眩莫从推测之势。然苟一加详
察焉，凡各种物价腾高或下落之际，或较原价涨落十之一二，或十
之四五，或十之七八，或倍蓰焉，或什佰焉，或暂时变动而即复原
状，或一成而不可复移，或继长增高而势不可遏制。无形中悉有天
然之规例为之支配，其因至繁，其原至远，决非闯然无所依循，如蜃
气海市之倏起倏灭，令吾人无轨迹可寻索者也。当欧洲战争之际，
吾国出口物品，凡关于军械军食之品价必上腾，消耗品、奢侈品销
路必形滞钝，此其理人所易晓也。顾何必以同一关于军械、军食之
品，价之上腾，亦至不齐。吾人此际当考求交战国内存贮之多寡，
需要之强弱，及其邻近诸国对于此品供求之程度，方能定其腾价之
趋势。其原因已稍复杂，非可以简单说明之也。且自亚东运至欧
洲，有时且须迂道以避敌袭，交战期内，运费大增，潜艇横行，海险
日甚。故出口各货所得之价，未必适合于欧人所涨之价。故在欧
洲市场，是物之价，或已较原价涨至三倍。而在吾国出口时外商所
付之价，或仅倍焉，或二倍焉，或过于二倍，或尚不及一倍焉。此又
何故焉？曰吾人所得涨价之多寡，当视是物运费及保险费比较物
价所占之数为标准。比较多则所得少，比较少则所得多。若价廉
而容积大之物品（如食物及粗原料），则运费已高于物价，所涨之
价，大部分已耗于运费及保险费矣。反之自欧洲运来之物品，虽一
部分与战争无关者，价目仍旧，然因运费及保险费既大增，价必上
腾。况欧洲因百物腾贵之结果，工值亦增，物之生产费既加，则一
切物价势必随之而升。然亦有较平时廉价者，则因金价骤跌之特
殊关系，非例内也。其来货已绝，而其物又为工业上所必须者，其

价必上腾不已。如颜料、缝针，较之原价几涨至卅倍，其最著者也。问此数者，何以能涨价如此之巨，商人莫不曰来货已绝也。然欧战中来货已绝之物品，其种类何止千百，问一一能涨价如此之巨乎？曰不能也。然此数者何以独高，则必有特殊之原因，吾国人尚未深思而得其故焉。盖德人之制颜料、缝针，其精致为他国所不及，而颜料之术又甚秘，决非他国短期内所能仿造。其最重要之原因，则一针之价，在平时不过数文，迨涨至数十文或一二百文，其价之巨固可惊，然缝衣者权衡利害，一针使用之期，久者累月，暂者数旬，与其用劣针而使工作时受种种之困难痛苦，不若月多掷数十文之费而用佳针焉。颜料之原因亦犹是矣，高价之颜料，则必用以染高价之丝织品焉。绮罗绸缎之精美者，一匹之价，几盈百金，颜料之价虽暴腾，然每匹所用染料之价，比较每匹之成本，仍居少数。购者既愿以高价购此精美之丝织品，则宁较原价贵十之一二，以偿织商对于颜料涨价所多付之值，而决不愿用劣品而使全衣为之减色焉。于以知凡一物为制造他物所不可缺之要素，而使用之量又居全部生产费之少数者，成本不因之大增，是物之价，乃始能累增不已。否则制成之品，其价较前涨至一二倍，已有滞销之势。过此以往，则将为社会所厌弃，势将绝迹于市场，而决无继续增高之趋向焉。不然当时德之玩具及织品，其来货何尝不绝，顾未闻昔日价值一元之玩具，开战后有人肯以三十元购之者。昔日以十元购一袭之衣，而谓来货绝后有人肯以三百元制一同料之衣者。由此观之，更可悟凡一物可用他物为替代者，其价必不能大增。如咖啡贵则人竞饮茶以代咖啡，煤气贵则人竞燃石油以代煤气。此例经济学上名之曰物之替代律，不可不知也。经济学家论物价高下之定例，不下百数十条，固无悉据之必要。然其最简要者，则固当为吾人所共掣讨焉。如物之易腐坏而不易贮藏者,其价易于大涨,亦易于大跌,且其涨跌也,以骤不以渐。因供求多少变动之故,往往市场之价,较之产地之价,能涨至数倍至十数倍之巨。如大都市所需之海鲜,供少求多时,一鱼之值,价至兼金。反之而来货骤增,而需要者只有此数,能于数日之间,其价相差至十数倍之巨。且市价之腾落,只以市场到货之多寡为准,不复问生产者之成本若干也。易腐之水果,当到货多而销路迟钝时,商人宁稍亏蚀以来脱货。市人畜鸡鸭多者,暑日将届,则廉价售出。凡此数者,皆不及稍待以求善价者也。西人有时且以珍品之海鱼,因无人过问而用以粪田者,亦势之无可如何者也。反之凡易贮藏而不易腐坏之物,如菽粟油盐,决不能于旬月之间,涨跌之一倍之巨。且市场之价,较之产地之价,不过益以运费关税及商人之赢利而已,不能大相悬殊也。盖价过昂则商人竞运货来市,势必复剂于平,过跌则商人宁稍待以观变,决不肯即售以轻自折其成本也。此言物品性质之久暂,足以支配物价高下之程界也,此一例也。物质之久暂,不特天然品然也,即制造品亦犹是矣。妇女之装饰品,往往期月之间而累变其式样。其最著者,如欧美大都会市上新出时式妇女之冠,最初一星期售价百元,过此则售八十元,一月后则仅半价,三月后则或至一二十元矣。然豪侈妇女之心理,始以创出为奇,后以过前为丽,纷竞不已,莫能自制。故最初之一星期,则购者愈众,其后价愈平而购者愈希。而制女冠者,于第一期则可获倍蓰之利,第二期获利已减,第三期或仅保成本,至末期则必亏蚀矣。故制冠者必平准数期之赢朒,以为营业之标准。反之如村妇农夫之衣履,则既无程式时时翻新之必要,其市价亦常保持其平均之点,固无虑及此也。此言物品程式之久暂,足以支配物价高下之程界,亦一例也。又物之易运与否,其市价之高下,亦必因之大异。生鱼之价,何以高于鱼鲊?鲜果之价,何以高于果干?非特其物之易于坏腐也,转运时之难易,亦迥殊也。凡大都市所需之物品,咸仰给于附近各地之运入,故必最难运之物品,定价最昂。如鲜花、生鱼,大抵须以人力担载而至,或在舟车,亦必须人为之保管,运输最难,价值最昂。黄河之鲤,运至北京,一鱼之值,价至十金。论其途之远近,则远不如闽浙之海鲜也。顾一则必须生蓄桶中,一则可以积贮冰箱之内,其烦简难易,不可同日语矣。其次则蔬果,价亦次昂,又次则菽粟材木,转运虽易,然此数物,价廉而容积大,运费往往占物价全部之三四或至六七。故运至都市后之时价,较之产地之价,有时亦或昂至一倍。若夫工业品制造品,以容积与物价比例,非普通之农产品可比。其销地之价,与产地之价,相差甚微。盖运费之加入,仅居物价全部之少数也。由运愈难价愈昂之例推之,则可知山川险阻路政未修之处,其天然所产之珍品,无由乡僻求少之区,运至都市求多之区者,羡者自羡,匮者自匮,画地自封,无由通济。此征诸吾国古昔之时,内地穷僻之境而益信也。若唐时之贡荔支,清初之贡鲥鱼,苟非挟帝王之淫威,藉万民之力以自恣,必不足以致此。苟以普通商情论之,则供者与求者,在情势上决无实行之理也。不然,时至今日,交通大启,远非昔比,何以哈密之瓜、嫩江之鱼,吾人顾未尝一尝异味,商人亦未尝藉此居赢也。若夫物之绝对不能转运者,其价之上升,辄至累增不已。如大都市营业最繁盛之区(如伦敦、纽约商业最盛之数街),其地价之上腾,决非附近之地可与之竞争也。(经济界之论地价,与他物价同,不必歧视也。)此言物品转运之难易,足以支配物价高下之程界,又一例也。凡一业之成,资本家投入之资本,大半已成固定性质,不易移动,如货栈场屋、装饰器具均是也。一旦制成之物,受市价低落之影响,赢率必微,或且不能保其成本。营业家当此际,固甚愿移其资本以营他业也。然实际上之移动,其势常缓,其用器奢而成货难者,需时更久。盖既业于是,欲舍旧而图新,大非易事。盖因是业而设置之场屋器具,强半特适于是业之用,不易改作;一旦舍此他图,则非毅然割弃其固定资本之大部分不可。营业者当此时,宁忍痛以待时,不遑计及赢利之有无也。工人既藉是业为生,势不能于中年之后,改习他业,虽目击他业之增佣资,亦徒羡之而无力改业。如内地烟酒二业,受外货之逼迫,苦捐税之烦重,多数已无赢利之可言,有时且不免于亏折。然此二者营业上所置之固定资本,不易移作别用,故产出之物品,市上所售之价,往往低于经价,即时价不足以偿其生产费也。是亦营业上之特殊情形,不可以常例论也。此言生产者迁业之难易,足以支配物价高下之程界,又一例也。近日经济组合之复杂,交通之便利,市上所需货物之额,往往事前难于臆度。然一业之创设,则必需建宏大之厂屋,购烦重之机器。不幸市情骤变,或销路顿滞,或时价日落,营业者非出于万不得已,必不愿停工歇业,坐视厂屋机器之日就毁坏。盖跌价所受之损失,尚不及停业时之巨。以厂屋机器,废置不用时,其毁坏之速,远过于日日用以工作也。故此时企业家所筹虑所计画者,不在赢利之有无,惟欲避去重大之损失,就较轻之损失而已。故是时所产之物品,时价亦必低于经价,不能如平时之必为生产费所支配也。上节所论则旧商业受时势变迁之影响,因迁业之难而忍贬价之痛苦,此则新企业建设之初,因营业者计画上之偶疏,致所产之货物,不能与市场所需之额适合也。此言企业家计画之疏密,足以支配物价高下之程界,又一例也。凡一物之生成,其可供人生之利用者,决不限于纯一之一种。

其物为吾人产物之目的物者,则为主产品,其附丽主产品而生之物,则为副产品。如农夫蓺麦,麦则主产品也,麦藁则副产品也。村妇蓄鸡,其肉则主产品也,毛则副产品也。每生一物,必有附丽而生之品,不可分离,纯为天然力所支配,不可以人力增减者也。其成份之多寡,价值之厚薄,因物而异。其影响及主产品经价之程,亦随之而增减。如以牛肉为主产品,以其角毛皮革脂膏为副产品,全牛之值,必合主产品之肉与副产品之角毛皮革脂膏计之,始与畜牛者之真值相准。而各份之市价,则视供求程度之强弱为高下。如副产品之求多,则其价亦较他物为高。而此时主产品之牛肉反能减价售出,因畜牛者已取偿于副产品矣。若主产品之求多,产额日增时,其附丽而生之副产品,亦因缘而加,而其时市场对于角毛皮革脂膏之需要并未加增,则其价必下落。统其全而观之,以牛肉增价之所得,适足调剂副产品跌价之损失。而其总值,仍与畜牛之真值相准也。故副产品时价之赢朒,必随调制主产品之价而高下。此下则彼不得不稍高以剂于平,此高则彼虽稍落亦无虞于亏耗。若副产品之价高,而主产品仍能维持往昔之旧价,则营业者赢利必厚矣。若营业者,因副产品之价增,而减主产品之价售出,则消费者必蒙减价之利益矣。昔日火油公司之炼石油也,不过取矿内之生油,制成可燃之火油而已。嗣于废弃之渣滓中,发见工业上重要之物质,如滑油、如白蜡油、如安尼林染料,此数项副产品之加入,其影响必及于主产品之市价,或营业家之赢利也。主产品、副产品之分别,因生产者之目的而异,非因物之品类而一成不变。如畜羊者普通固以肉为主产品,然亦有以毛为主产品,而肉反为副产品者。树橘者固宜以橘实为主产品,而四川以橘红橘络之价重于橘实,反以橘红橘络为主产品矣。此言副产品市价之消长,足以支配物价高下之程界,又一例也。营业家之计赢利也,必须除去生产物品而所须劳力之佣金,及资本之利息而言。资本之利息,既居生产费之一部分。故利息之多寡,则赢利必因之而异,而资本回转之迟速,则物价之高下亦必受其影响。盖回转速则因生产而所须资本应付之利息必寡,而定价可以较廉,否则利息既多,非定价稍昂,无以偿长期之利息也。例如以资本十万元营一业,资本之一度回转,若必须一年之久,以八厘计息,则生产费非十万元,乃十万八千元。故必除去母财十万元,并子金八千元,始可计及赢利也,否则仅保成本,无赢利之可言也。若资本之回转,仅须三月,则虽同收回十万八千元,三月之期,子金仅二千元,其余六千元,实为赢利。以一年四次计之,已获二分四厘之赢利矣。故售价同而资本回转迟者,无丝毫之赢利。回转较速者,其所获赢利,已非轻微。故敏捷精进之企业家,其获利也,不在售货之取善价,而在资本周复之敏捷也。此言资本回转之迟速,足以支配物价高下之程界,又一例也。他如捐税之轻重,类似工业之争竞,皆与物价之高下有重要之关系。普通物价之高下,大抵随生产费之高下为标准,然有数种物品,国家因国民道德问题或国用问题,而课以特别之重税。如各国之烟酒,中国之盐,其定价之昂,关于生产费者转少,而关于国税者转多也。凡物无类似之物竞争者,则定价可以自如,否则必有互相牵制之势。如毛织业因原料价涨或工人佣增而涨价,若棉织物不受同等之影响,而仍可维持其旧价,则人人有竞舍毛织物而代以棉织物之势,则棉织物之需要日增,而毛织物之需要日减。营业者豫虑将来竞争结果之损失,则不得不稍忍痛而仍维持旧日相近之价,此受类似工业竞争之影响也。就上所举各例观之,于以知市场各种物价之腾高及下落也,必有其所以高下之原因。而其高下之程界,无形中悉有天然之规条,为之支配,为之调制,各止于所定之点,不易逾越。而人力之强为遏制,强为增益,往往其效至微,非漫无轨范,如流星陨石,令人无从测度者也。盖其原因既甚复杂,其事例亦至繁赜,若一一举例以证之,将累千百事而不能尽。故于上节仅就物情之易明者,以征市价变动之大较焉。

(二)何谓不知辨明物产生成之迟速难易,及求物者对物需要伸缩力之强弱也?凡天然物产,其生成之期,恒有一定,而非可以人力使之加速倍增者也。人类对于是项天然产品需要骤增时,其价恒能累增不已,以供给之额,不能随需要之度而增加,天然之限制,不能与人类以自由竞争之机缘。于是求者日多而供者日少,非出高价无以购得矣。试以材木言之,良木之生成,久者数百年,速者亦历岁十余。楩楠之材,所以可贵者,非徒因其品质之优美也,亦以数百年而成一木,希世之珍,可猝遇而不可强求也。松杉之生成较易,故价亦较廉,然其长成亦必在十年之后,则不能因需额之骤增,而倍增其产额也。药材中之野参、野苓,亦由是矣。(凡药材之野产者,其理皆与此同,特举野参、野苓以为例也。)其长成之期既迟,而每岁之产额复有一定,非用人工可以种植,得以应市场之需要。而增减其产额,设一旦因他故而产额骤减,或需要骤增时,则价恒倍蓰或什佰于平日。以求者竞出高价,而供者只有此数,不能于短期之中,梢(稍)增益其产额也。吾国产药之区,四川最盛。前岁因乱事路梗,药材中之川货,来源骤减,价竟有涨至之十数倍者,此尤其明征矣。更由此例推之,非特天然之植物如是也,即野生之动物,亦不能外此公例也。药材之羚羊犀黄,市价日增者,以近年之产额日减也。各国毛皮之价,较之往日,价或倍蓰,亦以近日产毛皮之兽,生殖渐就衰微也。就吾国言之,二十年前之獭绒,其价仅今日十分之一也。顾往日獭皮之用途甚微,而今日所谓獭皮大衣、獭皮袖笼、獭皮帽、獭皮领者,其用之繁,既十倍于前,而獭则潜居水中,游泳自适,非可筑埘围芰而豢养也。生产之数,恒为其天然之生殖力所支配,非可以人工而使之滋乳繁殖也。故今日獭皮之产额,固未增于昔日,而用途则十倍于前,其价焉得不十倍于往日也?十年前北京之貉子绒,价值甚廉,制一袍仅十数金而已。自入民国后,貉皮之用日广,价亦倍蓰于前矣。由是言之,凡物之生成,纯由于天然之生殖,而非可用人工培植滋养,其长成之期,又必经若干年龄而始成熟,或历年愈久而材愈佳者,则其生产之量,固不能因人力而增减,而市价之腾落,自非人力所能支配矣。非如制造品之生产,可以随市场需要之度而伸缩变动。苟一旦市上需要增,市价较原价涨十分之二三或四五者,人咸视为利薮,竞投资而创设新厂,添置机器。故在工业发达机器盛行之国,苟市场对于是品之需要骤增一倍者,制造家即不难增制一倍之出品以应之。若市上之需要增加无已时,敏捷之新企业家,恒能以精密之计画、崭新之机器,而使出品之量适合于市上所需之量。故市价之上腾,则因自由竞争之结果,决不能较原有之价相差过远。非如上述数项之天然产品,每岁之产额,只有此数,销途增至一倍者,市价即不难倍于平日,销途增至十倍者,市价或竟随之增十倍矣。凡物之生成迟而产额恒为自然力所限制者,非独纯粹之天然品然也。如供织呢绒之羊毛,则羊固可由人工饲养而繁殖也,宜其生产之增加,不复受天然之限制矣。然牧羊则必须极大之牧场,如澳洲内地广漠之平原、美国之西域,气候适宜,水草滋美,是皆最适于牧场者也。如亢燥苦寒之地,入秋霜雪早降,草皆枯萎,羊觅食惟艰,自无由期其滋乳之繁盛也。若在沟洫既兴、五谷繁殖之乡,则人亦不愿舍农桑之利而事畜牧也。故羊之生产,虽可由人力而增加,而地之可辟为牧场者,只有此数,不能用人工为之增益。故羊之生产虽可增至无穷,而牧场之广既有限,则羊之滋乳,亦受无形之限制矣。制造品原料如羊毛者,由辟养草择种喂羊而进至剪毛,既需数年之久,决非期月所能奏效。而其生产又为牧地所限制,设或一旦市上羊毛之销路骤增,或产额骤减时,则价亦必倍蓰于前,决不能如制造品之自由竞争也。盖虽有羡羊毛之获利,而竞辟牧场以饲羊,然其收获仍须迟至二三年之后,则对于现今市场之需要,已缓不济急矣。况适于牧畜之地,既多辟为牧场,不得已而求其次,则水草决不能如前者之丰盛也。由此而生产之羊毛,其生产费亦必加增,而市价自无由复趋于平矣。欧战开后,凡由羊毛制成之品,无不增至三四倍,盖羊毛非如他项制造品可以自由增殖也。凡物之成就迟者,非独上述之天然品原料品然也,即制造品亦有类是者矣。市上所沽之酒,则制造品也,然吾人设欲建一规模宏大之造酒厂,则必先择地种葡萄、建设厂屋、购置机器,酒成复藏之窖中数年,然后方成为良酝而售也。则自购地种葡萄以至发售,至速亦需待至十年以外。如是则其投入母财应得之子金,必须计年之升。必也他年所获之利,足以偿其开办时屯积所需之赢利及子金,复有余利可以担保意外之损失,人始乐为之。盖人情视未来之利,决不能如目前之利之重。苟非然者,人决不肯轻掷巨资而期获利于十年之后,以造此迟缓难成之物也。故市场之物价,恒因所用母财之多寡,成物之久暂而生变动。凡造一物,能久待者则利必较厚,不能缓待者则利必较薄。欧美先进国之建设工厂庀置材料也,至精至备,初视之似迂缓,不如吾国之简易,然统全局而计之,实无一不为远久之计,工厂之获厚利者,率由于此。盖成物既迟,则非厚利无以引起企业家创业之兴味,而企业家能久待与否,大概因国俗民情而别,而利率之高下,亦为重要之原因。凡利率低之国,常年之率不过三厘,则自投资至成成物之期,虽以十年计之,十年应得利息,尚未及母财之半。如投资十万元,十年以后,统计所成之物,苟值十五万元,则子母悉收回矣。反之,利率高之国,如近日吾国贷贷之利率,常年恒达一分以上,则十万元之投资,设成物之期,亦在十年之后,则非三十万元无以偿其成本。盖十年之子金,且二倍于母财矣,则非获利最厚之营业,自非企业家所乐从事也。故凡利率高之国,商民投资兴业者恒有迟疑不前、守成观变之势,苟计画之偶疏,即不免于未来之失败。而在内乱时起、危机四伏之国,投资者疑虑更甚,偶一不慎,即足以丧失其投入之财产。自非豫计将来之赢利,足以偿意外损失者,人咸退缩不前矣。故企业家欲获厚利,非抬高其市价不可,其成物之价,自必高于内政修明、利率低廉之国矣。此言成物之迟速,物价恒因之而生高下也。凡物之具有交换价值者,则必其难得者也。空气人得之则生,不得则死,其为利用也至矣,而无交换之价值者,则以取之不竭,用之不尽,人固无须以劳力而得空气也。然在深矿邃洞之中,潜水投物之际,则空气之供给有限,人必用种种方法以输入空气,则空气必由劳力而得,自非给以相当之价值,无由享受矣。人一日不得水则渴死,然乡村河渠纵横,乡民固未尝出价以购水也。繁盛之都市,自来水厂以巨大之资本、烦重之机械,埋管以通水,铺沙以滤秽,则居民非日纳金钱,无由得水矣。澳洲内地,恒二三年不得雨,必多设水柜,以备不虞,虽涓滴亦甚珍贵矣。新威尔旱时,一桶水价,计值三先令。若旅行沙漠中,干渴欲死,则一杯之清水,实有回生夺命之功。求水者自不难割弃囊中之巨金,以易此少些之水也。由是言之,水之得也愈难,则价愈昂,愈易则价易愈落。若随地皆是不劳而获,则必无价值之可言矣。春日游行村区,野花竞发,嫣红姹紫,弥望无垠。乡村农妇,采摘盈把,未闻纳微些之代价也,然一携至都市,则必待善价而沽矣。山中草果松蕈,自牧童樵夫视之,亦不珍惜,然一登绅富之庖,则承以杯盘,佐以糖酱,且视同珍错矣。昔有人在阿尔开利沙漠中迷失途数日,后达一镇,名阿立桑纳,居民三千,客饥渴欲死,即趋市购面包一块,价仅数仙,使此面包客于沙漠中得之,则固不吝百金之代价,以易此全生之具。今人同此饥,面包之利用犹昔,而价悬殊者何也?则非物之品质稍异,实因所处之地不同故也。市镇苟缺乏面包,制之甚易,调粉烘焙,顷刻即成,设一面包之值为十仙,人苟如值而与,即不难同时而得无数之面包。故人需食虽有缓急,然不能因饥而增其值,若在沙漠,则麦粉无由购得,焙制更乏其人,面包之值,乃不能复以经价计算矣。惟视欲得者需要之度而定其代价,物之得也愈艰,则需要之度愈强,而其值乃能增至无穷矣。今夫珠玉珍宝,饥不得为食,寒不得为衣,其利用至微也。顾其价值远出于人生日需布帛菽粟之上者,则以其难得也。采珠为世界最艰辛之工作,身系巨石,潜入海底,呼吸困郁,久不得舒,设遇鲨鱼侵袭,则有身躯糜烂之虞。故采珠之佣值,不能不稍厚,非此不足以偿其劳,而使人冒生命之危险以求之也。美玉异宝之得善价者,其理亦与珠同,以采取既甚艰辛,而良材又极难得也。碑帖、画片、鼎彝、古玩,愈古则售价愈昂,以流传既久,留存无几,非出高价无以购得矣。且有在古时绝无价值,而今人则以古物而重价购之者。如秦瓦汉甋,在当日本极寻常之物,而人无注意者,今则以鲜有难得而珍视之矣。名人之绘画,名伶之歌曲,其价值或千百倍于寻常绘画寻常歌曲者,以寻常画家寻常伶人,则苟以数年之学习,人尽能之，而名画界名伶，则天资学力，并臻其极，或旷代而一出，非可计时计工而成也。往往同时习艺者千人，而成为名画家名伶者，不过一人，或竟不得一人焉。则此一人之得善价，实当统千人之失败而合计之，自不必惊羡其声价之隆矣。此名家实以难得而始可贵也。此言得物之难易，物价恒因之而生高下也。吾人资生之具，衣食为最要。顾文明人对于衣食之需要，必高于野蛮半开之国。富厚者对于衣食之需要，必繁于窭人。然论衣食之精粗美恶，则需要者自多伸缩之余地，或且较量其市价之高下，以为比较选择之地。故绮罗锦绣，蛮珍海错，非吾人养生之所急。苟非居境优裕，自无罗致之必要。而蔬食饮水，布衣芒鞋，则为推持生命所必需，否则冻馁交迫，将无以自活矣。民非布帛菽粟不生活，然在平日，则自富厚者视之，殊不措意，以布帛菽粟之值既廉，而阛阓屯积，取求至易。千端之布，其值或仅足抵一美珠；千石之粟，其价或且廉于一钻环。设一旦布帛菽粟之来货骤减，则其功效大显，以人类对于是物之需要，每日必得一定分量而始满足，绝无伸缩之余地。故人类对于衣食之需要，乃生命问题，非安适问题或嗜好问题也。减其量则冻馁，绝其源则僵毙，人苟不愿以身殉财者，则当此危急之际，但求其能得衣食与否，不复问其所纳之代价倍蓰或什佰于平日之经价也。围城之中，苦守食尽，珠玉金银之值大减，菽粟之求骤增。富家固不惜以斗金易斗米者，则盘中粒粒之粟，且与明珠同价矣。欧战期内，古玩珍宝及工艺品之精美者销路大滞，而食品之需要大增，凡以食品输入欧洲者，莫不护善价而去。夫人一日不食则饥，五日不食则死，饥饿之痛苦切身，则固无暇讲究嗜好粉饰外观矣。窭人由贫乏起家者，亦必衣食足而始知辨别色味之美恶，食廪实而始知研求陈设之精粗。设所获仅足自瞻（赡），则缊袍一袭，粟饭

一具,已足平生之愿,固未尝梦及华衣美食巨厦珍饰也。苟非荡子
莠民,则固未有家无担石之资,而身被不称之服者。人苟稍具辨物
之识,则必以审其轻重利害,而定其求物之缓急先后矣。今更以水
证之,吾人对水之需要,其最紧要者为供饮料之水。故一旦饮料缺
乏,则无论纳如何之高价,咸非吝惜。次为沐浴,次为浣涤,若复有
余,乃始以供洒浇之用矣。当水之供给,仅足充人之饮料时,则是
时之利用,实为保持吾人生命之具,则不独用水洒浇之糜费问题自
无由而起,而次紧要之沐浴浣涤亦姑置之。以需水供饮之力至强
也,迨水之分量增多,则始可供第二之沐浴需要,更增则可供第三
之浣涤需要。然供沐浴浣涤之水,此时水之价值,尚能与仅供饮料
时同等乎? 则决不然矣。故水之供用愈宽,则吾人需要之度,亦必
较前大减,而其价值,亦比例其增加之分量而递减也。设水之供
给,足敷浣涤洒浇之用,则吾人对水之需要,已悉称满足,而水之于
吾人,遂不觉其有何等之利益。此时水之价值,亦等于零,始以自
由财产视之矣。凡物供给未满足人需要之时,则价值倍增,每添新
分量,其利用自较劣于前矣。凶岁谷麦之价,倍蓰于丰年者,亦以
需要之度强也。统上诸例而论之,则知物之易成者价低,难成者价
高。难成之物,市上需要骤增时,价必大涨,以成物既迟,市上需要
紧迫,决不能待至数年之后也。易成之物,需要骤增时,价亦不易
于大涨,以成物既速,多财善贾之徒,自不难倍制产品,以应世人之
求也。又物之获高价者,必其希有而难得也。易得之物,价必低
廉。然或同一物品,有此视为易得,而彼则为难得者。物之难得与
否,实因时因地而异,非因物之品质而一成不变也。人类对物之需
要,必要品则为推持生命之具,绝无伸缩之余地。若精美品奢侈品
则随人之地位时间而异,尽有选择取舍之闲暇,非至无衣无食者,

冻馁之痛苦交迫,无复较量代价高下之余地也。凡此皆经济学上浅显之理,略解释之,即为人人所共晓。然亘古今而物价高下之原因,莫能外此公例,实为经济上不易之信条。虽欧美卓越之企业家,亦慎守之无敢逾越。苟逞一己之私智,背此自然之公例,行险徼幸,则未有不遭失败者也。

（三）何谓误认货币之低落,为物价之腾贵也？近日泥古浅见之士,以人生日用之需,价无不倍蓰于前,小民岁入之资,或且无以自给,以为民生之憔悴,悉由于物价之腾贵也。倘今日之物价,仍能复乾嘉时之旧者,则郅隆之治,熙皞之象,不难复见于今日。虽然,此謷言也。吾人当知民生之安乐,与物价之低廉,本为二事,不能并为一谈。设物贵则民困,物贱则民乐,果为经济上不易之原则,则何以吾人一考古代民间之生计,憔悴或且甚于今日,偶遇饥馑,饿殍载道,三四金之逋负,至鬻妻女以偿。物价低廉,何与于民生之安乐乎？苟在今日,政务修明,实业兴盛之国,虽物价什伯于前,然民间尚可免此惨状也。吾人幸勿以今日日用饮食之需,价无什倍于前,今与昔同一生活,今人须以十倍之货币,仅购入与昔日同量之物品,则民生诚艰矣。吾人当知人生世上,一方面为消费者,一方面即为生产者。就消费方面言之,吾人购入同量之物品,以维持生活,诚须付以较昔日十倍之货币。然就生产方面言之,吾人以所生产之物品,入市求售,以物价什倍于前之结果,乃能以较昔日同量之物品,而收入十倍之货币也。人生世上,生产与消费不能分离,同时生产,即同时消费。设今日之物价,十倍于往日,吾人当购入日用之物品时,支出诚十倍于前,而以吾人所生产之物品出售,收入亦十倍于前也。吾人竭心思财力以事生产,不过欲遂其消费之目的。苟非浪子,自不能有消费而无生产。苟非鄙夫,亦不能生产独多,消费独少也。试以农夫证之,农夫除生产农产品外,日用之需,无不由市场购入。使物价十倍于往日,而农夫仍能维持其生活而无虞匮乏者何也?则农夫所产之粟,其价亦十倍于往日也。农夫以粟价所得十倍于前之货币,购市价十倍于前之日用物品,彼此相剂,适抵于平。昔日物廉,固不足为田家乐,今日物贵,亦不足为农夫病也。更以佣值论之,乾嘉时之佣工,岁值制钱十千而已。今则普通工人之佣值,几近百元,稍上者则数百元。苟具有专门技术者,岁入且千金矣。吾人居今日而羡古代物价之俭,设古人得闻近代工人岁入之丰,其歆羡复何如也?易地而观,本无可羡,亦无可虞也。大抵佣值之日进,恒与物价之日进为比例,必使国民劳力所获之报酬,足以维持其生活必要之需,人民乃能安生乐业,劳动界之革命亦不至发生。若小民终岁勤劳所得,尚不足以供仰事俯畜之资,则全国骚然,将有不可一日安居之势。故就经济上原则言之,佣值之递进,与物价之递进,其比例决不能相去太远,否则将无以维持经济现状矣。论者或鉴于近世物质文明之精进,人间生活之竞争日烈,转不若古人之恬适,以为物价暴长,诚足以厉民也。不知近日生计竞争之烈,实由于生活程度之增高,劳动工人,不能如古人之安于简陋,知识日启,人类所须物品以满足其欲望者亦日广也。(其说甚长,当更草一文以论之。)今姑无论物价之高下,无与国民生计之荣瘁也。即今日嚣然于物价之腾贵者,其实非物价之腾贵也。论者以乾嘉时斗米之值仅数十文,今斗米且千钱矣;鱼肉之市价每斤不过十数文,今且高至三四百钱矣,以此而云非物价腾贵,愚者犹嗤其妄。答曰:此非物价之腾贵,乃货币购买力之下落也。物价云者,即世间之种种财货,对于特种财货所谓货币者之交换比例。货币之价格腾贵,则其他财货之市价,悉同时下落。货币之价格下落,则其他财货之市价,悉同时腾贵。换言之,物价之下落,即货币购买力之腾贵也。物价之腾贵,即货币购买力之下落也。吾人言石米之价,不曰等于三丈之布,或五斤之茶,而曰银几元者,何也? 以货币为各种财货交易之媒介,价格之标准也。各种财货之价,皆以货币计算,非如往昔实物交换时代,以实物计算也。以现今社会普通情形论之,使用货币卖买之方法,习惯已久,遂谓物价腾贵,为总财货同时腾贵,而忘于其总体中除却货币者,则以货币使用已久,遂于无意中演成此谬解也。设一物之价格,对于他物为腾贵,则其与他物相交换之比例即应加增。如今岁米价每石涨至十元,则可谓之米价腾贵也。欧战期内颜料暴腾,则可谓之颜料市价腾贵也。故必一物之价格,较他物骤增,而其他物价均仍旧无变动者,则可谓之是物市价之腾贵。若吾国近六十年来之物价,几于无物不涨,其生产费相同者,其涨价之程界亦大略相等,则不得谓之物价之腾贵,实市场各种货物对于货币腾贵之义,亦即货币之购买力,对于各种货物低落之义。即今日欲购往日同量之货物者,须给较多之货币。而今日以较多货币之效用,其结果仅购得昔日同量之货物也。因货币购买力低落之结果,今人因佣值之日进,虽收入货币之数量倍蓰于往日,然吾人劳心力以博金钱,其目的非欲得金钱也,欲得金钱以易各种应用之物品也。物价较前腾至倍蓰,即货币之价格较前低至倍蓰。吾人虽收入倍蓰数量之货币,然以此货币而易得之各种货物,其分量仍同于前,则货币之效用,仍未见其稍增益也。都市之佣值倍于村野,以都市之物价既倍于村野,倍其佣值,生活上仅得其平也。美国普通工人月赢百元,然度日之情况,无殊吾国月佣一二十元之工人也。经济学家名劳动界所得货币之收入,曰金钱之佣值,比较以佣值所能易得货物之数量,曰实际之佣值。欲知一国人民生计之舒困者,不在比较佣值上所收得金钱之多寡,而在以佣值所能易得货物之多寡也。欧战中交战诸国之佣值,且五倍于吾国工人之所获,然以人民生计之安乐而论,则无宁舍彼而取此者。以交战国中必需品之时价,犹不仅五倍于吾国,工人既须以佣值易货物以维持生活,则不见其益而徒见其损,宜其艰辛倍甚也。货币之购买力既低落,既同一数量之货币,其效用较之往日,或仅得其半,或五分之一,或十分之一也。所谓物价涨至五倍者,即货币之价格低至五倍,物价涨至十倍者,即货币之价格低至十倍。以今日人民生计之状况,与乾嘉时比较,昔之岁入百元者,实等于今日千元之收入。今之积资万金者,亦等于昔日千金之产也。故苟明货币购买力低落之真相者,自不必以佣值倍增为喜,亦不必以物价腾贵为虑也。要之,物价之腾贵,即为货币之下落,物价之下落,即为货币之腾贵,不过表明事实之关系而已。然货币与物价之间,其原因结果之关系,亦有出于原则之外者,其因至繁,其例至夥。欲讨其全,则有欧美经济家学(学家)所著论物价论货币购买力之专书在,其闳纲要义,则已略具于此矣。

以上所述,仅就物价高下显浅之原则,及国民易误之点而略辨之。然物价之高下,多因生产时所斥之劳力与母财多寡而定,故因生产方面情况之不同,而价格因之大异。就货物之种类而柝(析)言之,略可分为三项:第一货物之数量,不能随意增加。若与是物以专利者,如吾国钟王之字、吴李之画、周秦之钟鼎、宋版之书籍,则除现在保存之数量外,绝对不能增加。无论价格之增加至若何程界时,而世间供给之量只有此数,决不能因价格之增加,而供给因之增加。是类物品价格之增加,则全视求物者之多寡与存物数量之多寡而定,不复如普通物品,计及其生产时所费之多寡也。不然,周秦之钟鼎、宋版之书籍,在当时固为寻常之物品,顾何以今日视同环(瑰)宝,价格巨万也。古代名人之字画,以当时之价与今日之价比较,或仅百分之一,或仅千分之一也。盖奇器人所同珍,人人有欲得之期望,欲得者多,而供者只有此数,其结果不得不以所增之价格表决之,价格愈增则欲得者愈寡。供给之数量,既有限制,则求者不得不增价格以事竞争,以遂其得物之目的。故同时多数人竞购一古物,其最后一人纳最高之价以购入者,即求是物者愿偿之值也。是类物品之价格,大抵视求物者期望之强度而定。而物之真值,与供给之数量,反无甚重要也。设今有赵千里画一幅求沽,若索价千元,则欲购者或逾千人,至五千元则欲购者骤减,或仅至五十人矣。使画价仍累增不已,至一万元时,则欲得者或不过十人。当此时也,画仅一而欲得者十,于是十人各不相让,竞出高价,以事竞争,以遂其得物之目的。其结果则是画之价格,乃增至一万八千元,于是八人者以植(值)过昂,次第退出。是时欲购是画者,仅甲乙二人,然乙则以一万九千元为最高之价,而甲仍愿出较高之价或且增至二万元。当是时,是画之价,实间于一万九千元与二万元之间,而此双方竞争之点,即亚丹斯密所谓市价之争论也。其最后将若何决定乎?则视售者与购者双方之状况而已。使售画者知甲得画之期望甚切,宁舍二万元而不愿失此名画,或甲不知乙最高之价为一万九千元,过此则非所愿,则售画者必索二万元,而甲亦必以二万元易此画矣。使甲已知乙以一万九千元为最高之价,而画主人求沽之念甚切,甲此时知此画必为己所得,已无他人与之竞争,则较乙价略增少许,已为世人对于是画所纳最高之价,则甲或仅以一万九千二百元而易得此画矣。论甲所以终得是画之故,则或甲对于是画之趣味尚胜于乙,或乙之富力稍逊于甲。故乙对于是画之期望,不能复高于一万九千元,而甲则宁纳较高之价,不愿失此名画,故终为甲所得也。

（二）为欲增加其货物之量数,必须同时增加其生产费者,如农产品其尤著者也。近日物质文明,精进不已,交通之便利,运价之低廉,皆足以促进货物自价廉求少之产地,运至价昂求多之销地。故一国所仰给之农产品,往往罗致世界之物产。即一地偶有荒歉,得他地之丰盈以剂其平。故农产品之市价,常因此以保持其平衡之点,而无过高过下之虞。非如昔日闭关自封,凶年之谷价,或仅倍蓰于平日。所谓斗米兼金,人争相食之惨状,在今日固无虞此也。然因生齿之日繁,则农产业之价,固有日趋增高之势。以食之者既日增,则须增加其农产品之数量,同时必须增加其生产费,则其价自不得不上腾也。今设有一小岛,居民以耕种自给,无事外求。当此居民移殖时,则必择岛中地味之最肥饶者从事垦植,筑庐舍于其中而居也。设初移居时为五十人,其后生齿日烦,增至一百五十人,则此时居民所需之食品,已三倍于往日矣。然此岛民果何自而得此三倍之食品乎?此时附近庐舍之沃土,已垦植略尽,于是居民不得不于数里之外,觅地耕作,以增其所需食品之数量。然此数里外农田所获之产品,其生产费仍同于附近农田所产乎?固事实上必须增加者矣,虽地味之肥饶略同,然自数里外运至庐舍之运费,必须加入生产费内。设当时石米之值为六元者,而此时自数里外运入之农产,每石须加运费四角,则为六元四角。于是此时全岛之米价,均为六元四角,虽附近农田石米之生产费仍为六元,然亦随之涨之六元四角矣。盖农产品之价,其值恒以耕种费之最大者为率。非如此,则谁复耕作生产费较高之农田,以供给人类之食品者。更进而论之,设岛民之生齿复增至一倍,绕村之沃土,已悉施耕作。而此沃土之农产品,不足以供居民之需要,不得已而思其次,于是昔日视为瘠土而无人过问者,今亦辟草莱而从事耕作矣。然此瘠土所产之谷实,其生产费决不能同于沃地也。设沃土每亩产米三十斗,瘠土每亩产米廿斗,市价斗各值六角,沃土之产,计值十八元,是值即为生产时所斥劳力母财应得庸息之费。瘠土所产,仅值十二元,其不能及沃土庸息之大,彰彰然也。当斗米仅值六角之际,必无人愿耕此瘠土者。迄生齿日烦,对于农产品之需要日益加增,沃土所产,既不足以应人类之求,于是米价因求多供少之关系,致瘠土所产,亦得十八元之收入,足偿其庸息之费。则是时斗米之价,必增至九角。其农产品价格之骤增,实比例需要之度而递进也。至是而瘠土之所获,已等于往日沃土之产额。然沃土所产之谷,与瘠土所产之谷,生产费不同,而市价仍相等者,则以农产品之价格,恒以最大生产费为标准也。故欲增加农产品之数分,必须增加其生产费。生产费既加,则市价自无不腾贵之理,是实经济上不易之原则。凡关于土地报酬递减例之物值,皆不能外此公例也。何谓土地报酬递减例?即地力之生产,天然上恒有一定之程界为之限制。迨地力之所生产,既达于一定之程界,则虽倍其人工,倍其资本,而其地之所产者,终不能依此比例而加。非如制造品之成物,可依母财劳力增力增加之比例而递增也。今有人耕田十亩,先用资本十元,佣工一人,则得谷十石之收入。若加工一人,增资本十元,耕作既勤,农具亦精,是时能令所产增多十二石。是倍其资本,倍其佣工,而能得谷二十二石也。若再加工一人,复增资本十元,则所产或竟增至十六石,计所获为三十八石。是以二倍于前之佣工资本,而得二倍又十分之八之产额。是生产之递加,实较大于佣工资本递加之比例,设佣工资本之数递加,而地力所产之数量,即可依此比例而增至无穷,则是十亩之田,但使佣工资本增之不已,其所产即足供千万人之食,而无事他求者,天下宁有此理耶?当收获三十八石时,已达地力所产一定之程界,过此以往,则土地报酬递减例之效始显。盖纵再倍其佣工资本,而产额之增加,则由十六石而减为十石而六石而四石矣。故前所产为递增,至地力生产已达一定之程界,则变而为递减也。故则居民稠密农业发达之国,人民恒苦耕田之不足。于是务竭地力以事生产,此时以欲增加农产品之故。因土地报酬递减之公例,不得不增加其生产费,则农产品之价自增矣。故就近日经济状况言之,以生齿之日繁,则农产品之需要自增。农产品之需要日增,则其市价自有日趋于腾贵之趋向矣。土地报酬递减例之限制,非独农产品然也,即征之矿产品而亦信也。试以煤矿论之,当国内煤矿启发未盛之际,则必择矿产之最富饶,而复近地面者,从事开掘,以所得既丰,而运费又极廉也。迄开掘愈深,则所穿之地穴隧道亦愈交注,且须通穴以输空气,汲水以防淹没。矿深则煤之运出愈艰,费亦愈巨,是时运煤一吨至地面,计其生产费几过于前者数倍,于是煤之市价不得不以最大生产费为标准矣。且地面之佳矿,只有此数,一旦佳矿告竭,则劣矿亦不得不从事开掘。而此时所获矿产品之数量,与所耗之工母比较,自不能与佳矿相提并论矣。盖矿产品一达报酬递减之程界,必须增加其生产费,始得增加其生产,则市价自必因之递增矣。渔产品之情品(况),亦大略相同。当市场求鱼之量寡,渔人得于产鱼最丰之区,或沿岸之近海,从事捕捞,则生产费少而价自廉。及需要既增,仅渔于近海及产鱼最丰之区,不足以供市场之求,不得不进至远海及产鱼较稀之区,则生产费增而价日贵矣。统农业、矿业、渔业之产品而论之,欲增加其产额时,必须增加其生产费,即同时须增其市价。且生产力皆有一定之程界,则报酬递减例之验立显,纵倍其人工资本,而所获之产额,决不能随所增庸母之比例而递增也。故人类对此数者物品之需要加增时,其市价自有日趋于腾贵之倾向焉。

(三)为不必增加生产费,而能增加其货物之数量。其供能加增无已,绝不因报酬递减例而生变动,如制造品是也。是种货物之增加既易,则同业之竞争日烈,其市价几有等于最少生产费之倾向。吾人论制造品之市价,与农产品、矿产之市价,亦有相同之点。以制造品既由农产、矿产之原料而成,而原料则悉自土中生也。故论生产之要素,制造品诚不能除去土地而独立。而论生产之成分,则与农产品、矿产品大异矣。何也?农产品、矿产品,天然之富力实居生产成分之大部,而劳力反次焉。制造品则反是,劳力实为生产是种货物之主要成分,原料市价之高下,其影响虽常及于制造品,然精致之制造品,其关系远不如劳力之重要焉。今试以例征之,棉生于美,越重洋而输至英,则须包装转运之费焉。至英而纺之、缫之、织之、漂之、轧之、染之,盖不知经几何工人之手而始成布也。故一磅之布,其价决不能与一磅棉价相等,或相倍蓰,或相什伯,则视工作之精细而别矣。且经过之工作,既如此繁复,则营业家自购棉以至成布,其投入之资本,必须经若干岁月而始回转,则投资应得之利息,当必居生产费之一部分。故由棉而织成布,其所用原料,棉之价格仅居生产费之小部分,决不如劳力之重要也。更以钢证之,表中精细之螺旋,钢所制也,一磅之价,等黄金之重六磅,实值英金二百八十磅(镑),则视原料钢铁之价,已数千倍。能谓一磅螺旋之价,仍与一磅钢价相比例耶?美女士范思馥复于《维多利亚杂志》论表中蟠丝之价格,(即发动表机之钢丝,细如人发,蟠旋成小轮形,两端有键,所以牵动机旋。一小时推动之数,为一万八千次,最精者可用数百年,引直量之,长一英尺。吾国旧无译

名,钟表匠名曰游丝,以其细而游动也,今译蟠丝状其形也。)蟠丝
亦钢所制也。一磅之钢,实可制蟠丝一万五千条。然一磅之钢,不
过值美金一元,而重等一磅之蟠丝,则非美金四千元弗办矣。是蟠
丝之价,实四千倍于原料之钢价,则虽于蟠丝生产费中,除去原料,
其影响及于蟠丝几何? 更易一方面言之,即使钢价涨至十元,以每
重一磅,所涨十元之价均分于一万五千条之蟠丝,其结果每条蟠丝
所增之生产费,尚不及一厘,则于市价之变动,仍微细也。即使制
蟠丝之原料,易钢而为金银,而蟠丝之市价,所增仍无几也。于以
知制造品之精美者,原料实居生产费之最少部分,其市价之涨落,
与制造品市价之涨落,实无甚关系也。

　　制造品生产费之主要部分,实为工人之劳力,及资本家之才能
修养是已。其原料定价高下之影响,在大部分之制造品,固无甚重
要者也。制造品之定价,恒有一定之程限,即其市价能偿资本家及
劳工生产时所耗之心力,主方能继续生产,进行不已也。制造品与
农产品、矿业品相反之点,即农产品、矿产品欲增加其产品之数量
时,必须增加其生产费。而制造品则因需要加增而增加产品之数
量时,则生产费愈廉,而价格亦愈低。例如印刷品,排字校对之工,
一册与百册同,百册与万册亦同。故印百册则价最昂,千册则较
廉,万册则更廉。普通应用之教科书及流行之小说,其价必廉于专
门书籍者,一则排印一次自数万册至十数万册,一则或仅数千册、
数百册也。此产品之数量愈增,生产费愈低之明征也。近世文明
各国之制造,咸利用汽机之力,故能产物较多,成物较速,用费较廉
也。然苟非大计画之企业,则何以置繁重之机器,建宏敞之厂屋
乎? 如市场对于是品之需要,为数甚微,则营是业者,亦只可以简
易之手工制造之。虽成本较昂,而生产者与销费者咸所不计也。

若易手工而为新式之机器，则成物之速，数量之增，或数十倍于前，或数百倍于前，则供过于求远甚，将置此剩余之产品于何地乎？抑机器每岁仅工作一二月，而长期废置不用乎？如此则耗费较甚，反不如仍用简陋手工之为得矣。故凡小工业不适用新企业之大计画者，其生产费必较多，其市价亦必昂也。而近世欧美大计画之工厂，多为制造普通应用之品，其成品之市价最廉者，以市场需要日增，则规模日益扩张，生产费愈廉也。今试以表征之，一表之机，至繁夥也，外而表壳磁面，内而指针表记，制造时手续亦至烦也。顾何今日最廉之价，一表只值二元？若易机器而为手工，则一人穷日夜之力，恐一月或仅成一表，以欧美工值之昂，最廉亦非百元不办矣。又如缝工所用之针，吾人用以作书之钢笔，一针之值，价仅数文，一精美之笔头，亦仅值一二分。若舍机器而用手工制成，则工作殊非简易，恐非倍蓰其市价不可矣。往昔内地江河所用之舟，悉用人工造成者也。自制舟之机发明后，较之往昔用手工所制者，每舟可减生产费百分之三十，其成效诚显著矣。顾何以乡僻之区，舍机器而仍用手工？造舟者以地僻人稀，居民对于舟之需要，只有此数，使改为机器制造，则供给之数量骤增，其因改用机器而增加之生产额，将悉为剩余无用之品矣。若一岁之中，机器仅开工一月，其余十一月悉废置不用，则购置机器时投资应得之利息及废置不用时机器之损耗，较诸人工所制每舟仅节生产费百分之三，则所得远不足以偿所失矣。于以知销行较广之品，方可适用大企业之计画制造，以其生产费省而定价廉宜也。若需要之数微细，则惟有适用小商业，以简单之手工制造之，固无建造工厂购置新式机器之必要矣。近世实业先进国之商品，苟适用于大企业之方法，制造时必不能后容同类手工制成品竞销市场之余地。盖成本既殊，生产者与销费者自必舍彼而取此也。吾国内地之土货,其销路多为外货所挽夺者,亦以此也。且以大企业与小商业较其便利,省节之点甚夥,不仅大企业得利用新式之机器,得以增加其生产额,减省其生产费也。如建一工厂,容五百人之厂,与容千人者,其所增之厂屋无几也。更进而论之,容千人之厂,与容五千人者较,其厂屋决不必依比例而增至五倍,或一二倍已足。此非营业之规模愈扩张,生产费愈低廉之明征乎?又工厂所用之稽查员、绘图员,其管理指导多数之工人,与管理指导少数之工人无殊也。公司之簿记,其书记会稽应用之人数,决不必比例营业岁额增加之数而倍增焉。且营业愈盛,则分功愈繁,分功愈繁,则成物愈速,生产费亦愈廉,此皆大企业优于小商业之点也。近世欧美之制造品,既有集中于少数大工厂之势,以资力之雄厚,设置之详备,成本之低廉,运送之便利,决非中小商业所能与之对抗者也。故言最近商业之趋向,大企业恒有兼并小商业之势,而近日中等资本家所营之商业,咸苦大企业之压迫摧残而莫之何也。

制造品之生产,主要成分,实为劳力,然则佣值之高下,其影响及于生产费如何乎?曰:"企业家对于劳力之费用,不因佣值高下而生变动也。"巧工之佣值,恒倍于劣工,然巧工工作之成绩,当不仅一倍于劣工。故为企业家计,与其赁用佣低之劣工,无宁赁用佣高之巧工之获较丰也。精致之工作更甚,如制钟表之匠,吹制玻璃之工,则精娴者之佣值,与拙工较,或至倍蓰。然论佣主所获之酬偿,无宁以倍蓰之佣值而赁用巧工也。著名铁路工程师白莱西之言曰:英国铁路工人之佣值,倍于法人,然英人所作之工,实不仅倍于法之铁路工人也。佣主之定佣值,恒依工人工作功效之高下为准,而非比较人数之多寡也。故工人苟增进其工作之功效时,则虽佣主增加其佣值,仍无损耗企业家利润之虞,亦不必增加物价,而令销费者蒙其损失。故工人苟能增进其工作之功效而增加佣值时,则工人受增佣之实利,而生产者与销费者之情况,均无变动。盖工人所得增佣之利,实由工人增进功效所获之酬偿,而未侵及他人之利益也。欲增进工人工作之功效,则必以普及教育为前提,所以增进工人技术上之学识,养成温良淳朴之美德也。故欲增进劳动界之幸福者,所以汲汲于职业教育也。

制造品之定价,以足偿资本家与劳动家生产时之消耗为准,即是物之市价,足偿是物之生产费也。制造品经济学家名之曰自由竞争货物。凡货物得以自由竞争者,则因生产是品时劳力家所获之佣值,资本家所获之赢利,大率皆同。一有不齐,则母财必由获利较啬之业,移至获利较丰之业,必平其率而后已。如水苟无阻力者,必就平面而后已也。劳力家之迁徙亦然,苟一区或一业之佣值高于他地他业者,则劳动家恒择佣值最高者而迁徙之,故能使各地各业之佣值常得其平也。今设有棉丝二业,生财时劳力与母财之消耗相等,则资本家与劳力家所获之酬偿亦必相等。两物之交易,其值相均。以丝之值,适等于棉纱之值也。此所谓两物之值相等者,非一磅之丝,其值等于一磅棉纱之谓也。谓两物之生产费相等者,其值亦必相等。如一磅丝经之生产费,等于十磅棉纱之生产费,则十磅棉纱之值,亦必等于一磅丝经之值也。谓两物之真值相等,非谓两物同数量之品其值亦相等也。故凡自由竞争者,其货品之相交易,得以比例其生产费之多寡为准,是即制造品之经价例。凡物之生产,不受土地报酬递减例之影响者,皆不能外此公例也。

制造品市价之高下,必依生产之多寡为准,即所谓物之经价也。有时市价低于经价,业此者必不愿蒙此损失,则迁业者必多。迁业者多,则市场之供给少,供给既少,而需要之量仍旧,则市价必渐腾贵,而复等于经价。反之,而市价高于经价时,则业此者必力求增加其成物之数量,冀获厚利。设市价既高,而市场之需要仍无变动,则他业歆其利厚,势必移获较薄之母财资本而改营是业,则市场之供给骤增,供结(给)骤增之结果,则市价必落,而复等于经价。就供求相剂之例言之,市价下落时,则是物需要增,而供给减。市价腾贵时,则是物之需要减,而供给增。是在制造家善察市场之情势,如见市场之供给增,则减其生产,见市场之供给减,则增其生产,务使吾之成物数量,常适合于市场需要之程限。庶几营业可常获胜利,而无亏折之虞也。市价虽时有变动,或高于经价,或低于经价,然趋向则常以合于经价为归。因时价高下之结果,而生供求增减之变动,其终必相剂于平也。譬之江湖,风水相激则怒浪澎涌,然外力之激荡一去,则水必就于平面也。

世人每谓物品之市价高,则营是业者赢利必厚,此大误也。企业家获利之厚薄,与物价之高下绝不相涉。价高时赢利未必厚,价低时赢利未必薄。有时因生产费廉,资本家与劳动家所获之赢利佣值均厚,而市价反廉。反之,因生产费增,市价腾贵,而资本家与劳动家所获之赢利佣值反薄。凡母财与劳力之功效增加时,则赢利佣值必厚,而生产费减。生产费既减,佣值与赢利虽增高,物价反能同时下落。若资本家与劳动家互相竞争,母财与劳力之功效虽增,以互相箝制,并未增其赢利及佣值,惟减其市价,则惟销费者蒙其利。而资本家与劳动家,殊未获相当之酬偿也。然此二者,将一无所获乎?曰是又不然。当母财与劳力之功效增加时,虽未增其赢利及佣值,然资本家与劳动家,一方面为生产者,一方面即为消费者。就生产方面言之,因同业竞争之烈,或因外力之阻碍,故生产之功效虽增,而不得增其赢利及佣值,诚无利益之可言。就消费方面言之，资本家与劳动家，均为消费是品之人，市价既落，消费时得以同量之货币，而购入较多之货品。故斯时之资本家与劳动家，虽未获直接增益收入之利益，然因物价低廉之结果，犹得间接减省支出之利益也。反之，因生产费增加，而市价腾贵时，资本家既一无所得，反蒙物价腾贵之耗损矣。故曰市价之高下，无与资本家赢利之厚薄也。欧洲自大战后，物价骤增数倍，小民受生计上之拶逼，时起纷扰。顾何以各国政府不肯以法令抑平其市价者，诚以近日市价之上腾，由于生产费增加之结果，非由于资本家赢利之厚也。若当斯时而强抑其市价，资本家势必亏拆（折），则迁业者必多。迁业者多，则市上之供给愈少，而市价将愈腾。故当物价不能下落之际，而欲强抑之使平，则必得相反之结果，即市价将愈抑而愈腾也。吾国以平粜为救荒之善政者，其亦昧于供求相剂之例甚矣。

（《江苏实业月志》1919 年第 5、6、8、9 期，1920 年第 10 期）

兰特西亚之善写生物

兰特西亚 Edwin Landseer 者，近代著名画家之一也。兰氏英伦敦产，生于一千八百零二年，殁于一千八百七十三年。兰氏父兄俱为著名雕刻家，而氏则改而习画。当幼童时，恒挟纸笔出游，所见草木鸟兽，辄绘成其形，咸曲肖实物。其友人见之，深惊进步之神速，以其年甚稚，而术甚精也。至今英国伦敦南金逊敦 South Kensington 之博物院，犹悬氏八岁以前所绘之画。氏出游，恒以写生帖自随，每有所见，辄取笔绘之。尤喜绘兽，凡兽类之可资画料者，

氏每不惮远道而往观焉。未几,受业于英著名画家汉敦 Benjamin
Haydon 之门。汉敦教以动物体格之构造,使知动物骨骼筋骸之形
状及部位。(按西国画家以肖实物为贵,绘人物者咸以生理解剖学
为重要课程焉。)顾氏不以仅知动物之机体为已足,乃进而孳讨兽
类之野外奔走,群游嬉戏,饥饿觅食,疲倦睡眠诸状态,一一传之纸
上。人谓氏乃动物之良友,(按西人不以友动物为辱,不可以吾国
观念訾此语也。)能体会诸物之性情及动作。其绘事真确之处,不
啻一一由诸动产(物)亲语兰氏,而倩氏为之记述焉。氏十五岁
时,绘一犬斗图,见者惊羡,咸欲得之,某富豪以重价购去。兰氏所
绘之犬与绵羊及山羊,悉与实物无异。凡一经观览氏画者,足引起
寻绎动物真相之兴味。后氏术日益精进,名望益大,英女皇维多利
亚特锡以爵,以氏之绘事,有功于英国之艺术也。

(裘毓麐译,《江苏实业月志》1919 年第 5 期)

希腊古代名画

希腊古代之重绘画,不如重雕刻,故古画之精者,较之雕刻似
稍逊。然大家辈出,殚精于画,寄神设色,并极神秀。欧人至今习
绘事者,莫不奉为圭臬。兹译述诸名家之遗闻轶事,其亦足资研究
欧西画史者之考镜乎。

包利纳泰斯 Polygnotus,以善画人物著,希腊史称包为古代绘
人物家之始祖。包氏写人物简洁精确,赋色明丽,天机物趣,毕集
毫端。尝绘脱罗乾公主像,公主美姿容,而新经脱罗乾城破碎之
后,公主抚念身世,平居常悒悒,包画传染净丽,风致婉约,既能曲

尽美人娟妍秀冶之致,而眉睫间犹隐含殷忧怨恨之意。希腊人谓展览公主遗像,不啻以脱罗乾破残之历史相告焉。

当西历纪元前四百年间,希腊有名画家二:一曰徐克斯 Zeuxis,一曰班兰修史 Parrhasius,二人名相若也。徐尝绘葡萄一幅,景色逼真,飞鸟见而啄之,徐颇以此自负。一日过班室,纵论绘术,见壁上悬屏一幅,徐请班取下观之,班笑而不答,徐审视之,则壁画也。徐大惊服,叹曰:"君艺过我远矣,吾画能欺飞鸟,君之画术乃能欺画工矣。"

阿毕利 Apelles 稍后出,顾刻苦习绘事,天资学力,并臻其极。阿画意动天机,神合自然,非寻常粉墨家所能窥其涯涘也。阿以艺供奉于亚历山大朝,欧美至今谈绘事者,必曰阿毕利,诚以阿集希腊古代绘画之大成也。阿尝以画马与诸画工角,诸画工嫉其能,思以术倾之。群指某为评定人,其人固与阿有隙者也,阿知其故,乃请以所画马悉陈马前,众许之,众画迭陈,马皆不顾,至阿画,则马跳跃欢鸣,急求其类,众始惊服。

(裘毓麐译,《江苏实业月志》1919 年第 5 期)

瑞士之实业

瑞士立国于万山之中,阿尔卑斯山脉亘于全国。面积之大,仅足当吾国之一大府,而不毛之石山、终岁戴雪之峻峰,复去其大半焉。故瑞士之农产,实为欧国中之最微薄者。语其矿产,则缺乏最重要之煤铁二项。语其交通,则环境皆山,道路险阻,既无一通商口岸运输货品,悉仰给于邻国,岁付巨额之运费于他国邮船焉。天赋瑞人以褊小硗瘠之山国,其贫乏殆为自然不可免之公例。顾以瑞士人之勤敏智慧,足以弥补天然之缺憾,而卓然为近世一等工业国者,信乎人定之足以胜天也。观于瑞士实业之兴盛,吾国民其亦知所愧矣。

瑞士之北境,为求拉山系,气候稍温和,山坡盛植葡萄,或辟为牧场。南境为阿尔卑斯山,时当春夏,居民牧牛羊于山上,以平地燥烈蒸炎,草多痿枯,而山中清和富水草,最适于游牧也。瑞人牧牛之法,春日驱牛入山,秋则趋回平原,山草生殖繁茂而味甘,牛食之则产佳乳。故瑞士牛乳品质之优美,为世界各国之最,而牛油乳酪之腥脓芳馥,尤为世人所共嗜焉。山中入秋较寒,故居民稀,工业则仅草帽辫为山民之编织物而已。原野居民稠密,无殊德法之村落焉。以瑞士壤土之褊小,南北距离甚近,气候固无差异,而四境皆高山,山上空气之凛冽,固大异原野之温和。故言瑞士之气候,当与他国异。盖以山巅与原野纵立之高下为区别,非如他国以南北距离之平面区别也。降雨之量,较欧洲各国为多,每岁约得雨二十五英寸至二十六英寸。以空中所蓄之水汽,遇高山之冷空气,悉化雨而降于瑞士也。南山之阳,日光直射于地面,故葡萄等佳果,盛殖于山坡焉。

欧洲诸国产谷类最少者,脑威外当以瑞士为最,盖境内仅有狭小之平原可以播种五谷。故每岁自俄、美、匈牙利诸国输入之麦,几三倍于国内所产之额。果类之产额,则较谷麦为盛,其著者则苹果、桃、樱桃是也。果园遍于乡村,随在得以见之。瑞士境内多名湖,湖水清冽,可制佳酿。故给尼发湖及他湖滨,尤多葡萄园,盖为酿酒最适之地也。顾瑞士所产之酒,不足以供国民之需要,每岁自各国输入者,且远过于国内之产额焉。

　　瑞士多山,山麓遍植叶树,青葱弥望,稍上则松杉生焉。顾以昔日刈伐之无节,林木日衰,岁须由他国输入木材及燃薪。瑞士政府近依科学方法,改造森林,山之鞠为童枯者,今复苍翠改旧观矣。安尔槟谷之居民,冬日雕木为器,入夏则他国游人群集瑞士,乃以所雕之木器沽诸游客焉。

　　供建筑之石料(如砂及粉石),为瑞士最重要之矿产品。产石盐者仅三州,求拉山中之铁矿至微,不足以资实用。首都伯尔尼及法兰堡附近,复有少许之白煤矿,产额之微,令人失笑,似天与瑞人以点缀之具,而非供制造等实用者也。境内万山矗立,山中泉水自峻岭而下,群集于湖,奔腾直落,其势至锐,其力至巨。瑞人利用水力以代汽力,凡瑞士三分之二之工厂,咸藉水力以运动其机,而此滣溁澎湃之瀑流。他人仅视为赏心纵览之具者,而瑞人实资以富其国也。

　　制造业繁盛之区,位置于国之平原及求拉山系求拉山上之制造城,殆不下二十焉。其最繁盛者为苏黎世 Zurich、伯尔尼 Bern、圣格郎 St. Gallen。瑞士之制造品,仅恃良工专攻之精品数种,其种类不似他国之繁多也,然能保其优美之令名,故虽价较他国稍昂,(由瑞士运至他国通商海埠,然后输入他国,转运困难而运费亦较多也。)他国咸乐购之,岁输入他国者,为额甚巨。盖瑞人不愿制价廉窳恶之器,以自堕其精良工艺之誉,而世人亦深信其克副此盛名也。瑞士实业之特点,则家庭工业独盛是也。苏黎世及圣格郎城产最优美之手织品及绣物,悉由家庭制成,其他如草帽辫、钟表、烟草、编织物,亦瑞士家庭重要之工业品焉。

　　织棉制造之中心,在圣格郎及其南之数州。织棉全恃机器,非恃人工也。瑞士之棉布,由美国棉花制成,而以织工之优美、染色印花之鲜明著,故盛行于各国。织丝业之中心,在苏黎世、白塞耳二城及其附近,虽不及棉业之盛,然犹岁输出巨额之出品焉。近意大利数州,亦擅蚕桑之利,然产额不足以供国民制造之原料,其大部分仍由他国输入焉。瑞士营出品商业者,近受美商剧烈之兢(竞)争,颇感痛苦,盖以美国织业日盛故也。毛织品之制造,不如棉、丝二者之重要。瑞士国际贸易册中,则列毛织品于输入项下也。瑞士金属之工艺品,以表为最著,瑞士国以善制钟表闻于世界者也。制表业之中心,则在给尼发 Geneva。其在求拉 Jura mountains 山中者,则以洛克利 Le Locle、雀格德芳 La Chaux-de-Fonds 二城。纳赤尔湖滨,中有数城,亦产佳表。给尼发所制之表,表壳多镂刻极工者。洛克利城以怀中精小之时计著。求拉山中之制表诸城,则以善制镍表及无饰素表闻于世。瑞士之表,昔甚销行于美。自美国内表业兴,而瑞士表之输美者骤减。昔美人每岁须输入价值三百万美金之瑞士表者,今仅三分之一矣。美人以重税科瑞士之表,约每值百抽六十或七十,因之瑞士表之价过昂,不能畅销于美境。美国近日所制之表亦多精工者,如华尔桑 Waltham、安尔近 Elgin 二公司所制之表,亦甚有名于世,然与瑞士表较,恐仍不逮。瑞士固为世界第一制表之国,他国均不及也。故美人所制之表,设与瑞士表自由兢(竞)争于市场者,则美表当在失败之列,故利用保护税以困瑞人也。瑞士表虽失销路于美,然每岁制成之表,其数不下数百万也。运销他国者,占国内产额六分之五,盖以其余一分销于国中也。瑞士之表业,昔则仅制精美者,今应中下社会之需要,亦多制廉价之表矣。制造机器之最盛者,则为苏黎世、温泰索、给尼发三城。瑞士之机器,甚有名于世,他国人咸乐购之。制草帽辫之工约七万人,与中国及日本所产者,共角逐于市场,兢(竞)争固甚烈也。化学用品、木器、雕刻、皮革制成品、科学仪器等，运销于各国者极盛。若磨粉厂、麦酒厂、陶工、玻璃作、珠宝作制成之品，则仅供国内之贸易而已。

瑞士无通海商埠，运输上虽感困苦，然环瑞士四境诸国，如德、法、伊大利、墺地利、匈牙利，皆工商最兴盛之国。每岁输入瑞士或由瑞士输出之贸易，其额均甚巨也。德、法、伊、墺、匈诸国，岁由瑞士输出巨额之精美制造品，由他国输入瑞士者为食品，为瑞士缺乏之制造品。瑞士输入业之最重要者，为谷类、牲畜及其他食品。次为生丝，由伊大利及中国、日本输入。瑞士无金银矿，贵重金属品由他国输入，以供铸币镶嵌珠宝及制精美工艺品之用。有时输入贵金属之价，犹过于石煤输入之价焉。德货之运销于瑞士者，为煤、焦炭、生铁、钢铁、机器、图书、糖及他食品，销额甚巨，输入品总额三分之一，实来自德国焉。麦、棉花、石油数项，则总额三分之二，由美国输入焉。

输出商品销额之巨，以丝织品为第一，次为棉布纱线。凡需精美之素色布、颜色布及印花布者，咸乐购瑞士之出品焉。次为图书、雕刻、顾绣、表壳、表机、（欧美营表业者，表壳与表中机器分别出售，听顾客自择。如欲得精密之机器者，则付全表大部分之价于表机；如欲得华丽之表壳者，则付全表大部分之价于表壳。故在西人有以二三百元之表机，而配在四五元之镍壳者；亦有表面镂刻镶嵌极华丽，而表机则平平不足贵者。售表者听顾客择定某号表机、某号表壳，然后为之配置完毕以付顾客。故或务美观，或重实用，悉随购表者之心理，非如在中国者之悉配置焉。）机器、（大都为纺织机器。）牛乳饼、罐诘牛乳。他如牛油、雕刻、草编织品，则为出口业中之副属品。瑞士每岁输入美国之棉布刺绣，其数至巨，计其价则较之由美输入瑞士棉花之总额,约一倍余焉。瑞士所产之丝织品、乳饼、安尼林染料及表,为由瑞输入美国之重要商品焉。瑞士风景之佳,久为世人所称羡。阿尔卑斯山最高之峰,悉在其境内,山巅积雪,经年不消,极清冷幽闲之致。登山远眺,岚光湖色,掩映生辉,烟树风帆,历历在望,俯视平原,则浅草如菌(茵),落红成阵,浓阴晻暖,细涧潆洄。欧人称瑞士为欧洲之公园,欧美士女每岁束装往游者,不知几百万人,岁不知糜游费几千万也。瑞士人因此益修葺其道路,保护其湖山,凿山以通隧道,设置山上电车,以便周览景物,其吸引游客之方法,可谓穷奇尽致矣。欧战前据某氏之调查,每岁欧美人游瑞士之费,约美金四千万元。(余所据之书为美人所著,故以美金计算。)故以瑞士壤土之褊小,环境皆山,天然之富源至觳,然瑞人不因此患贫窭者,盖瑞人非徒视此大好湖山为点缀风景之具,实为国民重要之富源也。

瑞士之湖,位置于群山之间者,如给尼发湖、纳开尔湖、卢桑湖、苏黎世湖、康斯坦湖及其他诸小湖,水流径通互相连贯,实为瑞士内地交通及运输货物之枢纽也。铁路之制极完备,昔日铁路之收费极昂,除比利时外,欧西各国,无与并者。自一千八百九十八年,改订路则,取费奇廉,购一二等游行券,只须美金十三元五角一分,(余所据之书,系美人所著,故悉以美金计算。)可以周游瑞士全国,包括一切火车、汽船诸费,限期则为三十日,此三十日内,则日可以持此券而游行观览也。山谷间之车路,建筑完美,行人称便。其著者如圣白纳、圣葛撒特、雪泼伦诸岭,昔以冈峦之险阻而视为畏途者,今则平砥如康庄矣。由瑞士达南欧及北欧海口之路政,均极修饰。如此由荷兰亚摩斯德登南达法之马赛、意之热拿亚,此数海口者,均瑞士输出输入商品经过之要港也。由美输入之麦及面粉,则于马赛上陆,复由火车载至给尼发。由德输入之煤铁则沿莱因河下流而载入瑞士,亦可由火车输入也。

统计瑞士全国之面积,亚拉伯斯及求拉山脉实占国土七分之五。瑞民大半居于高出海面千尺之高原,崇山峻岭,绵亘国中,实为内地与东西邻近诸国交通之大梗。贯通亚拉伯斯山之小道,拿玻仑时已兴建筑,以通罗尼河下流山谷至意大利麦葛拉湖边之要道。顾在当时之兴作,实由拿玻仑逞其攻略之野心,辟草莱,夷陂陀,藉万民之力以自恣,以图行军之便利而已。其工程之完全告成,实沿至一千九百零五年。当一千八百三十年间,经过群山之通道,除圣葛撒特外,有所谓白拿蒂纳者、斯泼罗根者、麦罗葛者、乾拉者,皆巉险峭峻之小道也。自圣葛撒特地下铁道成,于是行人得以数分之光阴,安坐车中而渡此冰雪载途之峻岭。自一二艰苦卓越之探险家外,则未有舍康庄以趋险境者也。穿过求拉山下隧道以与法、比、德、荷兰北海及大西洋各海口相连络者,共有铁路五,其通过铁道之大隧道三,悉近世著名之巨工也。由法至奥经白雪耳、苏黎世,则由挨保隧道,长六英里半。由白雪耳、苏黎世者,经过圣葛撒特隧道,长九英里半。雪泼伦隧道,长十二英里又半,实自瑞士至意米兰及热拿亚之要道也。此隧路实成于一千九百零六年,自此隧道成,由法巴黎开行之车,直达意之米兰,较昔日纡道往还者,实可缩短五百十九英里之程也。瑞人利用机械之发明,往昔交通上种种之险阻窒碍,悉以人力启发而夷平之矣。其交通之便利,以视原野坦夷河渠交错之国,曾无少异。盖立国于此科学昌明之世,苟国民而具勇猛精进之性,而益以坚贞永固之操,则固非天然之险难所能限制也。

就瑞士最近二十年之国际贸易言之,自一千八百八十五年至一千八百八十六年,输入总额为一万万四千九百万元,输出总额为一万万三千四百万元。(此所谓元者,悉以美金计算。余所据之原本,系美人所著,既已[以]美金计算。近日美金汇率涨落靡定,以华币合算,反多不便也。)自一千八百九十一年至一千八百九十六年,输入总额为一万万八千九百五十万元,输出总额为一万万四千万元。一千九百零一年,输入总额为二万万零二百六十万元,输出总额为一万万六千一百五十万元。一千九百零二年,输入总额为二万万一千七百八十万元,输出总额为一万万六千八百七十万元。一千九百零八年,输入总额为二万万八千七百万,输出总额为二万万四十万元。至欧战时战祸靡蔓,商务咸受影响,无精确之报告可资考证焉。更就瑞士与他国贸易之情形言之,以德为最巨。自德输入瑞为一万万零二百五十万元,自瑞输入德者为四千七百九十万元。自奥输入瑞者为一千九百七十万元,自瑞输奥者为一千二百九十万元。自法输入瑞者为五千六百五十万元,自瑞输入法者为二千三百四十万元。自意输入瑞者为三千四百三十万元,自瑞输入意者为一千八百四十万元。自英输入瑞者为一千七百四十万元,自瑞输入英者为三千五百七十万元。由非洲输入瑞者为四百四十万元,由瑞输入非洲者为二百五十万元。由亚洲输入瑞士者为七百二十万元,由瑞士输入亚洲者为七百八十万元。由美输入瑞者为一千一百七十万元,由瑞输入美者为二千四百七十万元。由荷输入瑞者为三百四十万元,由瑞输入荷者为一百六十万元。此欧战前瑞士与各国贸易之大较也。

美国与瑞士贸易,自瑞购入者,以棉织品、丝织品为最巨,岁约二千余万美金也。瑞士商业勃与(兴)之故,实因瑞之工艺品制作精良,为世人所推许也。瑞士人口约三百五十五万九千,币制采用复本位,度量则用迈当制。瑞士无纯粹之国语,近法者则操法语,近德者则操德语,南部近意,复操意语。商人则操英语,以英美人游瑞者甚众,贸易亦盛也。建国如是之久,而无统一之国语,甚可惜也。学制极完备,有大学五:一在伯尔尼,一在苏黎世,一在给尼发,一在卢桑,一在法利堡。除法利堡外,皆著名大学也。又有所谓钟表专门学校者,则瑞士所独有也。瑞民以好勇著,当中古时,国内实业未兴,人民艰于获食,相率离乡四出,以应他国之征募,颇骁勇善战,甚有声于欧洲之历史。当法国革命之际,王宫之卫卒,则由瑞士募集者也。苦战不退,死伤枕藉,无幸免者。瑞人嘉其忠烈,至称为卢桑之狮,乃倩名匠薛华德沁刻石为伤狮卫盾之像,以志勿忘也。瑞士居民,都市不及乡村之盛。其可称者,仅苏黎世、给尼发、伯尔尼数城而已,然与他国繁盛之都市比较,则殊不及也。

瑞士当法国革命以前,工业尚未兴盛。然溯瑞士实业之缘起,则数世纪前已有声于当世。棉、羊毛及丝织品等业,已于十六世纪创业于伯色拉、苏黎世、圣革朗诸市。给尼发之钟表,其制作之精巧,久博世人之称誉。至一千六百八十五年,法皇路易十四罢纳斯敕令,呼革纳德教徒被逐者,多由法避地瑞士。此移居之人,强半为干练之职工,实与瑞士实业以莫大之赞助也。其后在伯色拉兴织绢制纽等制造,在圣革朗、撒立齐兴纺织业者,皆此被逐避瑞之教徒也。法革命时,瑞士工业颇为所扰。至一千七百九十八年,法人并合瑞士诸洲,称为海耳伏的克共和国。一千八百十五年,拿玻仑废,瑞士始脱法之羁绊,复独立为瑞士联邦。至一千八百四十八年,复制定新联邦宪法。当拿玻仑封锁英国,禁止大陆诸国与英国通商,瑞士工业原料,多来自英国,贩路既绝,商业颇受摧残。至大陆封港令解时,工业消(稍)有起色。拿玻仑败亡后,瑞士未蒙战祸之影响者,殆近百年。修饬内政,奖励实业,采用自由贸易政策,废止内地通过诸税，以助其工业之发达。铁路之敷设，密布全国，输运货物于邻邦者，至称便利。其商业之繁盛，工业之精良，非幸致也。

瑞士政体为世界之最奇异者，全国由二十二小洲组合而成，最高行政团体名联邦会议，仅有会员七人。其七人之一，每年被举为瑞士联邦总统。然总统之职掌，仅为联邦会议之会长，其实权仍取决于委员会，非统于元首一人也。瑞士宪法最为世人所注意者，即瑞士人民对于各项立法问题，保存直接监督之权，即国民有立法提议权与立法决议权是也。所谓立法提议者，如有选举权之公民五万以上，欲改更宪法中各条，可请求付与人民投票公决。立法决议权者，凡所提议之宪法修正案，必付全国人民决议，如得多数州中之多数投票赞成，即可成为宪法，普通法律之变更亦然。人民之请求，亦须付人民公决，经多数投票赞成后即有效。瑞士人民实直握有立法议决之权，非如他国之悉付托于代议士也。盖疆域狭小，人民之召集甚易，教育普及，市民多能解释法理之真诠也。

（裘毓麐译，《江苏实业月志》1919 年第 6、8 期）

毛皮之产地及其用法

地球之上，各国人民，以猎兽采皮为生者，其数至夥。北美及西伯利亚二处，尤为毛皮贸易最盛之区。极北之地，产佳皮之兽愈多。猎兽采皮及毛皮贸易，实为极艰辛之事，以其地气候既严寒，且日与兽类接近，而运输又多艰困也。

俄国所产之貂，为世界极珍贵皮毛之一。凡深蓝色之佳貂，每一貂值三十磅（镑）。银色之狐，最佳者产于拉伯拉达（北美东北海股）及摩斯福（在坎拿大），近年一皮之价值，乃至二百五十磅（镑）也。狐皮之色，有蓝者、白者、灰者、红者，其类至多。落机山中产獭、香鼠、熊、鹿、貂、野猫及野牛等兽。北太平洋沿岸所产之海獭，每一皮自二十磅（镑）至八十磅（镑）不等。顾寻常棕黑色之海獭，产于坎拿大及拉布拉达者，较以上之价值则低廉多矣。海狗产于严寒之海滨者，其毛皮以柔软著，价亦较昂。大抵染以深棕色，制一妇女之短挂（褂），价已近百磅（镑）矣。

白獴产于瑞典、挪威、俄国及西伯利亚，其产于英属北美大湖之北诸地者，则由印第红人猎取之。白獴体小，全体覆以纯白之皮，惟毛端之色黑耳。白獴皮大抵供国王贵族及高等法官制袍之用，近年产额日减，而需用甚广，故价日增。制一獴皮之披肩，乃须千磅（镑）；制一外套，则其价更须十倍或二十倍于披肩矣。

灰鼠形与松鼠略同，产于南美洲之智利及秘鲁，色灰而带浅蓝，毛甚柔软。其余产毛之兽，如家兔、野兔、袋鼠、獾、海狸、香鼠、松鼠、臭兽、野猫等毛皮，则不如上述数种之珍贵矣。然以近年产皮之额日减，故价亦较前腾贵矣。

试取兽皮一方而察之，可分为二部，在下者为鞟，上者为毛。鞟稍坚硬，毛则柔软。更就近而察之，则下层为丛生之毳毛，细密而短，其上复有垂直较长之毛，所以增兽皮之美观，而皮毛之得善价者亦以此也。

毛织商取兽毛以织毡者，则先以精密之机器去其鞟，复取毛而选择之，别其精粗，织成呢毡，以供制帽之用。以海狸毛织成之毡制帽，昔曾盛行于一时。今丝帽流行最广，定价较廉。苟制毡帽，则当以廉价之毛织成，否则无以偿其成本矣。

制衣用之皮毛,其类至广,如皮服、皮披肩、皮袖笼、皮缘饰皆是也。(欧美妇女喜以珍贵之皮,饰衣四周及各垂边为美观者,其施饰之法,与前清所用白狐出风外套、洋灰鼠出风外套相同。惟西妇之皮缘边外衣,则舍四周及垂边处缀以狭皮一条,其衣之里不复缀以皮耳。)制皮之法,营此者颇秘其术,不肯告人,外人不得闻其详也。就吾人所知者言之,则先以明矾糠麸及食盐洗之,以去其油腻,次以碱及苏打洗之,以去其污秽及未净之油,亦有用牛油木屑治之,而使其皮毛更形洁泽者。

皮制之衣,能保护体热,不使外散,故为苦寒之地最适之服。欧洲北部诸国,如俄罗斯、瑞典、挪威,其人民皆服皮衣,或用毛质织成之呢毡制衣,非此不足以御严寒也。若在欧洲南部,如意大利、西班牙、葡萄牙,气候温和,固无须此曼暖之衣料也。英国无论男女,冬日多服皮衣,其用为缘饰及外饰者,亦甚繁夥也。

使用皮制之衣,当注意于潮湿及蛀虫之侵入。如着雨则须于火上烘干,惟不宜迫近火焰。(按此法英人用之,吾国令皮干之法,则未闻如此也。)春日和暖,收集皮衣,藏诸箱箧。至来冬始展用者,则藏箱之先,须细梳其毛,次裹以麻布及棕色坚厚之纸。中置樟脑一块,以防虫类之侵入焉。(按吾国藏衣之法,亦用樟脑,用小纸包土制之樟脑一二包,置于箱中,自无虫蛀之患。)

(《江苏实业月志》1919 年第 6 期)

世界著名书贾麦克密伦传

麦克密伦者,为世界著名书肆之一,总店设于伦敦。出版之书，累数万种，书目高逾三寸，竭一星期之力读之始能尽，亦可见其搜罗之宏富、营业之繁盛矣。顾余述此者，非徒因其取精而用宏也，盖以近年来吾国习英文者日众，凡高等小学以上之学生，无人不习英文，亦即无人不读麦克密伦出版之书籍。（麦克密伦出版之书，其最盛行于吾国者，如《纳斯菲尔特文法》四集，则习英文者几无不用之。）统而计之，吾国上自宏博之士，下至中小学生，读麦克密伦出版之书籍者，其数当达五百万人以上。此其影响及于吾国学术者为何如也，非如他项之输入品，其关系仅及于商业者可比也。余故略述其创业者之生平，以为吾国国人告焉。

麦克密伦书肆，为麦克密伦 Daniel Macmillan 所创设。麦克密伦，苏格兰人也。族居埃伦岛迢远之小村，世事耕作，父有子女十二人。丹纳尔·麦克密伦行十，生于一千八百十三年，生十岁而孤，此茕茕之幼童，迫于衣食，不得不出而谋生。时麦氏全家已自埃伦岛而移居于苏格兰小镇名欧文者，麦克密伦即入是镇书店为学徒，自十岁至十七，前后凡七年。此七年中学徒之生涯，实陷此孤儿于悲惨之境。盖英国当日乡村店主之苛待学徒，实无异于吾国。顾以麦氏童时当此艰阻，未始非砥砺磨砻才智之具也。麦氏之日记具载其事，麦氏之言曰："余在欧文镇书店作学徒时，余学习装订书籍及卖买出纳外，复须为我店主人饲马，涂施油漆于木板，及他种种琐碎杂役，余无不为之服劳焉。"盖店主奇异人也，终日注全力于细务，其意殆较肆中之交易尤为烦重也。当麦克密伦十八岁时，始离欧文镇，受佣于格拉斯哥（苏格兰最大都市）一书肆。麦氏幼病体弱，顾志愿奢而操作勤，转逾恒人，众咸称之。方别母而远征也，麦氏不胜悲惋，凄然语母曰："母乎，余知世上更无人复如吾母者也。"既居格拉斯哥城，麦氏嗜书之念益切，日思执业于伦敦配泰纳斯泰列屋之大书肆,以规模既宏大,而印行者复为名人著述也。至二十岁时,麦氏决意舍格〔拉〕斯哥而至伦敦。顾在配泰纳斯泰列屋之大书肆中,无一人为麦氏先容者,茫茫人海中,殊无此孤苦青年表暴之地。既患贫乏,又无援助,势且不能久候,幸得一圜桥书肆之任用,每岁给薪三十磅(镑),并供其膳宿。麦氏于是更获出版业之各种智识,且时得大学中人与之评论图书之高下焉。顾氏仍心醉伦敦书业之兴盛,未几离格拉斯哥而至伦敦,受佣于荜利德街雪莱书店者六年。当此六年中,实经无数之困难阻险,于是得虚弱之症。麦氏乃货其藏书,以偿医药之费,而进取之志,仍不少衰。至是而否极泰来,幸运之神,乃始展笑而欢迎此青年之实业家矣。

麦氏得兄亚力山大之助,思合资创一书肆于伦敦。初拟设肆于伦敦市之西端,顾以租昂,乃移长老桥街,建设之初,备尝艰苦。顾麦氏殊抱乐观,其日记曰:"余设是肆时,自信其业之必成,余知勤于耕耘者之必得其收获也。"未几营业日盛,宏博渊深之士,群集麦氏之室,而与之评论出版书籍焉。其一亟称麦氏之才曰:"余所知国内闻人,最足令余心折者二人,其一为探险家李文斯敦,其一即是肆主人麦克密伦也。"麦氏复设支店于圜桥,以其地为圜桥大学所在,多好学深思之士,于营业殊获其益也。至是麦氏之肆,复印行名著,如金丝莱氏之《西征记》及其他名人之著述焉。至一千八百五十七年,麦氏积劳致疾,乃就养于滔开海浴场者数月,疾转剧,乃回圜桥。时麦氏已移全家侨寓于圜桥,麦氏以是年殁于圜桥。麦氏一生之行谊,文学家胡斯(即著《汤勃郎就学记》者,为近世英文学中最享盛名名著之一。)评之曰:"吾人欲评麦氏,当先知麦氏为朴实笃敬之宗教家,实具世人罕能之品质,而无愧以英杰称之者也。盖自有书业以来,感人之深,令闻之广,未有如麦氏者也。麦氏出版之书,固人人知其有功于人类者也。"胡斯之言如此,亦可见麦氏之生平矣。

麦克密伦总店,设于伦敦,营业最盛,出版者悉为名人之著述,实为世界有数之巨肆也。其分店设于圜桥者,固不及伦敦之盛,然以是分店为麦氏所手创,人多以氏念及之也。当麦氏入伦敦而经营是业也,以一孤苦无依之苏格兰童子,复病羸(羸)弱,环顾世上,几无微末之凭藉。其所恃为成功之秘诀者,仅刚强不挠之精诚毅力耳。乃卒创世界著名之书肆,卓然为近世教育之助,士林称颂,至今勿衰。观麦氏之成功,知天实以无尽之宝藏畀人,惟勤奋者始得启其钥耳。人生世上,固不宜以贫贱自轻,彼自轻者,乃终困于贫贱矣。

英国工业发达小史

英国自十九世纪以来,称为世界第一工业国。吾人欲知英国工业兴盛之故,不可不知英国工业进化发达之原因及其程序,则工业史尚矣。虽然,吾人苟欲掌讨英国工业史,当知十八世纪以来,工业上种种之重要革新,实树近日工业兴盛之基。经济学家称十八世纪至十九世纪中叶为英国工业革命时代,虽然英国之工业称为革命,无宁称为发达。革命者,为急激性之变化,举往昔一切之旧制度、旧习惯而破坏之。国民既倍尝痛苦,而社会一时之秩序,或至不克维持。故工业革命之结果,因此而一新国内工业之组织者,历史上固不乏其例,亦有因之徒增纷扰,而国民生计之憔悴,反甚于昔日者。故言工业改革者,不宜轻采此急进政策也。发达者,为缓性之变化,其进步也,以渐不以骤,如草木之滋生荣长,一循天然之发达力,人不见其长大,而日新月异,不知不觉而达于繁盛,而绝无纷扰逼迫之痛苦。既可容纳一切新制度,而旧制度之优者,亦可保持而不至破坏,此发达之所以异于革命也。盖英国工业之发达,既异于德、美新造国,其改良进步之成绩,仅最近百年间之事实可述,亦异于法国经大革命破坏之后,十九世纪以前之旧制度,已荡然无复遗存。盖英国工业发达之期既长,而其变化蜕嬗之迹,多含有历史之兴味,非远溯诸上古,无以见其改革进步之次第,而非泛言现今状况者,所可穷其源委也。夫社会文明之进化,既必有其累代一贯之关系,则无论叙述社会何项之历史,决不能于彼此之间,划然有所分割。然就事实变迁之陈迹,据为区分时期之标准,以为便利编述之计,当亦识者之所许也。是编依英国工业发达之次第,区为三期:一曰胚贻(胎)时期,二曰改革时期,三曰全盛时期。第一期则自上古至近世工业改革之发动是也。第二期则为改革旧制,而一切新组合、新发明,悉为是期之产品,盖自十六世纪至十九世纪初是也。第三期则自十九世纪初至欧战前,实英国工业全盛时期也。自欧战至今日,则英人尚无专书述之者,倘一二年中得新著译之以成是编,斯则余所深愿也。

第一期　胚　胎　时　期

第一节　英国工业之起源

英国富源之启发,实由罗马人为之导线。当罗马未至英伦以前,英国工业犹在草昧时代也。罗马既克英,统治全国,教之以工艺制造之术,于是英人始知工商之利矣。罗马驻英之兵,娴于工作,技击之暇,辄助英人以利民之建筑,于是城邑河渠道路宫庙之制始备矣。英伦之著名大城市,如伦敦、如约克、如林肯、如柯谦斯泰、如谦斯泰,顾在当日,不过荒凉寥寂之小镇。自罗马兵驻防之后,始一变而为繁盛之区,则以罗马扶植卵翼之功也。至四百十年,罗马去英,英之工商业,日就衰微。群酋割据,内乱日亟,境内久为欧洲大陆诸族角逐之场。民生凋敝,国人殆无实业之可言。迨萨克逊代兴,复统于一。顾萨克逊蛮族也,习于战争而绌于生产,工业制造尤非措意。故统论萨克逊朝之工业,仅为粗劣简陋之农产品,工人离群索居,域地自足,不相往来。当时之美术、金银、刺绣诸品,则仅为僧侣所制,或由他国输入,以为神庙之供具,非民间所习之工艺焉。输出之品,以农产品、羊毛、铅锡为大宗,而英国最富之煤铁矿,则悉封闭而未开发也。居民强半以耕作为业,且可耕之地,悉为地主之产。农民受田于主,为之佣役,束缚驰骤,无所不至,所谓近世自由公民之制,在当日固未梦见也。至一千六十六年,诺尔曼公威廉 William the Conqueror 航海侵英,大败萨克逊,戮其王而代之。自是英国统属于诺尔曼 Norman 之下。盖英自勃立敦建国至是,漫漫千余年中,工业之可述者,仅此而已。

　　按英国古代之工艺,粗陋殊无足道。以与吾国三代之工业较,则不逮远甚。盖英工业改革之动机,虽较欧西诸国为先进,然发达之重要时期,则不过最近数百年间而已。盖一国实业之兴盛,必在宪政修饬、学术昌明之后。若小民憔悴于虐政之下,无以自卫其身家,学子怊于空疏之习,游谈无根,则虽日提倡实业,庸有微末成效之可睹哉。吾国三代后工业之不进者,岂国民智慧之不犹人哉,亦由政熄学废为之梗而已。

第二节　佃户以工代租之制

英国时以农立国,农夫之外,无所谓工人也。工作之事,则于农隙为之。国内之农田,分隶于村主,佃户受田于村主,则为之作工以代租,亦有略纳租金或农产品于村主者,然数甚微。以当日喀斯罕村之制言之,大抵受田十二英亩或十五英亩者,谓之半佛乾德。半佛乾德佃户应尽之义务,则当为村主耕田半英亩,收获时为村主作工三日,其余工作则随村主之令而定。应纳之租金或农产品,则每岁于密戚玛斯祭日,纳麦种二升半,十一月十二日纳租半辨士、小麦一升、燕麦四斗、母鸡三、圣诞日纳雄鸡一、母鸡二、价值二辨士之面包。如佃户酿酒,则加纳一辨士之租金。以十三世纪末之物价论之,则当日佃户所纳之租,每英亩仅值六辨士而已。(一英亩约六华亩,六辨士之值,欧战前约华币两角半,今金磅[镑]价跌,仅一角一二分而已。)盖当日之租,以工为主,佃户所纳之租金及产物,仅工作外之附丽品而已。佃户作工之制,大别为二:一为每星期定期之工,乃为村主耕获或其他农作,每星期为村主作工二日或三日,或有一定之日期也。其二为随时指定之工,佃户作工之期虽有限制,然无定期,可随地主之需要而临时指令也。佃户分二等:一等佃户受田一佛乾德(计三十英亩)、屋一所。二等佃户,受田或五英亩或十英亩、小屋一所。凡一等二等佃户,供地主工作外,咸得自由,二等佃户则于耕种租田外,复得为他人工作而受其赁金,即为后世佣工之起源。近世工人,几全属于自由赁佣之制,然在当日,则是制犹未发达,仅因二等佃户受田无几,耕作之暇,略受佣金以自给而已。又有所谓自由佃户者,则较上述二种佃户,殊得行动之自由。其对于地主之义务,除每岁纳定额之田租外,不复受地主之节制。所纳之租,或以金,或以物,岁额既规定,不能因岁之丰凶而增减也。自由佃户所受之田，得转租与他人，复得与他村调换。其对地主应服役之工作，则可纳金以为偿。是等佃户，其初为数甚鲜，仅占全国百分之四，其后则数日增。盖人人思解脱地主之束缚，而地主亦因每岁得收入整一之租，不因岁之丰歉而增减，殊获岁入上之利益也。

　　按英国古时田租，与吾国夏贡殷助之制略同。惟英国内之田，分隶于各村主，佃户则役于村主者也。吾国三代境内之田，悉属于官，民仰给于官。故受田于官，食其力而输其赋，仰视俯畜，一体同仁。受田既无多寡，而所纳之租，亦无畸轻畸重者也。古代人民之生活，悉恃耕作，农夫之外，固无所谓工人也。故受田于地主，纳其租复服其役。盖当日社会之组织，固无自由工人可赁者也。吾国三代时人民之职役，亦略同于英国当时之农夫。所谓在军旅则执干戈，兴土木则亲畚锸，调征行则负羁绁，国有兴作，必于农隙之时营之。故古昔言仁政者，必惴惴于不违农时也。当日一英亩之租，计其物价，仅值六辨士。英之一亩，其广则吾国六亩也。六辨士之值，以平均之价计之，亦仅华币两角而已。以六亩之田，纳两角之租，宁非天下之至俭者乎？虽然，非俭也，读者幸勿以今日六辨士之价值，衡当日之六辨士也。盖当时英国物价之廉，无殊吾国宋明时代之情况。当十五世纪英国之物价，每豕一头，不过四辨士，麦酒一加伦（合华量四升又八八七三六也），仅半辨士，牛肉三磅，仅一辨士。以与今日之物价较，则相差几至数十倍而未有已。以当日如是之物价，纳如是之租额，实为适当之制，固不得谓厉地主而益农夫也。近日吾国泥古浅见之士，不悟今日民生之憔悴，其原因实由于政教之不明，实业之不兴也。以为小民日用之需，价几什佰于前，岁入之资，无以自给，厉国病民，莫此为甚。意谓今日之物价，苟能复乾嘉时之旧者，则郅隆之治，熙皞之象，不难复见于今日。持此说者，其亦不思之甚矣。不知物价之日进，实与佣值之日进为比例。考英国当日劳动工人赁金，岁岁无过二磅（镑）者，若在今日，仅一星期之佣而已。吾人居今日而美古代物价之俭，设古人得闻近日工人岁入之丰，其歆美复何如也。易地而观，本无可美亦无可虞也。且物价之低廉，与民生之安乐，本为二事，不能并作一谈。设物贵则民困，物贱则民乐，诚为经济上不易之公例。顾何以吾人一考古代民间之生产，憔悴或且甚于今日，偶遭饥馑，饿莩载道，三四金之遗负，至鬻妻女以偿？田舍翁终日勤劳所得以遗子孙者，不过钱数十缗而已，而乡里群相惊美，誉为小康，使今人闻之，不几诧为蛮荒之异事哉？于以知物价之于民生，非因果递相循绎者也。余疾夫近日立论之率趋于轻易，而多失事物之真相也，故因英古时之租制而一申论之。

第三节 工会之利益

古代英国国内封建之制盛行，藩侯建国之初，国王赐以敕书，具载荣宠优异之待遇，俾其子孙得世守之勿失者也。大僧院有时受同等之敕书于国王，以示宠异。顾藩侯、僧院之敕书，数传之后，多为市镇所收买。于是古代贵族僧侣所受之特典，渐移于中流工人之手，国人顿变昔日尊崇达官鄙夷工艺之旧习。是诚足以大助工业之发达，而于英国实业史上所当特书者也。考其故，则十字军兴，英藩侯岁事战争，恒苦艰于得财以供军实，不得不求工人之资助。于是有货其敕书以易财贿者，群侯效之。自十字军后，藩侯日就衰微,而工商权利之保障日形巩固。于是继起而要求自治之权、铸币之权、集市之权,免除丁税之权、包税之权,国王以需财方殷,亦曲许之。盖十字军一役,不啻英贵族与平民消长递嬗之纽也。时工会已兴,繁盛之市,制造工人与手艺工人各有分会,若小镇市,则百工群集于一会。工会设立之广,几遍于全国之乡村。至今脑福克村 Norfolk,岿存之古屋,实为昔日工会之遗蜕。而近日工会,犹岁集会员于会中,醵饮一次,亦保留当年工会之旧俗焉。工会之组织,会员悉为工人,选出理事数人,分掌各业之事。工会之设,所以砥砺会员工作之精进,禁遏会外工人作窳恶之器以罔利,且禁夜作,恐夜间工作易流于粗陋也。定收受学徒之制,使年少者得专攻一艺,欲精美之工业无失其传也。会员不幸而罹疾病死亡者,工会酌量资助之,所以敦亲厚雍和之谊,而使会员有互相扶助之义务也。工会设立诸条之要旨,盖以保持全业之荣誉为务,而非规规于会员私人之利益也。故论英国工业之发达,工会实为之先导。盖成立既早,而组织又甚完备,英工业得较他国为先进者,其由来固已久矣。工会之源流甚长,当英王亨利第一时(一千一百年),织工已有公会。冶工公所之成立,尚在诺尔曼人侵入英伦之前。惟至亨利第二时(一千一百五十四年),工会始获实权。木工土工之会,则当英王爱德华德第三时,已分设于各村。盖英自十一世纪以来,工会既遍设于全国,工人又悉罗为会员,人数众多,蓄势自厚。至一千三百八十一年,工人首领泰来 Tyler 率众与英王抗,徒党达数万人,亦可见其势力之雄厚矣。

　　按实业幼稚之国,国内工商公会之成立,最足以辅助实业之发达,而使之易臻兴盛之域者也。作实业史者,叙述工商进步之程序,恒不惮于工商各会之制,而反复评论之,非无故也。

吾国工会之成立最早,组织亦形完备,外人论吾国实业者,尤注意于是点,且多著专书以论吾国工商各会制度者。顾何以外人之论如彼,而国人反多忽视焉? 倘取是种论著而一览焉,当亦知所失矣。

第四节　佣工之缘起

溯英国佣工之缘起,当英王亨利第三在位时,已有自由佣工之制。佃户苟岁纳定额之租金,即不复为地主作工。当是时村主日患贫窘,急于获财,乃不惜以国王所赐之敕书,与之交换,此自由佣工之制所由起也。至时疫厉行后(即一千三百八十四年英国大疫也),壮男骤减,作工者益鲜。于是地主既得租金,复欲强迫佃户作工。农民以现金代租之制,已为当时通行之惯例,相沿已久,忽迫以古代已废之苛例,群起反抗。国王阴袒地主,藉陵平民,众益愤怒,乃相结合而有泰来之叛。虽乱事未几即平,工党解散,然古代以工代租之制,久已无存,佃户之富厚者,亦且佣工以代耕作,己则坐收其所获,其地位已与地主无异。其佣于他人而事耕获者,则租地甚寡,专耕己田,不足自给,乃兼为他人耕作,期得工资以资事畜也。地主既收现金以代租,则佃户为地主作工者,必须由地主给以佣金,以酬其劳力,方得事理之平,而农夫方乐趋之也,固非可逞豪右之淫威,强迫平民以非所愿者。盖自由佣工之制其成也,渐至大疫后,则此制已确定,非国王与地主所能颠覆。至此农民乃始脱地主之羁绊,而为自由公民矣。

第五节　羊毛贸易之兴起

英国自十九世纪以来,为世界第一工业国。各种工业,以纺织业为最盛,亦英国最重要之出口商品也。顾丝棉纺织品之发达较后,实最近数百年间之新工业也。至毛织业则导源于中古,当十四世纪中,英国民间牧羊之业极盛,输出他国者,其额至巨。所征之羊毛出口税,为政府之重要收入也。自一千三百四十八年大疫后,工人骤减,而需工者甚众,求过于供,竞增佣值以罗致工人。工人既获善价,则竞弃农而就工,而田野多荒芜矣。惟辟为牧场,则茂草滋生,无事耕获,需工既少,获利又厚。且以英王爱德华弟(第)三锐意提倡毛织业,英人既受政府之鼓励,复羡他人获利之丰,故相率而群趋于畜牧之一途。有以耕田改为牧场,有耕牧并作、以其地更番替换以培地力者。自十四世纪至十五世纪,为英国牧羊业极盛时代,政府虑牧场日辟,而耕地日少也,于是英王查利第二于一千三百七十七年,定乡人不得入城之例。又于一千三百九十四年,弛谷米出口之禁,欲使谷价腾贵,农夫之岁入较丰,趋民复致力于南亩也。亨利第八复下诏劝农,凡此皆可见英当日牧羊之盛矣。顾政府虽日以重农贱牧为务,然牧羊之繁盛,实与英国工业之发达有重要之关系。而近世纺织业之独盛于三岛者,未始非导源于此日也。顾在当日则饲养之术未精,羊种之选择不严,每羊一头,仅剪毛一磅七两余。冬日闭诸室中,不使出外游牧,饲料缺乏,恒不得适量之食物。医术未明,厉疫荐至,每岁羊死者约占十分之二。又牧羊之利,悉归地主,牧人勤动终岁,无丝毫利润之可得,于是时起争扰,凡此皆古代畜牧之通弊也。

当是时毛织业最盛之地为法兰德 Flanders,英国全国出口之羊毛,十九输入法兰德之乾特 Ghent 及白罗乾斯 Bruges 二城。法罗莱汀之纺织公司,至与英国色斯德沁 Cistercian 教士订约,定购其全年所产之羊毛,以是地所产者为最优美也。因两国间贸易之繁盛,而国际之交谊亦因之密切,苟英于羊毛之供给,骤减其量,则法兰德市之工人,失业殆过半矣。而英则国家税源之收入,以羊毛出口税为大宗,战费则全取给于是。苟失欢于法兰德人,是不啻自绝其税源也。故当中古时英王苟有事征伐者,无不先与法兰德缔交,然后战费无虞匮乏,乃可获最后之胜利焉。当爱德华一世、三世,亨利五世诸王与法交战时,无不先与法兰德结约,然后始对法宣战焉,以军费既全取给于羊毛税。盖无优裕之税源,即无以组织强大之军备,而英军将无革里西与安勤考德之捷矣。至一千三百四十年,英王爱德华三世攻法,先与法兰德人订约,以法兰德为行师之根据地,分道略法边境,则亦效爱德华一世之战略焉。其后亨利五世,对法宣战之前,先与法兰德主治者勃根台公缔结同盟条约,而后出师。盖战事之利钝,全视军实之盈虚。英之战费,既全取给于羊毛税,则疆场之胜利,不啻取决于羊毛出口之盛衰。法兰德既为英羊毛之唯一销地,则英军最后之命运,不啻取决于法兰德之向背也。苟与法兰德人绝交,是不啻自绝其粮仗以取败亡也。此英与法兰德邦交之辑睦,竟与羊毛输入相终始也。故英中古之羊毛业,非特为工商业之要素,实与英之政治有密切之关系焉。

今更进论羊毛之产地及品质,其最盛者,则色斯德沁所产也。其产于拉胡斯泰、威尔德州、伊雪克斯、塞雪克斯、罕伯州、奥斯福州、圜桥及华威克州者,皆佳品也。其产于英之南境及北境者,则恶劣不足道矣。因选种与饲养法之不同,于是羊毛有四十余种之多,其价则每包自十三磅(镑)至二磅(镑)十先令不等。每包之重量,则三百六十四磅,曾经议会咨请立案,国内与出口一律也。自一千二百六十年至一千四百年,就历年羊毛之价而平均之,则每七磅之羊毛,约值二先令一辨士又四分之三。即每重一磅之价,略逾三辨士,有时或至四辨士也。据十四世纪中商业报告,就平均之数言之,羊毛每岁产额之重量,为一千一百六十四万八千磅。计其市价,则值十八万零六百八十三金磅(镑)也。

考中古时英国羊毛独盛之故,则以与法兰德只隔一海峡,运输既便,法兰德人之织料,取给于英伦,实较诸他国为有利益也。西班牙虽产羊毛,然国内纺织之业未兴,自西运至法兰德,远不如自英运至法兰德之便利,以产地与制造地之接近。故羊毛一业,在当时几为英人之专利也。且欧洲大陆诸国,时起内乱,兵燹频仍,小民不能安居以从事于生产。自十三世纪至十七世纪,西欧诸国人民不堪战祸之扰,庐舍荡然,荆杞丛生,更无牲畜之可言矣。英虽内部亦有争哄,然较诸他国,则小民殊得安生乐业也。且自十二世纪以来,上自国王,下至村夫,咸知战事一启,则国内产业首蒙其摧残,故群能竭力维持和平,以防内乱之发生。牧场既免骑士之蹂躏,而羊乃始滋乳繁殖矣。故英国羊毛业之独盛者,谓气候土味之适宜,无宁谓关于政治者多也。顾以当日羊毛贸易之盛况,虽国民生计,颇蒙其益,然以大宗纺织原料之输出,即足以征英国古代工业之不发达。近世之英国,纺织业最盛,羊毛丝棉,皆为输入之重要商品,然在当时国际贸易情形,则适与之相反。就海关表册观之,输出者悉重要之制造原料品(如羊毛),而输入者则反无一生货也。英人知其非计,乃提倡纺织以辟利源。迨国内之织业盛,而羊毛之输出日减矣。(据史学家马塞氏之记载,十四世纪中英国输出输入之货品及市值节译如下:输出羊毛计三万一千六百五十一包又二分之一,计值每包六金磅[镑]。又羊毛三千零三十六担,每担重一百二十磅[镑]。担值四十先令。羊皮六十五张,共计值二十一先令六辨士。皮革共值八十九磅[镑]五先令。布四千七百四十四匹又二分之一,每匹值四十先令。粗布八千零六十一匹又二分之一,每匹计值十六先令八辨士。共计输出之值,计二十一万二千三百三十八金磅［镑］五先令。征得之关税,则八万一千八百四十六磅［镑］十二先令二辨士也。输入之商品,计精美之织品一千八百三十一匹,每匹计值六金磅［镑］。蜡三百九十七担又四分之三,每担计值四十先令。酒一千八百二十九桶,二百五十二咖伦之液量。每桶计值四十先令。其余则麻织品绸缎及杂货。就此表观之,已可见英国当日工业之情况矣。）

第六节　毛织业之缘起

当中古时,法兰德实为欧洲纺织业之中心,其与英羊毛业之关系,既如上所述矣。然英国当时,非概不能纺织也。当荷兰人以制造雄视欧洲时,英人尚无主要工业之可言,久之始有织工。然制成之布,类皆粗劣,乡村之民,仅于农隙之时,视为家庭之工作。内地之销行虽广,顾以粗陋而无光泽,仅适于制囊囊篷帆之用。若富绅士女之衣,则悉取给于外来之精制者。当时英国织工最盛之地,实为诺福克、塞福克二区,其发源亦最早。就一千三百四十一年诺福克羊毛税之总值言之,诺福克之税额,仅亚于密德塞克斯,（以英最大都市伦敦所在,合伦敦言之,故居第一。）亦可想见其织业之盛矣。英之西部,纺织亦为重要工业。其最盛者,为西盘莱、塞庞、塞利斯盘莱三城,而挨尔塞之麻布,亦甚驰名也。

当时英之秉国政者,以英之织工瞠乎后于诸国,乃亟示鼓励之方。亨利二世令于圣伯塞罗教堂附设布品陈列所,以资织工之观摩,然效甚微。其故由于国内时起纷争,民不安乐,振兴纺织之时机固未至也。英国纺织勃兴之动机,实基于英王爱德华德第三。王与法兰德公主结婚,两国之邦交益形辑睦,复对于法兰德织工之移植英国,加意奖励。历史上之可考者,则法兰德织工有自勃兰防（一千三百三十一年）移至约克者,有自诺威区移西摩莱而创织精美之绿绒者。法兰德织工聚集之地,以诺威区为最盛。若近日最大纺织城曼却斯德,当时尚为小市,居民仅六千。最著名之工业,则织毛绒布是也。是布又名华斯德布,以织造之地在华斯德,故因以名其布焉。当时织工墨守成法,殆无新式织机之可言,内地人民制衣之需,华斯德布之用颇广,惟教士则喜用轻柔之细呢耳。

华斯德布织造之由来,与法兰德之移殖英国有何关系,则年远事湮,已无可考者矣。就英历史记载言之,一千三百十一年英政府给华斯德以纺织毛绒布之专利证书。一千三百二十一年,英王爱德华第三复以毛绒布专利证书给诺福克市。政府以民间毛绒之纺织,逐渐推广,乃于翌年复派视察员以考查诺威区及其他各城之毛织业。视察员之制,行之几二十年,至一千三百四十八年,政府因织工与商人之呈请,乃废止专利证书,裁撤视察员。至一千四百十年,诺威区市复得政府之新专利证书,视察员之制,复以诺威区商民之陈请而复。惟自是不复派专员,而以知事与市长兼任焉。

英当时朝野上下,虽竭力提倡织业,然国内织成之呢绒,粗陋殊甚,远不如外货之精美。故富绅豪右之衣料,悉取给于他国输入之精品,如细葛布则自利治及法兰德,丝织品则自意大利之热拿亚及威尼斯。虽其价倍蓰于土货,然富民咸乐购焉。故当日英国自织之呢绒,价底(低)而质粗,由他国输入之织品,价昂而质美。观于二者市价相差之巨,已可见英国织工之拙陋矣。当时英国最高之葛布,每安耳(长四十五寸)价仅八辨士四分之一,其次四辨士,又次者不过二辨士而已。寻常之毛绒布,每码价值一先令七辨士半。褐色毛绒布,每码一先令四辨士。制毡用粗毛布,每码约二辨士。其自他国输出呢绒之市价,则相差远甚。如绛色之毛绒,每码须十五先令,最粗者每码亦须自二先令至一先令一辨士也。自一千二百六十年至一千三百五十年,统计九十年中输入织品之价而平均之,高者每码三先令三辨士半,寻常呢绒每码为一先令四辨士半。自一千三百五十年至一千四百年,统计五十年中输入织品之价而平均之,高者每码三先令五辨士半,寻常呢绒则为每码一先令十一辨士又四分之一也。考英国当时之毛织业,所以不能精良之故,实由织工散居各城,无集中之市场以收比较观摩之效。且英人当日之于纺织,仅于农隙之时为之,非为资生之具也。至于丝织品,伦敦之妇女亦有于家中置手缲之机而从事纺织者,然其产额,则更微细不足道矣。

顾当时英国之织业,虽不如法兰德、意大利之精良,然自十四世纪法兰德织工移殖英国以后,英之工商界已起重大之变化,盖已自农业国而进为工业国矣。自十四世纪以前,英之输出货品,最重要者为羊毛,悉原料也。输入品则适与之相反,悉为呢纺等制造品。至是而羊毛之输出渐减,国内之纺织业日益发达,久之则输出之商品适与曩日成反比例,已易原料而为毛织品。政府定律,以禁羊毛之输出。盖至是而英国内工业之基础大定,实为近世富盛之源也。内地织业既盛,织工求过于供,竞给高价,以资罗求,工人多有弃本业而改业纺织者,于是他种工业均形衰替。至一千四百六年,亨利第四乃出令勖国人兼顾他业,勿专营纺织,亦可见英当日内地织业之繁盛矣。

至于漂捣染色之术,英人当时尚无知之者。英内地织成之呢绒,必先运至荷兰,而后施漂染焉。以是种工艺,为荷兰人之特长,英人殊无竞争之机缘。盖英国最通行之褐色与赤色,必须以茜草根为染料。(茜草蔓生,延数尺,方茎,中空有筋,外有细刺,数寸一节,每节五叶,叶长卵形,叶柄与蔓皆有刺。夏月开小白花,实黑色,如小椒大,中有细子,根紫赤色,可以染绛。)而英内地既不产此染草,捣根研细以成颜料之方法,荷人甚秘其术,不肯示人,外人不得闻其详,此其染术所以远胜英人也。至英王乾姆斯第一时,英人始知仿染,乃不更假手于荷人矣。(语详下章)

第七节 织业公所之成立

织业公所之成立,实较他种工会为最后。当十二世纪中叶,各种工艺公会大抵皆已建设,而织工公所尚无所闻。至十二世纪中,织工最盛之都市,始酿资设立公所。初为工人自由之结合,不相统属。至十四世纪,政府励行奖设工会之策,欲使全国工业各有公会。于是议会与市政厅,制定详密之工会规章,公布全国。织业最繁盛之都市,如伦敦、如诺威区,及他诸市之织工公所,次第成立。织工各以专攻之业,分别隶于各会。就其派别言之,约有五种,即织工、修工(呢绒织成后扬除面上线结者)、染工、漂工、剪工是焉。织工与修工,有时集于一会,染工、漂工亦多相结合者,惟剪工则自设一会,不与他工并焉。设立公会之要旨,所以辅助工人之艺术,增进全业公同之利益,非规规于一地一派之私利也。公所规定,凡在某地织成之呢绒,须即在其地漂染,不得移至他处,所以防攘夺之弊也。

织工公所既成立,各地织工互相连络呼应,势力渐厚。英之政权,已有自贵族渐移于中等社会之势,乃藩侯瞀昧无识,复启亘久之玫瑰战争,自相残杀,于是益为全国上下所厌弃。经此战争之结果,国内之织业,虽亦蒙其损害,而藩侯则自是陵夷不复振矣。当是时秋陀朝诸王,本有揃刈群侯之志,而中流社会之工商,潜蓄势力,进求参政,复累以资贿佐王军实,王益利赖之。上下之声气互相贯通,而藩侯愈无能为矣。凡此实为贵族与平民政权消长之枢纽,亦近世英国实业兴盛之所由来也。

(裘毓麐译,《江苏实业月志》1919 年第 7、8、9 期,第 8 期连载时,文章名亦译作《英国工商业发达小史》)

航业家喀拿特传

当十九〔世〕纪中叶,英喀拿特汽船公司有船名勃立泰尼亚 Britannia 者,横渡大西洋而至美洲。是为汽船航行远洋成功之始,实开近世物质文明之新纪元,而政治学术咸受其重要之影响也。喀拿特汽船公司者,为英人喀拿特 Samuel Cunard 所手创,后即以创办人名名其公司。当公司创立之初,汽船之构造殊简陋,不适航行远洋之用。时距汽船发明之期仅二十八载,所为世界汽船之祖克兰芸德者,仅限于美国哈德生河内之驶行。而往来欧美间之输运,仍委诸烦重之航船,汽船转退而供内地江河之运载。先喀拿特公司成立之二年(一千八百三十八年),有汽船名西利亚斯者,由伦敦航至美。又有名大西者,自勃里斯拖启行,亦卒抵美。顾当时不过艰苦卓绝之冒险家,偶为一度之探试,非能定期往还欧美间,供运输邮传之用也。汽船航行大西洋之完全告成,实自喀(喀)拿特所创之汽船公司始。当喀拿特建议之初,几堕于庸众之诽谤,佥谓以渺小粗陋之汽船,而欲横渡风涛险恶之大西洋,是直以多数人之生命,供幻想家之尝试而已。且于以铁代木造船一端,尤斥其妄,谓天下安有以铁制成之物,而能浮行海面者,虽妇孺犹知其理,以是炫人,真梦呓耳。时有学术界负重望之博士某,亦谓船中所载之煤,决不足以供长途燃烧之用。众益引博士之言以为重,而断言喀氏计画之决不能实行。迨喀拿特汽船公司之成效大著,人始訾博士之言为不智矣。

喀拿特创设汽船公司之动机,实基于海军部之通告。汽船之利,英政府亦知之,拟用以运载邮件至美国及坎拿大等处,遂由海军大臣通谕商人,招船承办。以当时往来英美间之邮件,悉由炮船递送焉。喀拿特见此通告,以时机已至,不容稍缓,乃以创设汽船公司之计画,遍告本区商人,乞其赞助。顾无应者,喀拿特乃赴伦敦。时伦敦有著名工程师兼造船家名纳披亚 Napier 者,乃喀氏之友,纳披亚时为东印度公司造汽船数艘,而喀氏则昔曾为是公司驻坎之代理人焉。喀氏既见纳披亚,具述以汽船航行远海之计画。纳披亚深韪之,乃引喀氏见勃恩斯 Burns,时英国最著名之航业家也。喀氏复至利物浦,见麦克伊佛,麦克伊佛初犹未以喀氏之言为然。经喀氏二次之陈说,麦克伊佛憬悟其益,乃由喀拿特、勃恩斯、麦克伊佛合资二十七万磅(镑),创立汽船公司,进承揽于海军部,愿为英后(时英后维多利亚在位也)递送邮件之用。初名英国皇家邮递汽船公司,以公司创立之初,固应海军部之通谕而设也。(未几改为喀拿特公司。)以每隔二星期往来于英国及北美诸地间一次,且与政府订约,以七年为期。是约由创办三人签名,且订明在此期内,国家设遇战事发生,则公司须以汽船运载将士及军械军食往北美洲属地及他诸处。第一次期满,公司收入虽巨,然受各方面之影响,殊不顺利,复订新约,乃始脱除旧时之束缚焉。

喀拿特创设汽船公司之始,即以全力注意于航海上之安全,以一船之出发,千百人之生命系焉,稍有疏虞,即无以取信于社会。喀氏以英毅宏达之资,复益以勤叩详密之心力经营是业。其造船也,悉取给于精美之材料;其任用建造匠也,则必择最有经验之良工。喀氏视事之初,即宣言决不于建造设备上节一文之费,而使全船稍形缺憾,亦决不于公司位置一滥竽之冗员,而使事务上受无形之损失焉。故喀拿特汽船公司开设以来,四十余年间,未蒙一船之损毁,此其取信于社会者为何如也。而近世造船术之改良,汽机之逐渐进步,亦悉由喀拿特公司为之先导。往来大西洋间之汽船公司,声誉之隆,以喀拿特公司为最。盖喀氏竭毕生精神以营是业,几于无一事不挟全力以赴之者也。

喀拿特公司最初航行之汽船名勃立泰尼亚,实为汽船定期航行大西洋之始。于一千八百四十年七月四日,在美洒淀泊所启行,聚而观者几千万人,群祝乘客长途之平安,以是行在当日实视为创举。以英抵美,共十四日又八小时,众咸悦其迅速,创设公司诸公,亦引以自慰。顾在当日惊为空前未有之巨舰,以视今日新式之汽船,则渺小简陋殊甚。语其载重量,则不过一千一百五十四吨;语其速力,则一小时仅八海里半。不谓数十年后,其载重则进至五万吨,则较当日增至四十余倍矣;其速力则进至每小时二十三四海里,则较当日亦几增二倍矣。其建造之艺术也,则由侧梁汽机木制之明轮,而进为螺旋推进机钢制之暗轮。至于舱室之美备,陈设之富丽,无殊王公之巨邸焉。盖陆地上人生所需之物,几无一不备于舟中,有所谓藏书楼焉、印刷所焉、音乐室焉、白石浴室焉、游步场焉。吾人食物质文明进步之赐,近日海上旅行,几忘其置身舱中,而日事漂泊者。盖所谓浮行之市、海上之宫,(此二语英人以喻新式之大汽船。)突现于近世艺术界者,则固当日喀拿特诸公始愿所不及此也。

先后于喀拿特公司竞争于海上者,初有大西汽船公司。特造较大之船,往来英美间,欲侵夺喀拿特公司在大西洋运输之利。顾累经挫折,其业遂废。大西公司曾有一汽船于一千八百四十一年四月由美赴英,中途沉没,复有一新建之铁甲大汽船,第一次开往美洲时,至哀耳兰附近海滨触礁搁浅,至翌年春,始由他船拖起出险。大西公司蒙此损失,遂无由与喀拿特竞争矣。又有美人所造汽船名华盛顿者,往来于纽约及沙罕敦间(英之海埠名),亦冀分喀拿纳(特)公司之利润也。顾华盛顿号之速力,较喀拿特公司之勃立泰尼亚号,须多二日之程,固不足为喀拿特之劲敌也。其与喀拿特公司竞争最烈,建设之初,即挟扫灭喀拿特海上航业之野心者,则美纽约商人所设哥林斯 Collins 公司是也。是公司受美政府巨额之补助金,造速力较高之汽船,以窘喀拿特。顾以喀拿特之沉毅英敏,初不以为念,更造速力增高之新船,以抗哥林斯,而舱室之美备、航程之安全,则远过之。经此竞争之结果,失败者卒为哥林斯,非喀拿特也。迨美政府补助之期满,哥林斯遂无以自立。至是而喀拿特外界之险阻,悉为其宏识毅力所战胜也。

试观喀拿特公司汽船进步之程序,即足以代表近世造船术之进步,亦喀氏一生心力之所注也。勃立泰尼亚为喀拿特最初侧梁汽机之木制明轮,长二百零七尺,阔三十四尺四寸,深二十四尺四寸,载重量一千一百五十四吨,马力七百四十,速力每小时八海里半。一千八百四十三年,又成二艘,一名阿尔兰,一名坎勃里。一千八百四十八之四艘,曰美洲号,曰欧洲号,曰坎拿大号,曰尼亚嘎亚号。一千八百五十年二艘,曰亚洲号,曰菲洲号。一千八百五十二年,成亚拉伯号,悉为木制之明轮也。喀拿特公司于一千八百五十二年议决,此后凡喀拿特所造之船,不复用木质,悉代以钢铁。后复将运动船力之侧梁明轮翼除去,而改用螺旋推进机。盖自十八世纪初汽船发明以来,至是而喀拿特乃始与以重要之革新也。一千八百五十五年波之(之波)斯号,为喀拿特最初之铁制明轮,长三百七十六尺,阔四十五尺三寸,深三十一尺六寸,载重量三千三百吨,马力四千,速力每小时十三海里又十分之八。较之喀拿特最初之船,为时仅十五载,其容量已增至三倍矣。其后如一千八百六十二年之苏格兰号,犹为铁制之明轮。而同年所造之中国号,则已改为暗轮,是为喀拿特单螺旋推进机暗轮之始。一千八百六十五年之爪哇号,一千八百六十七年之俄国号,一千八百七十四年之播希亚号、斯开尼亚号,一千八百七十九年之开利亚号,悉为铁制单螺之暗轮也。当喀拿特改造螺旋暗轮之始,已脱除旧日粗劣简陋之陈式,而采用近日崭新发明之汽机。汽船改革之计画,已略完备,朝野共庆成功。顾当此时,航业界忽发生重要之事实,则以手创世界最著名汽船公司之主人,忽于一千八百六十五年长辞人世。自一千八百四十年开设以来,喀氏宣力于公司者二十五年,喀拿特公司之宏谟,咸由氏树之基础。继喀氏者,慎守其成规,罔敢逾越。盖自汽船发明以至今日,喀拿特实为旷代未有之航业家也。迨一千八百八十一年,塞维亚号成,始改铁为纲(钢)制。一千八百九十三年开帕尼亚号成,始改单螺为双螺旋推进机,则喀氏已不及见矣。开帕尼亚号长六百尺,阔六十五尺三寸,深四十一尺六寸,载重量一万二千九百五十二吨,马力二万六千,速力每小时二十二海里,较之喀拿特最初之勃立泰尼亚号,容量已增至十倍,速力亦几增至二倍。开帕尼亚号由英至美,计程二千八百六十五哩,共行六日八小时三十四分。由美返英,计程二千八百九十九哩,仅为五日又十七小时二十七分而已。喀拿特于一千九百零一年置设无线电机于各舰,以便航海中之传信,而其营业则于北美诸地外,复开行地中海及法国各埠,已非如当年之仅限于大西洋航路矣。

(裘毓麐译,《江苏实业月志》1919 年第 7 期)

世界著名造船家赉德小传

英国近日著名造船城伯根汉德者 Birkenhead,百年前仅有茅屋数所,一满色河 Mersey 畔荒凉之小村而已。顾何以兴盛如此之速者,则以造船业发达之故,而著名造船厂赉德在焉。当一千八百二十四年,赉德造船公司购满色河左岸荒地一大片,建设造船厂。维廉赉德者 William Laird,为是厂之经理,实为创造伯根汉德造船厂及船坞之主人焉。其长子名约翰赉德者 John Laird,生于一千八百零五年,幼随其父从事于造船业。氏之勤敏,实与厂中以重大之利益,金称其能,约翰赉德乃为赉德造船厂股东之领袖焉。

约翰赉德为世界最初创议以铁代木造船之人。于一千八百二十九年,赉德造一露舱平底之小船,名曰轻艇,航行于爱尔兰诸湖及运河间,实为世界最初之铁制船焉。赉德深信铁制之船,当适于航行内地江湖之用。于一千八百三十三年,造成一铁制明轮之汽船。造成后,以船之各部,运至爱尔兰,而于德革湖上配置下水焉。新大陆最初之铁制船,亦为赉德造船厂所承造,亦为一明轮。赉德厂以是船造成之各部,运至美洲,乃复配合成船而航行焉。(是时造成之汽船,必分拆船之各部分,运至目的地,乃复配合而成船者。以当日汽船之制,轻小简陋,不适于航行远洋之用,可参观余所译航业家喀拿特传。)东方数河,水流迅急,当时尚无坚大适宜之船,以供航行急流之用,乃有创议委托赉德造船厂,代造适宜之船以应用者。赉德承造之后,成船其速,乃以船之各部分,运至叙利亚,复上陆由骆驼分载而过沙漠,而于叶发拉底河上配合成船焉。数年之后,赉德厂造成之铁制汽船,时发现于埃及之尼罗河,及印度诸河也。装炮之铁质船,亦为赉德厂所造造。最初制成之船,为东印度公司小巡船队三艘之一。试用之后,成效大著,乃复托赉德公司制较大者四艘,以供巡洋之用焉。

赉德氏之成功,实氏之勤奋有以致之。实业家所过之困难愈甚,则成功后所获之愉快亦愈多。船舶之程式及大小,经氏之擘讨而改良者甚多,其造船各部之材料,由氏改良者尤不胜枚举焉。至一千八百六十一年,赉德年五十六,以年老退职。是年,赉德造船厂获选举议员一名,为是厂之代表,氏即当选。赉德氏殁于一千八百七十四年,终其身为议员,人咸称赉德厂得人焉。

(《江苏实业月志》1919 年第 7 期)

虾蟆之生利

虾蟆之生命,自十年至四十年不等,每岁产卵千余。虾蟆能二年不食而不饥死,然不能潜居于水中为时稍久。虾蟆不食死物及不能活动之物,日捕黄蜂、黄身蚁、甲虫、蠕虫、蛛蜘(蜘蛛)、蜗牛、虰虱、蚱蜢、蟋蟀、米象(害植物之甲虫)、蠋蛾、蠹鱼等虫。虾蟆每日食四次,每次必饱餐而后已。以三阅月计之,虾蟆吞食害虫之数,当达一万。设以十虫之损害为一分计之,(即十虫加于植物之损害,为大洋一分也。)害虫万则每年损害达十元矣。虾蟆吞食之,是不啻为人类每岁搏节十元也。以吾国游民之众,分利者殆居全国国民之最多数,统人民总数平均计之,每人每岁之生产力,能达十元与否,诚不能无疑问,是人更虾蟆之不若矣。西人谓蛙属乃树艺者之良友,以有功于谷类及花果也。吾国虽有捕蛙之禁,然视为具文,无知小民仍多捕而食之者。一蛙之功用,而能每岁为人类生利十元,一盘之蛙肉不啻虚掷数百金矣。熊蹯驼白,无此糜费也。且蛙有大功于人类,而人逞一时口腹之欲,反食其肉,亦殊非仁厚平允之道也。

(《江苏实业月志》1919 年第 7 期)

荷兰之实业

荷兰之富,全恃商业,工艺殊无足道。国小地硗,天产不登,国民之富源,则全恃殖民地。殖民地之在海外者,幅员之广,六十倍于母国。荷人具经商之特资,以国内地小不足以盘旋者,咸以殖民地为角逐之场,而一试其天赋之才能也。

荷兰为世界最低衍之国,滨海之低地,其高度反出于海平线之下。设以荷人所居之地而想像之,游泳海中之鱼,或高出于市人之头上,海舶之舷,且等于荷人楼上之窗櫺。设非以今日科学之启明,交通之便利,吾人得亲见此奇境,则几疑为齐东野人之语,而以告者为虚诞矣。故荷兰原名尼泽兰 Netherland,尼泽兰者译言低地也。荷兰之语源为荷罗兰 Hollow-Land,荷罗兰者译言地中空也,地凹也,皆表其地之低衍也。荷兰之地,既低于海,荷人之大敌,实惟海患。而国防之最重要者,实为海上之长堤。筑堤之术,为荷人之特长,堤之高达六十英尺,广容二车,并驰而无击毂之虞。一堤之成,全国之生命系焉。有时堤溃,海水泛滥,坏庐舍,溺人畜,竭全国之财力以经营,堤工幸而复合,而损害已不可胜言矣。荷人本此千数百年之经验而日求精进,故荷人筑堤保堤之术,非他国人所能及也。堤以大木为基,并列二行,中实以石,外护木板,上铺泥土,偏植草木,使其根蟠结土中,不易松解,其强度足抵御潮流之冲激也。木板护以平头之钉,所以防海虫之侵蚀也。堤上置守备,置警钟,一旦有警,鸣钟报告。众咸趋集,合力卫堤,所以防守御之或疏也。风车遍置境内,引风旋机,日夜不息,所以排泄潴水,保陆地之干燥也。荷人筑堤卫堤之术,如此其美备也,宜其数百年来,绝无海堤溃决之患。近且自南海(即须德海)入口处筑塘养淡,(筑塘则潮水不至,卤地日淡,渐可种植,故名养淡,仍吾国旧名也。)以期围内之地,渐成沃土。此堤告成,则荷兰海塘之制益备矣。

荷兰东部及滨海之地,土壤肥饶,易滋五谷,然大部分患沙过重,不易耕植。新垦之地及圩田,(筑高堤以防海水侵入,而施垦植之低地,荷兰比利时多有之。)以近海故,降雨特多,草极丰盛,最宜畜牧,荷兰之重要牧场在焉。圩田昔以地势卑下,潴为泽沼,当春夏时,地气愤盈上达,淫雨泛溢,炎阳蒸之,中人膈臆,困愫忿蓄,以为厉疫。今围以长堤,沟以浍洫,污潦流尽,阡陌纵横矣。

世界产萝卜糖之国,荷兰位置第六,麦则多自他国输入,惟少数人食黑麦所制之面包耳。荷人艺花与蔬之术特优,亦荷兰农业中之重要者。花市之中心在哈莱姆 Harlem,多由是转输英伦及他国。花之最美丽者,为郁金香、风信子花、水仙、菖。欧美人一岁中购荷兰名花而移植于他国之园圃者,其值当在一百万元以上。(余旅美时,所见荷兰花最多,亦最美丽,美人亦深喜栽荷兰花也。)荷兰农业之最重要者为牧畜,以地面积比例言之,荷兰之牲畜,倍于法国。荷兰牛油酪酥之美,久为世人所称羡,产品输入英国者最多,故荷兰又称为英人之牛乳房。须德海之西,有一城市,名亚丹姆,为世界著名之乳饼制造所,千数百之牛乳房在焉。荷兰南部及东北荒芜不毛之地,则辟为牧羊场,滋乳繁盛,不下数百万头焉。

荷兰渔业,亦甚发达,蚝与鲱之产尤富。蚝则盛产于沿海沙地及内地江湖。荷兰渔人捕鱼之场域甚广,远至北海及冰岛,鲱与小鳁,巨量之岁产,悉由二处包装出售焉。

荷兰境内,无大森林,故荷兰为木材之重要输入国。岁购巨量之木材于俄罗斯及瑞典、挪威,沥青松则自美国输入。煤铁则由德沿莱因河而运入荷兰。供建筑用之石料尤缺乏,设非荷兰交通之便利,运费之低廉,则荷人将无石以供建筑之用,以荷兰境内固无是项产品也。

荷兰工业,远不如商业之发达。以荷兰乏天然之工业要素,境内无煤铁矿。煤铁二项,悉由英德输入,以供建筑铁路、制造船舶及陶冶之用。荷兰商品,大抵由农产品制成,如古揑酸酒,(西印度Curacao岛始制此酒,后即以岛名名此酒,性能健胃,以橙皮、肉桂、豆蔻花调味。)则采料于荷产之橙皮。驰名世界之荷兰杜松子酒,则以黑麦酿成,产地则在斯楷安敦 Schiedam。烟草与雪茄之制造所,为亚摩斯德登 Amsterdam 及颜特莱德 Utrecht 二城,其所用之烟叶则国内及东印度属地所产也。德尔夫德 Delft 之植物油,其制油之各种植物子,均由各国输入。毛麻棉各种织品皆备,惟产量不多耳。金刚石之琢磨,为荷人之特技,盖自中古犹太人传此术于荷兰,以荷人富于刚毅坚忍之性,故以攻金刚石术独步世界。近其业亦稍衰,以英之伦敦、法之巴黎、比之安多厄尔比竞争均甚烈也。(矿品中以金刚石为最坚,他物均不能损之。自比国玉工伯格痕发明以金刚石治金刚石之法,世人始知以金刚石切金刚石,复以金刚石粉磨之,使成三角棱形,晶莹皎洁,灿若明星,而金刚石之美益彰,乃愈为世人所珍视矣。)制砖瓦之业极盛,以国内既不产石料,建筑上之须要砖瓦者,固甚广也。德尔夫德又以产镶玻璃著,其驰名盖已远在中古时矣。昔日荷之造船及纺织业,均尝极盛一时。后以英人代兴,荷兰境内既乏煤铁矿,以天然上之限制,不能与英人竞争,乃不得不专力于牧畜及商业,刻意经营,成效荦著。以现状论之,荷兰仍不失为世界一等商业国也。

荷兰殖民地之面积,六十倍于母国,人口则七倍之。故荷兰之富源,大半恃居间商业。盖以殖民地之原料,运至荷兰,加以制造,一转移间,值增倍蓰。荷兰转运业,亦极发达。又以自他国输入之商品,运销海外各殖民地,而收其运费及赢利。故荷兰之殖民地,除接近荷兰欧西诸国外,实为荷兰商品惟一之良好顾客也。试举其例言之,苏门答腊及新几尼所产之糖、咖啡、茶、金鸡纳霜、靛青、染木、香料、树胶、锡、烟草,产额五分之四,则均先运至亚摩斯德登及鹿特丹 Rotterdam 二埠。如糖输入时则黑糖也,则在亚摩斯德登提炼之。烟则烘干之烟叶也,复由荷兰名厂卷成雪茄。金鸡纳霜则药剂师取热地常绿乔木之树皮加以泡制,乃为世人重要之药品矣。荷兰殖民地如爪哇、如苏门答腊、如新几尼,地处热带,物产丰盛。土人蒙昧无知,制造之术未明,运输之业不讲,弃货于地,不自珍惜。荷人启发提倡,不遗余力,制作搜求,以供世用。荷人固藉是致富,然使数万里外蛮岛之物品,得灿然大备于欧美市场,而世人无虞供给之缺乏者,则未始非食荷人之赐也。

荷兰输出之商品,大抵运入欧洲附近诸国。如牛油乳饼、牛羊肉、假牛油(兽脂与牛乳合制之酪),则输入英德比利时诸国。糖、烟草、诸古律、咖啡、金刚石,则为输入美国之重要商品。然糖、烟草、诸古律、咖啡,则产于苏门答腊,金刚石则来自南菲洲,皆非荷兰之土产也。故荷兰之输出商品,强半产于殖民地,惟由荷人加以工作耳。就输入方面言之,由美输入者,为麦面粉、玉蜀黍、黑麦、烟叶、油脂、咸肉、猪油、石油、木材,殆占输入总额八分之一。英、德、俄、比时利(利时)四国之输入品,则为煤、铁、木材及制造品,实占输入贸易之半。殖民地之输入品,约占输入总额八分之二而弱。其余各国,则均微细不足道矣。

荷人夙精造船之术,航业极形发达,造船遍于五洲。自十七世纪以来,受英人之逼迫,海权陵夷,航业大衰。顾以地滨北海,交通便利,荷兰各港,实欧西诸国商品出入之孔道焉。亚摩斯德登,荷兰良好之海口也。鹿特丹虽非濒海,然为全国商业最兴盛之区。德国莱因河流域各埠之商品,大抵先运至此二埠,然后由此二埠输出海外,岁额固甚巨也。由美运来之棉花谷类,海船亦必先于二埠卸货,然后再装船运往日尔曼诸城也。荷之汽船,往来于鹿特丹及南部日尔曼之间,实使南部日尔曼达法马赛运河之交通,互相连接,运输往来,益行便利也。由美装石油之大槽汽船,即沿此航线而分输于日尔曼诸城也。德国安森,(安森为德制铁业之中心,克虏伯兵工厂在焉。)所用之铁砂,凡产于西班牙瑞典者,无不先运至鹿特丹,然后上溯莱因河而至安森焉。荷之汽船,往来于鹿特丹及东部比利时诸城者,实赖麦斯河 Meuse 之交通。又有运河名萨德葛隆者,实使荷兰境内诸河,与西部比利时诸河,互相连接也。鹿特丹之交通,既全恃水道。荷与德比间之运输,亦因此连络而益形发达。亚摩斯德登河渠交错,莱因河流域之内地诸城之商品皆由此通行。瑞士环境皆山,无一海口,奥地利仅二商港,其输出之货物,悉经过荷兰,然后复在荷兰起运而输往各国也。荷兰之城邑,无不浚河穿渠,以利舟楫,水流纷错,纵横经通,往还利便,无异康庄。盖河政之修明,沟渠之繁密,世未有如荷兰者也。此所以邻近诸国,群视荷兰为商业交通之门户也。

亚摩斯德登与鹿特丹二埠,贸易最盛,实为荷兰商业之中枢。海上之贸易,二埠殆占总额十分之九。而鹿特丹之贸易岁额,又二倍于亚摩斯德登,每岁进口之船舶,合远洋内地江河计之,在鹿特丹海关登册者,岁达一千六百万吨以上,倍于法之马赛。自荷人浚治玛斯河 Maas 下流,水道深广,足容最大汽船之出入,于是自各地来之远洋汽船,得傍岸而卸货于鹿特丹之仓库。因此便利,而鹿特丹商务之兴盛,乃有一日千里之势,荷兰诸城市,均莫能与之竞矣。北海运河,于一千八百七十七年竣工,于是亚摩斯德登始为北海绝好之良港,巨舶出入,绝无阻碍,而荷人改良商港之计画,乃完全告成矣。荷兰河渠之修饬,既如上所述,且公之世人,无论何国商船,均可自由行驶,不加限制,与荷兰船舶同一待遇。是诚与商务上以绝大之便利,而使荷兰内地贸易益形繁盛者也。荷兰为自由贸易国,进口物品,强半无税,惟择数种物品,足以征得巨额之关税者,特税之以裕国用而已。荷兰内地水道之交通,既极形便利,故沿海小市之商业,无人措意,遂无贸易之可言矣。荷兰商船,不足以供运输进出各货之用,输出输入之货品,强半由英船承运。顾荷兰亦有定期往来美国、西印度诸岛、南美洲、东印度各埠之汽船,然地广船小,求仍远过于供也。

荷兰地势平坦,无崇山峻岭为之阻隔,故铁路之建筑最易,虽河流纷错,须多建桥梁以通列车,然仍无妨工程上之便利也。荷兰国内水道之交通,既极形便利,货物往来,悉以舟运。故国内贸易之与铁路,关系不甚重要,其情形与各国之铁路迥异。盖荷兰之铁路,其用以运载货品者,其额远过于运载国内货品也。凡由英运入中欧诸国之货品,悉由荷兰上陆,复由荷兰火车载往各地也。雪尔代河上之法莱新,及近鹿特丹之霍克,二城均为铁路起运之区,实为联络英德间贸易之枢纽也。

荷兰工业虽不及比利时之盛,然与他国贸易之额,实倍于比。荷人富于刚健精锐之性,经商是其特长。故虽壤土褊小,矿产缺乏,天然之富源至觳,仍不失为世界重要工业国也。就荷兰全国土地而分计之,耕地占百分之二十七零七,牧场占百分之三十四零七,森林占百分之六零九,荒地占百分之三十零七。更就最近二十年之国际贸易言之,自一千八百八十二年至一千八百八十六年,输入总额为四万万四千八百五十万元,(此所谓元者,皆以美金计算,余所据之书,据美人所著,故以美金计算。)输出额为三万万四千二百五十万元。自一千八百九十二年至一千八百九十六年,输入总额为六万万零二百五十万元,输出总额为四万万九千万元。一年(千)九百零一年之输入总额为八万万一千五百四十万元,输出总额为六万万九千五百八十万元。一千九百零二年之输入总额为八万万六千七百三十万元,输出总额为七万万三千二百九十万元。一千九百零八年之输入总额为十一万万二千九百五十万元,输出总额为八万万七千二百九十万元。此近二十年之大较也。欧战期内,商情变迁靡定,无精确之年报可资考证。就欧战前贸易情形言之,与荷兰贸易最盛者,实为英、德、美、俄、比五国。凡自英输入荷者约一万万一千七百七十万元,自荷输入英者约一万万九千零五十万元。自德输入荷者约二万万七千七百八十万元,自荷输入德者约四万三千二百八十万元。自美输入荷者约一万万二千九百五十万元,自荷输入美者约八千一百二十万元。自俄输入荷者约一万万一千万元,自荷输入俄者约五百六十万元。自比输入荷者约一万万零八百三十万元,自荷输入比者约一万万一千二百二十万元。荷兰与东印度殖民地之贸易亦盛,输入额约一万万六千二百十万元,输出额约三千五百六十万元。荷兰对外贸易之全额,略尽于此。其余诸国之贸易,均微细不足道,故不复列入焉。

荷兰人口,约六百万,币制采用金本位,通行之银币名葛尔敦Gulden,度量则用迈当制。荷兰教育之制极完备,父母之督责子女也以义方,不以姑息为爱,学术精进,教育普及。荷人性好洁,晨起洒扫园庭,谨密周详,虽罅隙之中,亦不稍遗,室内纤尘不染,明净如镜,亦荷兰家庭之特色也。(据德人某氏之调查,世界各国国民,以好洁著者,荷兰人第一,日本人次之。吾国人见欧美人家庭,大抵清洁,遂认皙种人无一不好洁者,实谬见也。皙种人中如伊大利、奥地利、俄罗斯人,并不十分好洁,而葡萄牙人之污秽更无论矣。凡辟好辟恶之见,恒易致误也。)荷兰风车之制,最为世人所注意。以利用风力代蒸汽力以兴各种工作,世未有如荷兰者也。荷兰地势平坦,无崇山峻岭为之阻隔,自北海吹来之信风,径达国内,风车即藉此风力鼓励其翼,工作昼夜不息也。荷兰殖民地在亚洲者,为爪哇、苏门答腊、婆罗洲、西利伯岛(婆罗之东)及邻近诸小岛。在美洲者,为圭阿那(在南美洲,全部分属英、法、荷三国,农业多甘蔗、可可乳树、赤色胡椒,富金矿,内部高地,森林茂密。)及西印度数小岛。在澳洲者则几内亚之大部分。荷兰重要之殖民地,略尽于此矣。当十七世纪之中叶,实为荷兰商业全盛时代,属地遍于五洲。荷人表率全欧,操纵世界商业之霸权,他国望风莫及,可谓极一时之盛矣。其衰也,则由于英人之侵略。英国自爱弗莱德大王以来，咸注意于航海之奖励，英人刚毅坚忍，富于冒险性，习于航海，又与荷兰国民之性质相似。英荷角逐于海上，其不能免于战斗者势也。卒至英胜而荷败，英遂称海上之王，而荷兰商业，乃几一蹶不振矣。英自克林威尔执政后，颁布《航海条例》以困荷人，于是荷之航业，悉为摧残。继又发布《渔业法》，而荷之渔业，亦蒙损害。盖此项条例之规定，实不啻因荷人而发。荷人不堪其虐，起而抗议，久不得要领，两国乃以军舰相见于海上。荷人败绩，英夺其巴西及非洲近海之数岛屿。自此战后，荷人在西印度之势力顿衰，然仍握东印度商业之霸权。一千六百六十五年，复与英战，荷仍不敌。继复与法人失和，乃缔结《立斯威克条约》。经此战后，国力浸衰矣。美叛英独立，荷人助之，英乃于海上要击荷兰商船，以为报复，荷损失甚巨，航业遂衰。拿破仑之役，荷人附法，英人怒夺其殖民地，复破坏其东印度公司。盖自克林威尔以来，荷商业受英人之摧残者，盖已百数十年矣。自一千八百三十年，荷与比分立以来，荷人励精图治，休息百年，稍复旧观。然以视十七世纪之鸿图伟业，属地遍于五洲，商船横行海上，踔班葡而陵英法，抚今思昔，当不胜世事沧桑之感，而叹盈虚消长之迭相倚伏也。

（裘毓麐译，《江苏实业月志》1919 年第 9 期）

航海家麦哲伦传

当十六世纪初，以扁舟绕地球一周，凌惊浪骇水，冒万死而不顾，浮海三年，捐躯蛮瘴之乡，而卒开通太平洋航路，为东西球发见交通之孔道者，则麦哲伦 Ferdinand Magellan 其人也。麦哲伦者，葡萄牙贵族,生于一千四百七十年,沉勇有大志。当是时哥伦布已发见美洲,欧西诸国,竞奖航业,开拓新地,以增富殖。顾自欧航海至美者,既抵新大陆,则南北美绵亘数万里,卒无由寻获东航印度之道。自美洲发见后,扰扰百年中,欧洲诸航海家,不过步哥伦布之后尘,竞事美洲沿革之开拓启发,竟无一人焉穷美洲之南端,觅一新航线,沟通两半球之交通,而于哥伦布外别有建树者。故论麦氏之功绩,较之哥伦布之发见美洲,殆无愧色,论其事业之艰苦卓绝,则远过之。盖计其时则漂泊海上者三载,计其航程,则自欧西而至亚洲之南洋,几十倍于哥伦布矣。麦哲伦初以自欧西航者,群至美洲而返,麦氏独以为苟穷其南,则必有海峡以通航线,当能达东方之印度,立志欲绕地球一周,以究其穷。初以说葡萄牙王,乞其资助,王不纳。乃适西班牙,西班牙王悦其说,给以船五艘。麦哲伦乃于一千五百十九年九月二十出发,先至开南莱岛,至塞拉勒窝内(非洲西方小国,现属英),无风不能进行,三星期只行九哩。继遇飓风,舟几覆,船役大恐,群情汹涌,咸咎麦哲伦躁竞轻进,置众于危地,乃群起反抗。麦哲伦立定其乱,而械絷其主谋者数人。

于是麦哲伦复率众前进,至巴西东岸(近潘南白哥),乃折而南行。至伯泰可尼亚,则行愈南,气候愈寒,麦哲伦乃不得不停船港内,以待来春,复行进发。麦哲伦避寒于圣乾林港,以其地产鱼甚富,土人与麦哲伦友善,时得其援助也。麦哲伦谓伯泰可尼亚土人体格高大,视之甚壮伟,披长发,衣饰甚鲜,时袒裼裸居,盖一未开化之蛮族也。

至春,麦哲伦复率众行。顾艰苦殊甚,既缺饮料,复乏糇粮,风涛险恶,严寒砭人。船役以是行必无成,不信麦哲伦所谓极南必得海峡以通东航之道,于是环求麦哲伦,欲折棹西返。顾以麦哲伦之坚贞勇猛,宁因此艰辛而堕其初志者?乃正色告船役曰:"余受王命而出国门时,固以开通东行之航路自任。今无功而返,人其谓我何?此行苟非发见孔道者,余誓不复履故土也。"众知麦哲伦非可以口舌争,乃相率而为二次之暴动。麦哲伦率忠勇之船役,与叛徒苦战一昼夜,卒镇平之,诛其一人,械絷二人之手足。麦哲伦令弃之岸上,乃复扬帆而南。

　　舟益南行约二月,时已初夏,气候温和,顾波涛殊恶,时虞覆楫。未几,乃忽发见一海峡,众知麦哲伦必将鼓棹入海峡,以遂其东行之初志,则去国愈远,将不知何日得返故乡,且舟中食料益形缺乏,势将无以善其后,佥谓麦哲伦曰:"吾侪行役经年,既得海峡,亦可归矣。舟中所具之粮,宁足资吾人长途之供给耶?"麦哲伦毅然谓船役曰:"余虽饥至食帆桁之革,余仍当东行也。"于是舟入新发见之海峡,两岸皆高山,山巅积雪,经年不消,映入水际,景极幽冷。峡中水道,时豁然开朗如海湾,时复狭如支港。当麦哲伦航行海峡时,中有一舰,瞰麦哲伦之不备,急遁归国。是舰之管带,久不慊于麦哲伦之所为,观隙而动,故有是举。麦哲伦恐误其东行之日程,戒其众勿追,舟行五星期,始出海峡,则已别有一大洋,水波不惊,迥异大西洋之风涛险恶。麦哲伦喜极而泣,名其洋曰太平洋,以其平静易航也。

　　于是麦哲伦折棹而北,舟行温带中,风和浪静,景物甚丽。顾穷数月之力,未见片土,舟子大失望,以为是洋殆无际涯,将无复得陆地之望矣。舟中所具之淡水与粮已略尽,众多饿不能兴。曩者麦哲伦饥食帆革之预言,至是而实行之期至矣。船役乃割帆桁之革,渍水令柔,而后蒸食之。

　　全舟之人，久困饥饿，憔悴殆无人色，日夜伫立舟上，以望陆地。久之则一岛蜿蜒，已在目前，即莱特伦岛也，又名盗岛。麦哲伦命舟子登陆，采购鱼肉果蔬之类，以供舟行之需，乃复扬帆而东，既抵菲列宾岛。麦哲伦知至此则距印度已不远，若继续东行，终必能绕地球一周而归故国。顾当群情欢忭之际，而此空前之航海家，忽殒身于菲列宾蛮族之手，大功垂成，赍恨九原，哀哉！当麦哲伦率其徒众，登岸略地，土人起与之抗。战方殷，麦哲伦见一人被土人环攻方急，欲掩护之。土人忽以矛猛刺麦哲伦，创甚，仆地遂死。众见麦哲伦既死，乃复登舟前进。麦哲伦统率之五艘中，有一舰名得胜号者，承麦哲伦之志，继续东行，历经南洋、印度洋，绕好望角而至西班牙。时实一千五百二十二年九月六日，距麦哲伦出发之期，则为时已三年。舟中之人，经此长期冻馁流亡之余，生还者仅十八人，然已奄奄与鬼为邻矣。自麦哲伦绕行地球一周之消息传布大陆后，欧西诸国大震动，众咸嘉麦哲伦之成功，而悲其赍志以死于数万里外之荒岛，乃以麦哲伦发见美洲南端之海峡，曰麦哲伦海峡，以志不忘。欧人以麦哲伦是行所得之经历，于是知地圆之说，已确定无复疑义。且知南美洲系大陆，非群岛，其南端有海峡可过东航亚洲之道，由美航海前进者，当由南不当由北，（时欧洲航海家，群思于美洲北端觅东航之路，故遭失败。）实与欧人以精确之经验，而启欧亚交通之孔道也。盖自科仑布发见新大陆后百年中，近世史重要之事实，未有过于是者。而麦哲伦之勇猛坚贞，卓然有以战胜外界之险阻艰辛，而卒抵成功者，亦从来航海家所未有也。

（裘毓麐译，《江苏实业月志》1919 年第 9 期）

英国电学专家葛尔文传

自十九世纪末至二十世纪初，人类对于电力之使用，其进步之神速，实有出于吾人想像之外者。欧美绩学之士，对于电学之发明进步，咸有供献，其精思毅力，卓然为近世艺术界开一新纪元者，亦既为吾人所共钦矣。而英国之电学家，则必以勋爵葛尔文 Lord Kelvin 为巨擘也。葛氏以毕生之精力，掔讨电学，关于电学之机械，发明至夥，民到于今食其赐也。

勋爵葛尔文，原名威廉孚姆生 William Thomsom，生于一千八百二十四年。其地则勃尔发斯脱也，其文学极宏博，所以涵育薰陶葛氏者，自幼时而已树之基础。故氏好学之癖，自孩提时无殊成人，尤嗜机械学，必深思而推求其原理及制作方法。而化学与电学之试验，终身乐此不倦，实为氏他日成功之母，亦即氏毕生心力之所注焉。

葛氏求学之法，以为凡物咸宜穷其理，而一以己亲所试验而得者为据，非可尽信书也。葛氏既注重试验，终日穷目与手之力以事钻研，遂养成勤奋精确之习惯。凡寻常之事物，他童视为无足措意者，而氏必穷研其理。每有所获，则欣然忘饥，视为人生之至乐。氏以好学之癖，每为他童所轻侮，而氏则不顾也。

葛氏十岁时，入格兰斯哥大学肄业，实为全校最幼之学生。其父适任是校数学教员，氏得贤父之训导，进步益速。氏又勤学，凡物必以穷理为依归，力求贯澈而后已。至于学校试验时列分之高下，氏转淡漠视之，以求学之目的为己，非眩人也。十七岁入剑桥大学，专攻理科四年。氏以勤学之结果，已渐有声于理科，且时得学校高等荣誉奖章。顾氏虽叩学,然绝不轻忽体育之锻炼,日从事于户外之运动,以期调和其身心,尤嗜荡舟及音乐,故体育之修养,随学识之进步而益发达,实一活泼勤奋之青年也。既冠,声名藉甚,以巴黎大学之理科甚有声于当世,乃往巴黎就学。至一千八百四十六年,葛尔文已为当时有数之理学家,乃选充葛兰斯哥大学教授。葛氏终身任此席,实逾五十余年之久也。

葛氏自巴黎归,知理科全重实验。迨回苏格兰任大学教员,乃以全力提倡大学及专门学校,遍设实验室。若在今日各国专门学校,苟无实验室,即无以副专门之名,然在当日英伦之实验室,则固为葛氏所手创,以供学子之实地练习者也。葛氏钻穴寝馈于科学者逾六十年,赫然为电学界之明星。举凡学术上难解之问题,咸就正于葛氏,求其注释,取决于氏之一言。葛氏复创造科学上种种器械,以供世人之应用,一洗从前学子空疏之弊。盖氏实能运用其湛深之学理,以资其崭新之发明也。

当是时英国建设大西洋电线,顾电流力弱,恒虞中断,表记复模糊不易辨,不适实用。当局者思革新之而未得其术,乃请葛氏出而赞助。一经氏之改造,别创新机,于是旧机窒碍缺弱之点咸去,表记明晰,电力充足,各国群起而建置海底电线,大为近世交通之助焉。葛氏创造之新器械,种类甚多,其最有益于世者,现今航海所用之罗盘针,则经氏改良者也。海舶上所用之测水器(即舟行时用以测海水之深浅者),及各国实验室所用之电流量力器,均为氏一生重要之发明也。葛氏功在学术,既为世人所共钦。一千八百六十六年,英王锡以勋爵士之称号。至一千八百九十二年,葛氏列爵五等,于是世人咸称为勋爵葛尔文矣。氏生平所得学位勋章綦多,皆各国政府及大学或学会所颁赠,以葛氏所发明之新器机、新学理，世人咸受其赐也。葛氏年益高，望益重，虽极人间之尊荣，然深自谦抑，接人以和。凡友葛氏者，咸敬爱之，久而不衰。葛氏卒于一千九百零七年十二月十七日，年八十四。综葛氏一生之事实，实予青年以良好之模范。吾人立身励志，当具有坚贞永固之精神，凡阻碍挫折种种令人失望之事，咸宜忍受之以求最后之制胜，非可安坐而致者也。豪杰之士，克受大任者，其必于艰辛困衡之余而后有所获也。

（裘毓麐译，《江苏实业月志》1920 年第 10 期）

英国毛织业专家束尔德传

余述束尔德传，而知闾巷之人，欲砥行立名，而能致身于青云者，其初当有明达宏远之识，中有勇猛精进之心，末有坚贞永固之力，三德具则其人固未有长于贫贱者也。束尔德 Titus Salt 生于一千八百零三年，摩莱村中一朽旧之小屋，实束尔德之产地也。摩莱村距勃兰特福约七英里，隶约克州之西里汀镇。束尔德年十七，习羊毛业于威克菲特，继至勃兰特福，习拣毛业者二年。至一千八百二十二年，助其父经营商业，乃始为羊毛商矣。未几业日盛，束尔德赞之力实多。束氏乃思别创新猷，以启发英人之职业。于是购入大宗之唐思歌羊毛，以供纺织之原料。唐思歌羊者，产于俄国东南磨河畔之牧场，骤视之质甚粗且多油腻，毛互相缠绕，不易分析，人多以此弃之，然细韧而发光泽，是其特长。束尔德考察而得其故，思利用之，乃设一厂，配置特适纺织唐思歌毛之机器，从事纺织。先成毛线，继制呢绒，未几成效大著，营业日形发达，至是而束尔德已为五纺织厂之主人矣。

束尔德之功在实业,卓然为近世毛织商之巨擘者,则为改良安尔拍加驼羊之纺织是也。安尔拍加,产于秘鲁及智〔利〕之深山中,盖驼族也,毛直而韧,洁泽发丝光,实胜于英内地所产之羊毛。美洲红夷以之织毡及外衣,颇为世人所珍视。当十九世纪初,英人亦有试为之者,以成本过昂,仅视为装饰品而已。一日束尔德经利物浦之货栈,见尘土胃积之驼羊毛数包,盖堆置栈中已久,无人过问,几视同废物矣。束尔德取少许置行箧中,携至勃兰特福寓所,涤之梳之,一经束氏之考察,见驼羊之毛,细长而柔,润泽有光,以之制轻簿(薄)柔滑之呢,实为最适合之原料。束氏以人弃我取,正奇货可居,乃欣然而有纺织驼羊毛之新计画。以其利益向友人陈说,众咸嗤其妄,以为氏虚縻精神于污秽之废物,事必无济,群阻其进行,其父亦戒氏勿作无益之举。氏日处众咻之中,勇猛精进之心,曾不因之少衰。尝贻书其友曰:“余今日竭余力以从事于驼羊毛,余诚不知他日为人或为鼠也。”(言新计画如遭失败,则无以自立于世,当如鼠之昼伏也。)则氏当日亦不胜其戒慎恐惧也。顾以氏悉心掔讨之结果,织成之呢,轻簿(薄)柔滑,大为世人所称许,而其原料则即当日人所共视为废物之驼羊毛也。于是束氏尽购货栈堆置之驼羊毛三百包,每磅给价八辨士,而日从事于改良驼羊之纺织矣。(驼羊毛织成之呢,最适于制妇女披肩、衣里、暑衣及日伞之用,以其质柔而轻也。)

束尔德对于驼羊毛之试验虽告成功,然苟纯以驼羊毛织成呢绒,则成本过昂,仍无由竞销于市场。束尔德乃以寻常羊毛为经线合驼羊毛错综织成,顾累试无效。于是改用棉纱为经线,织成之呢,成本大减,始合市场之销路,且坚韧耐久,远胜于丝织品,而光泽则固无异于绸绫也,于是驼羊毛始为英国重要织品矣。束尔德之新计画,乃完全成功,未几效者踵起。三年之间,自南美洲输入英国之驼羊毛,实达二百万磅以上也。

束尔德对于唐思歌及驼羊之试验,既先后告成。至是束尔德复为英纺织界创一新料,其料维何? 即摩海亚羊毛是也。摩海亚羊产于小亚细亚之内地,毛细长而富丝光,英国精细之呢,多取给于是。英国自十四世纪仿制毛织品以来,久为英人重要之工业。然当时纺织之原料,悉取给于英内地所产之羊毛,若唐思歌也、驼羊也。摩海亚也,英人初无注意及之者,一经束尔德之推求,无不成效卓著。人以是服其才智,而氏亦遂赫然为近世工商界之伟人矣。

束尔德以窭人而致巨富,顾世人之称之者,非美其能致身于富厚也,美束氏之能善用其富也。束氏创建一大工厂于撒尔泰亚,距勃兰特福约三英里,地极清旷,适于卫生,共占地五十英亩,阅二十年而始竣。建筑之开始,为一千八百五十一年,实成于一千八百七十一年也。厂屋面积,约十二英亩,有楼六层,厂屋外束氏更筑工人住屋、教堂、学校、传习所、病院、浴室、洗衣室、济贫院,凡为工人谋安乐及幸福者,咸悉心为之擘画。所以使工人于工昨(作)时,乐尽其力,则厂主与工人交蒙其益,其宏识雅量,固非浅见嗜利之资本家所能及也。束氏既拥厚赀,晚岁尤致力于宗教及慈善事业,常捐巨款以助其成,统计其数,不下三百万元。英王锡爵以酬其功,法皇拿破仑三世给以法国尊荣之勋位。(即拿破仑一世所创立之尊荣勋位,以赏功臣者。)其他政府及团体颁赠之荣誉奖章,多至不可胜计也。束氏曾任勃兰特福市长,继被选为国会议员,殁于一千八百七拾六年,年七十四。束氏所居之勃兰特福村,居民称氏功德,至今不衰,复醵资为氏建铜像于利斯泰公园,以志其惠。若束氏者,既享大年,复极人间之富厚尊荣,殆天之所以施报善人者欤。

（裘毓麐译,《江苏实业月志》1920 年第 10 期）

雕刻家楷纳佛之幼时

　　当十八世纪中叶,意大利有一童子名安陀尼阿楷纳佛者Antonio Canova,父早死,依祖父而居。祖父业石器雕刻,顾贫甚。楷氏幼时体颇赢弱,不胜工作,顾亦不喜与他童游,惟日随祖父致雕刻所。当老人工作方勤时,楷纳佛则取斧凿戏其旁,有时取粘土捏成人物形,或凿石为偶像。祖父见其所作,喜其慧,亟称之曰:"童子,他日必成一名雕刻家也。"其祖母尤爱楷纳佛,每至日暮,见楷纳佛自雕刻所回,必笑问曰:"吾家之青年雕刻家乎? 汝今日作何事也?"楷纳佛祖母以其孙秉质之美,欲涵育熏陶之,以底大成,时抱孙坐膝上,语以故事,或诵古诗以诏之。楷纳佛既聆祖母训,必于次日奏刀试石,而勒其故事于石上焉。

　　时有富人名康脱者,与楷纳佛比邻而居,时设盛宴,以飨（飨）宾客。楷氏祖父恒助其庖人治馔,以老人于雕刻外,复擅烹饪术焉。一日富人复张宴,老人趋往襄助,楷纳佛随至康氏厨。顾以年稚不能胜割烹事,则洗涤杯盘,以助祖父,然敏于事,人咸喜之。餐时已近,忽闻巨物破碎之声自餐室出,一仆疾驰而至,战栗几无人色,震颤而言曰:"今且奈何,今且奈何,余碎餐室桌上之白石像,今日席上之陈设,固不能缺此石像,主人必怒责我矣。"群仆咸惊遽失措,以石像既破,仓卒间又不能得适当之陈设品,则是宴殊失美观,主人必将因之而愤怒矣。楷纳佛闻诸仆语,乃弃其所洗涤之杯盘,进而问曰:"设今复能得一像者,则如何?"仆答曰:"设能得一程式同一之像,则于今日筵席之陈设,固无害也。"楷纳佛答曰:"然则我将试为之,或可望其成也。"仆笑曰:"妄哉童子,若何人,乃谓能成一石像于一时中耶?"楷纳佛答曰:"吾乃楷纳佛也。"他仆进曰:"曷令此童子试为之。"是仆盖夙知楷纳佛技者,而此时碎像之仆,既聆其侣之劝,又自思舍此外亦无术可施补救,于是请楷纳佛试其技。时桌上有牛油一巨块,新自乳场购来者,楷纳佛取厨刀刻之,仅数分钟,已成一伏狮之形。群仆环观之,呼曰:"美乎此型,胜已碎之像多矣。"既成,碎石像之仆言曰:"今日之事,实有出我想像之外者,我不意一童子而竟能此。"

未几,主人与众客相将入餐室,其最先令人注目者,即此桌上之黄色伏狮雕像是也。群惊呼曰:"美哉技乎!何人为之,而克至此?其殆今日艺术界之最负盛名者乎?顾斯人怀此技,而乃轻施雕刻于牛油上何也。"继而询主人以作者之姓名,康特不知,乃呼仆长入室问之。仆答曰:"此乃一童子于一小时前在厨中为之。"主人及众客惊讶愈甚,康脱命仆呼此童子入餐室。楷纳佛既入,康特语之曰:"童子乎,汝技至此,足以骄艺术家矣。汝何名,谁教汝成此绝技者?"童子答曰:"我名楷纳佛,吾无师承,吾祖父乃一雕石匠也。"诸客环楷纳佛而立,中有数人,夙有声于艺术界者,深羡楷纳佛之幼慧,欲赞之而莫知为词。继而入席进食,诸客咸欲与楷纳佛同食,藉以表其钦佩之意。盖是日之宴,不啻为庆祝楷纳佛之荣誉焉。次日,康脱命馆楷纳佛于家,而延国中最著名之艺术家教之雕刻白石,不数年楷纳佛遂为世界最著名雕刻家之一矣。

意大利绘画雕刻为泰西诸国之冠,他国技士有志深造者,咸往习也。而白石(亦可译为大理石,惟质较大理石纯洁耳。)雕刻人物,又为意人独擅优美之品。石质澄莹洁白,曲肖美人肌肤,雕工又悉按生理上筋肉发达之理,修短肥瘦,俱合美人程格。(雕刻人物均有,惟美人石像为尤多。)骨肉停匀,颦笑咸宜,体态意貌,栩栩如生,游意大利者必购一二具以为记念,或以赠亲友焉。西国绅富室中,必置数具,以为陈列之品,似缺之不足以为美观者。近日欧风东渐,吾国士夫亦有以石像与屏镜并列者,似与西人有同嗜矣。而此石像雕刻泰斗楷纳佛之历史,当亦为吾国人所乐闻者乎。

(裴毓麐译,《江苏实业月志》1920 年第 11 期)

墨西哥之实业

余述欧美诸国之实业以供诸实业界,乃后英、法、德、意等实业最兴盛之国,而先述瑞士、荷兰,复述墨西哥。有疑其轻重倒置者,谓荷兰、瑞士,国小地硗,天赋之富源至觳,其商业工艺之繁盛,较诸英、法诸国,腔(瞠)乎后矣。墨西哥政教不修,内乱时起,民生憔悴,实业凋零,更无述之之必要。答之曰:全述欧美各国实业,后英、法、德、意而先述瑞、荷、墨诸国者,则亦有故焉。英、法、德、意,自大战后经济上经剧烈之变动,苟非取最近之著述译之,则殊不足以见其实业之真相,而转遗明日黄花之诮。关于最近欧洲诸国实业调查,余屡询诸欧美书贾,至今尚无专书,故欲述英、法、德、意之实业,当俟诸异日。瑞西(士)、荷兰,国小地硗,幅员之广袤,或仅及吾国百分之一二,又受地利上种种之限制,较诸吾国物产之富铙(饶),矿藏之宏富,不可以道里计。而荷、瑞二国国民,奋其勤敏强毅之特性，足以人力弥补天然之缺憾，而仍卓然为近世一等工业国或商业国者。述瑞、荷二国实业之兴盛，所以愧吾国民也。墨西哥内政不修，时起纷扰，枭黠之徒，争夺政权，时相残杀，兵燹频仍，流亡载道。墨民惴惴然日虞生命财产之不保，小民黠惰腆鲜，苟安旦夕而已。其立国之制，托名共和，而暴徒时逞阴谋武力，以摇动国本，残贼人民，其情形正与吾国改革后略同。述墨西哥实业之衰废，欲吾国民知内乱之最足以摧残实业，而知所警戒也。吾国货币，向用银两，自墨西哥银元输入，东南各商埠与西班牙人贸易最繁，输入墨币，积久充斥市场，遂视为一种通用之银币。于是吾国市场通用货币，遂有银两、银圆二种。而此后吾国自铸银圆，其重量必规定七钱二分者，亦已（以）墨西哥银币，市场流行已久，一旦骤改其重量，必不能得多数商民之信用，将有窒滞之虞，遂使吾国国币，反改从墨西哥银币之重量也。故论现今之国际贸易，墨西哥之关系于吾国者殊鲜，而论历史上经济上之经过，墨西哥之于吾国，固有较重较古之关系也。故墨西哥之实业，当为吾国民所乐于掔讨者焉。（当明季，墨西哥为西班牙重要殖民地，西班牙复于一千五百六十五年略取菲律滨，以为墨西哥殖民地之附庸。凡菲律滨行政补助费及商品代价，悉取诸墨西哥，岁额二百五十万圆。以故墨西哥银币充溢菲律滨，复经南洋商人之手以输入中国，此墨西哥银币所以充斥于中国各地也。）

　　墨西哥境内，高原与低地之距离，相差远甚，气候之寒燠，亦至不齐。故虽地近赤道，实并具寒、温、热三带之气候也。墨西哥全境皆近赤道，南北气候固无大殊，而因境内多高原，高地空气之凛冽，固大异于低地之温和。故言墨西哥之气候，当与他国异。盖以高原与低地纵立之高下为区别，非如他国以南北距离之平面纬度为区别也。境内既具三带之气候，故三带之植物，亦杂生其间。如棉花、桃心木、苏木及热带果木，则生长于低温之热地。离海面三千尺至六千尺之地，气候适与温带齐，其植物与意大利南部略同，如玉蜀黍、豆、烟叶、谷类。又有一种仙人掌，草上生寄生虫，名阿兰密，采之可制深红色。六千尺以上之高原，气候甚寒，万山环绕，海湾之热空气为群山所阻，不易传达，植物不过小麦、大麦、苹果及他寒带之植物。或辟为牧场，以饲牲畜，然此高原中之深谷，则因高下悬殊之故，气候亦因之而异。凡热带植物与棉花等，均能繁殖焉。居民以中为最繁庶，农业、矿业亦甚发达。墨西哥之北部，与美国南部接境，气候四时适宜。二十八纬度以南之气候，则分两季，一雨季，一晴季，自五月至十月为晴季，自十月至五月为雨季。

墨西〔哥〕之工艺与商业，因地理之组织与气候之关系，殊多阻碍，崇山峻岭，绵亘境内，海滨之水蒸气为高山所阻，不能达内地，时患燥旱。农作物之播种，全恃人工灌溉之力，顾用力多而费奢，地既垦辟而施耕种殊鲜，较之美国，远不逮也。墨西哥都城之南，则草莱未辟，荆棘丛生，荒凉满目，或行道经日，不见小村。盖墨人既乏母财，而工程上之智识又极幼稚，不知导山中之泉水，以供农田灌溉之用也。商品之运输，全恃铁路，在墨西哥境内之河流，殆无一可以通航者也。

墨西〔哥〕最良海港，为弗拉克洛斯 Veracruz，墨人投巨资以建设之者也。泰姆璧哥 Tampico，亦适于运输商品之用。而太平洋沿岸之海港，水深足容巨船之出入。顾于商业之关系殊微，以内地繁庶之区及工业兴盛之地，悉为高山所隔，仅有些微之商品在此起运或卸货而已。

小麦繁殖于高原，质劣于美国所产者。玉蜀黍与黑豆，为墨民主要之食品。(凡在美洲之拉丁民族,皆喜食此豆者也。)墨民强半不知烘烤面包之法,居民多未知面食之味者,尤无磨粉之机器。室内妇女,即面粉之制造者,法取玉蜀黍浸之石灰水中,俟其柔软,然后取出压之以石。石圆形,长约十八英寸,广约一英尺,妇女跪于地上,用力压之,即成面浆。复以手捏成厚饼,置火炉上烘之,不数分钟即熟。食时不涂牛油,有时佐以食盐及红胡椒少许而已。此玉蜀黍之面饼,制法虽简,然味殊不恶,即令英美游墨之客食之,亦称其可口也。又有名弗黎乌拉者,黑豆糕也。墨民无贫富皆嗜之,盖居家所常备之食品,墨人则于膳毕食之,如他民族之食布丁也。

　　最良之棉花,产于安泼配哥附近,每年之产额,仅足以供国内纺织之用。龙舌草之经纬,质坚韧可制绳索,为墨西哥重要之输出品,岁售于美国者,约七万吨。美国出口之棉花包,大抵由是草制成,产地曰育开敦州,居民实赖树艺龙舌草以致富焉。佳种之兰科植物,盛产于佛纳开洛斯州,输出额亦盛。境内群山绵亘,陂陀倾斜之处,香蕉无不繁植,国内果品贸易,以此为最盛矣。橘、柠檬、烟草、咖啡、可可、橡树及其他南方植物,均盛产于墨西哥。然输往他国者,其额至微,固不足为国际贸易之重要商品焉。墨西哥最重要之植物,则龙舌兰是矣(又名美洲之芦荟)。墨西哥之郊野,无不盛产是兰,墨人收其汁,藏之数日,味如啤酒,墨人嗜之,无殊德人之嗜麦酒也。龙舌兰叶甚美茂,高可隐人,厚几盈尺。叶内有绿球,大如斗,熟时取刀割一小孔,则有液自球内流出。每日可得三四加伦,阅数月而始竭。故一兰之液,可得数大桶之酒也。液初流出时,白如乳,味甘似饴,历数小时,即自发酵,一日后即如啤酒,饮之过多,亦能醉人。墨西哥农业殊不发达,境内之沃土,其已施垦辟而加以耕种者,仅全国之最少部分而已。

墨西哥之畜牧尚形幼稚,高原广漠无垠,水草滋美,最适宜于牧场。墨西哥种之牛羊,角曲而长,名曰墨西哥式,佳种由美国输入,已逐渐改良其旧种矣。皮革及牲畜,每岁输入美国。附近都市之区,牛乳值甚昂,产者获利颇厚。羊毛质粗劣,内地之纺织厂,每岁仍输入大宗之精细羊毛,以供原料之用。然墨西哥之富绅士女,仍多衣外来之精细呢绒者。墨西哥所产之马,体格短小,然甚雄骏。沿海渔业颇盛,加利福尼亚湾所产之珠,墨人采之以供世用,每岁获利殊丰也。(世界产珠之处为波斯湾、加利福尼亚湾、锡兰岛西岸沿海、澳洲北岸沿海、苏罗群岛、南美委内瑞辣北部沿海。采珠者身系巨石,衣潜水衣,入海中一百二十尺,或四五十尺之间,为产蚌最盛之区。采珠者已得蚌,置之筐中,既满,即出水面,稍事休息。蚌之价值,合贝壳及蚌内之珠计之,每吨之市价,自美金三百元至九百元。盖珠之美者,价值虽昂,然不易得,贝壳之价虽廉,然可依其数量而计价值。故采珠者,售贝所得与售珠所得,价略相等,以贝多而珠少也。)

墨西哥金属之矿产最富,以辩纳蒯泰 Guadalajara、撒楷台楷 Zacatecas、圣路易泡妥撒安 San Luis Potosi 三区为最盛,殆占全国产额之过半数。(墨西哥全国之金银矿,自一千五百二十一年至一千八百七十五年间所得之矿产品计之,共值美金三十六万万一千四百万元。现墨西哥各矿之资本,共值美金三万万七千五百万元。据一千九百年之调查,墨西哥全国之矿,从事开掘者,共计一千一百七十区,矿工则九万五千五百二十三人也。)就辩纳蒯泰州之梅德罗一矿言之,自一千五百五十六年至一千八百零三年所得矿产计之,已值美金二万万五千二百万元矣。铅矿亦盛,金矿产于郡山陂陀之处,与美国交界之处,所产尤盛。铁矿之佳者,遍于全国。墨西哥之工业,他日倘渐臻兴盛,则原料所需之纲(钢)铁,仅取给于国内诸矿,已无尽矣。煤矿虽遍于全国,然较诸金属诸矿,所产较微。石油则于墨西哥湾之泰克斯敦城,设厂提净,然后运往各处。硫磺则得之于火山喷裂处,自潘勃赖海口输出。铜、锡、水银数者,亦为墨西哥之重要矿产。墨西哥银矿最盛,故银为墨西哥最重要输出品。他国商船运货至墨西哥者,归时在墨往往无货可装,不得不迂道至美国各埠,然后得运归适量之商品以实舱中,庶免空舟而返焉,即此已可见墨西哥农工诸业之不发达矣。(辩纳蒯泰之白泰梅特银矿,每岁所得之银,计值美金五百万元也。撒楷台楷州亦以银矿著,工业则有雪茄之制造及陶器。圣路易泡妥撒安城,则为自泰姆壁哥城铁路西端之交点,实为墨西哥重要都市之一。其所以日臻繁盛者,则以富于矿产,而牲畜、皮革、油脂等贸易又极盛也。)

近日南美诸共和国,如何(阿)根廷、如智利,国内工业均极形进步。就墨西哥近年工业情况言之,已能制造各种物品,以供国人之需要,外货之输入,逐渐减少。纱厂共有一百四十处,足以消纳墨西哥全国所产之棉,不足复求诸美国,由美泰克雪斯州输入之棉花,半供国内纱厂之用也。墨人所用之纱,大半取给于国内之工厂,惟精细之织品,则仍自外国输入而已。墨西哥所产之羊毛质粗劣,故织成之呢绒,亦无精美者,全国共有毛织厂二十余处。制糖之厂约三千,国内市场所需之糖,均墨人所自制也。其他如纸、陶器、肥皂、啤酒、玻璃、药品等,墨人亦能制造之,然不如上述数者之重要矣。墨西哥之工业,其所制造者,大率皆粗劣之物品也,其精美之工艺品,则均由他国输入。其工艺不振之主要原因,则由政局之不稳固,内乱频仍。国本时虞动摇,墨人惴惴然日虑生命财产之不保,而乏久远之思想,更有何人肯斥巨资,而建规模宏大之新企业乎?故墨民苟不自息其争扰者,则国内实业将永无兴盛之望也。

墨西哥境内,群山绵亘,富于森林。顾以供冶矿之燃料,每岁需额甚巨,山之鞠为童枯者,所在皆是。墨人所需大宗木材,每岁由美国太平洋沿岸诸州输入,墨人复以所产之桃心木、染木售诸他国焉。

墨西哥之输出品,以银为最要,次为龙舌草之经纬、咖啡、牲畜、烟叶、皮革、铅、铜、热带木材、兰科植物。其输入之品,则为麻布、呢绒、棉布、铁器、机器。输入之半额,则由美国,而英、法、德三国复得其半焉。就近时墨国输出输入之表册观之,输入者约美金七千七百九十万元,输出者约美金一万万一千五百元,则墨国之输出实远超过于输入也。而墨民仍不免于贫窭者,于以知输出超过输入,不足即为国民富有之征也。更就输出品之重要者而分计其岁额,则金属约七千三百万元,农产品约三千四百万元,畜牧产品约七百万元,而制造品则仅一百万元左右而已。(以上所谓元者,均以美金计算。)

墨西哥之铁道,与美国相连接者,约有干路数条,由都城墨西哥出发,(墨西哥都城即名墨西哥城。)可以遍达四境,故墨西哥城实为全国贸易之中心。欧战前是城之商业,多操诸德人之手,所投之资,亦多出诸德银行家也。墨西哥之物产,可依类为区别,而以著名之都市为之代表。如辫达拉哈拉城 Guadalajara 则以陶器纺织著。墨西哥城迤西乞宾沁哥城,则富于农产品之谷类。阿雪加城以园艺著,而制造烟草及朱古律糖之工厂在焉。孟泰莱为北部墨西哥诸城铁路之交点。阿格克林斯则有毛织之工厂,而每岁十二月间之集市，实为分销内地商品之总汇也。潘勃兰 Puebla 贸易繁盛，蔚为墨西哥大城矣。泰姆壁哥海埠，港内水深，可容吃水深二十四尺之舰出入，复为铁路之交点，故对外贸易最盛，而由他国输入之商品，多由此卸货而运往内地焉。佛纳克洛斯为墨西〔哥〕最重要之海埠，然其地气候，殊不适于卫生，由墨输往他国之商品，大抵由此装船起运，有定期往来美之纽约、纽阿林斯，法之圣纳撒诸埠之邮船，每岁进口之船舶，约七十万吨。楷孟为桃心木、染木之输出埠。勃劳格莱苏 Progreso 则为曼特拉制造城之出口处，育开敦州所产之龙舌草经纬，多由此输往他国焉。赖拍则为果品之输出埠，为下加利福尼之最大城焉。蒯买为良好之海港，复与南太平洋沿岸之铁路连接，商业日盛，输出之品为金属及皮革，输入之品则为矿工所用之器具。阿尔泰亦为银矿用具之输入处，喀立根州之海港也。曼雪德伦 Mazatian 港内水浅，且无冈峦掩蔽以避暴风，航船者咸苦不便，输出之品为金属及木材，输入者则制造品也。圣白拉港内，适于停泊巨舰，故为曼雪德伦及亚加普尔哥间贸易最盛之港也。麦撒聂罗为咖啡及糖之输出埠。亚加普尔哥 Acapulco 为世界著名良港之一，地又产煤，船舶之出入是港者，至形便利，然贸易殊不发达，则以墨西哥国内实业不振故也。撒立纳克洛斯适当墨西哥地峡铁道南端尽处，为墨西哥最南之海港也。墨西哥与美国间之贸易，大率由铁道运输。墨西哥之铁道，与美国诸都会联络者，已有数线，其往来最繁者，则为乾雷斯、狄亚斯二干路也。

墨西哥为银本位国，度量则用迈当制，墨人通用之度量有三，曰拉安白拉（一磅零十分之一），曰奎德尔（一百零一磅又十分之一），所以权轻重也，曰佛拉尺（长三十三英寸），所以度长短也，人口一千五百万。

墨西哥初为亚士泰克土人所据,西班牙冒险家哥狄士航海得其地,以计略取之,以为西班牙属国。其地富于金银,西人视为外府,诛求无厌。迄西班牙衰,墨西〔哥〕乃叛西独立,仿美为共和国,制定宪法,选举总统。然内乱频仍,政教不修,固不足拟美之富庶安乐矣。一千八百四十六年,复与美战,墨师屡败,美乘胜悉据其险要,不得已割地于美以议和,于是国势益不振矣。爹亚士逞其阴鸷之术,宰制墨西哥者垂三十年,爹氏卒以术败,国民群起逐之,客死于外。自爹氏出亡后,国内枭黠之徒,群拥兵以争总统,民乃无宁岁矣。墨西哥之由蛮族而隶欧人也,实以哥狄士为之主动,故欲知墨西哥立国由来者,不可不知哥狄氏之事实。余述墨西哥实业既竟,当复译哥狄士传,以供诸社会焉。

(裘毓麐译,《江苏实业月志》1920 年第 11、12 期)

纺织机发明家克朗伯敦传

兰加斯德州者,英国纺织业最盛之区也。兰加斯德州之纺织业,何以得臻今日之兴盛? 实惟食克朗伯敦之赐。克朗伯敦者 Crompton,为近世重要之发明家。自克朗伯敦创造织机,纺织界之艺术为之一新。英人近日以纺织业雄视世界者,亦克朗伯敦有以启之也。克氏以一窭人子,饥饿逼人,以佣自给,而卒能战胜外界之险阻艰难,发明新机以惠世人者。其精力之宏毅,洵足为吾侪之规范矣。

克朗伯敦生于勃尔敦附近之福胡村,时一千七百五十三年也。父业农,农隙之暇,复从事纺织等业,以佐日用之需。克朗伯敦幼入私塾,师一老村儒,则以善教书法与算术著名近村者也。未几父病殁,克朗伯敦以童年遽失所怙,乃不得不弃学而以佣资自瞻(赡),旋随其家徙至旧日之木屋。克氏工作之暇,勤于自修,学识日进,富于发明力。其天赋之术智,卓然有异于庸众,虽在童年而已具创作之思想矣。克氏闲居,恒取斧凿,作种种轻便纺机,以供家庭工艺之用,较之英国旧式纺机已多改良之点。克氏此项工作,自童年以至壮时,实无一日之间断也。性喜音乐,乃自制一四弦提琴,时辄抚琴以自娱焉。

当是时英国市场之最需要者,为精细之棉纱,其品质之优良,与印度输入之细纱相同者方为合用。顾英国当时多数之纺织家,群相仿造,然卒无成,以英国纺成之纱,其精细终不逮也。克朗伯敦以社会之殷求,思创一新机,而同时能织成多筐之细纱者。乃屏绝诸务,悉心研讨,前后凡历五年之久,固无日不在经营擘画中也。此五年中,种种之试验,屡遭失败,贫乏愈甚,并数先令之微资,亦不可得。于是创造新机之进行,恒遭阻尼,盖当时克氏已无购置器械及材质以供试验之机缘矣。克氏为饥所驱,乃携其四弦提琴至音乐会室,弄曲以娱诸客,而乞其施与焉。克氏终日奔走衣食,惟夜间得从事于新机之试验。久之克氏新机成,其功效竟如克氏之所期者。克氏大喜,顾邻近诸纺织家闻之大惧,谓此机成,则吾侪生计,咸将为其所夺,垒集克氏室,毁其新机二十余锤。克氏所造之新机,共计约五十锤,半遭毁损。克氏乃取未毁者,分拆各部,藏诸屋顶,以俟暴动风潮之渐平。未几,仇视之举动稍息,克氏乃配合新机,从事纺织,纺成之纱,其精细迥逾于旧机所制者,销路大增。克氏日夜从事纺织,犹不足以应市场之求。克氏乃稍获余资,购一银质时计,克氏恒以此骄人,以为是实食创造新机之果也。嗟乎,以近世重要之发明,人类受其赐者奚啻万亿,而发明家所获之酬偿仅如是,其情况亦大可怜矣。

克氏新机之创造,实足以震动一时之耳目。邻近之纺织家,群思攘为己有,设种种诡计,以窥其秘。当克氏夜间工作时,有伏窗上而瞰其工作者,一人潜登其屋上,凿一穴,凡克氏之举动,悉为所窥。克氏以半生艰辛勤劳之余,方获效果,而贪夫竞起攘之。克氏不堪其扰,且时虞意外之危险,乃决以新机公之公众。苟非然者,则惟有自毁其新机,以避一时之挐扰而已。

克氏贫窭屡空,无力向官厅注册,请给专利之凭照。于是克氏集邻近之纺织家,商议以己所发明之新机,公之公众,请承受之纺织家,集资俾克氏,以酬其劳。允者数人,乃先集资少许俾克氏。未几,众尽得克氏新机装配推动之术,仿造者继起,乃相率背约,靳不与克氏资。克氏突遭此打击,大窘,以克氏所得于众者,仅足以供另建一新机之用。是克氏经无数艰苦而发明之新机,其结果仍等于一时无所获也。克氏乃自置机纺纱,以资生活,乃工人经克氏教导练习后,率为他人所诱,群弃克氏而受佣于他厂。克氏失望已极,乃欲离英远适异国,以消此无谓之岁月。孟却斯德州绅士数人闻之,悯克氏之不遇,稍给以资,于是克氏乃始免于冻馁矣。

克氏年六十时,其友数人为之具一呈于国会,具言克氏纺机之发明,所以裨益于英国实业者实非鲜浅。今贫乏无以自存,殊非国民所以崇报德旌庸之礼也。今请国会转咨政府,给与巨金,以酬其功。国会通过其议,乃由政府给克氏五千磅(镑),以为发明新机之奖金。克氏以之经营商业,屡遭失败,尽丧其资,至一千八百二十七年克氏卒,殁时仍一窭人也。盖自来发明家际遇之穷,获酬之觳,未有如克氏者也。

（裘毓麐译，《江苏实业月志》1920 年第 11 期）

元代客卿马哥博罗传

马哥博罗 Marco Polo 者,意大利威尼斯人。随其父来东亚,仕于元者十一载,极得世祖信任,一使安南,再赴西域,又为江南路中书省枢密副使,继托护托公主下嫁波斯之名归意大利。马氏居中国久,周知吾国国情民俗,归而作游记一卷,是为欧人对于吾国有著作之始。其书盛陈中华物产之丰饶,典制之美备,几同天国,一时颇动欧人之耳目,歆羡备至,竞思与中国通商,以裕国用。其后航海家哥伦布、白尔博、麦哲伦先后驾扁舟远涉重洋,冒万死而不顾者,咸欲遂其东航之初愿,乃西行则为美洲所阻,遂至欲东而反得土于西封耳。故马哥博罗者,实为欧亚交通之主动。欲知中西国际之由来者,不可不知马哥博罗之事略也。《马哥博罗游记》,重译至十余国文字,其书之价值可知矣。昔有西人问于仁和魏易,以是书是否有中国译本,魏君答以未详。西人似甚骇异,谓魏君曰:"此书欧美各国重若经典,中国为该书最有关系之国,奈何不急加迻译?"魏君赧然无以答,但曰徐当译之(语见《马哥博罗游记》魏君序)。魏君旋译是书,刊诸京报,于是中国始有《马哥博罗游记》之译本矣。考《元史》无马哥博罗传,惟其名尝一见于奸臣阿合马传,其奸状实马哥博罗发之。至于蒙兵攻克襄阳城一事,《元史》谓制炮者为畏吾儿人。考之《游记》,则马哥博罗之父尼古罗亦与有力焉。余得美人萧氏所著《马哥博罗传》,亟译之以示国人,其或可补《元史》之缺略乎?

当十三世纪中,意大利有一童名马哥博罗者,生长于威尼斯城,时实先于哥伦布二百年也。(按著者突插入此语者,以世人仅知哥伦布欲通东航之路,率众西航,为欧亚交通之先导。不知马哥博罗已于二百年前遍游东亚各埠,归而著书,以诏欧人,著者所以示欧亚交通之动机实自马哥启之也。)马哥系出华族,资财富厚,故马哥幼时得受完全之教育。而威尼斯城当时实为欧洲学术之中心,学校课程之完备,久为世人所称许。马哥幼时,即入威尼斯城最良之校肄业。氏晨入学,门前系一舟,所以备往来学校之用。以威尼斯市系诸小岛组合而成,水流交错,纵横径通,居民往来,以舟不以陆也。马哥既登舟,舟子鼓棹前进,马哥踞坐舱中,极目远眺,蔚蓝之天,映入水际,时呈异彩。名花奇卉,向荣竞发,微风漾荡,香满空中,令人心醉。而威尼斯城建筑之壮丽,气候之温和,尤足流连忘倦,不忍轻离。马哥玩此美境,以为世界乐土,殆无逾于是乡者矣。

当马哥十七岁时,其父尼古罗营一巨肆于君士但丁,时威尼斯与君士但丁互商最盛之时也。其父诏马哥同往东欧,马哥亦深以旅行为乐,于是三人偕行,即尼古罗兄弟与马哥博罗,时则一千七百二十一(一千二百七十一)年也。其后马哥三人由东欧经由大亚米尼亚入波斯,道经伏康山脉,至帕米尔及贝洛尔高原,至喀什噶尔。时喀什噶尔既奉蒙古之号令,凡东西行旅往来,皆为必经之道。于是取道和阗,渡戈壁沙漠,入唐古特境,经吐蕃、沙州、肃州,皆唐古特境也。复经西宁横越陕西而至山西,甫至太原,蒙古帝已遣使慰劳,礼遇优渥。尼古罗等既觐见元世祖,帝甚嘉许,忽见尼古罗旁侍一少年,帝问何人,乃知为尼古罗之子名马哥博罗者也。帝命留侍左右,派为御前侍从。马哥习亚州各种语言,世祖大信任之,奉命出使各处。马哥每出巡,必以见闻录诸手册,归而呈于世祖,即后之《马哥博罗游记》,亦强半本诸手册也。马哥旋补江南道副使,在任凡三年。马哥之父及其伯,亦蒙世祖之优遇,得在中国各地经营商业。方尼古罗初至燕京时,建议能造火炮,射远摧坚,远胜矢石。世祖试之良佳,即命尼古罗等监工制造,其后蒙古攻克襄阳城,即尼古罗所造火炮之力也。

至是马哥父子离威尼斯已十七载,思乡念切,请于世祖,欲致仕乞归。顾帝方信任马哥,不欲其去中国,未之允也。适波斯王阿尔贡遣使乞婚于元,帝命孙女辈中择一人下嫁。顾西行则道梗于匪,苦无善策,马哥尝历使南洋群岛,备知航道之险夷,乃于世祖前力陈海上之平善,请改由舟行护送公主归波斯,世祖许之。于是马哥以元帝之命,偕波斯使臣护送公主航海西行,马哥乃始遂归国之愿矣。

马哥等由中国东海出发,舟行凡三年,经交趾半岛、印度、孟加刺湾、锡兰岛,穿印度南端之海峡,而后始达波斯湾。既抵波斯,马哥使命既毕,乃取道小亚细亚归威尼斯。既抵威尼斯故庐,则戚里咸不之识。盖至是马哥去国已二十四载,壮者已耄。马哥离威尼斯时,仅一童子,年十有七龄。归时须眉如戟,已无复曩日青年之气象矣。且马哥辈久侍元廷,习于胡俗,衣冠峨伟,又与威尼斯居民大异。乡人惊骇之余,决不信是日海外归来之异客,即二十四年前举室东行之马哥博罗也。

一日马哥于家中设筵,以宴亲友。客既集,马哥入复室中,捧三衣出。衣既破旧,缀补多处,剖视之则衣缝及缀补处,累累下落,悉希世之珍,价值巨万。盖马哥辈在中国所获甚富,乃悉以资财易珍宝,藏之破衲中,以免途中为人劫取也。乡人见状大惊,私念是客必马哥波罗无疑。世安有挟如许之资财,而复强与不识之人作周旋者?继思马哥富贵而归故乡,实足为宗族交游光宠,则复大喜。自是马哥之室,宾客常满,既慕马哥之多金,复欲一闻东方奇离之事物也。

马哥回国未久,即参与威尼斯与热拿亚之战。热拿亚城者,邻于威尼斯,居民长于航海,复与威尼斯竞商权于东。以是时对于东方之贸易,二城为最盛也。二城嫉视既深,商船角逐海中,时起争哄,乃由船役之争斗,情形日趋险恶。未几,二城以舟师战于海上,威尼斯大败,马哥为热拿亚人所虏,囚之狱中。热拿亚人知马哥居中国久,就马哥狱中而询以东方事实者,日必数辈。马哥不堪其扰,乃命自威尼斯取其旅东之旧稿至,笔为游记一卷,即后世所传《马哥波罗游记》是也。

《马哥波罗游记》中,盛陈东亚物产之丰,宫室之美,几同仙国。谓遍地皆产金银珍宝,岛岸之上,钻石闪闪作光。帝后衣锦袍,缀以珠宝,(按此系事实。)宫殿覆以黄金之瓦。(按此系玻璃砖之误。马哥以中国宫殿瓦皆黄色,闪烁有光,误为金质。其日记复经欧洲诸国辗转重译,遂误为黄金瓦耳。)又谓印度诸岛,盛产香料。(按当日欧人东航之道未通,香料产于东印度及马来群岛,得之甚艰,胡椒一篑,价值兼金。故一闻产香料之国,即羡其地之富饶也。)支那内地富庶,甲于大地。其所记虽多虚诞不经,近小说家言。然是书出,全欧为之震动,佥谓苟得与东亚诸国通商者,则其国之富不难立致。于是艰苦卓绝之冒险家,航海四出,咸欲遂其东行之目的。《马哥游记》实为东西交通之导线,故世人咸重其书也。

马哥被囚之第四年,热拿亚人共钦其学行之优,乃遣之归威尼斯。马哥既归，寻婚某氏，生二女，无子，卒于一千三百二十三年，葬于圣罗伦梭礼拜寺旁。

（裘毓麐译，《江苏实业月志》1920 年第 12、13 期，此译文分两次连载，前一期译作马哥博罗，后一期译作马哥波罗）

英国羊毛巨商霍尔敦传

当十九世纪初，安雪克霍尔敦 Isaac Holden 生于苏格兰一小村，名哈兰德者，地近伯斯莱镇，时实一千八百零七年。当时英人方以全力御法皇拿玻仑，人民苦于久战，国内实业衰废，失业者日多。霍尔敦之父，初为矿工，至是以铅矿闭歇，乃不得不离克勃伦溪畔之故乡，而觅食于四方。霍尔敦家丁此厄运，计惟节衣缩食，以维持其艰辛之生活而已。

霍尔敦父性勤敏，持己以敬，又信教育之利益，实为修养人格之要素。故工作之暇，复于夜间授村人以人生应具之常识，以惠贫窭之自幼失学者。霍尔敦得贤父之熏陶，自童年时，而已养成勤奋好学之习惯矣。

霍尔敦幼就学于村塾，至十岁，国内生计，因久战之影响，日形窘迫，霍尔敦乃不得不受佣于纺织厂，博微资以助其亲，仍入夜馆修学。霍尔敦以一十龄之童子，昼既瘁力于工作，宵复潜心于学艺，乃能兼修并进，各尽其长，其精力洵有足以惊人者。越二年，其父所入稍丰，乃命霍氏入是城一完美之校肄业。至十五岁，其父举室徙伯斯莱，命霍尔敦学习披肩织工。顾以工作之繁重，殊不适于霍尔敦，越一年，复弃工而入学，习法文、拉丁、算术、物理、化学、簿记诸科。以霍氏之勇猛精进,未几即擢为是校之助教焉。一千八百二十七年,霍氏年二十,父病殁,于是霍氏乃以所获之修金,养其母及弟。初为约克州教员,未几即为立廷州文学教员。氏之教科,为高等拉丁文、希腊文、法文,旁及历史科学。霍氏尤嗜化学,习之不倦,未几积劳致疾,乃辞立廷学校之教员,回苏格兰故乡,以事休养。顾以氏之贫窭屡空,宁能久居其家者,疾稍已,乃复任其乡之教员焉。

霍尔敦以一普通学校之教员,而卒为英国毛织商之巨擘者,其机实自一千八百三十年任约克州毛织厂之簿记启之。霍氏自任此职,乃大展其天赋之才能,以从事于实业界之奋斗。未几任为总理,继复为是厂之股东。顾当时英国毛织业之技术殊简陋,梳毛则用手工,需时既久,成绩复劣,当局者屡思革新之而未得其术。迨霍氏既投身于毛织业,亟思解决此问题,以期前途之展发。殚思数载,经屡次试验之失败,始底成功。时有李思泰者 Lister,亦一富于制作思想之发明家也。霍尔敦于一千八百四十八年,与之合力创一改良梳毛新机,即以二人名义,向官厅注册,请给专利之凭照。未几二人合资设一公司,即名曰李思泰霍尔敦公司,继复设梳毛分公司于法兰西。霍尔敦既发明梳毛新机,犹以为未足,日孳孳于改良精进之计画,卒于一千八百五十年,发明四方形之梳毛新机,实为近世工业上重要发明之一。自此机出,而梳毛之术始大备矣。霍尔敦一生,以此时为最忙,时奔走于英法之间,悉意经营,不遑宁处。复因专利凭照之争执,与人讼于法庭,各方营业复时发生意外之纷扰。顾霍氏当此外界艰难之纷乘沓至,仍不失其常度,燕居时呈愉悦之色,盖氏好以整暇之精神,以克制外界之险阻障碍,以期最后之胜利也。

　　一千八百五十八年,霍尔敦尽购新公司中李思泰所占之股(即二人合资创办之李思泰霍尔敦公司也)及在法分公司,改名为安雪克霍尔敦公司,于是始为霍尔敦所专有矣。改组之后,营业大盛,霍尔敦数年之间,顿成巨富。越数年复设一新梳毛公司于勃兰特福,名曰奥尔斯登,其营业之盛,不减于安雪克霍尔敦公司也。

　　霍尔敦当此十年中,以一媭人而跻英伦毛织业之巨商,其成功之速,际遇之隆,尤令人惊羡备至者。然霍氏挟毕生之精力,以经营是业,当踌躇满志之日,已复他年疢疾之萌。未几得虚弱之疾,乃辞英法两处公司之总理,归养于私室。一千八百六十四年,被选为国会议员。霍氏虽投身政治生涯,而其所营之公司,基础大定,故氏虽不过问,其业营之盛,岁入之丰,固不因氏之退职而少异也。

　　一千八百九十三年,英皇维多利亚以霍尔敦创造新机,建造巨厂,有功于英国工商业,锡以从男爵之勋位,以酬其功。霍尔敦得勋位后,未几即殁,年九十,时一千八百九十七年也。综霍氏一生之事略,实予青年实业家以良好之模范。盖氏实一理想家而并实行家也,作一事必挟全力以赴之,无论外界如何险阻艰难,曾不因之自沮。霍氏一生恒以奋斗之精神,博最后之胜利也。

　　　　　　　　　　(裘毓麐译,《江苏实业月志》1920 年第 12 期)

吾国实业不振之原因

　　近日国内号称精通计学之士,论吾国实业不振之原因,莫不曰母财缺乏也,外货充斥也,办理之不得人也,经营之不合法也,交通之未完备也,赋税之繁苛也,兵燹之频仍也,豪强之抑勒也,商律之未备也,商业智识之不普及也。统以上所述之种种原因,宁得谓非吾国实业衰废之媒?顾持此论者,其果由观察所得而有获于心乎?抑仅阅实业之书报,随声附和而作此论乎?此其失一矣。以吾国幅员之广,人民之众,通商各埠之实业,仅占全国实业之少部分,而新式之股分公司,又仅为通商各埠实业之少部分。就余所见书报言之,凡论实业衰废之原因,莫不仅就新式公司立论,鲜有旁及旧式商业范围者。良由旧式之商人,智识闭塞,鲜与外人交接,以隐讳之深,诚未易得其真相。故仅就新式公司而论中国实业,已为少部分中之少部分,顾无论其所说未必尽精确也。即使尽精确矣,已如众盲以手扪象,各触象之一肢,以为象之全体,如此庸非妄乎?此其失二矣。(吾国关于经济之调查报告,大抵虚而不实,缺而不全,求稍存事实之真相者,已属不可多得。盖仍未脱纸上空谈之积习也,或且视同具文,任意填写,凿空臆造,全与事实相反,则更不足凭矣。日人之调查吾国经济状况,如水银泻地,无孔不入,其所纂《支那经济调查全书》,实吾国经济上空前未有之巨著。虽穷乡僻壤之工商业,无不搜求备至,此日人所以措置裕如,着着争先,欧战后遂握东陆实业之霸权也。)余作是篇,仅就平日观察所得,心以为是则是之,凡今人已加评议者,则略而不言,以立论贵抒己见,无取恫钉捃摭为也。

其所论实业之范围,则兼及新旧。以新企业之在吾国,尚为幼稚时代,若摈旧商业而专论新实业,则所得仅为全国实业之最少部分,已贻挂一漏万之诮。且近日组织之新公司,多数由旧商业蜕嬗而成,而新公司中之营业者,多数由旧商业转移而来。故苟不明旧商业之习惯积弊者,自无由为求本探源之论,而使前后之因果毕呈也。下列数条,则为吾国实业之通弊,苟非从事革新,则永无改良进步之望。乃商人狃于成见,学子囿于空谈,知之者习焉而不怪,而握管记载者又鲜知事实之真相,曾无一人论及之者,此余之所以不能已于言也。

一,组织之不完备也。吾国旧式商店之组织,大率由股东数人合资而成。其设立之初,则此数人者或因意气相孚,或因利害相关。当其共事之初,尚能同心戮力,以经营店业。故最初之十年,则为开创时代。历十年而基础大定,其后之一二十年或二三十年,则为是店之全盛时代。自此已往,则全盛之时代已过,已入忧患时代矣。吾尝谓中国旧式店业之时运,最久者不过三四十年,过此则渐呈衰替零落之象。虽或能勉强维持现状者,亦决无继长增高之望也。其故何也?设创立是店者,为股东四人,则当成立之初,此四人者,亦已壮矣。过二三十年,则已死亡过半,即有偶存者,亦皆耋老不能任事,率委店务于其子,不复过问。设此股东四人,平均每人得子二人,已由四而折(拆)为八矣。其初或因姻戚之联合,至再传则情谊已渐疏。若因知友之关系,至是而各家之承继者,或始终无一日之雅。吾国商人,不知法律为何物,法律之观念最薄。其合资而经营一业,则纯由交谊之结合。迨二三十年后,时移景迁,继起之股东,已无复感情之可言,于是种种之争执纷扰,因之而起。若此时各股东之承继者,人人皆谨厚殷实也,犹可再保二三十年之平安。不幸此八人中苟有一二游荡黠惰者,则亏宕侵蚀霸持影戤诸弊,必因之而纷起。故设立之始,合同议据所订之规条,明明言股东不得向店中亏宕银钱也,至是而任意亏宕矣;议据中明明言每届三年结账,凡有盈余按股分红,设遇亏耗按股照认填足,至是固无论遇亏耗不肯按股照填也,即使每届结账之期,并无盈余,复遭亏蚀,而游荡黠惰之股东,仍每岁向店中支取,不问盈余与亏耗也;议据中明明言进退经理,须得各股东之同意,如欲拆股,必至年终结账后方可各陈意见,取决于股东之多数,至是股东中之一二强横者,出而霸持店务,可以以私意进退经理,以遂其勾结侵蚀之私,不必得各股东之同意,而受其侵侮者,咸隐忍而莫如何也。杭州叶种德药店之股东某,握是店进退经理之权者二十余年,亏空达二十万,而某所占是店之股本,尚不及所亏欠者十分之一也。其结果则由股东分认其损失,而某则丝毫未偿还也。又杭州宓大昌,烟业中最著名之巨肆也,股东中某所占股本不过五万元,而亏空已逾十万,仍每年支取红利官息如故。于是各股东起而反抗,涉讼数年,始定停利拔本之办法,乃以每年官息付某,以资日用,停付红利十余年,以填此亏空之数,而某仍有时强取红利,不肯履行此条件也。若以欧美普通商情论之,安有股东而可亏空如此之巨者?安有亏空之额竟一二倍乃至十余倍于所占之股本者?安有亏空之额已远逾于所占股本之数,仍不丧失其股东资格,而可每年支取官息红利者?安有一二少数之股东,可以强横把持,而多数之股东饮恨忍痛而莫如何者?此种俶诡奇离之现象,使欧美人闻之,不几诧为奇闻异事,而以告者之言为虚诞矣。然在吾国商界,凡开设已数十年之旧店,股东达五六人以上者,则此种现象,决不能免,不过尤甚较甚之比差,亦五十步百步之间已耳。故开办时股东所订之合同议据,不过一纸空文,无丝毫强制之效力,如有一二股东不遵守者,则他股东亦无术裁制之使遵守也。今之谈新实业者,慎毋以一知半解之学识,訾吾国商人为迷信命运也。实则吾国旧式商业之盛衰,冥中自有命运为之牵制,而人力救济之效殊鲜,非如政教修明学术孟晋之国,商人得以奋斗之精神,克制外界之险阻艰难,博最后之胜利也。何也?吾国旧式商业之盛衰,不在股东个人之勤奋干练,而在股东全体之人格及境遇也。设股东中不幸有一二败类,不事生产,不顾颜面,日向店中需索,以事挥霍,则全局为之摇动。当此时也,各股东之心思精力,惟日事对付防范此一二股东之亏宕侵蚀,无复余力以事营业上之扩张竞争。此非吾国商人识量浅陋也,以营业上虽暂遭失败,尚可徐施补救挽回之方,若任少数股东之凭陵攘夺,则全体股东之血本,皆将不保,店业亦决不能维持至数年之后。故两害相较而取其轻,无宁舍对外之竞争,而先施对内之防御也。当此时有因一二股东之亏宕,而群起效尤矣,即股东中之股实长厚者,不过不亏宕而已,亦必尽取照股应得之官息红利公积。斯时各股东之心理,以存置店中,适足以供少数股东之侵蚀,则一生勤劳所获,将填若辈无厌之欲壑也。因此结果,店中之流动资本,愈形缺乏,于是不能应市场之形势,而购入廉价之货品矣,或以厚利贷资于人,而无形中损失甚巨矣。当此时也,货品安得不日趋于窳恶?营业安得不日就于衰微,驯至浸微浸衰,以至倒闭?已为天演界不可免之公例。欧美之著名公司,则因建设之期愈久,资本愈形雄厚,营业愈形发达,货品愈形精良。吾国旧式之商业,则适与之相反。大抵全盛时期,不过二三十年,过此以往,则内部之争扰纷起,此内乱之时或久或暂,虽至不一,要与是店相终始,无宁岁矣。凡一店全盛之时期已过,苟能勉强保持其最初二三十年之局面者,已属不可多得,固无论其进步改良也。盖此时所谓股东,所谓经理,惟竭其心思精力,以应付对内之争哄,更无暇晷以事对外之争竞也。此欧美先进国商业日形发达,吾国商业日形衰微之大较也。不然欧美著名公司,建设之始,往往远在百数十年以前,其规模销路,大抵无逾于吾国之商店也。然每阅五年或十年,则必有进步,故能继长增高,日进不已,驯至规模之宏大,销路之繁盛,乃至登峰造极,而莫与之京。或曰少数股东之侵蚀亏宕,既足以扰乱全局,而为营业发达之梗,则多数之股东,宁不能诉之官厅,以求法律之解决乎? 曰是又不然。吾国商店开设之始,多由亲谊为之结合,各股东间之关系,非伯叔兄弟,则宗族姻亲。以吾国家族观念之重,当最初亏宕之际,其数尚微,则他股东决无拒绝之理。盖习惯上股东既有亏宕之权利,就人情上言之,亦决不能因微些之数,而绝不顾亲谊也。迨渐宕渐多,股东间虽啧有烦言,而吾国人遇事又富于脱卸趋避之特性,乃复互相推诿,莫肯发难。于是亏欠之股东愈强横,而其他股东愈退缩矣。至亏欠过巨,几有摇动全局之势,于是股东始形恐慌,群起抵制。此时如诉之法律,则官厅因钱债细故,未必即予审结,或至经年累月,辗转拖延。且股东间既有宗族姻亲之关系,则审判之结果,或以和解调处了事,未必绳亏欠者以法。且亏欠之股东,或已贫乏无以自存,则除破产外无所取偿,其结果仍一无所获也。设不幸而遇贪墨之吏,更可大肆其逼拶之术,则各股东更受累无穷矣。故商人不幸而遇此种事实者,宁忍痛忍愤,私相调处,不愿诉之法廷也。私相调处之结果若何? 则不外除亏欠之数不追究外,复例外给与若干,但求其立退股笔据一纸而已。故此时一二股东亏欠之数,虽已逾于所占之股本,仍必额外给与若干,以为退股之交换条件。若必据法据理而与之力争,必欲以无条件而取消其股东权利,则决无效果之可言。其结局则亏欠者仍无害其为股东之资格,仍可保存其向店中亏宕之权利,则拖延之时期愈久,各股东之损失愈大。故在明达谙练之股东,宁忍痛一时,以保全局也。然需索既遂,而肯立据退股者,犹为长厚者之所为也。若狠戾狡黠之股东,则无论权利如何之优,亦决不肯退股。以一次之需索,亦终有限,但能保存其股东权利,则无厌之诛求,可以与店同休也。因此种心理之作用,于是拆股问题遂有玄妙不可思议之办法矣。余之乡人某,有某店股一股六厘六毫。(读者幸勿以店股何以有此零畸之数,为此说者,亦不明旧商业情形之甚矣。设某有店股五股,有子三人,则其子非每人分得一股六厘六毫乎?)某以一股六厘之店股,作价推与店中,独留六毫不推出。夫六毫之店股,所值甚微,每年应得之官息红利又甚微细。某本荡子,何独惜此六毫之店股乎?则固有玄妙之作用也。盖六毫之店股存在,则某股东之资格仍未取消,仍可与闻店事,仍可向店中亏宕银钱也。吾国商业股东间权限之分配,非以股本之多寡为前后,而以个人权力之强弱为消长。故六毫之店股,苟善用之,仍与六股之权利无异也。且以吾国商人法律观念之薄,股东之家事与店事,股东个人之债务与商店之债务,其界限往往不能划清。吾国股东之视店,无异视其家。故伯叔兄弟之间,苟因家中财产问题而启争执,则必以店业为竞争之烧点。于是彼向店中支取,此向店中扣除,双方之攻击防范,咸以店业为机械也。若店主无子,亲属争嗣为后,则是时争立者各存先入关中王秦之心,以为苟略得店中全权者,则诸事不难迎刃而解。于是由家事而牵及店事,且有因家中财产微细不足争,而以夺取店业为先决问题者。上海某肆之主人殁后无子,争嗣为后者十余人。于是此十数人者,各率家属由甬至沪,盘踞店中,咸以店主之承继者自命,扰攘经年。其后经法庭判决,立某为嗣,其余诸人,由店中给发,以资遣散回籍。然店中所受之损失,已不可言状矣。吾国股东之债务,例得令店中支持,而执有是项债权者,习惯上亦可向店中取索。其在股实长厚之股东,则不过为便利起见,以其店为支付之机关,年终结账,仍当按账清算。而贫乏狡滑之股东,则以此为无穷之外府,诛求无已时矣。且此项股东之权利,本无明文之规定,宁得谓股本多者有此权利,而股本少者不能一例享受乎? 宁得谓经常之股东得以支付,而亏欠之股东遽与拒绝乎? 习惯上凡存股东之名义者,既须一律待遇,既不能许此而拒彼,又不能通融于前而遽截止于后。于是甲取而乙倍之,去岁所支付者尚未偿清,而今岁之支付且更巨矣。继长增高,莫知已时,肆其忌嫉贪婪之私,以遂侵蚀搜挖之计,则店业未有不破坏者。故我谓旧式商业股东间之组织,则直无丝毫法律之可言。其扰攘侵夺之局,则与其店之命运同休,决无公平解决之望。其能谨守店规,不作例外之举动者,则为个人道德问题,非法律问题也。以如此之习惯风俗,而期商业之发达,庸可得乎?

二,名实之不符也。吾国旧式商号,率为无限性质,即各股东之责任,不仅以投入之资本为限。若商号失败,店中之资本不足以偿清债务时,各股东须负连带之责,以自己所有财产,备抵商号之债务。故旧式商号信用之厚薄,全视股东财产之厚薄,而店中资本之多寡,尚在其次也。盖股东既负无限责任,即不啻以自己财产之全部,担保其店之债务。故凡与其店往来银钱者,苟非至股东破产时,则债务不至扣折,而店中资本之亏蚀与否,可不过问也。因此结果,故资本之数量,与营业之范围,及股东所负之责任,乃至大相悬殊。故论商业上名实之不符,未有如吾国之甚者也。就钱业论之,营业之盛,以上海宁波钱庄为最。上海宁波钱庄之大者,资本不过三四万两至七八万两。(上海用银两,宁波用银元,故上海钱庄资本称几万两,宁波称几万元。)而每年营业之范围,大者自一百数十万至二三百万,少者亦数十万。是营业之范围,既十数倍或数十倍于所投之资本,其名实相去之远,已非局外人想像所能及。更易一方面言之,该所营之钱庄,不幸而失败,往往亏欠数十万至百数十万之巨。故拥资二三十万之资本家,偶因认三四股之钱庄,而倾家荡产尚不足以偿所负者,亦既累见不一见矣。夫人有资财二三十万,亦既负殷富之名,偶因亲朋之怂恿,划出资本万数千两,认三四股,与人合资营一钱庄。就本人原有财产较之,尚不及二十分之一,诚事之极寻常,虽谨审者亦不以为虑也。孰意一旦灾祸之来,乃足以尽倾其祖父及生平之积聚。此诚万国商情所无,而不得不目为吾国实业界之魑魅矣。此种俶诡奇离之现象,当清末二三十年中,最为流行。凡稍知商界事实者,类能言之。谨愿之资本家,苟因一时情面难却,或为甘言所诱,认两三股钱庄,但至合同议据一成,则此圈套已无术可以解脱。此后钱庄款项之出入,营业之盈虚,惟经理及副经理一二人能运用之,股东鲜能知其真相。而股东之身家财产,乃全操于伙友之手矣。迨一旦败象暴露,俨如迅雷不及掩耳,已无术可以挽救。统其前后诡秘之情形言之,凡资本家因一时不慎,而罹毁家破产之祸者,直同美国芝加高屠兽场之牛羊,徜徉于铁板之上,毫无束缚,张目四顾,自谓至适,不知轮机一转,那刹(刹那)间身体已被宰割矣。吾乡某富翁遗嘱,戒世世子孙无得与人合资开设钱庄,诚慨乎言之也。其开设之初,资本如此之少,以明其事之轻而易举,使股东之易于认诺,而无词可以推托也。其营业之范围,远过于所投之资本者,使人知其本轻利重,以动股东歆羡之心也。况纠合股本而开设钱庄之发起人,大抵工于心计,必长于应酬周旋之术。方其奔走于各股东之门而劝诱出资也,趋合奉迎,无所不至,饮食声色,各投其好。至是股东鲜有不堕于术中,而不复计及他日之利害矣。顾钱庄发起之人,何以肯如此屈节媚人者,则固有大欲存焉,曰旧有之钱庄,其经理或副经理之地位,不易摇动。若由本店学徒渐升而至此地位,则非积资至二三十年不可,其人亦渐老矣,或且终身不可得也。故凡稍具才能或稍有财产而抱经理之热者,则莫不以纠股创设新店为唯一发展之涂。盖新店之局若成,则其人即为未来之经理。故股本之能集得与否,实为其人一生荣瘁之关键。其纠合资本建议开设之初,其运动最力期望最殷者,实为新店未来之经理一人而已。而此奔走纠资创议之人,固亦有才能优长,实心任事,开设后营业骎骎日盛,而股东亦蒙其利者;或心本无他,才力不继,蒙意外之损失,因此倒闭而牵累股东者。若在开设之初,即存局骗之心,则其人本不以营业得失无怀,惟日从事于店内店外之布置计画,以遂其侵蚀亏宕之私。迨欲壑已盈,败象已露,则向股东前宣告真相,其事已不可为,而其人所获已不资矣。故其名虽正当之营业,其实无异棍徒之诱骗也。故论股东危险之多寡,虽因经理才能人格之高下而异,然设非资本如此之轻,则当建业之初,股东亦必翔回审虑,莫肯轻投巨大之资本,则甘言诱人者,固未易售其鬼蜮影射之计,而安分守业者,亦未必遽蒙倾家破产之祸也。惟其初之资本轻,故每为富厚者所轻忽,而忘其未形之祸患;其获利厚,故易动贪夫之妄念,辄思行险侥幸,以求一试。迨一入圈套,如失足泥涂,愈陷愈深,无由自拔,终占没顶之凶矣。故论店东被祸之原因,与奸商欺人之关键,实由于名实太不相符。资本之数目,既与营业之范围太不符合,股东所负之危险,与所出之资本,又大相悬殊。其始令人轻于入股,继则相率而陷于破产矣。倘能综窍(核)名实,使名之于实相去不可太远,则商界自未易发生此奇离魑魅之境象,而富商亦可少受残酷毒螫之骗局矣。或曰:诚如子言,钱庄之弊害既如此明著,当为商界所共知,资本家岂一无见闻?宜可惩他人之覆辙,而深自戒惧矣。顾何以倒闭者自倒闭,新设者自新设,前者仆而后者继,仍不惮冒险以尝试乎？曰：是又不然。钱庄营业之兴败，全视经理之得人与否。故股东危险之多寡，则因经理才能心术之高下而大异，既如上所述矣。非业此者悉蒙倾覆，而经理钱庄者，悉怀侵蚀亏宕之心也。且吾国唯一之金融机关，实以钱业为枢纽。凡商人之经营各种商业者，金钱之出纳，款项之存付，无日不须与钱庄往来。故各业之与钱庄，其势不能相离。与之往来之钱庄，苟有倒闭，其危险仍不能避免。而吾国钱庄之内部，局外未易悉其底蕴，则与其存放与他人所设之钱庄，而受钱侩之操纵支配，何如自设新庄，为收付出纳之机关，不更较为安妥较为便利乎？此资本家之所以乐营钱业也。又商人营业稍盛者，其现金之确数，每不乐使为外人所探悉。盖无论实力充裕与否，苟真相暴露于外，则形见势绌，营业上恒多格禁牵制之虞。然存放于他人所设之钱庄，势不能求人代守秘密。计惟自营一庄，以为周旋挹注之计，始障碍悉去，得曲尽经营措置之长才矣。故吾国商人之营业较盛者，率以拼开钱庄为不可缺之机关，非无故也。且钱庄之营业，往往极盛后必衰，衰后复盛，往返循环，迭相消长。盖钱业之失败，由于放账之滥。开设既多，则同行之竞争必烈，于是取利日薄，放账日滥，则金融之恐慌旋起，而多数之钱庄随之倒闭。迨大批之钱庄既倒，竞业既减，放账自慎，则钱庄之获利亦厚。故熟于钱业情形者，恒于金融大恐慌之后，为开设钱庄之良机。反之，当竞争剧烈放账盛行之际，其败乃可立待。一二年来，银行业蜂起飙发，莫知所届，恐其结果，将与清末钱庄同也。况乎钱庄获利之厚，本为人所共知，存欠利息之比较，最平允者亦必差三四厘，加以汇划之费，期日之差。（虽收付只差一二日，然积少成多，盖付者即日付账，收者或迟至数日也。）凡一钱庄出纳达百万者，则每年纯利可获三四万金。以三四万之资本，而所获之利称之，宁不足以歆动贪夫之心，而令其冒险趋利乎？因以上之种种原因，故虽倾覆相寻，仍不足以阻钱庄之继增也。然上所述名实不符之弊害，仅就股东方面言之，若其祸害中于一般社会，而时足以引起市场之恐慌者，则其害更不胜言矣。其故何也？曰：三四万资本之钱庄，何以能营数十万或百数十万之出纳？则全恃存款为注抱。以三四万资本之钱庄，何以能吸收数十倍之存款？则经理以股东全部之财产为幌，施施然号于众曰：吾庄之股东某，家资二三十万；股东某，家资五六拾万；合四五股东计之，财产已进百万以上。其意以为吾庄股东之财产，既如此雄厚，即便营业全行失败，吾股东之财产，仍足以尽偿诸公之存款而有余也。所以安存款者之心，以为招徕之计也。而存款者亦知其股东殷实，不至骤有变动，乃始相率存入矣。是双方之心理，咸以股东全部之财产，担保其存款之危险也。顾营业者以此为交易之道，拥资者以此为安全之计。余诚不能不病吾国商人思想之笼统，绝无审察推求之才力也。夫个人财产之确数，外人最未易得其真相。以欧美调查之精审，统计之详密，尚有铺张遗漏、畸重畸轻之弊。况以吾国虚伪凌杂，素无统计之可言，以放纵为宽厚，以笼统为大方。人民以政府调查财产为苛扰，个人以窥人隐私为失德。其所谓某人家产若干，某人现款若干者，大抵任意推测，互相播传，除明确之不动产外，大抵皆模糊影响虚无缥缈之词。其号称五六十万者，或仅二三十万；号称二三十万者，或仅十数万，则名之与实，相去已一倍矣。然此犹为最精确之调查也，其或任意铺张，以为号召招徕之计，则或十不及一；或饰亏为盈，则更莫可究诘矣。况吾国人之计算财产，以一家为单位，非如欧美人之计财产，以个人为单位。故所谓某某数百万或数十万者，乃合伯叔兄弟之财产而笼统言之，或就其祖父全盛时之财产而粉饰言之。其实本人得之财产，或仅占全家五分之一，或十分之一，或二十分、三十分之一，均在不可知之列，而言者则不复为之分析也。其或昔盛而今衰，昔盈而今亏，祖父之令名虽存，而精华大半消亡。外人不察，犹以昔例今，以虚为实，则更皮相之论矣。就以上所述，吾国商人名实不符之弊害，已可概见。即让一步言之，使所列股东之财产，名实尚非相去甚远也，亦必一人限营一业，然后始可以全部之财产，为抵偿债务之准备也。然实际上则决不如此，一人同时营三四业或十余业者，犹极寻常之事，而与之来往者，人人心中欲其以财产之全部，为一己债务之准备金。此其背谬荒唐，诚不值识者之一噱矣。故当市况平静金融稳固之日，尚可支持一时。苟商情疲敝，恐慌突起，凡一股东所营之店业，设有一二处失败者，则全局为之摇动。其隶于同一股东之商号，往往因周转不灵之故，相率倒闭。而与之往来者，若所欠之数过巨，则亦牵率与之俱仆而已。在当日自谓安全无虞，预计股东之财产，足以抵偿吾之债权而有余者，至是始知计算之大误，而已补救无术矣。故一二巨肆之亏倒，其影响往往及于全市，与之联带或往来诸商号，为其牵累倒闭者，一时乃至十数家至数十家之夥。宁非因名实不符之故，其弊害乃中于商界全体乎？读者或有疑吾言为过甚者，是必于吾国商业情形，一无所见。苟稍明商业之组织，则此种情形，随处皆是，固不必一一举其事实以为吾言之左证也。吾乡有商人某，某巨肆之主人也。某肆之名素著，商界咸知其殷实。某以某肆主人之资格，遂以豪富自居，其实某于某肆应得之股分，不过八分之一。假使某肆值八十万者，则某所有亦不过十万。某所营他种营业多失败，已有外强中干之势，乃思多拼钱庄，以为挹注周转之计。于是由一而二而三，乃至十数。顾某何由得如许资本，则不外移挪牵补而已。盖既为甲庄之主人,则例有调用款项之权,于是由甲庄划出数千元而拼乙庄,复由乙庄划出数千元而拼丙庄。辗转蜕嬗,不外由一店变化而至十数。旁观者方惊讶其财力之雄厚,同时而合拼如许之钱庄。不知某惟最初自出数千元以拼甲庄,其后由甲庄移至乙,由乙拼移至丙,而某并未出丝毫之银钱。论其实际,某所拼十数钱庄之资本,直可互相抵消,而等于零,综其变化递嬗之迹,俨同幻术之搬弄。故此种钱庄,仅可弥缝于一时,偶遇恐慌,直如秋风之振槁落,盖一无准备实力之可言也。迨相率倒闭,而受其害者,仍为与之往来诸户。故吾谓名实不符之弊害,其祸必及于商业全体也。然上所述钱庄之资本,不过三四万或七八万者,尚为近年商人鉴于钱庄资本太薄,提议增高,较之从前,已增至一二倍矣。二十年前钱庄之资本,大抵为二万之数。(二万两或二万元,用银之市称两,用洋之市称元。)据钱业中人言,钱庄一行开张,股本既罄,盖区区二万之数,仅敷开张时装设应酬之用也。开张后所运用者,悉为他人之款,久无股东之资本。苟循名按实,则直无几希之存在矣。

三,事理之不明也。吾国素无商律,商家之交易,率由旧章,莫敢逾越。故苟有成例可循者,虽事实上多窒碍之处,亦莫敢轻议改革。如钱庄存款,例无定期,随时提取,立须付清,设稍延迟者,则钱庄之信用已失,倒闭即不可免。反之,放出之款,则皆有定期,不能随时索回。商人之贷资钱庄于也,悉为购货汇寄之用。设随时可以索回,则已失运用之功效,孰肯出重利而贷此不适实用之债款乎?而钱庄之收入各户存款,所以能按期付息者,亦不外以资转贷于人,以营余利。乃存入者随时可以支取,放出者非到期不能收回,此必败之道。故无论钱庄实力充足与否,一遇谣诼发生,提款者纷乘沓至。苟非得股东大宗之垫款,立时付清存户,即无以维持钱庄之存在,而倒闭随之矣。清季之源丰润、义善源,最著名之票号也。二号存放之数,足以相抵,而卒不免亏倒者,则提款者刻不容缓,而积数十年放出之款,决非旬月之间所能清理也。凡此皆事实上窒碍难行者,乃仍拘成例而勉强行之,宜其弊害立见矣。又钱庄所欢迎者,惟在大宗之存款,而零星之存户,悉所厌弃,或更拒而不纳。不知社会生计进步,固定之存款,反以中下社会居多数。欧美银行之存款,强半由零星存款汇集而成。今拒绝零星存款而惟兜揽大宗,凡富人之多现金者,既为多数钱庄所共争。于是奔走奉迎,无微不至,乃至竞相贬削以事招徕,而利益日微矣。至于小家细民,生平稍有储蓄,既为钱庄所拒绝,则存放无门,乃至为窃盗所觊觎,豪猾所干没。于是谨愿者惟事窖藏,浮薄者激而浪费,堕国民储蓄之心,长社会凭陵之恶,甚无谓也。就经济原理言之,则于国民生计上、营业利益上,均蒙重大之损失也。吾国近日商人习于侈靡,大钱庄、大行号之经理,居处之优美,应酬之阔绰,无殊豪富。故每岁费用达数千金以上者,已为极寻常之事。而薪水之微薄,则适与之相反,岁不过百数十金至二百金耳。试问为经理者,焉得如许私财,供历年之赔贴乎? 其取偿之道,仍不外间接取之股东而已。凡大钱庄、大行号之经理,殆无一而不宕账,私取店中银钱,以供一己营业之用。获利则径入私囊,亏耗则推归店中,是店中无形之损失,实甚于有形之加薪也。夫大钱庄、大行号,营业岁额,大抵达百万元以上。以局面如此开展,责任如此重大,乃谓为其经理者,每年薪水不过一二百元,宁非天下最滑稽之事,而事实上必不能实行者乎? 在股东亦明知名义上之薪水,万不足以供经理之开支,而经理之亏宕,亦几为股东所默认。顾何以习俗相沿,仍无人议及加薪。何也？曰：常人之见，但求有形之减省，不察无形之消耗。骤议加薪，决非股东所乐闻也。就经理方面言之，以名义上之薪水，与实际相去太远，即使骤增一倍，亦仍无补于事实，何必争此微末之数，效贫子之所为乎？故大商号之经理，所注意者，惟在每岁应得之红利，及私人名下所营之交易而已。而此名义上一百二百之薪水，久已视为无足轻重之虚文矣。试问著名钱庄行号之经理，其岁入有不达数千金以上者乎？曰：无有也。然则际实（实际）上股东既予以优渥之权利，而名义上仍称微薄之报酬，予窃为股东不取也。且名义不正，则责任不明，固无论经理得以藉口薪水过薄，不得不亏宕店款，私营交易，以为补助之计。股东虽明知之，亦莫能诘责也。且名义上仅获如许之报酬，则决不能负过重之责任，而遇事反有辞脱卸矣。吾乡某钱庄之经理，时作滑稽语曰：吾辈作钱庄经理者，责任如此之重，操心如此之劳，而每岁仅支东家薪水二百元，可谓天下之最苦矣。其实某经理每岁所获不下五千金，报酬之丰既如此，乃犹作矫饰之语，以谑股东，则不得不归咎于旧例之不善矣。夫经理之所恃为生活者，既在红利与个人营业之所得矣。当营业利顺之际，所获既丰，绝无远虑，得之轻易，则不复珍惜，耽于安乐，则竞习豪侈。相沿成俗，积重难返，一遇市况疲敝，营业诸多失利，势已不能由奢返俭，以期出入之相抵，乃不得不出种种不正当之手段，以取盈焉，则诸弊丛生，而店事益败坏矣。盖人必岁入有定额，而后始能安心职业，不事意外之营求。若忽盈忽虚，荣枯靡定，则得意时往往任意浪费，失意时又易流入邪僻。试问受其害者复为何人？故为股东计，未有如此失算者也。夫大商号之经理，薪水既如此微薄，则中小商店之寻常伙友，更当依次递减。故月支十元或数十元者，已任司账跑街之职。若南货、杂货

（洋广货）、烟纸、药材数项之散伙，其薪工大抵不过三四元至五六元足矣。而吾国内地之商店，则以此四项为最多。是吾国大多数之商人，其薪工均不出三四元或五六元也。近年吾国物价，日形腾贵，日用必需之品，较诸二三十年前，其市价莫不增至三四倍。一壮男而月薪仅三四元，则凡家有三四口者，虽节衣缩食，亦决不能自瞻（赡）。夫人必衣食粗足，内顾无忧，谨者方能束身自爱，忠于其职。若终岁勤劳，而妻子犹不免于冻馁，则怨尤之念勃兴，不能自抑。廉耻之心，日形牿亡，自不复顾惜声名，勉为循良之人矣。故吾国商店之寻常伙友，凡无出纳银钱之权，如经理账房之可亏宕者，则殆无几人能免于偷窃。始则作俑者不过一二人，继则相习成风，恬不为怪，而多数店伙遂同流合污矣。于是阛阓之间，遍生荆棘，侣俦之际，尽相猜疑，商人之道德愈堕落，而店事愈废弛矣。股东经理，日劳心疲神于防范监察，更无暇从事于物品之改良，营业之扩张。故吾国商号，但能保持最初之局面者，已为难能可贵，而终古遂无进步之可言矣。世固未有商人道德如此污下，而实业犹能兴盛者。欧美精通计学之士，凡言兴振商业者，莫不以增进商人道德为急务，洵知本之论也。日本近年经济不稳之现象，其弊正同于吾国，自物价腾贵以后，首蒙生活困难之痛苦者，非在勤劳力作之农工，而在小学之教员及普通商店之伙友也。试观吾国工厂之匠，其每月所得殆无一不达二十元以上，稍具机械智识者，则自三四十元至五六十元不等。下至负担舆夫，菜佣果贩，每月亦可赢十数元。独此识字知算，介乎中流社会之小商人，其佣金乃不及普通工人五分之一，诚天下最不平之事，而足以酿成全国实业界之骚动也。日本近方竭国内贤智之心思才力，以期解决此问题。独吾国上下，熟视无睹，从未有为之筹画预防者。长此以往，不特罢工加薪之风潮,勃发而不可禁遏,将全国商人陷于捏抗徬徨之境。盖居今之世,商人决不能墨守成法,抗世界经济潮流之大势也。凡一店营业之盛衰,赢利之厚薄,全视用人之得当与否。欧美卓越之企业家,其人大抵朴实长厚,沈静拙讷,不必有过人之材智,兼人之精力也。惟其知人之明,容人之量,确有异乎庸众之处。故能致人之力,尽人之材,汇集众长,以广思益。是以能建伟大之企业,收宏远之效验也。吾国资本家之用人,大抵喜谄而恶直,信佞而远贤。凡营业稍盛,贮积稍厚,已志骄气盛,不可向迩。以趋走便利而谓之能,则老成者为迟钝矣;以应对捷给而谓之能,则木讷者为迂疏矣;以逞材喜事者而谓之能,则镇静者为怠缓矣;以武断阴刻不恤人言而谓之能,则和平醇厚宁人息事者为沽〔名〕钓誉矣;以造谣生事窥刺隐私而谓之能,则束身自爱慎言慎行者为背主营党矣。偶有逆拂,而摭拾细故以黜之矣。故吾谓今日之工商界,不必轻訾官僚之钻营奔走也。今之所谓富商大贾者,其左右亲信之人,何一非长于奉迎窥探之术,熟于倾轧趋避之涂者也。以余所见之实业家,有崛起微寒之中,困心衡虑,赤手成家,其阅历不可谓不深,其经验不可谓不宏,宜已周知人间情伪,不至复为金壬之所乘矣。乃中年以后,处境渐入优裕,意气日趋骄盈,颐指色示,俨有令莫予反言莫予违之概。承顺意旨者,虽愚庸立予拔擢,秉性戆直者,虽勤劳日见舛疏。于是左右尽柔佞之人,往来无直谅之友。是非颠倒,谁复为之纠正?奸弊丛生,谁复为之举发?驯至浸微浸衰,迨败象暴露,不能复能隐蔽,则事已败坏不可收拾。依附者见已无利可图,则相率而鸟兽散矣。是非一人之身,前智而后愚,昔奋而今惰也。其所以始由贫窭起家,而卒由骄盈致败者,则皆由左右亲信之人误之也。凡人能为富人之左右亲信者,其人必顽钝亡耻,巧诟亡节,工谖善谀,嗜利寡信者也。顾骄盈好诡之害,犹人所共知也。而最为商人之通弊者,则莫如不明而喜察。不明则于物多蔽,喜察则于人多疑。既无鉴别之识,复时怀猜虞之心,将见天下无可信之人,而必以一己之探试视察所得者为可凭。于是柔佞辨辟之徒,得以窥探其意旨之所在,伪饰矫揉,以应其好,则视听混淆,而奸佞竞进矣。世固有极跋扈之人,而故为谨愿之态;有极豪侈之人,而顿作俭约之举。彼方有求于人,不难骤变常度,以迎合他人之心理也。故以淡泊自甘者,而不必以敝衣恶食取人;以恭俭自持者,而不必以矫情饰行镇物。若胸中先有成见,以钩距摘发为能,以好恶从违为准,则未有不为物蔽,而受群小之欺蒙也。余闻诸某商人之言,某店主性喜俭啬,于是经理当店主前,虽片纸寸绳,亦必殷勤拾起。店主喜其性与己同,以为必能惜物节用也。不知某经理性极豪侈,每岁所掷缠头之资,不下数千金也。又有某富商,工于心计,营业极盛,设巨肆十数,方搜求经理之才。某甲时为某肆小伙,富商未遽重任也。某甲知富商人极精刻,又喜用精刻之人。于是为某富商购物,必较市场最廉之价,更廉少许。富商大喜,亟称其能,其实某所报之价皆伪,市场固无如此抵(低)廉之物,皆某暗中以己资赔贴也。富商又信八字,某甲默李爵相之八字,富商既喜甲精明,将畀以要职,欲知某甲之星命如何,以定去取。一日忽问某之八字,甲即以李爵相之八字进,富商以甲命当大贵,今改营商,百万金当可立致,不禁狂喜,遽拔为新设之银号经理。不二年,某甲窃数万金而逃,乏(富)商终不悟,尝语人曰:某具如此八字,而终无成,宁星命尚有误耶? 故凡不明而喜察者,其结果未有不被人愚弄者也。其以术数自喜者,又多偏僻之见,往往以醇正朴啬之辈,迂疏而乏权变,难与图功,而贪诈嗜利者,苟驾驭得术,反可收非常之效。不知世固有极无用之人，又为极狡滑之人，亦有极质朴之人，而又为极能办事之人。非诡诈者即能任事，长厚者即为无用也。彼顽钝亡耻者，往往无一技一长之可述，又复嗜好甚深，贪欲无厌，受以事则不耐劳，则废事而嬉矣。一遇金钱之出纳，则干没侵蚀，无所不为矣。彼之所谓能者，不过熟于应对奉迎之工，长于窥探掩饰之术，而办事之才力，反多出于庸众之下者。若喜其便辟，悦其柔佞，而遽与以信任，则未有不招倾覆之祸者也。即使其人稍有才智，便捷机警，足供驱策，然心术已非，无在而不可以反复。任之愈专，信之愈久，则为祸亦愈烈。此不必远征诸故事也，就最近商界所共知者言之。如某书馆之营业部长，任事数年，稍有贮蓄，即纠资另设一书坊，事事与某书馆为难，倾轧影射，无所不至，而某书馆乃受其大害矣。某烟草公司之代理人，初为一小烟纸店伙，月薪仅三元，贫乏无以自存。自任为某公司之代理人，不二年所获逾万，及设一烟草公司，所制之烟，名称包裹无一不与某公同销行者相似，以为攘夺影戤之计。及去岁抵制之风潮起，某即广播谣传，期颠覆某公司以广其营业。虽某烟草公司以资本雄厚，根本上未被动摇，然损失已达百万矣。当某书馆、某烟草公司主人之任用二人也，未始非因其才智之足取，以谓縻以厚薪，其人当不我畔，于是拔之于微寒之中，畀之以重要之职。昔之妻号儿啼，饔飧不给者，今且丰衣美食，养尊处优，使稍有人心，宜如何感激图报。乃未收驰驱之效，先作反噬之举。盖虺蛇之性，无往不而噬人。世之师心自用，自谓能使贪使诈者，其亦可以憬然悟矣。吾国商人智识闭塞，自幼诵习孔孟之书，鲜能明其大意。及长而稍习字义，其最得力之书，仍不外各种演义也。而此诸演义所陈述者，不外定计欺人之术，攘夺诈虞之迹而已。故权诈谋阴之毒，深中于吾国商人之心。

余谓《三国演义》一书，误尽吾国商人，其害过于诲淫诲盗诸书万万。商人何以人人崇拜武候（侯），则以《三国演义》极力铺张之故。而《三国演义》所描写之武候（侯），直一阴险狡猾嗜利冒昧之小人，无复忠诚恭谨謇謇大臣之风矣。故凡崇拜《三国演义》中之武侯者，其心术皆不可问，其遇人接物，己无丝毫之诚意，而乡曲间赢得军师伏龙之诨号者，其人皆极不堪之鄙夫也。商人既误认阴险狡猾为能，其用人之际，亦必以此为标准，而自谓才智过人者，辄喜效法帝王之驾驭群雄，以来傥来难冀之功。不知专制之帝王，其恃为心腹爪牙者，固多屠狗椎埋之雄，慓悍桀骜之辈，亦缘武夫质直，不易反覆，以报恩为大义，以负心为奇耻。故能收一时驰驱之效，而成攻略平定之功。若乡曲之鄙夫，市井之奸猾，嗜欲无穷，柔媚无骨，见小利必趋，见小害必避，遇以恩而不知感，施以惠而不知足。以淮阴之奇才雄略，犹恋恋于解衣推食之知遇，而不忍倒戈以攻汉王。若市侩势利之徒，非尽攫解衣者所衣之衣，尽夺推食者所食之食，其心终不餍足。是虽汉高、唐太亦将穷于驾驭牢笼之术，乃商人欲以妪煦之惠结其心，其愚诚不可及矣。观于某书馆受某部长之播弄，某烟草公司受代理人之倾轧，亦可知信奸喜佞者，终受其害。彼财力局面万不及某书馆、某烟草公司者，更不必轻于尝试，而自取祸戾矣。其愚惑昧于事理者，既见人之巧而用之，而复嫌其精刻，既因人之愚而用之，而复嫌其戆直。夫一人之身，决不能兼具愚巧二性。愚者恒患迂缓，巧者恒为凉薄，故利用人愚者，不必嫌人之愚，利用人巧者，不必嫌人之巧。若欲其作我事而对他人时，则惟恐其不巧不刻，对己则又惟恐其不愚不拙。此天下必无之事，亦徒见其心劳日拙而已。以上所述商人之通弊，皆不明事理之最显著者。若一一缕述之,将累数万言而不能尽,读者以此概其余可也。(余谓吾国商人之用人,辄喜以古代帝王自拟。读者或有疑我言稍近滑稽者,吾人试与商人接近,此种现象,触目皆是。商人习见习闻,不以为怪。乡村之小商人,设一小肆,用三四伙友,辄喜谈曹孟德、刘豫州牢笼驾驭之术。余所见某富商与店伙之书函,俨同雍正、乾隆之上谕。吾国专制帝王之名号虽去,而专制帝王之遗毒,深入于人心,一时未易骤拔也。)

(《江苏实业月志》1920 年第 13、18 期)

发明家瓦特传

述瓦特一生之事实,足以引起世人研究机械之兴味,而征坚忍者之必有所获也。瓦特 James Watt 生于苏格兰格格纳克村,时一千七百三十六年。其父设一小肆于近镇,未几营业失败,尽丧其资。瓦特童时,已丁此家庭之厄运矣。瓦特自幼嗜机械之学,凡物必穷其理,力求贯彻而后已。瓦特谓环绕吾身之事事物物,莫不可为穷理之资。故于机械学外,复习天文、动植物诸科焉。

瓦特十七岁时,离家而赴伦敦。此一岁中,与一制作家悉心研究星象学及绘图之术,以勤劳过度致疾,乃返苏格兰故乡。疾稍已,以佣自给,为格兰格哥大学仪器之修理匠。每日无规定之工作,惟校中仪器有毁损时,令氏为之修理而已。顾以氏好学之癖,得一物必穷其理,积数年之肇讨,已尽得机械学之大概矣。时有纽可门 Newcomen 之蒸汽机模型,(余阅近人著述,咸以蒸汽机之发明归于瓦特,不知蒸汽机之发明,非瓦特一人之功,如纽可门者,亦可谓发明蒸汽机之一人。纽可门生于一千六百六十三年,殁于一千七百二十七年,时瓦特尚未生也。惟蒸汽机经瓦特之专心研究,改良蒸汽机器,始适于各种之实用矣。于是瓦特之名大著,他人之名均为所掩。然考诸欧美书籍,从未有称瓦特为蒸汽机发明家者,大抵称瓦特为苏格兰发明家,或浑称之为发明家而已。而吾国之书报辞典,无一不以瓦特为蒸汽机发明家,国人苟知瓦特之名者,亦无不知其为蒸汽机发明家也。近人翻译之谬,类此者乃多至不可胜纪也。)令瓦特为之修理者。氏详为考察,未几有所误(悟),以蒸汽机苟欲适于世人之实用者,则应改良之点正多。瓦特既毅然以改良蒸汽机自任,取各种器械,一一试验之,思索有得,则复一一为之矫正其缺点,先后凡十年。氏之于机械学,其用力可谓叩(勤)矣。以氏之羸(赢)弱多病,本不堪过度之操作,乃复贫篓(窭)屡空,必力作而后得食。又当蓄赀以供机械试验之费,其支绌拮据之状况,可谓极人间之困苦艰辛矣。设非瓦特自信之坚,毅力之宏,则未有不颓然自沮者也。

瓦特之钻研机械学也,自幼至壮,数十年如一日。积时既久,经验益富,故瓦氏于各种机械学,无不通晓。凡以机械就正于氏者,无不乐为之助。有时复为乡人测量河渠道路,瓦特治河之术,尤为世人所称道焉。然以氏之多艺,无补于贫乏,且以试验用费过多之故,复称贷于人以益之也。

瓦特举债既多,乃不得不割舍其创作所获之权利,让于富人,以偿其夙逋。氏当时之所获,仅足以支期月之需。友人白尔敦怜其不遇,稍稍助以资,与之合营一商号,名曰白尔敦瓦特商号。于是瓦特由苏格兰徙至伯明罕,制造各种机器,其品质之精良,工作时成物之迅捷,远出他厂之上。于是伯明罕机器之荣誉,轰传于英伦三岛矣。前乎瓦特所制之蒸汽机,仅足供抽水之用,经瓦特种种之计画,改良其装配推动之机关,乃始适于各种机器之用矣。

瓦特年六十四,以衰老自请退职,委工厂于其子,自营一第于近村,备极壮丽,氏遂终老于是焉。瓦特殁于一千八百十九年,年八十三。殁后英人思其功绩不置,乃建瓦特遗像于威斯敏大寺,及氏生平居处各地。(威斯敏大寺者,英国古代大建筑之一。凡英历代名相名将、硕学文豪及有大勋劳于国,或创造新机有功于工商业者,咸建像于此,犹清之贤良祠也。)英人之重瓦特者,非徒美其能创造新机也,美其天姿之仁厚,能以其财富学识,使所识穷乏者咸蒙其惠也。瓦特交友以诚,久而不衰,量宽宏能容物,性喜人述故事,每从旁听之以为乐。瓦特既享大年,复极人间之丰享优裕,而博施济众之念,老而弥笃,其恺祥仁慈之风,洵足以愧残贼寡助之资本家矣。

(裘毓麐译,《江苏实业月志》1920 年第 13 期)

世界著名煤商安立阿德传

吾人试述世界著名煤商之事略,其必以安立阿德之生平为最奇特矣。其始也以一坑井力作之童子,而卒为英伦北部及南威斯之大矿主,被选为国会议员,获从男爵之勋位。综安氏一生之事略,实以宏毅之精力,经无数险苦艰辛而始底成功者也。

安立阿德 George Elliot 生于英国之门头村,时一千八百十五年也。父为矿工,贫甚,以当日矿工之生活,为劳工中最下者也。安氏童时,为饥所驱,不得以弃学作矿工。每日须在湫溢幽暗之深坑,作工十四小时,仅获微资以糊口。以当日英国资本家之骄蹇顽陋,役人如牛马,曾不知人道主义为何物。国家既无禁止幼童作工之律,复不为规定作工之时间。于是残酷嗜利之佣主,逼挱摧剥,无所不至,而氏则备尝此中艰苦之一人也。

安氏好学之趣,曾不因境遇之穷而自阻。工作之余,入夜馆修业,偶得化石木枝,悉心研究之。于是氏始有专攻科学之趣向,以氏之勤叩(劬)智慧,学识之猛进,卓然有异于庸众,人咸称其能。于是安氏以一下级之矿工,当事者累擢其职,后乃为华盛顿(英国地名)煤矿之总经理焉。

电报术之发明,实予安氏以展发才猷之新机。当是时电线之敷设,仅限于陆地,尚未得海底装置电线之术。顾英伦三岛,环境皆海,设无海底电线,则电信之传递,仅限于境内,仍无由与各国互通消息,交通上之窒碍殊多。于是国专攻电学之士,锐意钻研,群思建此新猷以自显。而斯时之安立阿德,已为英伦声誉卓著之工程师,非复如当年在深坑作工之情况矣。乃与其友葛洛诗合资设一商号,专制电线及其他电料,即以二人之名名其商号也,此所谓葛洛诗安立阿德电气商号者,卒成创设大西洋海底电线之伟绩,实为连接英伦与新大陆电信之枢纽焉。安氏既创设海底电线,名益高,而其所置之各煤矿,产额日盛,获利益厚。氏复久任伦敦侯爵之总工程师,于是世人益震其术智矣。

一千八百六十四年,安氏以资购配痕沙煤矿,始为是矿之主人。配痕沙煤矿者,实氏当年为童子时,每日在深坑中力作十四小时之区。曩日荷锸担煤之旧侣,仍多淹滞为贱工者,而氏则一旦奄有全矿而为之主,旁观者诚不胜世事沧桑之感,而叹男儿之当自强也。安氏既得配痕沙矿,初不因此自满,未几复购入南威尔斯煤矿数区。于是安氏所属各煤矿,每日可得煤六千吨,氏所获资财既厚,荣宠随之。一千八百六十八年,北达亨州选氏为国会议员。至一千八百七十四年,英皇维多利亚以安氏有功于英国工商业,锡以从男爵之勋位。于是当年深坑攻煤孤苦无告之童子,乃一跃而为英伦之贵族矣。

安氏任国会议员久,能尽其职,甚有声于当世。其功业著于海外者,无殊其在国中也。安氏游埃及时,曾任其国之工程师。当塞普洛斯岛割让英国时,安氏曾偕随员数人,检阅是岛之状况焉。

安氏生长之乡,夙富矿产。氏又投身于煤矿,自幼至壮,殆无日不瘁力于矿业。故其经验之宏富,措置之详密,举世殆无其匹。安氏既以矿业显,论其事业,其重要实无逾于其所经营之煤矿,实安氏毕生精力之所寄也。安氏之言曰:"世人鲜能尊重矿工之人格,为之代谋利乐者。吾所以周知矿工之疾苦者,吾少也贫,久为矿底黑暗之生涯。此中之险难艰辛,吾均身历而备尝之矣。吾宁能以今日之安富丰亨,邈漠视旧日俦侣之痛苦耶?"安氏既为南威尔州之矿主,竭力谋矿工之安乐幸福。由是英国矿工之生活位置,日益增进。其宏识雅量,洵非阴惨刻薄之资本家所能梦见也。

安氏所置煤矿,大半在威尔斯州,于是复由威尔斯州选为国会议员。当一千八百九十三年冬,一日偕首相沙利勃雷赴纽泡之大会,会毕安氏自温暖之室中趋出,骤婴寒疾,未几殁于伦敦,乃归葬于故乡霍敦村,营墓于霍敦泉畔。其他(地)近配痕沙煤矿,实安氏童时在深矿力作之处也。

(裘毓麐译,《江苏实业月志》1920 年第 13 期)

坎拿大之实业

坎拿大为英国最重要之殖民地,东西北三面滨海,南与美国相接,大湖绕之,故交通便利。由坎拿大舟行而至欧洲及合众国或亚洲之东方,较之他国,其距离均不甚隔远也。大西洋沿岸之诸埠,较之美国东方海埠,其至欧洲北部之航程,较为近便。滨大西〔洋〕之海岸,曲折而深长,自北至东,湾港纷歧。临圣洛伦湾上之蒙特利瓦,其位置虽深入内地,然由是城而至英之利物浦,较之美之纽约,犹近三百英里。以地球之圆径,愈近北则愈小也。圣洛伦斯湾上诸埠,入冬则坚冰封港,不能通航。由海运至蒙特利瓦之货物,在冬季则须在哈勒法、波脱米二埠上陆,复由铁路运至内地焉。雪特、南勃立登二港,一岁中凡三阅月为浮冰所阻,船舶不能出入。哈勒法、叶摩斯、路易堡、纳佛斯歌、西圣约翰五城,则终岁可以通航,无坚冰沍凝之虞焉。

哈得孙湾上之诸埠,一岁中只有四月可以通航。适当小麦收获之期,铁路由中部产麦之区,直达蔡赤尔河及纳尔孙河上各埠,所以使坎拿大之谷类运至英之利物浦者,其航程较短也。滨太〔平〕洋之维多利亚城、蓄古淡城、威斯敏城,则为由坎拿大东航亚洲及澳洲之出发处。滨北海诸埠,则因气候沍寒,交通梗塞,殊无商业之关系。南滨大湖诸埠,如多伦多城、如金丝敦城、如给墨敦城,商业均极繁盛焉。

当美洲未经欧人开拓之前,坎拿大东部,悉为广漠无垠之森林。其后移殖渐众,铲刈秽草,伐去群木,山林日启,始从事于耕作牧诸业矣。现今坎拿大之主要产品,则为谷类、果类、牲畜、乳饼、乳油、木材及滨海所捕捞之鱼。广漠之平原,由曼热妥白省经中部各地而达西部之哥伦比亚省。坎拿大产麦诸地,其生产费之廉,无逾于曼热妥白之平原及奎伯尔与萨斯喀特温间之低地矣。萨斯喀特温之北部,及亚尔盘泰省,气候干燥,畜牧最盛,故牛乳及其附属产品,为是区之主要农产也。西部之哥伦比亚,落机山盘纡境内,数千里不绝,坎拿大最多山之省也。南方诸河流域及河口淤成三角淤,地多丰饶,适于耕作,故谷实及果品均繁植焉。坎拿大最富森林,故锯木厂遍设各地,从事采伐。滨海鱼类,生产极繁,为坎拿大重要之富源。矿产则以金、银、煤三者为主要,每岁之产品均极盛焉。就坎拿大横面之广度而析言之,则森林之带广约二千三百英里,矿产之带广约一千英里。山脉之长,广六百英里。极北诸部,气候沍寒,经年冰雪不消,所产者惟苔藓及矮树而已。故是区之产品,无可言者。然矿产极盛,金、银、铜、铁、煤及其他矿产,每岁所获甚夥,为坎拿大重要之富源焉。寒带之广,东北自拉布拉达,西至麦根些河附近,实横贯坎拿大北部全境焉。

坎拿大之位置,较之英伦三岛,坎尚略南,而气候则大异。英国全境气候温和,无剧热亦无剧寒。坎拿大则不然,冬则极冷,夏则极热,即北部极寒之区,夏季之炎暑,亦不为之少减也。其故英国有自墨西哥湾流来之暖洋流,因此而有西南之暖湿风,自海上吹来,故气候调和。坎拿大之东北部拉布拉达,有冷洋流至,且有寒风自陆上吹来,故气候沍寒。西部之落机山,绵亘数千里,由太平洋吹来之温湿空气,为高山所阻,不易传达于内地。故落机山西之哥伦比亚省,较之落机山以东诸省,气候顿觉温和。而落机山以东诸省空气燥烈,亦不及落机山西之湿润也。塞西热播省之南部,为坎拿大最干燥之区。高原空气凛冽,得雨较易,江湖之水,由山上泉流汇集而成,其量至夥,经岁常满。西部之大牧场,其水草得以常滋美者,则由群山积雪,至春融消,散布各地,而植物得以润泽滋荣也。自落机山东至大西洋,(几占坎拿大之全境,以落机山以西之哥伦比亚省,尚不及坎拿大全境十分之一也。)气候沍寒,每岁冰雪不消者约三阅月至五阅月。然一至春夏之交,有热风自海洋吹来,又极暑热,植物生长最易,遂令坎拿大为世界重要之农业国也。夏时生成之玉蜀黍,亦极繁盛,盇泰立阿及奎伯克二省,居民以为主要食品焉。坎拿大繁盛之都市,大抵滨大西洋沿岸,绝无气候温和宜人者。就最大多市蒙特利瓦言之,冬季之寒,无殊俄之圣彼得堡(今改为彼得格拉)。夏季之热,复与西班牙北部同也。(西班牙北部,夏时为欧洲最热之处。)

坎拿大最重要之实业为农业,故坎拿大全部之居民,农夫实占十分之七。全境之地,四分之一宜于耕作,然垦植者尚未及半,由于居民稀少,交通又不甚便利也。坎拿大政府厉行吸引殖民政策,每岁自欧西航者,不知几万千人,生齿日繁,农业亦日发达。于是种麦之区,乃由南而渐至北矣。萨斯喀特温河以北之农田及牧场,得和暖之西风,挟空中蒸湿气俱来,谷麦及草均得润泽发育。故农业与畜牧俱盛,居民赖以富殖焉。

盇泰立阿与奎勃克二省,昔为产麦最盛之区。今产麦之中心,已移至曼热妥句(白)平原矣。以其地层黏土上之黑色肥土,能吸收雪中之湿气,输入麦中,最有益于麦之生长发育。故春季之麦,大半产于是区。谷类之输出,或由铁道,或由湖运,群集于蒙特利瓦城。坎拿大所产之小麦、玉蜀黍、燕麦,大抵由是装船出发,实坎拿大谷类之总汇也。苏比利亚湖上安萨堡城,乔治湾上之厄温,为西部谷类之出口处。凡此数城,皆建有极大仓屋,以为贮存谷麦之用。坎拿大出口之小麦及麦粉，大抵输往英国。美国产麦最盛，输出欧洲者不可胜纪，然运至坎拿大者，其量至微，以坎拿大产麦既多，价又低廉也。玉蜀黍及燕麦，为东方诸省重要之农产输出品。燕麦、大麦、黑麦之生长，较易于小麦，故坎拿大农人植小麦于南部，迤北则艺燕麦、大麦、黑麦。然其繁殖，初不因气候之冱寒而少减，故中部高原，燕麦等最繁盛，无殊曩日植于盎泰立阿、奎勃克二省也。盎泰立阿之东南部，郡湖环绕，称为坎拿大之公园，产佳果，葡萄、苹果尤著。英国进口之苹果，来自盎泰之（立）阿、纳佛斯歌西二省者，殆逾总额三分之一也。

东部诸息，居民生计，以畜牧为最重。盎泰立阿及滨湖诸省之农夫，尤致力于畜牧。马牛羊及牛乳、牛毛等，每岁运往英国市场者，其额至巨。英国各城运货驾车所用之马，三分之一由坎拿大输入。牛羊生致诸英之市场者，每岁所值之总额，五倍于马，惟已宰割之牛，输出者殊鲜。以美国、阿廷根（根廷）、澳洲均为牛肉出口最盛之区，坎拿大犹不足与之竞争也。盎泰立阿为畜牧最盛之省，亚尔盘泰之牧场，沿落机山麓，山巅积雪，入春融消，沿溪而下，润泪牧场，草益滋美，牛羊食之，易于生长，以其富于滋养性也。虽在冬季，草已痿枯，犹见牛羊千百成群，散于各草地焉。家禽如鸡、火鸡等，则先宰割洗伐，贮之冰箱，然后运往英国，迨登诸英人之杯盘，则至暂亦逾数旬矣。每岁输出之额，增进无已，当为坎拿大重要之农产输出品也。

坎拿大为世界最大之乳饼产地，乳饼之制作，以盎泰立阿省为最盛。境内之乳饼厂，约四千所，每岁产额五分之四，输往英国。其生产之盛，品质之美，久为世界所推许。坎拿大乳饼之荣誉，无远弗届。英国境内所用之乳饼，四分之三由坎拿大输入。乳油亦有声于英国市场，尤为英人所共嗜焉。

坎拿大沿大西洋东岸，渔业最发达，实世界产鱼极盛之区也。坎拿大人从事渔业者，约九万人。拉布拉达之洋流，中含无数海藻，流至滨岸浅海，则海藻患停潴，不复随潮流而去，实为海鱼最适宜之食品。凡鲑鱼、青花鱼、鳟鱼、鳕鱼、大扁鱼无不嗜之，故此数者，莫不繁殖于坎拿大东之大西洋沿岸焉。坎拿大之东岸，与纽芬兰岛之附近，产鱼既盛。自十六世纪以来，久为世界著名之渔场。欧洲各国之渔船，齐集于此，互相忌嫉，时启争哄。于是英国政府与美法等国订捕鱼条约，凡滨海三英里以内，其渔权属之坎拿大人，外人不能至，过此以外，则为世界公共之渔场焉。坎拿大复组织一巡洋舰队，以保护渔业。坎拿大之东岸，及纽芬兰之附近，为世界产龙虾最盛之区。纳佛斯歌西之渔业，鲑鱼、龙虾、鲱鱼三者，殆占全额三分之一。纽白伦丝威克之渔业，在坎拿大位置第三，以鲱鱼为最盛，坎拿大全境无与伦比，其销路则强半输往美国市场焉。美国之税则，凡制罐诘之材料，均须课税。于是坎拿大商人欲避关税，以减轻成本，乃运鲱至密埠，从事制作，遂蔚为渔业之巨埠。凡制鲱鱼罐诘之厂，多至四十处。（鲱鱼之小者，即为沙定鱼，以橄榄油熬之，味亦特佳。欧洲南部与西南部之居民，均嗜之，为鱼类中最重要之食品，故罐诘沙定鱼销行甚广。近日吾国人亦多嗜之者，每岁输入之罐诘沙定鱼，其值决非微细也。）鲑鱼之产地，则非在大西洋海滨，而在太平洋西岸矣。故坎拿大极西之哥伦比亚省沿岸，产鲑最盛，殆占岁额四分之一。哥伦比亚所产之鲑类，皆肉坚色红，其小者尤宜制罐诘之用。鲑鱼产子于湖或溪涧，稍长随流入河，复由河而入海。三四年后，已成大鱼，则复离海溯河而返溪涧，既归故乡，乃于涧底掘穴产卵。当鲑鱼之离远洋而返也，必顺洋流,故洋流所经之区,必多鲑鱼,渔人知其必由之途径,乃设网以待其至。鲑鱼之来也,万千成群,往往一网得五六千尾至七八千尾之多也。坎拿大制鲑鱼之罐诘厂,大抵设于河上,佛莱塞河上尤盛。圣劳伦斯河所产之鲑鱼,其性质与英国所产者相近,迥异于太平洋西岸之鲑鱼矣。坎拿大南滨大湖,境内河流纷错,均富渔产。故内地渔业之盛,无异滨海诸地焉。大湖所产之鱼,以白鱼、姆鱼、鲽鱼、小鲈鱼、鲱鱼、棱鱼为最多,产地以哈郎湖为最盛。湖鱼之产额,殆占全境渔业十二分之一也。坎拿大渔业每岁所获之总额,约美金二千五百万元,输出者约居总额之半,以鳖鱼、鲑鱼、鲱鱼、龙虾四者为最巨。英、美二国,每岁购自坎拿大之鱼品,实占其输出总额四分之三焉。坎拿大之罐诘鲑鱼,销行于世界各国。干制之鳖鱼,则为罗马教诸国最通行之食品。坎拿大之鳖鱼鲊,大抵输诸西印度诸岛焉。坎拿大沿大西洋东岸之渔业,以其与英美商埠接近,且冰之供给较易,故为鲜鱼装运最适宜之所。而西部太平洋沿岸之渔业,运输上之便利,虽不如东岸,然水波平静,渔家生涯,较为安乐。每岁所获之鳖鱼、鲱鱼、大扁鱼,其额甚巨也。

　　渔业之外,兽皮亦为坎拿大之重要天然产品,每岁产额颇巨,且多珍贵之皮革,世界产皮极盛之地也。海豹之捕获,政府以专利之权,给哈德孙湾公司,设总公司于威纳群革。公司所遣猎人,中多印第安人(即红人),散布于北部之荒郊及深林,以伺兽迹。安狄摩登为派遣猎人总发之所,凡威纳群革包装之皮革,则由红河而运入美境,复由美装船输往各国焉。猎海豹者知海豹往来之途径,乃于中途要而杀之,(海豹往来于其生产之地,猎人伺其过,突出击杀之。)而剥取其皮,皮值颇昂,获利颇厚,于是猎者竞杀海豹以戈高利。当一千八百九十四年,一岁之中,捕杀海豹之数,达四万四千零八十六头。英政府以猎人嗜利而无远虑,长此以往,则海豹之种族,不难于数年之间,杀伐以尽。于是下令限制海豹之捕杀,以期其种族之繁殖焉。坎拿大所捕获之皮革兽类,以一千八百九十四年为最盛,计海狸四万六千七百七十九头,水獭七千四百五十五头,獭属五万一千一百六十三头,貂十万零八千九百九十七头,野猫一万二千八百十三头,熊九千一百七十三头,麝鼠六十四万八千六百八十七头。以捕杀之无节,自此岁后,所获渐减。其皮革为世人所诊(珍)视之水獭,乃几至殄灭焉。(海豹为水陆两栖之动物,牡大牝小,前足短,后足长,艰于行动,跳跃而前。性喜群,千百杂处,温顺易驯,恒登岸曝日以取暖。全身生毛甚密,苍黑有光泽,皮毛杂锋毛与绒毛两种,锋毛长而硬,绒毛短而柔。故得其皮,尚须拔去锋毛,始适制冠服之用,其所须之人工既多,故市值益昂矣。)

坎拿大森林之富,世界各国,殆罕其匹。就其面积言之,已远过于欧洲之全部。其产地之广,东自大西洋沿岸之纳佛斯歌西省,西至太平洋西岸之哥伦比亚,东西广三千余英里,南北长二百余英里。所产之木,多可供建筑用之良材也。自铁路建筑完备后,而森林之利益显。坎拿大东部为松斯泼罗斯、(松属,或曰桧属,质松软,或以造纸,汁可制酒。)白杨及硬木之产地。故盖泰立阿、奎勃克、纽白伦丝威克三省,为世界著名产木之区焉。纽白伦丝威克之木材,种类繁多,奎勃克则产额最富。凡东西北三部所产之红松、白松,悉汇集于鄂大瓦,故为木材贸易之中心,坎拿大制造木料为最大之城焉。森林最盛之区,多在深山,汽船汽车不易达,故伐木者利用溪流奔湍之力。冬日伐木,委之溪中,时溪已冰,堆积成行。至春冻解,山中泉水,自峻岭而下,奔腾直落,其势锐,其力至巨,溪中之木,遂随波而俱下矣。既下山,入大河,乃有人于河口编为巨筏,而运至各地。坎拿大境内诸河,其上流与林木产地之溪涧通者,巨大之木筏,随波下者,多至不可胜计。故沿河诸城,锯木厂尤盛焉。木既锯成板后,乃由舟运至蒙特利瓦,然后出口或由铁路运至大湖而输入美国焉。益泰立阿湖上之德塞郎妥城,为坎拿大木材贸易第二大城。奎勃克省所产重要之木材,为橡树、枫树、榆树及其他硬木。奎勃克城(奎勃克省城)为是省木材贸易之中心焉,以松林及牧场之广,而硝皮业遂为奎白克及法兰德立克敦二城之重要工业矣。世界制纸之原料,大抵为软木,其最通用者为斯泼罗斯与白杨二种。二木之产地,以坎拿大为最盛,实世界第一软木林也。其广者或绵亘二三百里,采用不竭。勃列颠亚美利加(坎拿大地名)南部之奎勃克省,及益泰立阿南部以达大湖,皆斯泼罗斯及白杨产地最盛之区也。美国造纸业最发达,实占全世界产纸之过半额,如纽约克及缅甸之纸厂,其所用以造纸原料之软木,大半取给于坎拿大。而坎拿大境内之纸厂,虽有四十余处,实不足以消纳其广漠之软木林。故每岁斯泼罗斯及白杨之输入美国者,其额至巨也。纸之耗费,以新闻日报所用为最广。纽约克最著名之新闻每日需纸百吨,合一岁所耗之纸计之,实须八百英亩所产之斯泼罗斯以供制造之原料也。美国纸厂规模之大者,每日须消耗二十英亩之斯泼罗斯,而其材则大半取给于坎拿大,于此可见坎拿大软木之盛矣。(造纸之法,以机器锯木成段,长约二尺,复以机剥去树皮,乃投入萦回如带之广铁槽中。槽内通电流,木段为电力所吸,遂激荡回荡,而入大磨。迨出磨则已成粉,即落水中,经机器之作用,与水化合,形如嚼烂之纸。复漂之使白,压之型中,即成纸矣。亦有不用磨,切木成细条投入于大网筒中,乃经流酸,通蒸气,使木条徐自消化而成糜者,复有用苏打石灰水和水煮之使烂者。)球果类之木，则盛产于英属之哥伦比亚（坎拿大省名）。锯木厂锯成之木料，枞杉迨占百分之八十五。坚韧之木材，则最适于制檏及建筑之用。统计坎拿大所产之木材，输出者约占五分之三。奎勃克、纳佛斯〔歌〕西、纽白伦丝威克三省所产，则输入英国。盎泰立阿之木材，则由大湖输往美国，实占是省所产之大半焉。其余输往他国者，则微细不足道矣。

坎拿大当一千八百九十七年之顷，为世界第五产金国。英属哥仑比亚省及育空二地，所产甚富。开隆达安克（在育空）之冲积金矿，当一千八百九十七年所获仅值美金二百万元，至一千八百九十九年，其值已增至美金一千六百万元，然自是岁后产额大减，盖已呈衰竭之象矣。英属哥仑比亚省之金矿，以哥仑比亚与法兰塞二河流域为盛，开力薄县之北乡，苛脱南县之东南乡，尤其最著也。盎泰玄（立）河（阿）西部之木湖，及纳佛斯歌西，亦坎拿大著名产金之区也。金块每岁输入美国及英国者所值甚巨也。坎拿大矿产，以煤之产额为最巨，东（大西洋）西（太平洋）两岸，均富煤矿。纳佛斯歌西岛之纳买哀摩县，楷洛脱岛之克摩克斯县，均属英国哥仑比亚省，是省所产之煤，殆占坎拿大全部之半额焉。坎拿大内地之煤矿甚富，大抵尚未从事开掘，以地广人稀，交通又不便利故也。煤矿之已开发者，大抵滨海而易于运输之区。如亚尔盘泰之立斯勃立治，则有铁道枝路达太平洋西岸，便于输出者也。纳佛斯歌西半岛之北部，及勃立登岛（雪特南城附近）之海角，均产最佳之蒸发煤。往来之船舶，咸利资焉。白煤之佳者，则产于落机山附近之亚尔盘泰，及楷洛脱岛也。

铁矿所在地，为纳佛斯歌西勃利岛。其在奎勃克滨海数县之铁矿，则因其地复产煤与石灰石，便于冶镕，故制铁之业勃兴。如新葛兰斯哥、德兰罗、伦敦特莱、雪特南数城,均设厂制铁焉。坎拿大政府按计生铁每吨之数量,给予奖金,以资鼓励,所以保护境内幼稚之工业,以杜外商之压迫焉。(按美国制铁业最发达,其最著名制铁诸城,复与坎拿大最为接近。坎拿大之制铁业,不足与美竞争,故政府苟不予以保护者,则将为美商所压迫而无以自立也。)

盍泰立阿之散特白莱县之镍矿,世界最佳之镍矿也。是县所产之镍,足抵全世界所产之半额。据地质学家之调查,其矿藏之富,苟按照现今人类需镍之数量,足供全世界百年之用,而无虞匮乏也。最大之铜矿,在散特白莱附近。霍郎湖东北岸亚尔歌南县(属北盍泰立阿)附近之铜矿,已从事开掘,每岁所产之铜额甚巨也。天然铜则产于苏毕利尔湖之北岸(南岸则属美国),及英属哥仑比亚省之各地。其已开掘者,则为开威纳海角之天然铜矿,其获利之丰,已为世人所惊羡矣。罗斯兰金矿所在之地,复盛产铜矿,每岁产出之铜,实占坎拿大所产四分之三,故英属哥仑比亚省铜之输出最盛。计坎拿大境内之矿山,多数未曾开发,其兴盛之期,尚俟诸异日也。

坎拿大之物产,大抵为原料品。然三四十年来,坎人对于制造品之工作,已大有进步。而盍泰立阿、奎勃克三省,复为其工业最盛之地。坎拿大政府,励行保护商业政策,以扶植境内幼稚之工业,故能渐臻兴盛也。坎拿大工业上之弱点,则以地与美邻,美国工人之佣值较高,精巧之工人,多为美国所吸收。且坎拿大户口稀少,即普通小工人,亦时虞缺乏也。然坎拿大之制造品,仍多销运于各国,其著者如农具、粗棉羊毛及呢布、皮革、履、刀、啤酒、白糖。至于木材及其他产品,则为最重要之输出品焉。故论近时坎拿大之工艺,几无一不呈进步之象。惟纽白伦丝威克之制造木船业,则因近日之船舶,大抵改为钢铁所制,其营业日形衰替矣。坎拿大之制造品,大抵输往美国、纽芬兰及西印度群岛,而英国则为其皮革最大销地也。蒙特利瓦为坎拿大第一大城,亦为制造之中心。其所制造者,则有织料、皮革及橡皮器具、铁器、白糖、雪茄,及其他日用物品。奎勃克城则以邻近产皮革之乡,故制靴履之业盛焉。鄂大瓦城以木材著。金丝敦城则有纺织呢绒及棉布之厂,复能制造机关车及列车也。多伦多、罕墨尔敦、温特沙三城,均为坎拿大重要之制造城也。

坎拿大内地,江河交错,纵横径通,往来便利,实使商业易于繁盛也。汽船自大西洋来者,在勃利岛海峡进口,后得航至苏毕利尔湖之东岸,计程二千三百八十四哩。海湾河流湖水,中皆有运河为之连续,数千里不绝。坎拿大以八千万之巨资,兴境内之水利,沿圣罗伦斯河域,凡水流湍急、不易通航之处,均开运河以联接之。近日凡吃水深十四尺之船舶,可由美国滨湖之芝加哥城或陀罗斯城,经坎拿大境内之诸河,出大西洋而径往欧洲矣。其较大之湖船,则当伊尔厘湖尽处卸货,复装船,乃始能运入惠兰运河以达蒙特利尔城,复有海舶为之装货出运焉。流入哈得孙之萨斯喀特彻温河,流入北冰洋之麦更些河,横贯内地,其可通航之处,约四千哩,实予内地交通以无穷之便利者也。自蒙特利尔城达查伯伦湖之李雪留运河,实通哈得孙河之要道焉。自蒙特利尔城出发之汽船,往来于英国利物浦、贝尔法斯德、安泊汀、纽楷斯德尔诸城焉。铁路如网状而出入美国境,往还极形便利。坎拿大太平洋铁路成于一千八百八十五年,由东岸之大西洋,达西岸之太平洋,横贯坎拿大全境,遂令欧洲与亚东之国际贸易益形繁密矣。太平洋之汽船,则自西岸之蕃古洼城出发,而往来于中国、日本及澳洲焉。

坎拿大对于他国之贸易,以英、美二国为最巨。坎拿大对于二国之贸易总额,大略相等,而性质迥异。坎拿大自美国输入之制造品,种类甚多,岁额远过英国。而输入英国之岁额,则远过于美国,尤以食品为最巨也。坎拿大由美输入之物品,价值二倍于输往美国者。而自英购入之物品,其值仅及输入英敦者三分之一也。英与坎拿大间之贸易,以母国与殖民地之关系,凡英货品运至坎拿大者,例得减进口税三分之一。英之货品,虽独占此优先权利,而在坎销路,仍远不如美国者,则以坎之与美,地已接近,交通便利,而美国所产之钢铁及制造品,尤为坎人所需要故也。坎拿大输入美国之物品,以木材为最巨,其他如煤、鱼、金属、皮革等,均为重要商品也。

纽芬兰岛与对岸之拉布罗拉陀,同为英国所直辖,渔利最富,为世界三大渔场之一。岛民之主要实业,则以捕鱼及制鱼鲊是也。岛之西部及低原,可耕之田颇广,然以濒海之产鱼甚富,而农业遂不复为岛民所重视矣。鳘鱼、鲱鱼、龙虾、海豹四者,实为纽芬兰最大之利源,岛民衣食之所自出也。海豹击杀后,剥取其皮,入市求沽,其脂肪则制为油,以供世用。岛中制鱼鲊之业最广,复以鱼皮制胶,以脂肠等诸物制肥料,殆无一废材也。纽芬兰沿岸产鳘最富,故鳘鱼肝油之出口亦极繁盛。干制之鳘鱼,大抵运销于西印度诸群岛,及欧洲与南美洲南方诸国。罐诘之龙虾,为岛民重要工业之一。纽芬兰之食品织料,大概由坎拿大、美国、英国输入。故岛民之衣食,均仰给于外人也。首都曰圣约翰 St. John's,位置于海湾,上乃一深入陆地之海港,实全岛渔业贸易之中心焉。

坎拿大对外之贸易,以英美二国为最巨。其输出入之总额,对英则为二万万元零四百四十万元,(以下所谓元者,悉以美金计算,因所据之书，系美人所著，故以美金计算。）对美则为二万万七千二百六十万元。次为西印度，计输出入之总额为一千二百六十万元。次为法国，则为一千一百四十万元。次为纽芬兰，则为五百十万元。又次为比利时、德意志、南美洲诸国。其与东方中国及日本之贸易，岁额约不及五百万元也。更就输入品、输出品而析言之，输入品以钢铁及制造品为最巨，约六千三百万元，毛织品二千一百万元，糖一千一百四十万元，棉花一千七百一十万元，茶及珈琲四百三十万元，丝质制造品四百八十〔万〕元，羊毛一百四十万元。输出品以麦及麦粉为最巨，计五千六百万元，木材次之，计四千四百七十万元，乳饼二千零四十万元，鱼九百六十万元，牲畜一千零八十万元，咸肉八百四十万元，金及其他矿产三千七百三十万元，煤四百五十万元。纽芬兰岛之输入输出总额，岁约二千三百万元之谱，此坎拿大近来对外贸易之大较也。

（裘毓麐译，《江苏实业月志》1920 年第 13、14 期）

美国推广太平洋商业之新计画 译美国《太平洋商业杂志》。

美国自欧战后，对于推广太平洋商业之计画，着着进行，不遗余力。其商业调查报告，尤能网罗一切，纤细不遗。是篇为美商最新之调查报告，载于今岁五月出版之《太平洋商业杂志》。下列诸埠，则为最近考察所得，具见美国商品销行之实况，于太平洋沿岸诸埠，尚多进行扩张之机缘，以引起国内商人之注意焉。余译是篇，以资吾国实业界之考镜，固不当仅视为邻国之新闻也。

巴朴亚 Papua 之摩诗卑埠（在英属新几内亚），凡由美国输往之各种男女衣料及食品,均为居民所极需要。美国之罐诘食物,亦复畅销于摩诗卑。凡由美运往之货品,包装均极完备,间有一二破碎,亦仅居最少数而已。巴朴亚近年商业日臻繁盛,据一千九百十八年与一千九百十九年间会计年度之商业报告,输出总额计十七万六千二百四十七磅(镑),输出货品以椰子之干核、橡皮、麻、珠、金为大宗,输入总额计二十五万八千一百十二磅(镑)。其橡皮与椰子干核二项,今岁之输出额,当较诸往岁为盛也。

纽西兰之屋兰省 Auckland,设非因近日金磅(镑)汇兑之不利顺,(纽西兰岛属英,通用之币,故以金磅[镑]计算。)则岛民对于美汽车之需要,当必更盛于今日之程界矣。综计纽西兰全岛之汽车,共二万五千辆,就中以八千辆供商业上之应用,其余一万七千辆,则仅供个人玩乐之具而已。吾人苟计核岛民之富力,其岁入足购用汽车者,尚有二万五千人。其岁入足购摩德脚踏车者,尚有一万人,亦可见纽西兰实业之繁盛矣。将来金磅(镑)汇率渐复旧观,则岛民对于汽车之需要,将为美国制造家所独占矣。

澳洲新南威耳斯省首府雪特南城,近日因佣资日昂,雇用仆人问题,日形紧迫。于是居民对于节省人工之家具,需要大增。凡美国所制之煤气炉、电气炉及各种用具,每岁输入甚夥。其美国所制之拖地机,用以扫除坚木地板及油布上之尘埃者,均为雪特南市场上新流行之商品也。若电气洗衣机、电气洗杯盘及磨括刀叉机,及他各种用具,在美国已成家庭寻常用品者,而在澳洲之雪特南城,则尚未见大宗之输入也。

槟榔屿居民,对于美国罐诘食品之需要,岁额大增,如肉类、果品、菜蔬之罐诘,均于市场销行甚广也。(槟榔屿一名庇能Penang,为英属海峡殖民地之一部,包括威斯勒及庇能岛丹二岛。

庇能岛又称威尔斯亲王岛,在马来半岛西岸海中,当满喇加海峡入口处。其地多雨,首邑曰佐治唐,在东北海岸,贸易甚盛。)论其实际,岛民所需食品,均系输入,并下级工人所食之米,亦皆仰给于他国。以地盛产橡树、椰子及淀粉植物,已无余地树艺五谷矣。凡是地营进出口商业者,均为英人与华人。其开设小商店及工场者,则惟华人与土人而已。境内户口繁盛,市场上对于美国货品之需要,且有日进之势。据美驻庇能领事之报告,凡由美输入之货品,均获岛民之称许,以其品质功用均形佳良也。

苏门答腊之安玛海文 Emma Haven,对于美国货品之需要极形活动,如汽车、铁器、石油数项,其输入之额大增。近日境内商业咸称利顺,且有日臻盛大之趋势,其将来之富庶正未艾也。是地营进口业之商人,方搜集美国制造样品,以备采购。又尝建议利用广告之效力,使销费者咸晓然于美国物品之精良,则销路自盛矣。美国包装方法,极形完备,凡进口之美货,均无破碎损失之弊,此尤足以餍采办者之望者也。其由是地输入美国之物产,以橡皮、茶、烟叶、椰子油四者为大宗。

美国制之金属器具,盛销行于哈尔滨市场。举其最通行者,如油磁炉灶、家用器具、刀类、门锁、门旋铰键、天平钉、马蹄铁、铁丝网、水管及铅管器具、浴管等,均市场上极流行之品也。中国进口税率,五金器具仅照原价征百分之五,此尤予美商以输入上之便利也。欧人凡在哈尔滨营进口业者,每岁输入五金用具甚夥。据近日报告,其向比商定货者,盖已有数宗矣。

近年英属海峡殖民地,对于汽车之需要日增。其由新加坡输入之汽车,无论供娱乐用或运货用者,岁额均甚盛也。工业上所用曳物之汽车,亦盛销于新加坡市场。据美驻新加坡领事耿苏洛斯之报告,谓英属海峡殖民地及马来半岛,为推销美国各种汽车远东最佳之市场。凡在新加坡从事进口商业者,其营业之盛,销行之速,未有如汽车一项也。且境内之道路,日形修饰,康衢四达,凡汽车可以通行之处,逐渐推广。故将来市场对于汽车之需要,自必有日盛之趋势也。

智利之康雪泼西翁省 Concepcion,目前之商业,虽尚未臻盛大,然将来之希望,殊未可限量也。西岸航路之船舶,吨数已见增加。据哥尔斯公司哥尔斯之建议,美国当在康雪泼西翁设商务调查局,政府派委员一人为之管理,并于局中备列货样,以供是地居民之采求,如此则美国之制造家及出口商乃可以确知其所需求之种类及数量矣。美国进口之货品,包装殊不完备,以运货用之筐篚箱包,概未加以铁条之镭络,其结果中途多破碎,因之多被窃者。凡由美国输入之匹头纸炭质杂和(化学上所用),岁额大增。统计康雪泼西翁购用美货之户口,约七万人,其在泰尔却诺,则四万五千人。其由康雪泼西翁输往美国之货品,则以皮革、谷类、金属为大宗。

凡编织用之棉线,其由美国输入香港者,近年进口之额,已将达一百万元。香港本地工厂,尚有数家,杂用日本棉线与美国棉线。然照目前商务情形论之,将来存货告罄后,未必再向日本定购棉纱也。以日本之棉纱,其品质与价格比较殊不值也。此后或因他种原因,日本棉线仍不能绝迹于香港市场,然其数量必当微细也。近年来远东各埠编织品之市价,照前已大增。香港之上等编织品,其销行东方诸国者,亦复逐形加增。其所用之棉线,每岁须由美国或欧洲输入,有时尚须求诸日本,以供其缺乏。凡香港制编织品之工厂,其原料采用美国棉线者,其所获之成绩殊佳,以织成之品既多精美，其出口之销路亦必因之大增也。

（裘毓麐译，《江苏实业月志》1920 年第 14 期）

美国去岁对外贸易之真相 译美国《太平洋商业杂志》。

一千九百十九年，美国对南美洲诸国之贸易，其岁额已于今春官报公布，就太平洋西岸五国言之，如坡利非亚、如智利、如哥伦比亚、如厄瓜多尔、如秘鲁。惟坡利非亚，去岁对美之贸易，则输入远过于输出。由坡利非亚输往美之物品，计值二百四十三万四千七百五十元。（以下所谓元者，均以美金计算。是篇原文，系美人所著，且近日金元汇率，高下至不定，往往旬日之间，百元之汇率乃相差至二三十元之巨。若华币合算，殊多窒碍，且一二月后，读者当不能复辨其值究值几何也。）由美输入坡利非亚者，计值四百七十七万一千一百七十七元。其余四国对美贸易，则输出均越过输入。就去岁海关表册观之，智利输入美国之物品，计值八千二百四十四万二千三百六十四元。由美输入智利者，计值五千三百四十七万一千六百八十八元。哥伦比亚输入美国之物品，计值四千二百九十一万一千四百零九元。由美输入哥伦比亚者，计值二千四百一十四万三千六百四十六元。厄瓜多尔输入美国之物品，计值八百九十六万六千四百三十五元。由美输入厄瓜多尔者，计值七百五十万零七百零三元。秘鲁输入美国之物品，计值三千三百一十一万一千三百五十二元。由美输入秘鲁者，计值二千六百九十四万五千一百九十元。此一千九百十九年（即去岁）美国对南美洲太平洋西岸五国贸易之状况也。

自欧洲休战后，其久经兵燹之区，庐舍荡然，荆棘丛生，抚集生聚，非数年之后，不能奏效。故对于美国农产品之输入，仍不能减于战时。而东欧、中欧诸国，人民流离穷乏饥饿之苦，更甚于协约诸国。于是美国以麦供欧人之食料者，乃因休战而岁额愈增矣。计一千九百十九年，美国输往欧洲之麦，共计一万万四千八百零八万六千四百七十蒲式耳。较之一千九百十八年所输出者，实增三千六百万蒲式耳（一蒲式耳约华量三四·〇三〇二升），价值实增九千六百万元，此一千九百十八年美麦输往欧洲之比较也。麦粉之输往欧洲者，较之一千九百十八年，计增四百五十万包。统计一千九百十九年，美国输入欧洲之麦，以英国所销为最巨，共计四千四百八十一万八千五百五十二蒲式耳，计值一万万七百五十万三千六百十九元。意大利次之，计麦三千八百二十六万四千八百八十三万蒲式耳，计值九千一百九十五万四千九百二十八万元。法国又次之，计麦二千七百五十九万七百十八蒲式耳，计值六千六百五十五万二千五百八十五元也。

据美国好年汽车橡皮轮公司棉料部长勃痕威尔之预算，一千九百二十年，制橡皮轮所用之棉花，须四十万包，殆占全世界棉花产额百分之四。今岁美国可造成橡皮轮四千万具，可装配新车一百五十万辆，并可供美国现有七百万汽车换轮之用也。棉花对于橡皮轮之制造，其重要实不减于橡皮也。统计每具须棉花四磅，以埃及、秘鲁所产之棉花，用者尤多。制橡皮轮之公司，则择其棉质之最佳者，以供制造之用也。美国对外贸易，虽因国际汇兑之变更，而输出超过输入之趋势仍日进不已。一千九百二十年正月之贸易表册，输出超过输入之值计二万万五千七百万元。以今年正月，由美输往各国之货品，计值七万万三千一百万元。由各国输入美国者,计价四万万七千四百万元也。试验去岁十二月输出总额,则为六万万八千二百万元。更较去岁正月输出总额,则为六万万二千三百万元。更就去岁输入额而比较之,一千九百十八年正月,其输入为二万万一千三百万元,其同年之十二月输入额为三万万八千一百万元。合去岁七阅月输入输出总额计之,输出为四十五万万九千四百万元,输入为二十七万万六千七百万元,出入相抵,输出超过输入实一十八万万二千六百万元也。

　　一千九百十九年,英国各种棉织品由美国出口者,合计值十一万万七千二百十六万八千七百元。较之一千九百十八年,则增二万万九千五百八十七万三百五十元。复与一千九百十七年比较,实增四万万六千二百零二万六千一百元。于此可见英国战后经济情况,已渐恢复旧状,各项棉织品之生产,将与欧战前同一盛大也。去岁由英国输出之棉布,共计三十五万万二千八百七十五万六千五百吗尺。其在一千九百十八年,则为三十六万万九千九百二十五万二千三百吗尺。其在一千九百十七年,则为四十九万万七千八百二十三万七千九百元。惟棉布之价格,则有逐渐腾贵之趋势。一千九百十七年,每吗值一角一分。一千九百十八年,每吗值一角八分二厘,至去岁则涨至每吗二角四分七厘矣。(以上所谓几角几分者,亦均以美金计算。)至于去年与前年棉纱出口之价格,较之棉布,其情形又不相同。去岁出口之棉纱,为一万万六千二百六十六万五千五百磅,计值一万万六千二百六十六万五千五百磅(镑),计值一万万六千五百零三万五百七十八元。较之前年出口之棉纱,为一万万零一百七十一万一千四百磅,共计一万万零四百零九万二百九十四元。若论其每磅之市价,去年每磅之价为一元零一分五厘,前年每磅值一元零二分三厘。是去岁棉纱之价,较之前年尚稍落也。

　　美国去岁进口之铜,总额骤形低落,较诸一千九百十八年,实减三千万磅。以欧战已停,军用品之制造大减,故市场对于铜之需要亦迥不如前也。去岁输入之铜,总额为一万万二千六百四十五万五千零六十三磅,计值二千三百五十四万一千零二十元。一千九百十八年,输入之铜实为一万万五千七百十六万六千四百八十一磅,计值三千四百六十五万零八百六十四元。是去岁进口之铜,较之前年实减总额五分之一而强也。输入美国之生铜,以墨西哥为最多,坎拿大、智利、秘鲁等次之。就去岁进口之生铜而析言之,由墨西哥输入美者,计重五千七百三十七万三百零七磅,计值一千五十七万七千三百九十三元。由坎拿大输入美者,计重二千八百二十万一千二百十三磅,计值五百二十二万二千七百六十八元。较之墨西哥所输入者,尚不及其半额也。由智利输入美者,计重一千五百五十万零九百六十三磅,计值三百零三万七千三百四十二元,仅逾坎拿大输入之半额也。而各种铜制用具,则以智利为最盛,是岁输入美国者,计重八千九百五十八万九千八百九十八磅,计值二千九十八万一百零四元。合二者而统计之,则当以智利为最巨矣。其由秘鲁输入美国者,合铜器、生铜计之,计重八千八十二万九千五百零五磅,计值一千五百四十万六千八百四十四元。此一千九百十九年铜属进口之情形也。其由美国输出之生铜,则亦随进口之骤减,因之暴落。一千九百十八年,输出之生铜,计重二百三十八万七千二百七十五磅,计值五十七万八千一百六十五元。至去岁则骤减至五十万七千八百四十六磅,计值仅九万五千九百三十元而已。

　　据劳合德船舶登录之总报告,去岁美国下水之船,实占世界总额百分之五十七。英国去岁下水之船,共计一百六十二万零四百四十二吨,较一千九百十八年船舶下水之总吨数,实增二十七万二千四百二十二吨。然较诸欧战一千九百十三年英国所造之船,尚低落百分之十六也。美国去岁下水之船,共计四百零七万五千三百八十五吨。除英国所造者,实占去岁世界下水船舶百分之七十四。以去岁船舶下水登录之总数,共计七百十四万四千五百四十九吨也。较之一千九百十八年,实增一百六十九万七千吨。较诸欧战前一千九百十三年,已增至三百八十一万一千吨矣。美国建造船舶之进步,虽猛进不已,而造船期日之速,亦较胜于英国。然英国自休战后,对于船舶之建造,悉意经营不遗余力,日求恢复欧战前之地位,务使英国船舶之吨数,仍居世界第一也。故今岁二月,英国建造船舶之吨数,较之美国所造者实逾二万七千七百三十二吨。故将来世界船舶之吨数,果以何国居首选者,仍在不可知之列也。

阿拉斯加居民贸易之数量,较之他国每人所占交易之款,殆居世界第一。据一千九百十九年之统计,居是地之白人,(阿拉斯加居民,尚有哀斯基摩族、印第安族,皆从事于渔猎之业,生活程度均低也。)每人每岁贸易之额,达一千元。去岁有新移入之居民二万四千二百七十三人,其去阿拉斯加而适异地者,二万三千九百零二人,抵除后实增丁口三百七十一也。以视前二年去者多而来者少,去国之人数,竟较多移殖者一万三千人,则情形又迥殊矣。阿拉斯加对外贸易,输出超过输入,岁达三千一百万元。去岁铜之生产额低落,则以市场对铜之需要已大减也。鲑鱼之输出量,去岁较少者,则以行市不佳故也。金矿之产额减少,则以工人缺乏,金矿之生产费已大增也。一千九百十九年,统计阿拉斯加输出之总额,为七千零五十九万五千零八十元,输入总额为三千八百九十五万七千二百五十九元。是输出之总数,几一倍于输入矣。去岁由阿拉斯加输入美国之金银,计值八百六十三万六千一百三十九元,此阿拉斯加去岁贸易之状况也。

（裘毓麐译,《江苏实业月志》1920 年第 14 期）

澳洲之实业

澳洲名澳大利亚,在东半球之东南,其位置与南非洲同纬度,与中国同经度。面积之广,约欧洲四分之三而强,故虽四面濒海,为世界第一大岛,顾以其据有广土,地理家常称为洲也。其地势之构造,多特异之点。与欧洲比较,其相反之处甚鲜。就其显著者言之,澳洲山之大者,皆蟠蜒于东岸,迤西地势衍平,故中央之部较为低下。欧洲大山脉皆起于中部,横纵四达,分布全洲。澳洲之山,其高度无达冰点以上者,故山巅无积雪,亦无冰河。欧洲中部之高山,山巅积雪,四时不消,入春冰流融解,汇为群溪,沿山而下。故欧洲当春夏之交,江湖之水量最盛也。澳洲仅有数河,源流较长,然水量甚浅,盈涸无常,较之欧洲之大河巨川,时得群山冰雪融解之挹注,终岁常盈者,不可同日语矣。欧洲之大河,大抵发源于中央之群山,由高就下,捷如建瓴,故势顺而利溥。澳洲之河,则由濒海之山,流入内地,大率浅细不足道,故腹地之河,非值雨季,往往干涸如陆地也。澳洲之海岸,平直而少曲折,北岸一带,尤多暗礁,不能通航。欧洲之海岸,最为曲折,港湾罗立,半岛尤夥。澳洲气候受洋流之影响殊鲜,非如欧洲得墨西哥湾暖流之冲刷,寒暑相平也。澳洲内地干燥,气候酷热,滨海诸地,每岁当雨期则植物畅茂,易于繁殖。顾植物动物之种类,多呈异状,大抵为他洲所无也。澳洲居民,以英人为最多,非如欧洲诸国林立,种族繁夥,言语风俗颜貌宗教各不相似也。澳洲为欧人之新殖民地,历史之可述者,仅数世纪而已,故无古迹旧物,足资后人玩赏者。是澳洲名虽为洲,而特殊之点甚多,固不能与他洲相提并论也。

澳洲东濒太平洋,南临大西洋,西北则印度洋环之,面积约三百万方里。其地势之构造,则与南美洲略同。南美洲自太平洋西岸地势峻隆,重山盘纡,迤东则渐平衍,中部则愈低下,至东岸临大西洋,则为高原,地势复隆起矣。澳洲则东部海岸,地势高而中部低,至西部复为高原,其方向虽相反,而结构则相同也。澳洲北部,已入热带,气候大概炎热,惟因地势之崇高,暑气少减。故自欧洲移殖者,尚不以炎燠为苦也。澳洲大部分之气候,属热温带,然因海岸之远近,地势之高下,气候往往因之大异。以雨量之稀少,且至不齐,颇为澳洲人民所苦。东北近海之区,降雨较多,内地大抵空气干燥,雨量极稀,不足以资灌溉。有时旱魃肆虐,竟数年不得雨,则牲畜植物,咸干渴枯槁死矣。时又霖雨为灾,洪水泛滥,田园庐舍,又有荡覆之虞矣。澳洲既常苦旱,境内诸山,其高度均不足以蓄冰雪,无冰河以资灌注。故河流大率浅小,其较大者为抹利河Murray,发源于新南威尔斯之南山,西流为维多利亚州及新南威尔斯州之分界,入南澳大利亚州,复折而南,经亚力山大湖而入于海。流入抹利河之河流,最大者曰达令河 Darling。然抹利河虽为澳洲巨川,其水量仍盈涸无定,非终岁可通航也。北部滨海之区,及东岸山麓,小河甚多。中部仅有数小河,每岁当少雨之时,干燥如陆地,几不能复辨其河迹矣。至于西澳大利亚及南澳大利亚,则并此类小河，亦不可多得矣。湖之大者，曰挨亚 Eyre，曰妥楞斯 Torrens，曰盖特纳 Gairdner，均在南澳大利亚。其余湖泊泽沼，散在西澳大利亚、南澳大利亚二洲者，多至不可胜计，然均微细不足道也。亚力山大湖，当抹利河入海之处，水咸。澳洲之湖，大抵皆咸水也。

澳洲之东部，大半地味饶沃，但得适当之雨量，植物均易于繁殖。东部滨海一带，为冲积土。新南威尔斯州土脉肥沃，澳洲之膏腴也。西部多砂砾，土地硗确，尽为石田。北部近海之区，地势平衍，土味丰饶，易于种植。西部高原，所产仅牧草而已。南海湾附近诸地，空气干燥，草木不生，仅有数处稍产玉蜀黍而已。欧人之初获澳洲，以为其地大半不能产物。迨后垦植日启，始知昔人之预想，固不足以度澳洲之地力也。近日澳洲居民多开掘自来水井，以资灌溉，农作品益繁殖矣。澳洲之植物，以谷类为最少，主要之食品，大抵由欧洲输入。林木则盛产于陂陀倾斜之处，最多者为桉木、（为常绿乔木，高者达三十余丈，为世界第一高树。叶作披针形，面布小点，夏日开花，树身生长极速，土中水分吸收甚多。故下湿之地植之，可以干燥，能辟疟，木材坚致，可作枕木，今滇省亦有移植者。）胶树、荆棘、袋鼠草。当秋末群草皆已痿枯，惟有盐草一种，性耐严寒，因此澳洲之羊，冬日恒资是草以生活焉。农作品为小麦、燕麦、大麦、玉蜀黍、葡萄、甘蔗、棉花、烟草及各种果类。澳洲之纬度，已入热带，故热带植物，盛产于其北部之平原。然隆高之地，炎热少减，则温带之植物亦均能繁殖焉。昆士兰一州，则兼产温带、热带二带之植物。澳洲之动物，其与英国同者，则为马、牛、羊、豕、鸡，及其他畜养之禽，大半自英移殖者也。有袋类之动物，则为澳洲之特产，他洲所未有也。又有鸭嘴兽，亦奇异之动物也。鸟类如驼鸟（与他洲所产之驼鸟微不同）、七弦琴状尾鸟、风鸟、燥林鸟，亦澳洲之特产。鹦鹉种类甚多，林木茂密之处，所产尤盛。肉食之鸟，则有鹰一种。鹅、鸭二者，盛产于村野之池沼中焉。澳洲气候温湿，爬虫最多，鳄鱼则栖息于北部诸河中，蜥蜴蛇蝎则全洲均滋生焉。昆虫以蚁、蝗虫、蜡蜂三者为最盛，又有白蚁一种，大为房屋什物之患焉。

澳洲居民，大半是欧洲移殖，以英人为最多。澳洲土人，皮肤虽不甚黑，亦名澳洲黑奴，文化甚低。自英人开拓澳洲后，土人生齿日减，长于畋猎，能以坚木制成曲条，长二英尺，立远处掷兽，无不命中，技极娴熟，非他民族所能及，盖仍未脱原始人民之状况焉。中国侨民亦众，后为澳洲工人所排斥，乃重征进口税以困之，近且日形衰微矣。澳洲又自太平洋波莱尼西亚岛招募土人以从事北部之垦殖。欧人之发见澳洲，在十七世纪，葡萄牙人最先，西班牙人、荷兰人继之，嗣又名曰新荷兰。至一千七百七十年，英船长哥克游行澳洲东岸，归而盛称澳洲之富饶。于是英政府以为放窜罪人之地，其第一次遣发之期，实在一千七百八十八年也。

澳洲在五洲中，幅员最小，面积之广，仅如一合众国而复除去亚拉斯加者。海岸线平直，湾港狭浅，故尤乏良好之海口。东岸群山绵亘，由太平洋吹来之温湿空气为群山所隔绝，不易传达于内地。故山以西诸州，空气干燥，雨量尤鲜，所产仅牧草畜羊最盛。故澳洲为世界第一之牧羊场，其物产亦以羊毛为主要品焉。适于耕作之地，东部则仅自东海岸起至山麓一狭长带而已。东南部突入海中，得雨较易，麦与其他谷类，易于生长，实南澳大利亚之富源焉。澳洲虽拥有广土，而可耕之土，仅占全洲之最小部，故农业殊无足称焉。西部则为广漠之沙漠，仅有一二零星之耕地牧场点缀其间,十九皆石田而已。自西岸来之风,以距离过远,不能传达于内地。而沙漠中之炎热酷烈,又足以蒸发季候风传来之水气,使之不易凝聚,故降雨极艰,不宜树植,遂致茫茫数千里绝不见人迹也。牧场虽自东岸山麓达中部之沙漠,占地极广,然最适牧羊之区,则为奎士兰润湿之地,水草滋美,尤易于繁殖焉。

澳洲居民稀少,都市之人口,达一万以上者,不过十七城。全洲之户口,仅足以抵纽约克一城。顾户口虽寥落,而人民之购买力殊强。据美人某氏之调查,澳洲之外国贸易岁额,与其户口之比较,世界各国强半不及。如新南威尔斯州每人所占之外国贸易额,为美金二百四十元。维多利亚洲(州),每人约美金一百八十二元也。

以澳洲政府职掌之特殊,故澳洲之经济状况,殊足以引世人研究之兴味。境内大部分之土地,为政府所有,而由人民承租为之耕作畜牧者也。牧场则尤多为政府之官产,铁道、街车、电话、电报,及他公共利益之事业,则尤人民购股兴作,而政府为之管理者也。澳洲政府广募公债,兴作大工,以增进人民之利益。如建筑深水船坞,所以使运输愈形便利,澳民之富力将日进也。澳洲往昔分为五区,称殖民地。自一千九百一年改为联邦,合海中之塔斯马尼亚岛,称为澳大利亚联邦。其地方行政之权,悉由澳人自治。惟最高之统治权,则仍属于英伦政府。然视英属之印度、缅甸,一切政权悉操诸英人之手者,则固不可同日语矣。

澳洲之实业,以牧畜为最重要。澳洲气候,大抵干燥,饲羊之场,其需要雨量之度,不如其他牧场之甚。故澳洲产羊最盛,而精细之羊毛,遂为是洲之唯一产品矣。澳洲之羊毛,所以能越重洋数万里而竞争于欧洲市场者,以澳洲之羊毛,其市价之低廉,各国所

产者均不及也。澳洲羊毛,何以能独廉之故,以气候温和,畜羊者
得以终岁游牧于野,冬日不必另贮刍秣以为饲养。而牧地之价,佣
工之值,其低廉均他国所不及,生产费独俭故也。澳洲牧草,性富
滋养,羊食之易于茁壮。新南威尔斯州为全洲第一大牧场,统计澳
洲之羊,新南威尔斯州所产者,殆逾半数。以是州傍山多河,虽时
虞泛滥,然水流交错,两岸草地,得其润泽,牧草怒生,而羊群又得
适量之饮料,故易于繁殖焉。铁路由内地牧场达达令河,所以便羊
毛之输出也。奎斯兰州为第二牧场,澳洲政府建设铁路,达雪莱佛
尔及霍沁敦二处,所以使内地牧场羊毛之生产易于发达也。维多
利亚州为第二羊毛产地,品质之佳良,全世界无及之者。以其地所
产之草,最适于饲羊,而空气又较燥也。澳洲时苦旱久不得雨,则
川泽干涸,牧草枯瘘,数百万之羊饥渴不得饮食,乃至一二星期之
中,咸仆毙于原野矣。澳洲之羊毛,凡工业兴盛之国,其织料大抵
取给于是。每岁所产之羊毛,几全输往他国。澳洲境内,仅有纺织
厂数处(在维多利亚州及新南威尔斯州),从事呢绒之纺织,以期
减少外货之输入,然其计画已遭失败矣。曩昔澳洲羊毛购买之权,
为英人所独占,他国人欲购澳洲羊毛者,例须至伦敦公买所交易,
不得径赴澳洲采购也。近日英国已废除此律,各国购买羊毛之商,
每岁麇集于澳洲之悉尼(新南威尔斯州之首府)、墨尔钵恩(维多
利亚州之首府)、基隆亚得来得(南澳大利亚州之首府)数城。其
输出之额,所值甚巨。当十九世纪末,羊毛之市值,久蒙低落之影
响。又值澳洲大旱之后,羊多死亡。就一千八百九十七年输出羊
毛之总额言之,尚值美金一万万元,(中百分之四十三为新南威尔
斯州所产。)即此可见澳洲产羊之盛矣。当一千八百九十四年至一
千八百九十八年间,澳洲大旱,所畜之羊,自一万万零九百九十四

万六百零九头,骤减至八千三百八十二万二千八百零四头。据澳洲牧羊者经验之所得,谓每岁得雨十时,每一方哩得牧羊十头,得雨十三时,每一方哩可牧羊二十头,得雨二十时,每一方哩可牧羊七十头。故降雨之多寡,于牧畜极有关系也。

澳洲畜牧之盛,既如上所述。故冻牛羊肉之输出,(谓将牛羊在澳洲宰割洗伐,然后置诸冰舱中出运者。)亦于国际贸易中占重要位置焉。冻肉之输出,夙为新西兰(岛名)、阿根廷之重要商品,澳人初无注意及之者。自一千八百九十二年,始从事于冻肉输出之竞争。至一千八百九十六年,已压倒新西兰与阿根廷矣。计是岁澳洲运往英国之冻羊,计二百三十八万五千七百三十六头。新西兰一百九十九万六千四百四十一头,阿根廷一百七十九万零五百六十三头。是澳洲仅经短期之竞争,复遭大旱,羊数骤减,仍居世界第一输出额也。奎斯兰州输出之冻牛羊,约羊四头,得牛一头,此其大较也。冻肉输出之业,仅限于东部之四州。澳洲之牛羊肉,市值甚廉,虽加宰杀、冰冻、运输种种手续,然合诸伦敦市场之市价,每斤不过加值三分而已。奎斯兰州所以得输出冻牛肉者,以其地较湿暖,牧牛较适于牧羊也。是州之牧畜,占全洲之过半额。除输出巨款之冻牛肉外,如咸牛肉、牛皮、脂肪,均为是州之重要输出品焉。牛乳为维多利亚州重要之产业,制造牛油之厂,为新式之联合制,牛油每岁之运往英国南斐洲及其他市场者,为额至巨。论维多利亚州之广袤,仅略大于美国之密纳苏泰州,而由澳抵英之航程,则几四万里(约一万一千英里),然牛油之运往英国者,仍远过于美牛油运英之总量也。

棉花之产于奎斯兰及新南威尔斯二州者,质甚佳良。虽产额不多,然已足征其地味之宜于植棉矣。奎士兰北部滨海之区,其在开恩斯城附近者,空气尤为温暖湿润,盛产香蕉,澳洲市场重要之果品焉。南奎士兰之海滨,气候和暖,玉蜀黍一岁可收获二次。是州滨海之地,迨无不宜于树艺五谷焉。奎士兰州南归回线之北,复产甘蔗,介于梅开及霍白敦二城之地,每岁所产之甘蔗,计十万噸(吨),大抵运销于澳洲境内诸州。蔗田所在之地,气候大抵炎热,强似薰蒸,欧人不能耐此酷热,故澳洲甘蔗之艺获,率委诸中国人、日本人及海洋洲之土人焉。新南威尔斯之北部,亦产甘蔗,且设厂提炼,奎士兰之黑糖,亦大半运至厂中提炼焉。

澳洲南部,温度较低,空气干燥。小麦与葡萄,遂为其主要农产品焉。现今葡萄之产地,以维多利亚洲(州)为最盛。而最佳之葡萄,则产于新南威尔斯州奥尔白南城之附近焉。故是城以产酒著名,所制之红酒及各种葡萄酒,盛销于境内诸州,且输往他国。每岁制葡萄干之葡萄,须产地数万千亩,澳洲农夫,且多改麦田为葡萄园,以树葡萄之利较厚于艺麦也。麦之耕作方法,以南澳大利亚州为最完备,故有余麦可以输出。然澳州麦之输出,其供给之量,至无定额,非如他国谷类之输出,每岁恒得同似之数量也。澳洲一遇久旱,麦之收获大减,所产者或仅敷境内之民食而已。即在丰年,每亩收获之量,比较他国,仍不逮也。维多利亚州及南澳大利亚州,近且锐兴水利,凿井浚渠,详求灌溉之法,地之垦植而施耕种者,日益加增矣。案(桉)木之生殖繁盛,澳洲所产之良材也。澳洲所产木材,大抵为硬木,不适于建筑之用。故澳人每岁自美国、瑞典、坎拿大输入巨额之松木焉。其所产精致之硬木,如干拉木之适于铁道枕木,克莱木之适于铺砌街道,则皆运销于各国也。

(裘毓麐译,《江苏实业月志》1920 年第 14 期)

余之救荒谈

今日朝野上下,遑遑然视为举国唯一之急务者,非北方数省之救荒问题乎？救荒之道,不外治标、治本二端。治标之策,则捐募赈款,散布粮食,以期减少饥民之饿毙而已。治本之策,则以工代赈,急兴水利,以免巨灾之复演于他日是也。顾余于北方地势水利,素未研究,不欲以模糊影响虚无缥缈之谈,蹈往昔文人凿空鹜远之习。是篇所陈述者,仅就余心中所欲言者,供诸社会,以冀国人之返省。苟有察余言而施诸实行,吾知其裨益于荒政者,决不在施赈治水下也。余之救荒之意见若何,在提倡食物之经济,鼓舞游民归农之兴趣是矣。

何谓提倡食物之经济也？食物为维持吾人生命必要之品,人情一日不再食则饥,五日不食则死。饥饿迫于身,虽慈母不能保其子,国家尚能维持其安宁秩序乎？人类对于食品之需要,每日必得一定分量而始满足,绝无伸缩减省之余地。故人类对于食品之需要,乃生命问题,非安适问题,或嗜好问题也。减其量则饥饿,绝其源则僵毙。顾当国家承平,人给家足之日,人民狃于安乐,习于豪侈,平时对于稻梁(粱)菽粟之功用,殊不措意。以谷类之市价既廉,而阛阓屯积,取求至易,千钟之粟,其值或仅抵一美珠,良田十顷,其价或且低于一钻环。生产盛而价值廉,富厚者往往漠视菽粟之效用,故遂不知稼穑之艰难。然一旦骤遇饥馑,或遭兵燹,菽粟之来源骤减,则其功效大显。观于欧战期内,凡古玩珍饰及工艺品之精美者,销路大滞,而食品之需要大增,值亦骤昂。凡以食品输入欧洲者,莫不获善价而去。德国以强盛之军备,精利之器械,而卒屈服于协约者,则非武力不敌,以国内食品缺乏,人民不胜饥饿之苦,故群起而革命也。夫论食品之精粗美恶,则需要者自多伸缩之余地,或且较量其市价之高下,与其处境之丰啬,以为选择比较之计。故文明人对于食品之需要,必高于野蛮半开之国;富厚者对于食品之需要,必繁于窭人。盖必先求免于饥馁,而后始知辨别色味之美恶、烹饪之精粗也。故温淳甘腝,腥脓肥厚,非吾人养生之所急。苟非处境优裕,自无罗致之必要。若粟饭菜根,则为维持生命所必需。否则人民将不能生活,国家亦不能存在矣。大战前之欧洲,可谓极繁昌郅隆之视矣。号称世界一等工商国者,如德奥,如法比,地极富庶,人多安乐。商贾大者积贮倍息,养尊处优,日逞宫室园庭珍饰犬马之好。岁入弥丰,嗜欲弥广,所逐逐者极意豪奢,以为富人应有之乐事,殆自有生以来不识人间复有饥馑流亡之苦者。曾几何时,战祸突起,战线之长,延数千里,数百万之壮男,死亡枕藉于战壕炮火之中,亲老涕泣孤子啼号,破家散业者,不知几千万人。而西欧、中欧久经兵燹之区,庐舍荡然,荆棘丛生,流离载道,抚绥乏术,于是全欧之民食遂为世界唯一之重要问题。盖当此际,不特流亡失所之民艰于得食,即中立国之豪族富民,亦受国家食品条例之限制,而兴每食不饱之叹矣。于是世人始知维持吾人之生命,保全国家之安宁者,固非举世珍视之金钱,而在每日不可缺之食品也。于以知吾国古昔贤哲之言治术者,辄以重农贵粟为唯一之善政,诚求本探源之论。吾人受此欧战之教训,固不当訾古人为迂阔,而轻议其不合现今世界经济潮流也。今欧洲休战之期已届二载,而德奥俄土诸国,民生憔悴,产业凋零,全国偢然有不可终日之势。其受困最大之原因,仍在食品之缺乏也。即战胜国之法、比、意、英,及中立国之瑞、荷、西、葡,莫不蒙食品缺乏或腾贵之影响,时启纠纷。论者谓十九世纪之革命为民权革命,二十世纪初之革命为民食革命,世所称为面包革命者,即民因求食而群起革命也。现今欧洲各国之贤哲,方竭其心思材力,以期解决此民食问题。苟此问题不解决者,则全洲之民,将因争食而自相残杀,所谓文化,所谓艺术,咸将无所附丽矣。夫以欧洲财力之雄厚,实业之兴盛,自十九世纪以来,久握世界经济之霸权,而一遇世变,犹不免乏食之虞。况吾国当此民穷财尽、兵荒频仍之日,国人对于食品宜如何珍惜,如何爱护,不谓事实则适与之相反。盖对于食物之不经济,世界各国殆无如吾国之甚者也。固无论华人食量之宏,远过于欧美人。(余旅美数载,见欧美之壮夫,每食必过面包数片、汤一簋、肉一小块而已。而俭者则仅晚膳具汤与肉,晨仅饮牛乳一杯,午食糖饼一角而已。)以视吾国劳动家之食量,其相差之度,固当以倍蓰计也。虽习惯相沿已久,一时难期改革,然决不能谓吾国人之体质,非得倍蓰欧美人之食品,遂不足为养生之具也。余默察吾国人所以养成过食之弊者,其故有二:一国人误认多食为有益于身体,父母以勉子多食为爱,亲友以劝客加餐为敬,相沿成俗,牢不可破。而无知之妇女,溺爱其子女者,尤变本加厉,恒予子女以过量之食品,以为慈爱。日既食三餐矣,继以面徽饼饵,佐以糕饵糖果。一若亲见其子女之口,如工厂机器之消纳原料,无片刻之休息,方足以慰为母之心者。其视食物之填入儿童腹中也,宛似农夫之施肥料,以为苟予以加量之食料者,其滋养长成,必倍速倍显。此种谬见,充塞国人之脑中,互相劝导,莫知所届。儿童无知,奋勇猛吞,食欲偾兴,胃肠扩张。久之,相习成癖,遂至非得倍蓰欧美人之食料,不足以填塞其便便之腹矣。此过食之弊,由于习俗养成者也。又男女之受佣于人者,其食量之佳,恒逾于家居之自食其力者。此其故非由于操作勤劳，故须多量之食品，为以滋养也，实由于忮刻贪私之念太盛故也。不然，佣人中固多逸居安处，早眠晏起，仅任洒扫割烹之役，用力既少，无殊主人，而食量之奋兴，乃无异于致力南亩之农夫。此固非由于用力多而始多食，盖吾国贫民之子女，强半未受教育，卫生道德之观念甚薄，而贪得自私忌嫉阴刻之念特甚。其受佣于主人也，见主人富而己贫，主人安乐而己穷乏，则怨尤忮刻之念自勃然而兴。顾既无术强攫主人之财，而每月工资又有定额，不能多取，计惟口腹之求，主人无干涉限制之权，自幸杯盘之间，尚可挽回无限权利。于是日必加餐，病亦强吞，虽腹胀胃痛，莫敢告劳。盖宁忍肠脏一时之苦，以遂其自私损人之念也。始犹勉强，终成习惯，而吾国劳动界食量之宏，遂天下莫与京矣。顾在昔日闭关自封，仓廪充实，尚可苟安于一时。若在今日，交通大启，国际交易日繁，况当此全欧食料紧迫之际，市价之腾贵，既足以影响于吾国之民食。苟两地食物之市价，长此悬殊，则私运之获利必厚。奸民冒险取利，勇于犯法，虽严刑禁止出口，恐尚不足以绝私运之涂也。国人当此世变，诚宜早自觉悟，力矫往昔过食之弊，勉倡节俭之风。不特于卫生上大有裨益，且于国计民生，其利尤不可胜言也。苟能广编浅近书报，恺切劝导，使人人晓然于节食之足以养生却病，则自不至逞口腹之欲，而酿成民食恐慌之惨像，蹈近日欧洲面包革命之覆辙也。至于富商显宦，慕食前方丈之名，多盘叠碗，徒取悦目，岂真适口？昔人有日食万钱，犹云无下箸处，人以为奢。不知味之美恶，不在钱之多寡。春韭秋菘，湖萍篱豆，苟善治之，咸饶至味，虽日食数钱，自多乐趣。若昧于养生之术，背物本有之性，徒以多费为豪，牵强重叠，多失真味。故论每食之可以下箸与否，不在万钱不万钱也。今人囿于习俗，宴客以多品为豪,以费钱为贵,鱼翅燕窝,豪无本味,全恃他力,徒以价贵见珍,似缺之不足以敬客矣。而所谓整席全席者,先后食品,动至数十种,拉杂横陈,务为悦目之资。随园所谓今日官场之菜,名号有十六碟、八簋、四点心之称,有满汉席之称,有八小吃之称。只可用于新亲上门,上司入境,以此敷衍,配上椅披、桌裙、插屏、香案,三揖百拜方称。若家居欢宴,文酒开筵,安可用此恶套哉?可谓言之尽致矣。且肴馔横陈,熏蒸腥秽,大碗如缸,堆积盈前。虽以牛马之精神,蛇豕之食量,亦不能兼食而去。于宾客之所食有限,而其余悉以裹僮仆之腹,纳诸沟渎之中矣。又有所谓红人者,每日赴宴之数,大抵自四五次至十数次。匆促入席,稍坐即去,遑遑奔驰,如妓应征,则更所食少而所弃多。不谓农夫终岁勤劳之所树艺,渔猎冒险之所采获,亦既罗而致之豪门,以供饮食征逐之好。乃美食不足,继之以豪侈;豪侈不足,继之以暴殄。暴者不恤人功,殄者不惜物力,遂令一席之费,倾中人千家之产;台舆之役,餍珍羞高粱(粱)之奉。安分守业之良民,终岁勤劳,犹虞乏食。而此安坐而食病国厉民之徒,一人而兼千万人之食,是不啻强夺千万良民之食,以供其无谓之浪藉。天下不平之事,孰有过于是者乎?孟子谓庖有肥肉,厩有肥马,民有饥色,野有饿莩,为禽兽食人之虐政。今之所为,是何异纵无数之豺狼狐鼠于国中以食人乎?中国富力之厚,孰若欧美?民间储蓄之丰,孰若欧美?以余所见者言之,欧美人家庭之食品,仅求裹腹而已。富厚者稍事甘旨,亦必适量而止,绝无废弃浪藉也。宴客自四五簋至六七簋,虽王公豪富,不逾此数。每日赴宴,限于一次。有继请者,必以已允他人辞。既免奔走巡食之劳,而主人亦绝不以请客不至为慢。肴酒听客自便,绝不强让。盖主人既宴客,自不至惜小费以失客欢,赴席者又非儿童新妇,自无怕羞忍饿之理。何必以村姬小家子之见解,以相强为敬客也?此欧美人惜食之美风,宜为吾人所矜式者也。若夫吾国往昔大臣朴素之风,尤为今人所难能。司马温公宴客不过五簋;清汤文正抚苏,日咬菜根,公子偶食一鸡,杖而遣之回籍。十五年前之北京,风气与今迥殊。清季当国,某亲王每食二器,食尽而止,无取多费。王公大臣之宴客,苟非新交,必有散席。即人点一菜,取其既可投合各人之嗜好,而又不至废弃也。事相隔仅十五载,北京奢汰糜费之风,继长增高,日甚一日。某公新自京来,语余曰:"京中某要人,自奉之奢,逾于慈禧。"十年不至都门,不谓习俗一变至此。长此以往,北京总有糜烂之一日也。某公早致显要,出入清廷,垂二十年,所言必确实也。国人事事排斥旧俗,醉心欧风,而此饮食宴会之微,独不能稍革近日浮糜之陋习,效欧美节俭之美风乎?若并此小节而不能从事改革,则国人自治力之薄弱,已无一事可为,遑论政治风俗之改新乎?若就卫生之道言之,则油腻滞脆肥酽难化之品,多为腐肠刺胃之剂。为应酬情面计,乃冒险勉食,奋勇强吞,以吾人神圣之腹,为世俗交际之具,其愚诚不可及矣。故在今日而提倡食品之经济,不特可裕国民之生计,且于风俗卫生上大有裨益。事固有造因至微而为效甚溥者,固不得以饮食细故忽之也。

(《江苏实业月志》1920 年第 17 期)

缝衣机发明家霍氏传

自近世纺织之机兴,布帛线纱之成,既易且速,而缝纫之工,犹墨守古昔手作之旧法,殊不足以消纳纺织新机之成品,而收辅相裁成之效。于是欧美之创作家,又复潜思阐虑,群从事于缝衣机之发明。自十八世纪末叶以来,如英之汤麦思阿尔赛伯、法之铁摩尼亚、美之亨德,均于缝衣机有重要之发明。然数氏所创之机,犹未臻完美之境,施诸实用,尚多窒碍之处。制造家对于新式之缝衣机,殊不注意,而旧式之缝工,又惧生计为新机所挽夺,乃群起而为剧烈之骚动。创造家以毕生艰辛勤劳所获,普惠民生,乃未获社会微末之报,转受庸众无识之攻击,奔走逃避,不遑宁处。其际遇之穷,诚足以灰贤豪自奋之心,而叹庸人之难与图始也。故论缝衣机创造之成功者,自以美人霍氏 Elias Howe 为归。而获缝衣机发明之报酬者,亦以霍氏为最丰也。

霍氏于一千八百十九年生于美国麦斯乞塞思州之斯宾塞村。父业农,兼营磨作,家贫,非力役无以自瞻(赡)。稍长,即从事耕作,以助其父。顾氏体羸弱,恒患不胜任。氏知农作非己所能堪,旋弃去。年十六,佣于罗伟尔镇之机器厂。居二年,乃徙于波斯顿,时一千八百三十六年也。方氏在波斯顿工作时,闻人言谓无论何人,苟能发明缝衣机者,则巨富不难立致。氏一闻是语,深入心中,私念己身是否能为缝衣机发明之人,乃专心从事于缝纫业者二年。复时时审察他人之缝纫,以为研究观摩之资,沉思愈久,愈信缝纫术之可以机器为之。当一千八百四十四年之际,即从事于缝衣机之制造。当是时,氏已娶妇生子,艰辛倍甚,一家五口,衣食咸仰给于氏之一身,佣工所入,尚不足以自瞻(赡)。此其所以亟思建树,而汲汲从事于缝衣机之创造者,亦半由境遇所以驱迫也。

霍氏于缝纫术既有所得,乃专心从事于缝衣机之制造。于一千八百四十四年十二月,乃购置器械及材质,以为制造新机之资。而全机之成,则在一千八百四十五年五月也。新机每分钟能缝二百五十针,论其速度,实七倍于旧式手工之所缝,且缝迹完好无疵,胜于手工。氏欲世人周知其新机之功能,乃其术激当时号称缝缀最捷之女工五人,使为手工与缝机之比赛。以布十端,其缝口之长短均相等,以五端分给五女工,而霍氏以五端缝于机上。其结果则机上之五布,完毕较先于诸女之各手一布,而缝工之整洁坚固,且胜于手工所制者。于是新机之功效大著,而缝衣成物之速度,乃始克与纺织机配合,而无供过于求之弊矣。

霍氏竭数载心思精力,创造新机,迨机成而命运之艰无殊往昔缝衣机发明家之所遇者。(如法之铁摩尼亚,新机甫成,屡受暴徒之攻击。新机均遭损毁,逃避他方,侘傺而殁。)数年之间,无人过问,虽新机成物之速度五倍于旧式之缝工,而世人仍无注意及之者。而美国之缝工,深惧生计为新机所攫夺,其扰攘之情况,固无异当日之法国也。且缝衣机创作之始,成本颇昂,每具须美金三百元,寻常男女缝工无力购置,而销路益滞钝矣。

霍氏于一千八百四十六年向美官厅注册,请得缝衣机专利之凭照。氏既不得志于美,乃舍而至英,售其所发明之新机于某制造家。顾氏不善交易,所获殊鲜。未几,贫乏无以自存,远客异地,既乏亲朋之援助,其穷困乃复倍于在美之日。氏在英时,备尝饥饿之苦。一日于友人贷得数辨士,购菽少许,自于房中煮而食之。氏念长此坐困,势且饿毙于异域,乃于一千八百四十九年乘三等舱回国。至纽约登岸时,囊中只半克朗(英国币名,值五先令)。嗟乎,霍氏发明缝衣机,其利且普及于全球,人民食其赐者已近百年,不谓当时发明家获酬之轂,实有出于吾人想像之外者,亦近世实业史中之轶闻也。

当氏由英返国之日,已占否极泰来之境。运幸之神,已含笑而

欢迎此创造家回国矣。氏去国三年,而美市场上之缝衣机销路已
盛畅。氏大惊喜,继察市场所销之机,其制作配合,与氏所发明于
一千八百四十六年向官厅注册者,无纤毫之异。惟私镌其制造厂
名于机上,以为影射蒙混之计。按诸专利条章,凡新机为发明家所
特创,而复经官厅注册,请得专利凭照者,非得发明家之特许,无论
何人不得仿造。氏乃遍控诸仿造者于法庭,久之讼始得直,经裁判
之结果,谓氏既为缝衣机之创造者,复经官厅给予专利之凭照,此
后无论何人,凡未得氏之特许者,悉禁止其制造或贩卖同样之机。
经此判决后,霍氏始克享丰亨优裕之境矣。缝衣机之制造,岁以万
千计,每售出一机,必予氏以相当之酬报。当是机销行最盛时,氏
一岁所获酬资,乃达美金二十万元。统氏先后所得酬金而合计之,
实逾美金二百万元。故论发明家历境之艰辛如霍氏者,诚未易多
觏,而获酬之优渥者,亦殆无几人能与霍氏比拟也。

（裘毓麐译,《江苏实业月志》1920 年第 20 期）

世界毛皮巨商史德莱哥纳传

世人共知猎兽采皮及毛皮贸易,实为世上极艰辛之业,以产佳
皮之兽,群生聚于极北之地,如坎拿大之北部,俄之西伯利亚,尤为
世界毛皮贸易最盛之区。其地之气候既严寒,且日与兽类接近,而
运输又极困难,故寻常商人咸视为畏途也。

驻英坎拿大政府高等委员勋爵史德莱哥纳 Lord Strathcona 在
坎拿大所经营之事业,多为世人所称道,然世人多未知其幼时刻苦
艰辛之历史也。勋爵斯德莱哥纳名史密斯 Donald Alexander

Smith，生于苏格兰之福莱斯村，时一千八百二十年也。世人共称史密斯为史德莱哥纳者，则以所获之勋爵显，人多忽其家族姓氏也。史氏之父，岁入仅足自瞻（赡），然其父母之德行，足为家庭之矜式。史尤笃爱其母，时述其母之懿行以告人，其天性之厚，洵足多也。其母欲史习律，乃遣史入福莱斯市政厅学习书记，然氏之志愿，殊不在此。史氏思以一人立身于天地之间，固非区区一福莱斯村所能展发其天赋之才能也。

史氏当日之志愿若何？史之叔父史德华脱，营毛皮贸易于坎拿大，久为世界毛皮商之巨擘。史氏思追随其叔父，以为他日代兴之基。年十八，其叔父自坎拿大回英。史氏得此机缘，陈其意愿于叔父前。叔父嘉其志，慨然允许，乃与史同行至坎，畀以赫狄生公司随习书记之职。赫狄生公司者，为世界最著名之毛皮公司，营业极盛，英属北美与印第安土人及安斯克摩族之毛皮贸易，多属于是公司之范围，而其叔父亦以此致富者也。当是时汽船犹未通行，史氏与其叔父由英航海至坎，乘一轻小之木质帆船，计程约五十日，乃始达圣劳伦斯河上之蒙坦利亚埠焉。

史氏既抵蒙坦利亚，即思驰至赫狄生公司就职。时赫狄生所在之地，殆为世界最荒寂之区，公司所辖之地，其广漠实逾于英伦三岛三倍。而论其地之居民，则除犷狷之野兽，蠢昧之印第安土人外，计暂人之居此土者，男子不过三十人，妇女六人，及三四儿童而已。此其处境之艰困，殆为常人所难堪，设非其人有坚贞不拔之志，继以勇猛精进之心者，固未易长耐此枯寂凄凉之生涯也。

赫狄生公司总理乔治沁泼生，实为当时毛皮贸易之领袖。沁泼生既得史氏，遣史氏至拉布剌达之罕墨尔登河口。其荒凉寂寞，如入无人之境,由蒙坦利亚至此,即乏舟车之便利,计惟长途跋涉,或终日蜷伏于犬曳之雪车,始能达其目的地。其地之气候,沍寒凛冽,严风砭人,一岁中气候达冰点五十度以下者几八阅月。史氏不以为苦,勤于其职,其与印第安土人贸易毛皮也,深得交易之道。故无论市况如何疲敝之际,而氏所营之业仍不稍衰。史氏处此荒凉寂寞之境,曾作一长函,具述入公司后之所遇,以慰其母。其母得书欣然曰:吾固知世人之乐与吾子共事也。

史氏久居沍寒之地,目受刺激太甚,辨物不能明晰。顾以所居地僻无良医,乃决意离公司而受医于蒙坦利亚埠。赫狄生公司总理沁泼生闻史氏将至,自出城俟之,见史氏既至,卒然问史氏曰:"孺子,汝何故不在公司视事乎?"史闻言甚惶恐,战栗答曰:"先生,余目,余目病甚,余来是城就医也。"言已,以手指其蓝色之玻璃护眼罩。沁泼生不顾,厉声问曰:"汝得何人许可而擅离汝职务乎?"当时史氏所居之地,与公司距离既远,交通复多阻碍,史氏苟欲得公司正式请假许可状者,非候至年余不可。而史氏既患剧烈之目疾,自无延迟至年余之理,故不及向公司请假,贸然就道。今闻沁泼生之诘责,乃答曰:"先生恕余,余不及向先生请假也。"此专横不情之总理,乃续言曰:"然则汝当斟酌于汝目与汝职务之间,汝苟仍欲留赫狄生公司者,汝当听我言,速返汝职守所在之地,余亦不复与汝多言矣。"史氏闻言大震动,绝不游移,即日就道返罕墨尔敦河口焉。赫狄生公司总理沁泼生,遇人虽严酷寡恩,然颇有知人之明。沁泼生见史氏措置咸宜,实有经营之长才,且住荒凉严寒之罕墨尔敦河口已十三年。沁泼生念其贤劳,乃擢为营业长。复十年,乃擢为总管。至一千八百八十八年,史氏宣劳于赫狄生公司者已三十年,乃代为赫狄生公司之总理矣。

史氏既任赫狄生公司总理,尝自述少年时艰苦之历史以告人。史氏之言曰:"拉布刺达之蚊,实为人类之大敌。凡侨居拉布刺达者,未有不畏蚊如蛇蝎者也。余有一友,为蚊所螫,血流被面,每隔一小时,以清水濯之,而血犹自被螫处流出不止,即此已见其地蚊害之甚,宜世人咸不愿冒险前往也。"

史氏经营毛皮业,备尝人间之险苦艰难,困心衡虑,故于其业之建树独多。史氏驻坎垂数十年,与坎拿大法侨民印第安土人交际久,夙得其欢心。故英政府每遇困难交涉,恒藉史氏为之排解,而横贯坎拿大东西两岸大铁道之告成,(东自大西洋东岸,西迄太平洋西岸,长万余里,名曰坎拿大太平洋铁道。)尤史氏之力为多。英皇以史氏有功于国,锡爵以酬其勋,故世人共称史氏为勋爵史德莱哥纳也,未几又加御前骑士衔。一千八百九十六年,坎拿大政府派充驻英高等委员,殁于一千九百十四年正月二十一日,时史氏年已九十三矣。

综史氏一生之事略,实予青年实业家以良好之模范。盖史氏实历尽人间之险阻艰难,而后始底成功者也。史氏之言,多为英美商人所传诵,盖史氏实示人以成功之途径也。史氏之言曰:"吾作一事,必先着手准备一切,故少临时张皇之虞。吾人当知生在世上,应为之事正多。吾人苟欲肩此重任者,则宜先保持其强健之体格,与愉乐之精神。盖无论何事何时,当先除去其不良之习惯。所谓不良之习惯者,凡习惯之足以摧残吾人之精力,卑污吾人之德性者,吾人咸当视为成功之劲敌也。"

(裘毓麐译,《江苏实业月志》1921 年第 22 期)

三年来俄之经济现状

俄自过激首领执政后，欧美各国政府群虑过激主义之侵入，日筹防范遏绝之策。绩学之士，著为论文，以评过激政府之得失者，亦多訾议之词。而吾国浅谪僄疾之士，震其揭橥之新奇，向慕不已，一若过激派执政诸公，正能本其至公之心，行大同之政，划除社会一切阶级，周济世界无告惸独也。耳食盲从，其亦曾一察其事实之真相否耶？是篇为俄侨民所作，述俄国过激政府之弊害，其颠沛流离穷郁无告之状，殆未有如今日俄民之甚者也。是报载于去岁十一月《俄罗斯民意杂志》，是杂志在奥国柏赖格城发行，以俄社会党与共和党首领避过激政府之难，群集于此也。余欲国人一明过激政府在俄之真相也，故译其原文于下。

过激派首领所揭示之主义，曰民食也，和平也，均富也，其言固未尝不正大博厚也。今过激政府统治俄国已三年，俄民食其赐者果如何乎？则惟饥馑、战争、专制也，三者而已。俄国今日，已陷绝境。俄自一千九百十一年迭次战争以来，俄产业之蒙损失者，尚不过百分之二十一，至去岁而损失已达百分之七十五矣。国民生育率，自百分之二十九减至百分之十三。墨斯哥一城之婴孩，因养料缺乏而殇者，数至五千。人民饥不得食，寒不得衣，疲敝羸（赢）弱之余，疠疫乘之，播传甚速。去岁彼得格拉一城，居民之罹虚热症者，乃达二十四万二千一百十五人也。（彼得格拉即圣彼得堡，乃俄自对德宣战后易名者。）

俄民憔悴于虐政之下，而饥馑又洊至。城市之居民，每日所获者,不过三两面包,又多杂以草。俄国地居北方,寒气严冱,一至冬日,则人民之艰苦,尤不可言状。既乏薪木以供燃料,多数之人民,率皆无衣无履,惟以僵瘵之肌肤,抵抗凛冽之寒风而已。墨斯哥一衣之市价乃至二十五万罗布,城市之居民,合五人乃始能共购一履,而乡民则并此不可得矣也。

国内之战争,此仆彼兴,迄无已时。动员令与解严令,永无解除之期。百万大军,云集境内严装以待,盖无论何时,可以发生战争也。非人道主义之训练,政府亦不惜采用之以杀敌党。人民各项自由,咸被摧残。盖人民已无集会之权利,即工人罢工之自由亦被剥夺也。过激党首领李甯,深信个人之专裁制,实为今日治俄之唯一要术。而过激派复宣言于众曰:今日俄国人民,当举一切所有,以听过激政府之宰制也。

自新政府(指过激政府)以鹰击毛挚为治,小民摇手触禁,救死不瞻(赡),屏息重足,无日不在忧虑恐惧之中。囹圄充溢,去岁一岁中平民入狱者,计十四万五千人。冬季两月中,已达一万八千人矣。自设非常法庭后,而曩昔一切保障人民之法条,咸失其效力。经非常法庭之草率裁判,已自狱中曳出枪毙矣。刑人之市,血流被道。一千九百十九年仅三阅月,枪毙者乃一万三千八百五十人。去岁八月一月中,罹死刑者已一千八十三人矣。

工人之组合,已被过激政府解散。九百万之平民,现滞留俄境者,仅一百九十六万人,余均流亡矣。全国之工作,受武人之监视,强半供制造军械之用。国内之工业,摧残无遗,俄民之生产力,经过激政府一再朘削之余,已陷于万劫难复之境。过激政府又疾农民之不附己,乃遣远征队,以武力蹂躏农民,大加诛戮(勠)以示威。军队所经之区,强迫农民供给军食。土地之所有权,至今尚未解决。综三年来过激政府治俄之成绩,吾侪之所知者,如此而已。

(裘毓麐译,《江苏实业月志》1921 年第 22 期)

美名画家彭凡德传

美名画家彭凡德 Banvard 幼时,家居于密士西比河畔。彭氏性乐水,居恒放棹中流,周览两岸之风景以自适,时或流连忘倦,至数哩之遥而后返焉。氏幼时即立志欲成一名画家,并欲绘一世界从来未有之巨画以自显。顾氏家既贫,无余资入校专攻美术,又乏亲朋之援助,以供购置材料之用。顾氏果何藉而必欲成此巨画者,在氏当时亦未计及,惟以坚贞不拔之志,以谓吾苟有志欲成一事者,则不惮历尽艰辛以期其成。固不必虑及将来之难易利钝,与夫旁人之骂讥笑侮也。

彭氏早岁即独营生活,凡为勤劳所能获之资,氏从不因其微细而鄙弃之。得一钱则兢兢贮蓄,以为他日从事巨画之准备,绝未尝妄费一钱于游戏装饰,效他青年之所为也。彭氏立志既坚,即为他日成功之母。经数载辛勤节缩之余,稍有所蓄,即从事于绘画巨画之计画。彭氏所着手之巨画惟何? 即世界第一巨流密士西比河全图是也。密士西比河自源至河口,长逾万里,而彭氏全图之长,几及十里,实为世界空前未有之巨画。然苟非如此长幅之巨画者,亦决不足使世界第一巨河之源流毕呈也。(吾国绘画之精,久为西人所推许。然自古至今,绝少宏大之名画,计其最长者,不过数丈。近世所称之王石谷长江万里图,亦仅逾丈。而彭氏之画,乃长至数千丈,使吾国古代之名画家见之,亦未有不叹其规模之宏大,与其用力劳瘁矣。)故彭氏苟非具有绝大之精诚毅力者,固未易成此举世难能之伟业。然世人苟能效彭氏之为者,何至遽让彭氏独步艺苑也?

当彭氏从事于绘画之时,其艰苦劳瘁,实有出于吾人想像之外者。彭氏以为欲成此全河之巨图,苟非实地观览,无由得其真相,决非虚拟悬想,遽能成此名画也。于是彭氏购一小舟,溯洄于河上者殆四百日。此四百日中,固无日不处于荒凉寂寥之境。其困苦殆非人类所能堪,昼猎禽兽之肉以供食,夜则曳舟于岸上而覆之,匍匐入舟下,以绒毡绕身而睡,藉避风雨野兽之侵袭焉。

彭氏以片舟泛览河上者四百日,日绘草图,草图既成,乃筑一大画室,日从事于此空前未有之巨画。经数年之久,历尽人间之艰辛勤劳,未尝稍萌厌倦之心,久之是画告成。彭氏成此巨画之故事,不特为全美士夫所称道,且轰传于地球各国焉。

当彭氏绘此巨画之时,其友见其绝无凭藉,乃欲以一己之理想,成此巨制,恐终徒劳无成。一日问彭氏曰:"君果何所恃而必欲成此巨画乎?"彭氏答曰:"余何所恃?余生平行事,惟恃不畏难而已。"嗟乎,彭凡德一窭子,处境至觳,使一遇艰阻,辄生畏缩之心,则终身复何所成,亦营营而生、草草而死耳,遑能垂令闻于后世哉?惟以不畏难之故,故无论外界之如何险阻艰难,曾不足以稍挫其锐进之心。精神愈厄而愈振,智慧愈苦而愈明,迨有志竟成,曩之揶揄讥侮者,咸瞠目结舌退矣。于以知豪杰之士,固非庸众所能臆度也。观彭凡德之所以成功,世之贫乏寡助者,固不当自馁其进取之气,患不能如彭氏勇猛精进耳。彼困顿无聊所谋辄阻者,其亦闻彭氏之风而起奋乎。

四、匡庐笔记

观剧闲评

余旅北京十余载,暇时辄以观剧消遣,然不敢自命为知剧也。以在京友人听戏程度,高于余者甚多,余每道出上海,见沪人观剧之评则大诧,盖剧评评剧,不知剧何以作评?若连篇累牍,而所语无一道着处,此种剧评,其果何有丝毫之价值也否耶?固无论其文字未必尽典雅也,即使文字果典雅矣,然剧自剧,文自文,谓之杂文则可,谓之剧评则不可。余读《国策》,至季梁谓魏王曰:"今者臣来,见人于大行,方北面而持其驾,告臣曰:'我欲之楚。'臣曰:'君之楚,将奚为北面?'曰:'吾马良。'曰:'马虽良,此非楚之路也。'曰:'吾用多。'臣曰:'用虽多,此非楚之路也。'曰:'御者善。'此数者愈善,而离楚愈远耳。"今不知剧而作剧评,而犹施施然自诩其文字之佳妙者,是何异适楚而北行,而犹自诩马良用多之类也。

法儒笛卡尔曰:"非见之极明者,勿下断语。"今之评剧家往往毫无所见,而辄喜妄下断语者也。上海评剧家,大抵耳食盲从,随声附和,于剧场见闻甚浅。心目中惟知有吕月樵、小达子、潘月樵、毛韵珂、三麻子、冯子和、何月山、李春来、夏月润、盖叫天等,若一语及谭鑫培、杨小楼、刘鸿升、龚云甫、德珺如、朱素云、金秀山、黄润甫、何佩亭、许德义、陈德霖、王瑶卿、罗寿山、王长林等之做派音调，大抵模糊影响、缥〔缈〕虚无之词，实无一语道着其佳处也。以于戏剧毫无见地之人，贸贸然日凑千百字以填入报端，而号曰剧评。论须生则以吕月樵、潘月樵与谭叫天相提并论，论武生则以小达子、何月山与杨小楼相提并论，唐突名伶，淫惑观听，莫此为甚。若辈评剧家，倘他年于戏学稍有所得，略能辨别做派音调之雅俗清浊，良知犹存，是非难混，即令作者他日反观，而不面赤汗下者，吾不信也。

近日刊行之戏评，就余所见者言之，以《凌霄汉阁戏谈》评论为最精当，如《梨园佳话》《啸虹轩剧谈》等三四种，要皆不失为知戏者之言也。余草是篇，则就意见所及，拉杂书之，非欲成一首尾完全之作，凡余胸中所欲言，而上列数书已先余言之者，则不复赘述。观剧者苟欲求戏剧上精确之智识，则当先择评剧名著一二种读之，而详辨其与上海胡调评剧家持论异同之点，则自不为诐辞所眩惑也。

评剧家每谓上海人听戏程度浅，余谓不然，上海人听戏之不得其门，乃雅俗问题、正误问题，非程度深浅问题也。所谓程度浅者，如童子作文病枯窘，但得良师训导，多读古书，则必有由浅达深之日，程度浅固不足患也。若幼时被庸师所误，以短钉杂砌为博雅，作文时摇笔烂调即来，则终身决无豁然贯通之日，亦终身无辨别文字雅俗优劣之日也。上海人之听戏正如童子，已被庸师所误，虽日日读文，而终身已无辨别文章雅俗清雅（浊）之鉴识。上海人虽日日听戏，苟胸中之谬见不去，则于戏剧知识，终无进步之日。故程度浅深问题，则可由浅而深，用一分功即有一分之进步，多听一日戏即增一日之经验。若观察之点既误，则非将谬见尽行划除，所论终无一是处。余在上海观剧,默察一般观剧者之心理,论唱功则惟以响为贵,而神韵音调不必辨也。论武功则以快为尚,而步骤法则不必问也。故凡看惯外江派火炽戏者,自然以上海所演者为最合脾胃,而名伶唱做精采独到之处,反视为平平无奇也。如昔日读惯烂墨卷之八股先生,不特于古文毫无门径,即于寻常文字,亦不能复辨其优劣高下也。又如今日读惯大红大绿饾饤堆砌之小说者,亦决不复耐观高洁渊雅之作也。余谓普通上海人观剧之程度,与旅美华侨读小说之程度相等。余旅旧金山时,唐人街中国书店发售上海刊行之各种杂志,而独缺《小说月报》《小说大观》《小说时报》数种,即此已可见华侨读小说之程度矣。故余谓多数上海人之不懂戏,乃正误问题,非程度深浅问题也。

读者或疑我言不尽然乎,则试观普通上海人之论戏,有不推崇吕月樵、小达子之唱响且长乎?论武功则竞言何月山、盖叫天使用真刀真枪,出手既快,且打得一片声响。言做派则群羡潘月樵、麒麟童做戏最为认真,且有赞赵如泉唱做俱佳,毛韵珂多才多艺,乃至小达子之《逍遥津》,何月山之《钓金龟》,杨四立之《空城计》,亦大受社会之欢迎,而劳一般评剧家之赞美颂扬者。鄙人每阅此种剧评,自愧见浅闻寡,惟有谢不敏而已,实不能领略此种佳处也。

京伶凡在上海稍久者,必染外江习气,好以怪调胡闹自眩,是明欺上海人不知戏也,乃观剧者反哄然以好报之,诚可怜矣。余谓在上海唱戏欲享盛名者,但须一张老面皮,牺牲一付沙喉咙,拼命狂喊,至面赤脉涨音嘶力竭,必能讨好。所谓做工戏者,但求多翻几个筋斗,多打几个滚,手舞足蹈,如痴如醉,则必获认真出力之誉,必可博得满堂惊采也。余谓海上伶人技艺之日落,实由迎合无识观客之心理所致,非伶人之咎也。前数年,刘鸿升至沪,一日演

《斩黄袍》,余往听之,唱前一段流水板,与"孤王酒醉桃花宫"一段,斩韩龙时唱"我哭",至"我哭,哭也不敢哭一声",及在城楼上二段快板,颇多惊人之句,乃竟不得一采。迨唱至"孤的亲娘吓"一句,乃哄然满堂叫好矣。夫以刘鸿升生平最得意之戏,通体不得一好,而叫好乃在"孤的亲娘"一句,则虽上海起码扫边老生,亦能照本唱之,何必听刘鸿升之《斩黄袍》耶?以如此程度而听刘鸿升戏,诚可谓冤杀刘鸿升矣。(鸿升唱戏,却能守旧日规范,并非以怪腔欺人也。)余又观上海某大名角之《回荆州》,乃奇妙不可思议。(某伶在上海咸称之为大名角,余亦从而大名角之而已。)孙夫人既与刘皇叔定计回荆州,不知何以忽于中途发起恼来,于是去刘皇叔之某大名角,吓得愁眉苦脸,仿佛如乡愚见知县大老爷,忙扒在地上磕头。而去孙夫人之某伶,直是神经病大发,叫嚣跳踉,不可言状,台下叫好之声,乃如春雷怒发矣。于是台上之刘皇叔磕头愈起劲,而台下叫好之声亦随之愈起劲。余默数之,刘皇叔共磕头三十余个始止,而台下叫好乃始收声。此即上海观剧者所谓认真,所谓肯卖气力也。余不解某某二伶,与刘皇叔、孙夫人有何怨仇,何苦糟蹋古人如此。夫《三国演义》一书,为小说之最通行者,凡读过《三国演义》者,当必知孙夫人之为何如人。孙夫人者,乃虎踞江东三世继霸孙将军之妹,而英雄盖世刘豫州之夫人也。且刚毅谙韬略,不愧为巾帼中之英雄,其登台必有一种华贵尊严之气象,英爽明决之动作,方能合其身分。试观王瑶卿之《回荆州》,自能将孙夫人严毅刚正之气,曲曲写出。其次则梅畹华之《回荆州》,亦不失为名家气度也。观剧者当知孙夫人并非上海倌人大姐出身,亦非江湖上走绳索、打花鼓之卖技女,万不可以打情骂俏、怒目狂喊,演得穷形极相,以迎合一般无识者之心理,自谓做派认真也。

余观上海俗伶之演《回荆州》，所谓孙夫人者，非轻狂浮荡如倌人大姐，即穷凶极恶如走绳索、打花鼓之贱女，所谓孙将军妹、刘豫州夫人之身分，彼俗人几曾梦见耶？

名伶演剧，必将剧中人物设身处地、悄思冥索，想象其身段，描摩其口吻，无一字一句浪费笔墨，无一举一动不合情理。观剧者如亲见其人其事，不复辨其为戏剧为事实，但见戏中人喜则随之喜，戏中人悲则随之悲，忽而痛哭，忽而愤恨，忽而焦急，忽而愉快，演剧而能使观者与之俱化，一刹那间，思潮忽起忽落，不能自制。演剧至此，始可谓臻化境。凡名伶具有颠倒一时观客之魔力者，必曾于此中痛下工夫者也。故演《失街亭》者众矣，何以谭鑫培独与人异？演《长板(坂)坡》者众矣，何以杨小楼独与人异？此非仅以音调武功擅胜也。谭、杨演此二剧，凡剧中人之身分境遇心术气度，无不体贴入微也。是以同一须生戏也，而《空城计》之武乡侯，何以与《朱砂痣》之韩员外异？一则功业盖世之良相，一则不过安分守己之富民而已。同演老英雄、老霸王戏也，而《连营寨》之刘先生，何以与《珠帘寨》之李克用异？一则悲伤，一则安闲也。同一杨六郎戏也，何以《辕门斩子》与《洪羊洞》异？一在平时，一在病中也。昔人谓赵松雪画马，常闭户不令人见，一日其夫人窃窥之，则松雪两手据地，昂头四顾，俨然一马也，故能以画马名于世。名伶之演剧亦然，不仅于剧本中揣摩之，必须将古人之历史，一一在胸中体贴领会一过，则演剧时正奇变化、抗坠缓急，无不中节，随意演来，自神似古人矣。侯朝宗记马伶演《鸣凤记》，去严嵩耻技出李伶下，于是易服走京师，求为昆山顾相国门卒三年。顾相国者，其奸恶不亚严分宜也。李(马)伶日侍昆山相国于朝房，察其举止，聆其语言，三年乃得之。乃归，请与李伶更奏《凤鸣(鸣凤)》，既奏,已而论河套,马伶复为严嵩相国以出,李伶忽失声,匍匐前称弟子。朝宗此记,能将名伶之苦心精诣,曲曲写出,洵不愧为知戏剧者之言也。余旅燕京时,观陈石头(德霖)演全本《雁门关》,去萧太后,既极骄踞尊严之态,又时露诡谲尖刻、顾盼自雄之气象,活画出一个喜弄权术、擅专朝政之母后,不啻为西太后写照也。黄三(润甫)之演《法门寺》,去刘瑾,描摹权阉骄横凶狠之气焰,入木三分,令人不寒而栗,固不必咬牙跺脚,按剑拍桌,为能形容尽致也。夫陈德霖未尝见萧太后,何以演《雁门关》能曲肖萧太后至此?吾意其必得之于西太后,西太后固萧太后俦也。黄润甫未尝见刘瑾,何以演《法门寺》能曲肖刘瑾至此?吾意其必得之于李大叔,李大叔固刘瑾伍也。慈禧观陈德霖之《雁门关》,称其曲肖萧太后,取己鬓(鬟)上所戴宫花一对赏之,并谕后演此剧,当戴此花。余谓慈禧之赏石头,非赏其能肖萧太后,实赏其能肖己也。名伶演剧,极有分寸,不即不离,不浓不淡,如初写《黄庭》,恰到好处,不必矜才使气,刻意求工,而神合天机,动作自然,此名伶之所以可贵也。谭鑫培演《卖马》,能曲绘英雄落魄之态,于极颠沛无聊之中,仍不失为好汉身分。俗伶演此,则秦叔宝直如上海马路上无赖流氓矣。叫天唱"店主东"一段,均带感慨悲伤之音,说白中"店主东牵马"一语,声凄而堕,深合剧情。俗伶演此,乃雄赳赳气昂昂如《艳阳楼》之高登。试问秦叔宝贫病交迫,困居异地,受小人之揶揄,至万不得已而卖所爱之马,尚复有何心绪,而能作雄壮宏亮之音吐乎?《珠连(帘)寨》叫天去李克用,描摸老代王惧内情景,惟妙惟肖,不知叫天从何处体贴得来,然细按之,确为英雄霸王之惧内,非顶花砖背板凳等怕老婆戏也。及为刘、曹二夫人所激,初曹夫人问代王曰:"代王你老了?"则直应曰:"老了。"继又问曰:"代王你真老了?"则又应曰:"真老了。"前二次问答,观其态度,聆其言□,均极颓唐。及至曹夫人问曰:"代王你真老了,没有用了?"叫天至此,面上斗露惊愤之色,乃以雄壮之声答曰:"唉,我人老了心不老。"一面即命带马。初视代王,直似颓唐畏缩之懦夫,至此乃一变而为慷慨严厉之大将矣。英雄举动,多示人以神化莫测,老谭演剧,亦示人以神化莫测也。杨小楼演《长板(坂)坡》,于夜宿沙滩被曹兵惊醒时,提枪上马,从容镇定,如此演此方不愧为一身都是胆之子龙也。见甘夫人、糜夫人时,下马参谒,曲尽臣礼,绝无武夫卤莽之气。劝糜夫人上马避敌,夫人不肯时,斯时忠勇悃愊之忱,焦急惶恐之状,无微不至,盖尽力摹写一忠勇果毅之名将也。当糜夫人说"将军岂可无马",情不自禁,突透出"这个"二字,则子龙亦明知步行杀出重围保护夫人之难,特斯时子龙已舍生取义,知有主母而不知有己,故说出"这个"二字,即已觉悟,疾忙顿住,仍请夫人快快上马,总从子龙忠义勇敢之心迹气概上着想也。迨糜夫人授与阿斗时,突前欲接,忽又缩手退后,盖思及男女授受不亲,而主母前又不宜造次,此等做派,俗伶几曾梦见耶?

当未见糜夫人之前,送甘夫人至长坂桥时,突被张翼德诘以"何故反了大哥",斯时子龙但露惊讶之色,绝无怒容,含蓄得妙,抗言:"赵云寻不见主母与小主人,因此落后,何言反耶?"理直气壮,极占身分。迨翼德握佳(住)枪杆,劝其不必再往,待老张上前,子龙为其所激,已怒不可遏,乃不怒而仰面哈哈大笑,于笑中显出一片神威,翻身掣枪,上马疾驰而去,如生龙活虎,不可窥测。此际情景最难得者,妙在怒极而笑,笑时恰将一团怒气含蓄于中,不露面上,此非有真工夫实力量者,决不能模仿一二也。全本《长坂坡》,共须演一点四十分钟,自始至终一丝不乱,无懈可击,小楼且战且走,深合剧情。

他伶去子龙，一味勇猛向前，自谓认真出力，恰忘却子龙单枪匹马，深入重围，志在出险，不在杀敌也。摔子时，忙向地下抱起阿斗，泣曰："赵云虽肝脑涂地，不能报也。"说得字字沉痛诚恳，活画出子龙当日感恩图报、刻骨铭心之情况也。是剧自始至终，小楼能将子龙忠义勇敢之心迹气概，随地随时写出，确为名将，确为纯臣，绝无一毫强梁彪豁之气，此小楼之《长坂坡》所以独步于一时也。津沪武生，以《连环套》《落马湖》《恶虎村》为拿手戏者众矣，然一观小楼之剧，则觉他伶所演，无一是处矣。名伶擅长之剧，若一一分析言之，将累数十万言而不能尽。总之，名伶所演之剧，必有过人惊人之点，决非他人所能摹拟者。若自思是剧无特异之处，不能压倒一切者，则宁避而不演，此即名伶名贵慎重处也。非如上海演新剧者，但略记科白，即可登场献技也。名伶演剧，不特于扮相音吐，极有分寸，即服饰科诨，亦随地俱有分寸。如《翠屏山》之石秀，屠夫也，不必穿缎衣。《玉堂春》之苏三，犯妇也，不必穿红湖绸袄，戴银手梏也。彼俗伶不论剧情，惟以行头眩人，显见其中无所有也。而观客有时评论到伶人之行头者，此等乡愚俗子，只合观乡间之迎神赛会耳，实无观剧之程度也。宣统初，俞菊生已久不登台，以甘省奇歉，演义务剧，俞身为之倡，见诸伶衣装炫耀，怫然曰："若顾绣商耶？孺子以金玉裹败絮，只诧乡人之甫入都者耳，独不虑识者笑乎？"遽挥去之，仍以班中故衣登台，此菊生之特识也。谭叫天生平不自备华衣，戏衣皆临时取诸班箱中，盖本身自有过人之处，不必假借于服饰也。科诨以新颖为主，虽可随意，然必须处处顾及剧中人身分，方不至过火。如粗人科诨，不必过于文雅；贵人科诨，不可过于鄙俚；演古人剧，科诨中不必杂以共和、民主、自由、平等诸新名词也。

上海演剧，其病在于过火，此固由于迎合无识观客心理所致，然亦于见闻太浅之故。如上海正旦（旦）一项人才，最为缺乏，扮相举止，无一合法。正旦剧大抵演贵妇烈女之故事，而此种伶人在上海所习见者，心目中最高贵之妇人，不过买办奶奶、康白度小姐，否则堂子中之时髦先生也。而所谓后妃、公主、夫人、命妇华贵尊严之气象、雍容沉穆之表情，若辈几曾梦见耶？故演《回荆州》，当孙夫人怒责诸将时，仿佛如上海俏大姐之骂烧汤乌龟，或如村妪诟谇口吻也。新剧形容腐败官僚，自谓淋漓尽致矣。以余眼光观之，则除佐杂穷候补或有一二似处，凡在府道以上实缺官，直可谓无一是处，京官情形，尤为膈膜。盖若辈所习见者，不过租界上之野鸡道台而已，以若辈心目中只有此种人物，并不解天壤间尚有他种人物如剧中人者，乃于演剧时强令摩仿胸中素所不识之情景，无怪百无一似，演来演去，终不脱本来面目。于是剧中人物自剧中人物，舞台上之人物仍是上海一种人物，与剧情毫无关也。余谓如此演剧，非伶人演旧剧，乃强古人演上海剧也。

（连载于《时报》1917 年 2 月 10—12 日）

剧场锁话

京剧剧名，较之昆曲，已嫌俗矣。乃上海近日戏院，复去昔日京剧之旧称，而易以俗不可耐之怪名，以迎合无识妇孺之心理，洵可笑也。如《浣花溪》改为《官怕太太》，《梅龙镇》改《皇帝打茶围》，《文昭关》改为《一夜白须》，《奇冤报》改为《乌盆说话》，《玉堂春》改为《三堂会审》，《界碑关》改为《盘肠大战》，《丑表功》改为《乌龟称功》，《定军山》改为《老将得功》，《状元谱》改为《打侄上坟》，种种名称，已觉粗俗不可耐矣。余如《宋江吃屎》《黑心朋友》《和尚打野鸡》《出租家主婆》《我也打茶围》《和尚养倪子》《花轿抬和尚》《一口咬死人》种种戏名，确为上海戏名，决不能移于他处者也。最可笑者，戏院往往嫌旧剧名称不足新奇动人，于是于旧剧名上复加以数字之评注，其意味乃遂奇异不可思议，如《铁公鸡》《金钱豹》《长坂坡》三剧之新加评注皆是也。

《铁公鸡》则《铁公鸡》耳，何必于《铁公鸡》上复加以"特别改良"四字，《铁公鸡》而经"特别改良"，则非《铁公鸡》矣，《钢公鸡》乎？《铜公鸡》乎？

《金钱豹》忽而称《大金钱豹》，忽而称《小金钱豹》，金钱豹诚深山修炼数千年之老精怪也，不然何以能于申江舞台上忽大忽小，变化无穷乎？

《长坂坡》，旧剧也。近日海上舞台演《长坂坡》则必加一"新"字。余观《长坂坡》，则固犹是昔日京班所演之《长坂坡》也，不知"新"在何处？或曰赵子龙当年大战长坂坡之《长坂坡》，乃《旧长坂坡》，而今日舞台上所演之《长坂坡》，乃《新长坂坡》也。余旅京时，观杨小楼所演之《长坂坡》（杨小楼之《长坂坡》，冠绝侪群，二十年来无人能拟之者。）甚长，自曹操点将起至刘豫州摔子止，共须一小时半，而上海所演之《新长坂坡》甚短，往往仅演赵云与曹将混战一场，不及小楼所演四分之一。余谓杨小楼所演之《长坂坡》特长，乃可名为《长坂坡》，而上海之《新长坂坡》特短，乃《短坂坡》也。此其所以为新欤？

（《时报》1917 年 2 月 23 日）

《梵天庐丛录》序

清季宣统初年，吴门包朗生刊《小说时报》于海上，中载《红冰馆笔记》一种，其著者则慈溪柴君小梵也。余读之，喜其文词隽永，中心私幸，为吾邑而获斯人，不知小梵固余之近邻也。其后十余年间，余浪迹南北，离乡日久，小梵亦以事侨居东瀛，旋就职皖江。小梵著作日富，余时获读其所刊著述，于是欲见小梵之心亦与日俱进，乃迟迟始获相见于故乡。余读小梵之文，在十五年之前，而获见小梵之面，乃远在十五年之后，于以知人生遇合，皆有定缘，非其时而欲速不可得也。吾乡北滨大海，南界长岭，与东、西、南诸乡隔绝。士生其间者，往往自为风气，尟与外人晋接。其平日取为观摩规随之资者，亦不出一二故乡先达而已。往者士习制艺诗赋，虽其学无益于身心家国，然俗以科举为荣，士以勤学为贵，荒村陋巷之中，犹时闻弦诵之声，士固不以所遇之穷困而遽灰其求学之心。下至村农野老，亦以子弟之能读书应试为宗族之光宠，不以乡间之多寒畯而遽肆轻侮文人之意。先民之遗风未息，而乡民犹得保其淳朴懿粹之俗者，岂非以此哉？今则士竞浮华，俗尚险巧，朝无右文尊士之文，而野遂多顽钝罔利之辈。青年一出校门，束书不观，游谈无据。其黠者则以为人生斯世，苟能以术雄长乡里，亦足骄侪辈而凌跞乡民矣，奚复事学问为？始以无学为不害，以文饰其愚陋之过；继则不学者众，则又视为当然；终且以己之不学，而非笑他人之求学。夫举一乡之人，不知无学为可耻，而转以人之好学为讥讪之资，则学殖焉得不就荒落，人心焉得不日趋污下哉？柴君小梵近辑《梵天庐丛录》一书，都三十七卷，共五十余万言。举凡朝野遗闻，艺林佚事，典制考据，名物原始，无不兼包。观其搜求之富，则其平日之精勤可知矣。小梵当吾乡人不悦学之时，独耗数年心力，以著是书，亦足以振发瞀蒙而启迪后进矣。余于小梵是书之成，将以卜吾乡风气之移转焉，宁独以小梵为余之邻，引为一己之私幸哉！

丙寅孟夏，同邑裘毓麐

（柴萼：《梵天庐丛录》，北京：中华书局，1926 年）

匡庐笔记（一）

今日举国最痛恨者，无如日本人。其朝野上下，日以并吞中国为事。是最可畏者，亦莫如日本人。然恨之畏之而不筹抵抗之策，此世界最无耻之懦夫也。语曰："知己知彼，百战百胜。"日人对于我国之侦伺考察，五十年来，如水银泻地，无孔不入（自甲午中日战争前十年起）。我国人则漠不关心，至今仍茫然焉。顾在今日而语抵抗之策，则以熟知国势民情为最要。余生平对于日本情形，最为隔膜。民国三年秋赴美时，曾在神户、西京、横滨、东京等处游玩五日。彼时年稚识浅，毫无所得，自无可述，惟有数事颇感于余心，亦可以觇日人之国性也。

清季宣统三年间，余肄业京师大学本科（后改名北京大学）。一日，偶至东安市场散步，见地摊上卖旧货者，堆置《译学馆舆地讲义》百数十册。余未入分科前，曾毕业于译学馆，一见此书，心中即弥觉惊异。问其价，则每册仅铜元四枚。（全部共四册，以洋白连史纸印成，尚不粗劣，每册约百余页。）其价之廉，可称无比。余复问之曰："此书购之者多乎？"答曰："中国人无人要，惟日人购去百余本耳。"此书为湖南湘潭韩朴存先生所编,先生乃海内地理专家,与邹代钧先生齐名,共创舆地学会,尽四年之工夫编成,殆先生毕生心力之所寄焉。同时任译学馆历史教员者,为前任驻日公使汪衮父(荣宝)先生。先生天资高,少年时声名藉甚,颇心折韩先生之笃学,遇历史中地理有疑者,必举以问先生。又吾乡宿儒杨先生者,生平专攻历史舆地之学,历任北京大学、浙江高等学校等历史教员逾三十年,亦尝语余曰:"《译学馆舆地讲义》极精审,决非外省坊间所能成也。"以如此精审有用之书,售之者仅取铜元十六枚,而仍无人过问,卒被日人搜罗捆载而去,转供敌国侵略窥伺之资。天下伤心之事,孰有过于是者乎?此事往来于余心者逾廿年,平居每一念及,辄凄然欲涕焉。

此书至今仍无人为之重印,其实国内决无第二书可与比拟者。设日人窃为己有,复以日人之名出版,或反能一新吾国人之耳目。群震为外国学者之名著,更无人能识为韩先生之原作矣。

近年余喜阅宋明诸儒性理等书。十九年秋,余于一旧书店,购得《王龙溪集》及《黄勉斋集》,戏问店主人,曰:"此类书近日阅者甚少,而子仍索高价何耶?"店主答曰:"诚然。然中国人虽不要,日人却时来搜求,但有精本,辄以重价易去,店中曾有殿版桃花纸《朱子全书》一部,以二百元售与日人。又有明版《罗念庵集》,仅两薄本,亦以四十元售之。如此书籍,我辈固不望本国买主也。"余闻之悒悒,然仍望其言之不确也。阅两月,余复至一旧书店,见桌上有日本某学会(忘其名)来函,指购书约五六十种,大都经解性理等书(《皇清经解》亦在内)。余大惊,始信前店主之言非虚。乃一二妄人,对于吾国旧有之学术,不惜出全力以抨击之。一若是类书籍,深有害于人群,碍于文化,非绝迹于国内,则决难图改革者。

岂日人好恶偏与人异,反以有用之金钱,易吾国害人之废物耶?

吾乡镇海宿儒范柳堂先生者,学极宏博,生平无他嗜好,唯喜读书。自幼时至七十余,未尝一日不手一编自娱也,尝任吾郡中学教员。入民国,任浙江通志局编纂数年,以编纂《天台志》,尝亲至天台山数次。又著有《浙东山水簿》,浙东八府,先生一一亲至其地。穷乡僻壤,足迹殆遍,屡遭猛兽山盗冻饿露宿之困,先生不以为意,卒成是书,其为学作事之不苟如是。先生久处僻乡,不喜与人交接,故虽同乡人亦罕知者。二十年春,忽有北平文字同盟会会长日人桥川时雄者,致函与先生,函中措词甚恭,盛述其平日倾慕之忱,谓前月南下,专诚趋谒,本期面聆教诲,以开茅塞,乃阻于洪水,不克如愿。末谓先生著作,无论已刊未刊,已刊者请各寄一部,未刊者则请录副本寄下。先生如其言与之,桥川又覆信,词尤恳切,谓捧读大著,无异贫儿暴富,未刊之书,倘蒙许可,当敬为代刊,以广流传。会东北事发,先生乃与之绝,不复作覆。先生在吾乡,无知少年咸目为古董、为怪人,终岁几无一人登其门者,乃异国人反能于数千里外,慕其名,索其书,殷殷请求,视同珍璧,不可谓非吾国学术界之羞?稍有人心者,当无不为之叹息痛怅者矣。余谓吾国苟欲免敌人之侵凌者,当先去学术上之奴性,此而不除,则祸患之来,正未有艾。东北之事,特其发端而已。

匡庐笔记(二)

尚有二事,足以征日人倔强之性。民国四年,美国开巴拿玛博览会于旧金山,规模宏大,各国均派遣监督及实业专使与会。一日,日本某使在某馆演说,余往听焉。日使英文读音极不清晰,中有 OF tomorrow 二字,其第一字音本短促,日使则念为奥哺,变为浊而长。其第二字则更妙,念作冀毛卢。按吐字音并不难读,而日人多念为冀,至于罗音而音,日人往往念作卢。普通日人英语,怪声怪气,极为难听。当时美人听者多不解,妇女且多失笑者,乃观某使在台上辞容益庄,刺刺不休。余当时亦深中洋迷之一人,以为某使英语如此陋劣,何必在异国大众中献丑,诚不自谅。至今思之,此君之自信心,亦可谓至矣。

余自美回国时,隔舱一日人,余不能日语,此日人亦不能华语,船中无事,乃操英语互谈。日多渐熟,余戏曰:"贵国人好食生鱼,野蛮之征也。"日人曰:"何哉? 君勿信美人妄谈。吾人食生鱼片,不失为清洁之食品。美人乃喜食生牡蛎,君知牡蛎之所以肥,乃全由食海滨冲下人粪之故。故嗜牡蛎者,实不啻嗜粪也。何得笑吾国人之食生鱼乎?"

吾国与日本同处东亚,吾祖宗之所赋与于吾人者,其基业不可谓不厚,凭藉不可谓不优,乃竟以大畏小,以众下寡。观以上数事,则日之强盛,非偶然也,吾之衰弱,非无故也。倘能翻然觉悟,知往日受病之处而痛改之,则自有复仇雪耻之一日矣。

日人近颇研究汉学,或谓远胜于吾国,此实大误。日人天资,不如吾国人远甚。凡浅近之学,以彼勤勉之故,或有所得。若吾国古昔圣贤高深幽玄之学,日人钻研虽勤,终不能入。少所著作,虽尚有条理,浅识之士,或以为不恶,识者视之,其见地皆在依稀仿佛之间,无心得可言。伊川云:"学者好说高。"正如贫子说金,说黄色坚软,道他不是又不可,只是可笑,不曾见富人说金如此。日人之著述,大抵可作如是观。

匡庐笔记(三)

天下事物之理,极则必反,如人适东,东极必西。自清季倡言变法,朝野上下,事事舍旧图新,上则政令、法规、军事、学制,下至饮食、起居、服饰、游戏之细,莫不以模仿西人为贵。至民国五六年以后,其势已极。数千年来所特以维持国脉民心之礼教,至于已有颠覆荡灭之忧。而三教之说,亦由是而大盛。吾人静观天下事物之理,消长盈虚之间,实有不期然而然之势,而卒莫之能违者也。当变法之初,莫不谓事事革新,即可立致强盛。乃扰攘二纪,辄无宁岁,富强之效,渺不可期,祸乱之深,与日俱进。纲纪堕地,民生涂炭,攘私利者日寻干戈,御外侮者渺同云鹤。服官则思舞弊为先,用人则以私心为本。举国上下,不复知有法纪官箴、体恤民艰、爱护人材之意,未收变法之效,先亡立国之本。是以法愈新而国事愈棼,学愈新而民风愈下。深思远虑之士,知从事纷张,无补实际,欲言救国,必自有其根本之图。且以吾国立国之久,数千年之历史民风,实为一切政教学术之所自出。欲言改革,尤当熟察国情,慎重斟酌于其间,决非可以割弃一切,卤莽灭绝,事事模仿外人所能奏效也。是以昌明国学之说,应运而起。顾泛言国学,所包过广,词章、考据二门,既非今日切要之图,又非儒者根本之学。高明之士,欲进而探求古昔圣贤学术之纲领、治国之精意,乃复索诸宋明诸儒之书,或求诸释、道二教之说。于是会通三教之说,复弥漫于国中,聚徒立社,多者或数百万人,少者亦逾千百。于中虽不乏明通贤哲之士,然鄙僿浅陋,于三教意义,均无所知,或信乩坛之说,或读一二导俗之书,辄自命精通三教。甚至著书教人,语既浅俗,复多差误。余近年所见是类之书,不下百数十种,求其稍有意义,略识三教门径者,尚不可得。今试举一二种,以概其余,俾世人知是类书籍,大抵误人欺世,不当复受其惑焉。

余所见有一《心经注解》,著者于佛教大意一无所知。名注《心经》,于《心经》本旨,并未提及,专谈结丹养神之功。复于舍利子三字大加发挥,谓佛家宗旨,全在结成舍利,正与道家炼丹之功用同。其说之奇离妄谬,令人失笑。夫舍利子为佛弟子之名,并无别义。如此立说,则尚有何事不可附会,何说不可牵强耶?乃作者悍然不惭,既著为书,复有人信奉其说,为之出赀,广为布传。甚矣,世上之多妄人,复多愚人也。

(《青鹤》1933 年第 2 卷第 3 期)

国学与国货

国势之危,民生之困,至今日而极矣。顾余谓弱不足忧,贫不足患,惟举一国朝野上下,人人弃其国固有高深之学术,而竞尚外人粗疏之说,舍其国固有精良之货品,而喜用外来浮靡之物,人心如是,趋势如是,国本动摇,民力耗损,未有不浸弱浸贫,而日底于危亡者也。

近日忧时爱国之士,知非昌明国学,不足以救危亡,非提倡国货,不足以纾民困。于是昌明国学,提倡国货之说,甚嚣尘上,顾按诸实际,则有令人惧然神丧者。言及国学,则庞杂琐细,既非儒者根本之学,又非近日切要之图,诐辞遍地,妖氛薰天,吾未见其能振积靡之人心,挽垂危之国运也。言及国货,则更错综迷离,莫可究诘。有原料虽系国货,而制造之工师与应用之物品,则非对资于外人不可。是可谓之纯粹之国货乎?吾知其决不能也。更有原料来自外国,仅以华商设厂制造之故,而称之曰国货,虽稍可挽权利之外溢,而名实则殊不相称。若夫物品之原料,既由国外输入,制造之机器与应用之化学物品,既无一为国内所产,乃至厂资既多外股,工师又聘外人,仅以厂址在中国之故,而亦混称之曰国货。马蒙虎皮,更为爱国之士所不忍言矣。吾乡余姚毛君逢知,今之有心人也,经商既久,洞悉吾国贫弱症结之所在,知振兴实业,非提倡国货不可;欲提倡国货,尤非提倡纯粹之国货不可。于是深思殚虑,就吾国固有之物品,群分而区别之。知皮裘一项,实为国货中之尤当提倡者,盖自生产、制造、运输,以至贸易,始终未尝假外人丝毫之力,亦不必采用外人丝毫之产品,斯诚可称为纯粹之国货矣。君乃纠集同志,创设大集成皮裘局于棋盘街,至今已六年,营业浸浸日上。盖以宏富之经验,济以明干之才力,采货选品,既极其精,待人接物,复极其诚,货品之优良,远出诸家之上,而定价之低廉,乃反在诸家之下。用是信用大著,中外商人,共认大集成为吾国裘业之领袖矣。余家在慈溪北乡,与余姚接壤,姚江固阳明先生之故乡也,阳明之学,至清初而始衰,乃其说反大行于东瀛,维新诸豪,如西乡隆盛、吉田松阴、木户孝允等,无不得力于阳明之学。东乡大将,以对马岛一役,名震全球,其生平尤心醉王学,至有"一生低首拜阳明"之句,刻章而佩之。此其所以三岛之小,变法数十年,而卒日底于强盛者,岂非以此哉?君于经商之余,喜读阳明之集,又戒其子以读经为日课,立志与众异,岂不伟欤?余谓今日知昌明国学众矣,不知阳明心性之学,固国学之本原也。知言提倡国货众矣,不知皮裘一业,固国货之菁华也。君于学则独喜阳明,于商则经营裘业,以一身而独得国学、国货切要之图、根本之计,所谓君子识其大者远者,当今之世,舍君其谁足以语此者乎?余深维君愿力之宏,识见之远,足为国人之所师资,故喜而为之记。

(《社会日报》1933 年 12 月 12 日)

五、附录

钱基博：十年来之国学商兑

　　我敬介绍裴匡庐先生之《思辨广录》，以供时贤之论衡而开思辨之境涯。

　　近十年之国学，无他演变；大抵承前十年或前数百年之途径以为递嬗。其新颖动人而为青年髦士之所津津乐道者，厥为以科学方法整理国学。而大师宿学，则或讲宋明理学，欲以矫清代治汉学者训诂琐细之失。其尤河汉无涯者，益侈陈三教会通，故为荒唐之言，无端涯之辞。海内之学者，具此而已矣！余粗好文章，而于道苦未有闻；兹事体大，未敢论衡，独睹裴匡庐先生所著《思辨广录》稿本，籀诵乙过；其大指以程朱衡学，以佛明儒，箴砭时贤，直探源头，揭"真参实悟"四字，当头作棒喝；语无泛设，极高明而道中庸，并世学人，罕有伦也！先生，名毓麐，匡庐其字，慈溪人；旧译学馆毕业，升入京师分科大学，以民国二年赴美，留学加利福尼大学，习政治经济；五年回国，曾为文著论欧美社会之崇势利而薄仁义，终无以善其后，而不如孔孟之道为可大可久，刊登《时报》。方以新思潮澎湃，莫之省也。于是闭门读书，二十年于兹，精究程朱，旁参释老，积久有得，而著为书。独以生平服膺，最在太仓陆桴亭先生《思辨》一录；恨其未睹今日之极变，而不及与之论证也，故以《思辨广录》题篇。呜呼！世有此人而不显名，世有此人而不谭学；乃如仆辈，滥吹上庠，汗颜入地！谨放（仿）《后汉书·王符仲长统列传》之例，要删其指，以诏当世而发深省；可谓博学通人也已！

其自叙治学之经历曰："余三十以前，年少气锐，事事喜新恶旧，固不知有佛法；惟每闻佛寺钟声，心中惘惘然若有无穷感慨者，一时不知身在何处，口亦不能言其所以然之故。后读方望溪所作《舒子展哀辞》云：'舒年少时而意绪颓然，间脱冠，形神似老僧，尝曰："吾夙世必凭缁，每闻钟声铃响，则惘惘然；造物者俾余一识宦婚之况耳！"'读之亲切有味，不啻为余一吐十数年来胸中之疑蓄也！《大本阿陀经》云：'世间人民前世曾学佛法，或亲近善知识，今世一闻佛名，慈心喜悦，志意亲净，毛发耸然，泪即流出。'就佛理言之，则天下之事事物物，无不由于夙因；无种子之现行，亦决无现行而不复为将来之种子。就吾儒言之，则为感应。伊川所谓'有感必有应；凡有动皆为感，感则必有应，所应复为感，所感复有应，所以不已'也。儒释所说虽不同，而理则一也。就余学佛之事而言，当知吾人一生之事业，冥冥中均有主宰，即自己亦无力与之抵抗，随业牵引，而辗转必达于应至之地；因缘未至，无可强求；因缘既然，亦无可避免。余三十岁以前，固为一纯粹学校之学生，彼时所喜研究者，厥惟西儒之科学。吾国圣经贤传，尚不屑意，遑论佛典。设当时有人劝余学佛者，则余必斥其谬妄。乃自美回国，数年后，偶得佛经读之，恍然如久处黑暗之中，骤睹光明，奇趣妙理，日出无穷，读之愈久，好之愈笃；恨未能悉屏世事，专修净业（见《辨儒释》）。余近年修净业，往往于念佛时，凡平日读书不能探索之思想,反能于念佛时无意中得之。论念佛之工夫,仍是杂念未净;此即永嘉大师所谓串习;谓斯人于习静中本无心忆及此事,串习忽起,正如天际浮云,歆然而起,莫明其故;此种杂念不除,则念佛决难得力。然可悟凡知慧,必由静定中自得之;彼专以博自夸者,决无精思之可言也(见《杂说》)!往年余思研国学,欲略知宋儒道学之梗概,取《近思录》读之,不能得其精意;其卷首《道体》一卷,则更难以明晓。阅一二年,喜阅释典;《近思录》一书已久置之矣,如是三四年,复取《近思录》读之,则昔所不能解者,已明白无遗。濂、洛、关、闽之徒,无不视释子如蛇蝎,见佛典如鸩毒;然余得窥见程朱之义理者,乃不由儒门入,而特由佛典入;此皆余亲身经历之事,自不同空谈泛说之无据(见《辨儒释》)。凡读古昔圣贤心性之书,就余一己经历言之,至少有二种感觉:一曰触发。读之如触电气,全身震动。如《孟子·告子篇》中之《牛山章》《鱼与熊掌章》《放心章》,其启发人天良之语,均极痛切透辟;读之如当头棒喝,通体汗下;如深夜闻钟,发人猛省。凡古人之书,读之能触发我性灵者,虽欲不好,不可得也!读之而无所触发,必其书无深意之可言;或读者钝根人,麻木不仁者也。二曰融合。即杜元凯所谓'若江海之波,膏泽之润,涣然冰释,怡然理顺,然后为得'也!读之,觉古人所说者,无不恰好;又彼所言者,皆为我胸中所欲说,却被他句句先我道出;更觉书中所说,添一字不得,减一字不得,一字亦不多,一字亦不少。当读之时,读者之心与作者之心,融洽一片,无少间隔。上所说两种境界,凡读心性之书者,必同具此感觉;若始终无此感者,必其人顽钝无知者也。"(见《无题》)

其论青年修习国学方法曰:"余见某氏(即胡适)《国学入门应读书目》,标曰最低限度;而所列之书,广博无限。经学小学,则清代名家之大部著述，以及汉、魏、唐、宋诸儒之名著，无不列入。理学则宋、元、明、清学案及《二程全书》《朱子全书》《朱子大全书》《陆象山全集》《王文成全集》，复益以宋、元、明、清儒专集数十种。子则二十二子及其注解，复益以周、秦后诸家所作为世所传诵者。佛典则《华严》《法华》等经，《三论》《唯识》等论，禅宗语录，相宗注疏，广为搜罗。此所谓思想部也。若文学则历代名人诗文专集百数十家，宋、元来通行之词曲小说多种。凡此皆某先生所谓最低限度书目也。然论其数量，则已逾万卷；论其类别，则昔人所谓专门之学者，亦已逾十门；凡古来宏博之士，能深通其一门者，已为翘然杰出之材；若能兼通数门，则一代数百年中，不过数人；若谓综上所列诸门而悉通之者，则自周孔以来，尚未见其人！何也？人生数十寒暑，心思材力，究属有限；而人之天资，语其所近，不过一二种；兼通数门，已称多材。长词章者未必兼通考据。有得于心性之学者，未必乐钻故纸。故精汉学如阎、戴、段、王，若语以宋、明诸儒精微之说，未必能解也。工诗文者如韩、柳、欧、苏，若与之辨训诂音韵之微，则非所习也。文人谈禅，不过供临文时掇摭之资；若进而与之论教相，辨判科，则茫然矣！宋、元词曲巨子，若与之论经传之大义，谈老、庄之玄旨，则瞠目结舌矣！天之生人，决无付以全知全能之理，而人之于学，非专习决不能精。凡人于一种学问，已得门径，意趣日出，则所读者，必多同类之书。长经学者，必多读经传之注解；工文辞者，必多读名家之专集。若舍其素习而读他种书，则虽宿儒，无异初学；苟非以全力攻破其难关，将见始终格格不入。语曰：'读书万卷。'实则读万卷书，尚非难事，而多读门类不同之书以明其大义者，古今无几人也！纪昀于近儒中读书最富，然余读其评理学之语，开口即错；经学亦有隔膜。《曾文正公日记》有云：

'阅《宋元学案》中《百源学案》,于邵子言数之训,一无所解,愧憾之至!'陈兰甫先生与友人书,自言:'生平未曾读宋儒书,晚岁犹思补读。'曾公命世之英,兰甫博学而享大年,犹有未尽读、未尽通之书;凡自谓于学无所不通,此仅可欺浅学无识之辈;若通儒则决无此论。而自汉、唐以来,未闻有一人而兼经学、小学、性理、考据、佛典、词章、词曲之长者也!今以古今鸿儒硕士所万不能兼通者,某先生乃欲令中学学生兼习之,又复标其名曰最低限度。吾不解某先生所谓高等者,某课程复将奚若!其将尽龙宫铁塔之藏,穷三洞四辅之秘乎?凡此皆欺人之甚,而言者悍然不惭,闻者茫然莫辨。世人既多妄人,复多愚人;非妄人无以益愚人之愚;非愚人无以长妄人之妄!余读近人著作,胸中辄作二疑。观其繁称博引,广列群书,则疑其人无书不读。及见其立论之浅谬,往往于古人极浅近之旨,尚未明了,则又疑其人实未曾读过一书!今日学术界之大患,几于无事不虚伪,无语不妄;且愈敢于妄语者,则享名亦愈盛!然而文人诡诞,自古有之!如清毛西河、戴东原二氏,二百年来,学者仰如泰斗;然二子均喜欺人,其生平示人之语,殆无一由衷之谈。试翻全谢山集中之《萧山毛检讨别传》,及章实斋《文史通义》之《朱陆篇书后》两篇,历举毛、戴二人种种欺人妄语之事实,其例甚多。大抵文人好名而性复诡诈,其对于后进钦风慕名而向之请益者,则必广举艰深宏博之书多种以告;又复恍惚其词,玄之又玄,令人无从捉摸。其实彼所举之书,或仅知其书名,或得其梗概于书目提要中,其书固未曾入目也;或涉猎之而未得其大意,犹之未读也。然在初学,震其高论,贸然从之,始为好名喜功之心所歆动,尚能振奋一时;迨钻研不入,久无所得,锐气一消,颓然废学,犹以为彼自高明,我则昏昧,无由趋步;不知被其所欺,误尽一生而不自知也!

又凡人治一种学问，其入手之处，大抵得力于浅近之书；惟因其浅近，往往近俗，每为通人所不屑道；故在好名之人，虽最初得力于浅近之书，往往终身讳莫如深，虽亲友亦不轻泄；设有人问入手方法，则决不肯告人以己最初所读之得力者，必别举一艰深之书，听者不察而深信之，始则扞格不入，继则望洋生叹，终亦必至甘于自暴自弃而已！余近年读书稍多，见理稍明，觉今昔文人所说，大抵夸而不实，高而不切，欺世之意多而利人之心少，自炫之意多而作育之心少！余十数年前，思温习《四书》，以应读何种注解，询之某先生，当世所谓经学大师也！某先生即以刘宝楠《论语正义》、焦循《孟子正义》对。余读之年余，毫无所得，以其博而寡要也。翻然改计，日取朱子《四书集注》温一二章，令可默诵，参以《四书反身录》《困勉录》《四书大全》《松阳讲义》《四书近指》《中庸集解》《论语集解》《论语义疏》《论语后案》及《通志堂经解》中宋元诸儒集释，自觉年有进境；此余身历之事。余深疾近世文人之诬诞，生平论学，誓不作欺人之语；学者但信吾言，终身自有受用真实之处；切勿尚虚名而受实害也！修习国学，必以诵读古书为本；不外圣经贤传及周秦诸子而已。自来学人苟于经子根柢之学无所窥见，虽文辞华赡，记诵宏博，终不免为无源之末学，不足贵也！而自秦汉以来，论诵读古书之法，无逾于朱子。朱子教人读书之法，散见于《朱子语类》及文集者不下百数十条。而最其指要，可分五端：书须熟读，熟则义理融浃，胸中不期效而效自至，一也。读书时，贵端身静虑，意不外驰，则气凝心明，义理自出，二也。心贵纯一，业尚专精；泛滥群书，不如精一；少得多惑，古训昭然，三也。圣意幽远，未易窥测；凡情浅鄙，悬隔天壤；偶有所见，未必即是；一有执着，即塞悟门，四也。吾生有涯，义理无穷；虚心观书，本意自见；穿凿强通，必多误谬，五也。古来名儒论学者众矣，求其精当切近，收效广而流弊少者，自以朱子之说为最。何也？词章考据之士，或规规于考订训诂之细，或沉溺于声调格律之中，不复探求经传之大义，心性之微旨，故其说琐细浅陋，终无当于圣贤之学！陆王言学，扫去一切枝叶，直截根源，上智之士，闻其言而顿契微旨，自较径捷。然世多中人而少上智；精微幽玄之旨，自非常人所易领悟；稍有差误，天壤悬隔；强加附会，误人益深。朱子论学，以熟读精思、循序渐进为的。学者但循循不已，自有豁然贯通之一日。凡古人之书，读之，觉中庸平直，无矜才使气之语，而多忠厚恻怛之思者，必真实语也。初读之甚觉新奇可喜；继读之则无精意，其立说专求胜人，而惟以见知于世为务者，必多伪言也！尝见某禅师语录，有佛光魔光之辨；谓见之令人清凉安适者，佛光也；见之使人震耀荡惑者，魔光也！其说甚辨。读古人书亦犹是矣！然非曾经一番苦工，于学问根源处有所窥见者，亦未易辨其诚伪也。吾国旧书自六经外，后儒说理精深者，殆无过于周、邵、程、张诸子矣，此稍有识者所公认也。然吾读数先生之书，苦不能明者，甚深微妙之义耳！至于字句之间，显明极矣，并无僻字奥语，予人以难解者。反之如近人龚定庵、汤海秋辈，举世所惊为奇才硕学者也。余诵其书数过，亦实无过人之见地；惟喜以奇字僻典困人，浅学者自觉难解。若以显明之笔出之，其意亦人所易知者也。诬世惑民，好名之过。于是著书者拣难的写以炫人，读书者拣难的读以误己。苏子瞻谓扬雄拣难的说以惊世钓名，往往以艰深文其浅陋，此实语也。"（见《青年修习国学方法》）

　　其论文士于道概乎未有闻曰："秦汉以来，文人至昌黎极矣！其文诚足雄视百代，论其识无过人之处。吾人于学以识为最难，亦最无可免强掩饰。凡识所不及者，闻其语可立见底蕴。昌黎作《进

学解》，不啻自述其平生为学工夫。其论六经曰：'上窥姚姒，浑浑
无涯。周诰殷盘，佶屈聱牙。《春秋》谨严，《左氏》浮夸。《易》奇
而法，《诗》正而葩。'就六经之文论之，昌黎之见自超卓；然于六经
之义，无一语道及；于以知昌黎之治经，亦仅玩其文辞而已；固无意
于微言大义。阳明谓昌黎文人之雄，自是定评！人各有能有不能，
后世之尊韩者，乃竞舍文而言道。不知韩之于道，实远不如宋、明
诸儒。即就昌黎自述于儒之工夫，不过'觝排异端，攘斥佛老'而
已。且韩文之可附于论道者，不出《原道》《谏迎佛骨表》二篇，于
是尊韩者遂以卫道辟佛，比于孟子之距杨墨。不知韩于儒既浅，于
佛更一无所知，辟佛之语，粗浅不足取。顾亭林谓：'韩文公文起八
代之衰，若但作《原道》《原毁》《争臣论》《平淮西碑》《张中丞传后
序》诸篇，而一切铭状概为谢绝，则诚近代之泰山北斗矣！今犹未
敢许之也！'诵者以为名言，顾余谓亭林之说非也。昌黎于道，所得
本不深；即使昌黎不作谀墓之文，自知道者观之，昌黎于道学之地
位，未必增高；而后世之增重韩文者，未必至于如此之极也！余谓
昌黎之名，所以流传千古者，正惟其能多作铭状赠序等文；集中雄
文名句，掇拾无尽。苏明允所谓'如长江大河，浑浩流转，鱼鼋蛟
龙，万怪惶惑'。其气势魄力，均非后代文人所能及！凡人能有一
事，足以独步千古，斯亦可自豪矣！何必强以其生平所不长之事，
牵强附会以屈没其人之本来面目，不可谓非吾国文人之恶习也！
东坡诗：'溪声便是广长舌，山色岂非清净身。'凡文人之喜谈禅
者，咸奉为无上妙谛；即不知禅者亦喜其语之超脱。其实诗境尽
佳，以云乎禅，则未也。宋天竺证悟禅师初习天台，为文字之学，谒
护国此庵元禅师。语次，师举东坡《宿东林偈》，且曰：'亦不易到
此田地！'元曰：'尚未见路径，何言到耶！'曰：'只如他道"溪声便

是广长舌,山色岂非清净身"。若不到此田地,如何有这个消息?'元曰:'是门外汉!'曰:'和尚不吝,可为说破。'元曰:'却只从这里猛著,精彩觑捕着。若觑捕得他破,则亦知本命元辰落着处。'师通夕不寐。及晓钟鸣,去其秘蓄,以前偈别曰:'东坡居士太饶舌,声色关中欲透身。溪若是声山是色,无山无水好愁人!'持以告元。元曰:'向汝道是门外汉。'师礼谢。夫东坡之深于禅,王渔洋评苏诗所谓'淋漓大笔千年在,字字华严法界来',文苑久传为美谈。平心而论,东坡天资高,生平喜读内典,又与佛印、元公友善,固不得谓于禅无知见者。然以未曾苦参实悟之故,就宗门正法论之,终难免目为门外汉也(见《辨儒释》)。金圣叹之慧,小慧也!其智仅足以知《水浒》《西厢》而已!余童时读其书狂喜,觅其所批古文《杜诗》不得,则悒悒不乐!后读所批《左传》《国策》古文等书,殊不称意。迨三十后读之,则见其纰缪百出!盖圣叹之慧,见小而不见大,见浅而不见深。《左》《国》杂记春秋人士之言行,虽非专言性道之书,然其义理固非《水浒》《西厢》之比。圣叹之智,自不足以识之矣!圣叹尚拟批《法华经》,未作而罹难。设此书成,则更不知所云矣!圣叹于根柢之学,本无所知;乃逞其私智,肆其谲辨。无识之徒从而附和之,乃其焰益张;于是以粗疏浅狭之心思,而欲概古昔圣贤精微幽深之义理,是何异以管窥蠡测之见,妄测虚空大海之高深(见《无题》)。恽子居雄于文,于桐城外独树一帜;而生平于禅,则仅玩弄光景而已,非真有所得也。其辑《五宗语录删定》一书,于历代古德之语,任意高下,漫加简择。文人之病,往往自视过高,以为天下事物之理,予既尽知之矣;其可以意识卜度,则穿凿附会之;其不能解者,则漫加诋毁,任意诬蔑,不复探索其真意之所在。而后人读其书者,又多才华之士,于禅理一无所知,徒惊其文辞之华瞻(赡)，议论之闳肆，遂翕然心折，以为理实如是！不知向上一事，千圣不传；人间之聪明学问，至此丝毫无用力处；《楞严经》所谓'如以手掌撮摩虚空，只益自劳。虚空云何，随汝把捉'。恽之删定《五宗语录》，是殆以手掌撮摩虚空之类也！近世嘉兴沈毅人先生名善登，著《需时眇言》《大学顺文》，纠正紫阳《孔门大义》为宋儒所遮抹者，郑重证明，尤为有功儒教；非汉学家沾沾训诂而兴辨难者所可同语！而先生尤深佛学，著有《报恩论》一书，见理精深，议论透辟。日本《续藏》已录其书。而论中于宋儒拂佛，阳距阴用之处，尤抉剔爬梳，洞烛幽隐，为延庆本诸大师及刘、沈、彭诸居士所未逮，近代不可多得之名著也！（见《辨儒释》）《适来子》一书，华亭张润贞著。张撰述颇富，著有《四书说》二十卷、《诗说》十卷、《卧易》二卷、《逸士传》二卷、《诗文集约》二十卷，均未刊。《适来子》则刻于乾隆乙亥，板散佚，复刊于嘉庆甲戌，坊间流传不多。受古书店有一册，索价十元。余友某君许以八元，不肯售。其书四卷，似道家言；而一、二两卷尤经心之作，亦近代一名著也。然余无取焉。其病则在行文仿子家语，字模句拟，反少生气；至义则因袭道家常谈。道家者流见之，皆糟粕耳；无取陈陈相因。苟仅习考据词章之士，则并此亦未能了解；以义理虽非幽深，而辞句则力求奥古，又非浅学所易明也。明道先生曰：'凡立言欲含蓄意思，不使知德者厌，无德者惑！'此类著述，正使知德者厌，无德者惑也！且一代之文，自有一代之气运习尚为之范围，非可强同，亦非可强相摩仿。周濂溪之《通书》，邵康节之《皇极经世》，张横渠之《正蒙》，自是宋代之文。薛河东之《读书录》，陆桴亭之《思辨录》，自是明代之文。诸先生均未尝仿古而自足传后。扬雄、王通，学识非不过人，徒以仿《周易》《论语》之故，反腾后人之讥谤。

书之传不传，文辞之高古不高古，固在此不在彼也！"（见《论理学》）

其论清代学者曰："清代治程朱之学者，就余私见言之，自当推太仓陆桴亭先生为最。乃论者竞称陆平湖、张杨园两先生，则未免耳食之论也！顾亭林先生以过人之天资学力，竭毕生之精力而成《日知录》一书；然以与陆之《思辨录》较，则尚不逮！余读《思辨录》凡数次：初泛览一过无所得；四十后读之，始觉有意；其后每读一过，则意味愈隽；顾世人知读《思辨录》者鲜，读而好之者则更无几人。辛未夏，余于旧书店见湘乡刘蓉著《思辨录疑义》一书，以余好读《思辨录》也，见此书喜，亟购而读之，甚失望。刘氏才智之士，与曾文正友善，文辞亦美；而于理学则仅涉猎清代治程朱学者之说；大约近师倭艮峰、唐镜海，远宗陆平湖、张杨园而已。于《思辨录》中言及心性精微之外，均疑之驳之，以为此即王学心学。盖刘氏所服膺者，均为清中叶理学家之说。当时讲理学者恶而讳言心；一言悟，则诋为禅学；一言心，即訾为王学；成为一时风气。刘氏习见之而不悟其非；今见《思辨录》所说，多异乎平日之所闻者，自不惮辞而辟之矣！其实舍悟舍心而言理学，吾不知所谓理学者，尚有何事耶？程朱平日言学，何尝不尚悟境、重性灵；其所以不肯轻言悟者，恐学者舍学而专期悟，则易蹈脱空之弊；不肯轻言则有之，非不言也！此意朱子于诏石洪庆时，已明明揭出其中苦心矣！若绝悟境，舍心灵而言理学，则惟清中叶后有此怪论；明以前所绝无也！当知心性之学，苟非真参实悟，即使践履笃实，充其极不过善人而止；所谓圣人，吾不得而见之矣！清初自熊相国赐履、孙侍郎承泽讲学，以排斥王学为务；一时矫饰之士，乃假卫道尊朱之名，以为趋逢迎合之计；托名至高，志实污下！同时方望溪为学，固笃守程朱者也;然不以当时诸人攻击王氏为然。其文如《重建阳明祠堂记》《鹿忠节公神堂记》,皆发明此意;而《阳明祠堂记》言尤痛切,谓:'自余有闻见,百数十年,北方真儒死而不朽者三人,曰:定兴鹿太常、容城孙征君、睢州汤文正,其学皆阳明王氏为宗。鄙儒肤学,或剿程朱之绪言,谩诋阳明以钓声名而逐势利。故余于生平共学之人,穷在下者,则要以默识躬行;达而有特操者,则勖以睢州之志事而毋标讲学宗指。'又曰:'阳明之门,如龙溪、心斋,有过言畸行,而未闻其变诈以趋权势也!再传以后,或流于禅寂,而未闻其贪鄙以毁廉隅也!若口诵程、朱而私取所求,乃孟子所谓失其本心,与穿窬为类者。阳明之徒,且羞与为伍'云云。望溪殆深悉当日诋毁阳明者之隐,故不觉其言之痛也!熊、孙既以朝贵而倡排斥王学之说,登高而呼,附和者众。当时号称大儒者如陆清献、张杨园、张武承辈,亦以诋毁阳明为务。清献之名尤高。风气已成,凡稍有志于理学者,必先以攻击陆、王为务,一若非此不足自名正学者;又承汉学家支离繁琐之弊,梳文栉字,析及毫芒,繁称博引,游衍而不得所归;盖至是举世已不复知有心性之学矣!于是见昔贤精微高深之论,凡非己所能解者,则概以王学心学斥之。陆、王之学既避之若浼;而程、朱之学,至是亦尽失其精意矣!于是陆、王之学亡,而程、朱之学亦随之俱亡!清季好学之士,亦有心厌汉学之繁琐无当,反求诸宋学以修己教人者;唐镜海、倭艮峰二公治之尤勤。顾唐、倭之学,以平湖、杨园为宗;外此者皆目为异说。唐撰《国朝学案小识》,专标此旨。然陆、张之学,醇正有余,精微不逮。唐、倭复专宗之而悉摈其余,则规模更形狭隘,意趣更觉肤浅。曾文正以命世之英,生平治学艰苦绝人,所得亦于近人为最;而治理学则师确慎而友文端,故其所得亦仅止此;不能与宋、明诸贤媲美!

风气囿人,贤者不免!迨清末而徐桐辈以仅习制艺之腐儒,亦觍然以道学家自命;于是理学益为人所轻视。欧化东渐,举世舍其旧而新是图。于是数千年来所恃以维持国脉民心者,至此根本动摇矣!"(见《论理学》)

其论东西学术之不同曰:"近人喜言以科学治学方法整理国学者,是殆未明吾东方固有之学术,其性质与今之所谓科学者迥别。研究科学及一切形质之学者,如积土为山,进一篑有一篑之功,作一日得一日之力,论其所得之高下浅深,可以计日课程而为之等第也。治心性义理之学者,如掘地觅泉,有掘数尺即得水者,有掘数丈始得水者,有掘百数十丈然后得水者,有掘百数十丈而终不得水者,有所掘深而得水多,亦有所掘深而得水反少者,有所掘浅而得水少,亦有所掘浅而得水反多者;而所得之水,又有清浊之分,甘苦之别,不能克日计工,而衡其得水之多寡清浊也。其一旦得水也,固由于积日累功而成;然当其未及泉也,则无论用力如何勤苦,经营如何之久,若欲预计其成功之期,则固无人能言其明确之时日者也;所谓掘井九仞而不及泉,犹为弃井也,治心性义理之学,亦犹是矣。当其体察钻研,沉潜反复,虽志壹气凝,用力极其勤奋;苟未至于一旦豁然贯通之日,则无论用力如何勤苦,杳不知其成功之究在何时也。且此所谓一旦者,不能以日计,不能以月计,亦不能以年计;但由正知正见而入,至于用力之久,则终当有此一旦已耳;然亦有用力既勤且久而终无此一旦者,亦正不鲜!就其大别言之,有得人一言之启发而即大悟者,有积数年数十年之力学苦参而始悟者,有勤奋终身而仍未大悟者,有勤奋终身而终不悟者。盖学之偏于实者,其程效可以计功计日。学之偏于虚者,苟非实有所悟,则决无渐臻高深之望。语其成功,不闻用力之多寡,为时之久暂也。明陈白沙先生论学曰:'学有由积累而至者,有不由积累而至者。有可以言传者,有不可以言传者。'大抵由积累而至者,可以言传也;不由积累而至者,不可以言传也。东西学术之别视此矣!凡西哲之学问,莫不重系统,有阶级,故其学皆由积累而至,皆可以言语文字传授者。若吾东方之学术则异乎是!不特性命之根源,精微之义理,本非可以积累而至,可以言传;即九流末伎如医卜星相之徒,苟语及精微之处,设于道一无所知,则终身亦决无自臻于高明之境。道如一大树,圣贤得其根干,方伎得其枝叶;此中道妙,父不能传之于子,师不能授之于弟;亦不由积累而至,亦非可以言语传授者也。圣贤相传之道,非古圣能创作也;不能因其固有之道举以告人耳!如黄山、天台之景,天下之奇观也;然此景非吾曹所能创造,亦非吾曹所能建设,天地间原有此境;欲知此境,只须亲到亲见;圣贤不过先到此境,先见此境而已!吾人苟能笃信古圣之所指示,孳孳日进,终必有实到此境,实见此境之一日;迨到已见之后,方知此境本为古今人人之共有,既非先圣所能创作,亦非后圣所能改造。且如黄山、天台,天地间既实有此山;此山终古不改,则凡曾到此山者,其所见即无一不同。千万年以前,曾见此山者,所说如是;千万年以后,凡见此山者,所说亦必如是;决不能于实际增益分毫,亦决不能于实际减削分毫,以稍有增减,即与固有者、本然者不合也。历圣所传之道亦犹是矣!道既无二,道既不变,历圣既同传此道,宜所见无不同,所说亦无不同矣!不独尧、舜、禹、汤、文、周、孔、孟同此道也,即推至羲、黄以前,下至后世程、朱、陆、王之所见,旁及柱下、漆园之所说,亦无不同也;不特中国诸圣之道同也,即西方大圣人所说,若语道之根源,亦无一不同也!盖地无分东西,时无分今古,凡圣人设教之本心,无非欲世人共知此道,共明此道而已！此道范围天地，无古无今，先天不违，后天奉时，诸圣人所明者明此，诸儒之所学者学此；不明此，不足以为圣；不知此，不足以为学；所谓惟此一事实，余二即非真之大道；无论何时何人，决非可以凭一己之心思才智，创立新说异见者也！以孔子之大圣，犹云述而不作。窃尝论之：既为圣人，必明大道；既明大道，即无可作。孔子祖述尧、舜，无所谓作也；即尧、舜亦不得谓之作，不过祖述尧、舜以上之圣人而已；推而至于羲、黄以来，均述而非作；即推而至于羲、黄以上，亦无人可称作者。何也？所谓圣学者，盖天地间实有如是一件道理，圣人不过知此、见此、觉此、说此，欲人人共明此而已。此实际之道理，圣人不能增益分毫，亦不能减损分毫；如天地间既实有黄山、天台等山，前人曾游此山者，既说山之高低远近以示世人矣；山既经古今无稍改变，宁有后人见此山者，其所说竟与前人异乎？且此道不因世生圣人而有，亦不因世无圣人而灭；故道因圣人之存亡而分晦明，非因圣人之存亡而生有无；犹山初不因游人之多少有无而少改变其原有状态也。若云圣人有所创作，则此道不啻已为圣人所私有；已不能谓之先天而天不违，后天而奉天时之大道矣。故曰：'先圣后圣，其揆一也。'又曰：'东海西海有圣出，此心此理同也。'西儒之言哲学，则全与之相反。哲学派别既多，意见各异。一说既兴，则必有绝对相反之说与之并立；故既有一元说，则即有二元说起而与之抗；既有唯心论，则更有唯物论出而与之争；各是其是，无所折中。而研此学者亦必兼收并包，莫定一尊。既无同揆之可言，更难期收一贯之效。是故西儒之治哲学，如人造园庭，各人所作各各不同。一人所作之园庭，可由一人之意匠经营而为建设布置；故后人所作之园庭，不必同于前人，亦不难胜于前人。是以西儒之治哲学，往往后胜于前，今密于古，不同东方人之学道者,先圣既造其极,决无后可胜前之理;无论后人用力如何勤奋,悟道如何深远,谓所见同于先圣,可也;谓所见等于先圣,可也;若谓所见异于先圣,或谓其过于先圣,则非愚即妄矣! 为学之道,惟信为能入。孔子曰:'信而好古。'又曰:'笃信好学。'子张曰:'执德不宏,信道不笃','焉能为有,焉能为亡!'而以今日学者之浅陋,读圣贤精微之经传;苟非信至极处,决难望有所得也!无论天资如何高明,用工如何勤奋,愿十年之内,万不可轻言有疑,惟当以全身靠在圣贤语言上,然后虚心静气,优游玩索,以身体之,以心验之,从容默会于幽闲静一之中,超然自得于书言象意之表。如口之于味,鼻之于臭;吾人欲知味臭之区别,设非亲尝之,亲臭之,则决无真知确见之可言! 论味则蜜与糖同甘,而糖之甘自异于蜜;梅与醋同酸,而醋之酸不同于梅。论臭则蔺(兰)蕙与旃檀之香同而复有别;鲍鱼与屎溺之臭同而不相混;若欲详辨四者之分别,虽使善文者覃思深虑而出之,仍不过得其仿佛而已;若复令读者其文,即可辨其异同,则虽上智亦决不能也。然使其人一尝其味,一嗅其臭,则虽愚夫,亦能立辨之而无爽焉! 此即阳明所谓'哑子吃苦瓜,与尔说不得,尔要知此苦,还须尔自吃'。悟即自吃之谓也;可知不自吃,则终不知味;不自悟,则终于道无所得也。由信得悟,由悟证道。古人之论悟道也,曰:'言语道断,心行处灭。'又曰:'口欲言而辞丧,心欲思而虑亡。'又曰:'穷诸玄辩,若一毫置于太虚。竭世枢机,似一滴投诸巨壑。'非古人好为微妙幽深之语,使世人难于窥测也。盖有以见道体本质如此。故曰:'此事极奇特,极玄妙,而又极平庸,极真实。'其入手最要之方,则莫若静;静而后能定;既静且定,然后能发慧;则吾心广大本体灵光发见,然后方可期有得耳。由信得悟;由静生明;惟静而后能虚灵。宋儒言心以虚灵为贵,此言亦善;必虚而后能灵;既虚且灵,方能默契先圣精微之旨。若专以博学多闻为贵,终其身皇皇然以搜求揣摭为务,如清中叶汉学家之所为,则此心已实而窒矣;实而窒,又焉能悟道妙哉! 所以学道者,决非博观强记探赜索深之谓;必澄心息念,收视返观而后期有得;其未得也,不能克日计功,由于积累而成;其已得也,先觉者亦不能以言语文辞,传之后进;学者苟非真参实悟,无由知其妙微。若西儒之治哲学,则不外博览群书,广采物情,全凭意识以为推求,历举事例以为比较,无所谓澄心返观之法也。大抵西人治学之途径,不外分别、比较二术;名数质力,日扰其心,终日思索,神劳则昏,尚安有心体灵光发见之一日耶? 圣贤之学,全由圣贤心体灵光发见,非由外得。故言道学者,前圣已造其极,决无后可胜前之理;故学儒者决无人能过孔孟;学道者决无人能过老庄;学佛者决无人能过释迦。学者既明此理,则但当终身安心作孔、孟、老、庄之信徒,不当妄思欲作孔、孟、老、庄之试官。若近日浅人之所为,字意未明,句读未真,便欲评其高下,论其是非,是无异人人可作孔、孟、老、庄之试官矣! 人人欲作孔、孟、老、庄之试官,势必至无人复能解孔、孟、老、庄之真意矣!"(见《东西学术之不同》)

其论三教会通曰:"天下物极必反。自清季倡言变法,朝野上下,事事舍旧图新;乃扰攘二十年,纪纲堕地,未收变法之效,先亡立国之本;法愈新而国事愈紊,学愈新而民德愈下! 深思远虑之士,知徒事纷张,无补实际,欲返而探求古昔圣贤学术之纲领,治国之要图,乃复索诸宋明理学,旁及释道二教之说,于是会通三教之说,复弥漫于国中;聚徒立说,所谓某社某教者比比而是。信奉其说者,不仅乡愚妇孺,乃至达官贵人,奉为至教,信为大道,为之奔走扶持;亦有名士宿学,入社奉教。余初不解所以;治推求其故,而知事之不偶然也！清季革命，争民施夺，士大夫日以科学之功利主义，陷溺其心，头没头出，心神胶扰；而于此有人焉，广谈心性，语多玄妙，闻之形神洒濯，欢喜赞叹；譬之久居炎瘴之地，骤入清凉世界，翻然信奉而不悔者，自出于诚意好善之心，未可以浅薄而厚非之也！然以好学向善之心，转为诐辞邪说所蔽惑，不复知有真知真见，此固天下事之最可痛心者！三教分立，由来已久，虽根本之地，原无不可会通之处；然门庭施设，各自不同；通一教已不易，而侈言会通乎！自古兼通儒释二教者，如宋之明教嵩、东林总、大慧杲，明之莲池、憨山，居士如杨大年、张无垢、耶律晋卿、宋景濂、赵大洲辈，其初皆由一门深入，得发妙悟，复余力兼及，自易了解；其兼通佛道二教者，则自古罕闻。盖禅门鄙道家为外凡，深通佛理者决不复羡长生；而道家亦以性命双修为独得之秘，不肯舍己从人；故道家除宋张紫阳外，其著作鲜能入佛知见者！以一人而会通三教，谈何容易！且诸公之书俱在，在佛言佛，在儒言儒，在道言道，即兼通而不必会通。如张紫阳著《悟真篇》，叙金丹要术，则不杂宗门一语；而著外集，则演禅门中最上一乘宗旨，亦不杂玄门一语；未闻一书之中，必以融通贯串为贵也！三教各有微言大义，其教人入门之途径，又各不同，决不可强为比附；又未易轻言会通也！乃今之言会通者，惟掯撖门面之语以为装点掩饰之计，既以长生成仙之说，动俗人之歆羡，又标窃一二虚空玄通之谈以欺浅陋不学之辈。始以名利之故，惑世诬民；继见附从者众，益大言不怍，觍然以教主自居。不知为知，未悟言悟，谤大般若，种地狱因，世间恶业，未有甚于此者！而始创三教合一之说者，为明季林兆恩，即世所谓林三教，著《三教正宗》一书；虽无精义，然尚不如近日所说之谬！清同治五年，山东黄崖之狱，教首张积中，江苏仪征县人，其教即溯源于林三教,寻遭诛夷。国体既更,教禁遂弛,往昔秘密之会社,咸得公开传授,异说蜂起,虽同标三教合一之旨,而派别分歧。有论其仪式则为佛教,然教中所传授者,不外吐纳导引升降之术,则又道教之支流焉。有所诵之经,不过禅门日诵中之数种,与僧徒无异者。亦有释道二教寻常通行之经,其徒均未列入日课,别由创教之人造成一经,教中人视为秘本,非经教中规定之等级不能传授,绝不许教外人见之者。有传教之人及教中刊布之书,专喜引用《学》《庸》《易经》中语,骤视之似儒教,而推究其旨,则专以金丹大道之说强加附会,实于儒门本义不啻千里万里者。聚徒立说,多者或数百万人,少亦不下千百焉。"(见《论三教异同》)

其表章潜德朴学曰:"清季宣统三年间,余肄业京师大学分科。一日,余至东安市场,见地摊上卖旧货者,有《译学馆舆地讲义》百数十册。余未入分科前,先毕业于译学馆,一见此书,即惊异;问其价,则每册仅铜元四枚,全书共四册,以洋白连史纸印,亦颇华美,每册约百页,四册价铜元十六枚,可谓廉矣!问此书购者多乎?答中国无人要,日人购去百余本耳。闻之令人短气!余知此为湘潭韩朴存先生手笔。先生为地理专家,与邹代钧先生齐名,共创舆地学会;此书以四年之岁月脱稿,殆先生毕生心力之所寄焉!同时任译学馆历史教员者为驻日公使汪衮父先生,才华绝出,年少负高名,而心折韩先生之笃学,遇历史地理有疑者,必以问先生。吾乡杨逊斋先生,生平专攻史地之学,历任北京大学、浙江高等学校讲座逾三十年,每语余曰:'《译学馆舆地讲义》极精审,决非外省坊间所能成也!'以如此精审有用之书,又以举世罕有之廉价,乃以国人之无人过问,而为日人捆载以去,供其侵掠窥伺之资;天下伤心事,孰有过于是者乎!此书至今无人为之重印,其实决无第二种中国地理书可与比者！设日人窃为己有，以之出版，或反能一新吾国人之耳目，群震为外国学者之名著。此事往来于余心者逾三十年，平居每一念及，辄凄然欲涕焉！又吾乡有宿儒范柳堂先生者，长于考据史地之学；生平无它嗜好，惟喜读书；年七十余，尚不一日废书，曾任吾郡中学教员，入民国后，任浙江统（通）志局编纂五六年，以编纂《天台山志》，身入天台山，为学不苟如是！先生杜门寡交游，乡人知之者亦鲜；乃以民国二十年秋，北平某文化会会长桥川时雄者，忽致函，辞极执谦，谓'钦慕之日久，前月南下，本欲面领教诲，乃至车站，狂风暴雨，不克如愿。先生著作，如有已刊者，请各寄一部；未刊者录副见赐'。先生如其言。覆信则措词弥恭，谓'奉读大作，无异贫儿暴富。未刊之稿，倘蒙许可，当敬为代刊以广流传'。会东北事发，先生乃不复作覆。先生在乡里，目之为古董，为怪物，终岁无人登门；乃异国人反能于数千里外慕其名，索其书，殷殷请求，珍逾球璧，是亦有识之所悼心，志士为之短气者也！"（见《无题》）

观其所称，见解超卓，议论中正，以聪明人，说老实话；其论不必为近十年发；而近十年之国学商兑，惟先生殚见洽闻，洞见症结，人人所欲言，人人不能言。要删如右，以备成多学治国闻者考览焉。

（《光华大学半月刊》1935 年第 3 卷第 9、10 期）

唐文治：《广思辨录》序 乙亥。

吾乡陆桴亭先生生丁明季，养晦海滨，绍千秋正学之传，负一代名贤之望者,著《思辨录》一书,括《周易》三才之全、《大学》三纲领八条目之奥。其执友江虞九、陈言夏两先生为之辑要,张清恪公刻之于《正谊堂全书》中。厥后书版散失,先太夫子沈鼎甫先生刻之于江苏书局。迨先大夫辑录《陆子遗书》,复刻之于北京,盖风行海内久矣。昔顾亭林先生读其书,与先生札云:"当吾世而有真儒,孟子所谓'穷则独善其身,达则兼善天下',具内圣外王之学者也。"(见《亭林文集》)颜习斋先生读其书,俯首折服,上先生书,愿受业于门(见《颜氏遗书》)。当时大君子推重如此。三百年后,慈溪裘君匡庐乃有《广思辨录》之作,伟矣哉! 吾桴亭先生学派之传,信乎源远而流长也。

通天地人曰儒,贵有用而已。子思子曰:"天地之大也,人犹有所憾。"人生当世,所负之责任,惟在弥天地之缺憾。朱子《大学补传》曰:"众物之表里精粗无不到,吾心之全体大用无不明。"可谓深而通矣。乃自宋以后,学者张皇幽眇,其弊也至有体而无用。桴亭先生之《录》,壹以经世为要归,开物成务,囊括万汇。裘君是《录》缵其绪,举凡辨章国学、匡救时弊,靡不穷究其极,致广大,尽精微,而会归于有用。吾读是《录》,而叹伊川先生"道用即不是"之说,未免伯夷之隘矣。

《易传》曰:"形而上者谓之道,形而下者谓之器。"道与器果二乎? 抑道在器中也? 庖羲、神农、黄帝作网罟、作耒耜、作弧矢、作书契,特取六十四卦之象与意,非谓道即器也;《论语·为政》篇"君子不器",正谓君子所重在道,不囿于形器之偏尔。近人谓泰西之格物即吾儒之格物,混道与器为一,欲以一材一艺之长,侈谈平治,而民生实受其病。裘君之言曰:"科学方法治天下,实系根本错误。吾儒所格者事理,西人所格者物质。"斯言也,可谓一矢破的。夫修教不易俗,齐政不易宜,风土人情,异方殊向,政治盖自有本原矣,岂技艺之士所能窥其精蕴哉?吾读是《录》,而知道与器不可误混为一也。

自宋儒分气质之性、义理之性,义理为先天,气质为后天,歧理、气而二之,雺圛纷纭,莫衷一是。而戴东原、焦理堂辈,遂得蹑其隙而肆其讥。裘君宗枵亭先生之说,以为:"理在气先,即在气中,是即太极不离乎阴阳,不杂乎阴阳之义。"斯言也,吾更有以发明之。孔子言:"一阴一阳之谓道,继之者善,成之者性。"孟子言:"形色,天性。"又以"口之于味五者为性"。是孔、孟未尝离气而言性也。董子言:"性者生之质。"郑君注《中庸》,以木、金、水、火、土神生五德,为天命之性。许君作《说文》,谓:"性,人之阳气,性善者也。"是西汉、东汉诸大儒未尝离气而言性也。周子言"五行之生,各一其性",程子言"性即气,气即性",张子言"合虚与气,有性之名",朱子言"天以阴阳五行,化生万物;气以成形,而理亦赋焉",是周、程、张、朱诸大儒,未尝离气而言性也。彼推及于人物未生以前者,故为窈冥之辞尔。吾读是《录》,益叹枵亭先生《〔性〕善图说》得有真传,而戴氏、焦氏之于理学,未尝得其门而入也。

曩昔致疑《思辨录》者,厥有二家:一曰吴氏竹如,有《读思辨录记疑》一篇(见《拙修集》);一曰刘氏霞仙,有《思辨录疑义》一卷(见《养晦堂全集》)。绅绎其义,凡采及陆、王者,皆訾謷以为未纯,此正谚所谓"四路把截"者也。夫学问各有得力之处,譬犹江、汉朝宗于海,何必自隘其津流哉?裘君之言曰:"清季讲宋学者,唐镜海、倭艮峰二公,治之尤勤。顾唐、倭之学以平湖、杨园为正宗,外此皆目为异说。然陆、张之学,醇正有余,言及精微,已嫌不逮。唐、倭专宗之,而悉摈其余,则规模更形狭隘,是以其学卒不能大行于世。此近代学术可惜之事也。"韪哉言乎！盖吴、刘二家，亦唐、倭之支裔也。夫学术大本，虚实兼资，周子曰："无欲则静虚动直。"朱子注《大学》"明德"曰："虚灵不昧，以具众理而应万事。"注《孟子》曰："圣人之心，至虚至明，浑然之中，万理毕具。"此盖本于《大易》"无思无为，寂然不动，感而遂通"之旨。若崇实恶虚，则心之灵有不免窒塞者矣。然则读是《录》者，当知理学之所以悠久高明者，"尽心知性"与夫"存心养性"，道在虚实并进，譬诸风雨寒暑，不宜偏重而极无也。

曾惠敏有言："为程、朱之学者，办事不免拘滞，不如为陆、王学者思路明通。"是言也，吾信之，吾重疑之。夫办事固本于学，亦视乎其情与才。以功德而言，朱子固胜于陆子。然明之罗整庵，宗朱者也；王阳明，宗陆者也。阳明之事功，过于整庵远甚。陆稼书壹宗紫阳家法，汤潜庵则兼采陆、王，二先生德行未知孰贤，而陆之事功，则逊于汤矣。罗罗山宗朱黜王，曾文正师事镜海，而二先生气节大业，彪炳寰区，其中亦有命焉，何庸优绌于其间乎？是《录》间右陆、王，非偏袒也，君子立言，贵因时也。盖平湖之辟姚江，矫万历后"无善无恶"之失，而裘君是《录》，则矫道咸来"尊朱贬王"之过也。

且乾嘉后，未有治王学者也。末世利欲薰心，倘有真能治王学者，拔其本而塞其源，方引为同志之不暇，而何为辟之哉？《记》曰："教不时则伤世。"君子慎之矣。学问、政治，理一分殊，宜论是非，不论新旧。新者果是乎？未必其尽是也。旧者果非乎？未必其尽非也。近世新旧之争，纷呶不已，意气愈嚣，国势愈弱，岂不悲夫？古圣贤之论新者曰："日新之谓盛德。"又曰："作新民。"论旧者曰："人惟求旧。"又曰："不愆不忘，率由旧章。""通其变，使民不倦。""神而化之，使民宜之。"岂有新旧之见哉？惟求其是而已矣。求是而犹不免千虑之一失,况胶执适莫之私,有不偾天下之事者乎? 吾读是《录》,痛旧道德之沦丧、新文化之似是而非,不禁掩卷太息也。

呜呼! 今之世何世乎?"皋皋訾訾,曾不知其玷",内则机心炽而争民施之夺,外则机械夥而财用日殚,将何以拯之乎? 孔子告齐景公曰:"君君,臣臣,父父,子子。"此人纲人纪所由救也。告鲁哀公"五达道",曰君臣、父子、夫妇、昆弟、朋友;"三达德",曰知、仁、勇。其言"达"者何也? 盖良知良能。在家庭则为爱敬,达之天下即为仁义,"人人亲其亲,长其长,而天下平";《孝经》一书,至德要道,极其感应之效,"通于神明,光于四海",达之谓也。生斯世也,为斯世也,惟有树伦纪之大防,修礼义廉耻之大本,倡率群伦,庶几国性可善,国疾可瘳。彼道家之言曰:"精神赡足,动合无形。"释家之言曰:"本无一物,何有尘埃?"而吾儒之言则曰:"必身在堂上,而后可辨堂下之是非。"(程子语)此盖语高世之识,非谓出世之想也。藉使豪杰之士皆怀出世之志,则天叙天秩无与维持,民胞物与无与匡济。子曰:"道不远人。""事有终始。"权舆于忠恕,建极于中和,乾坤正气、宇宙生机于是乎在。余老矣! 深愿以淑人心、扶世道、教中国、救世界之责,属望于裘君,与夫后之读是《录》者。

又按:学者论世知人,首重品行。裘君谓:"欲考毛西河之品行,当读全氏(名祖望,字谢山)《鲒埼亭集·毛检讨传》;欲考戴东原之品行,当读章氏(名学诚,字实斋)《文史通义·朱陆》篇。"可谓抉摘尽致。

(此文首刊于《国专月刊》1935 年第 1 卷第 4 期,后收于唐文治《茹经堂文集》四编卷六,1935 年,第 169—173 页,最末一段按语为《文集》版增补)

图书在版编目(CIP)数据

游美闻见录 / 裘毓麐撰；裘陈江整理. -- 上海：
上海古籍出版社，2024. 9. --（近代中外交涉史料丛刊
). -- ISBN 978 - 7 - 5732 - 1309 - 9

Ⅰ. K971. 29

中国国家版本馆 CIP 数据核字第 20244Y9E40 号

近代中外交涉史料丛刊

游美闻见录

裘毓麐　撰

裘陈江　整理

上海古籍出版社出版发行

（上海市闵行区号景路 159 弄 1 - 5 号 A 座 5F　邮政编码 201101）

（1）网址：www.guji.com.cn

（2）E-mail：guji1@guji.com.cn

（3）易文网网址：www.ewen.co

浙江临安曙光印务有限公司印刷

开本 890×1240　1/32　印张 12.5　插页 5　字数 280,000

2024 年 9 月第 1 版　2024 年 9 月第 1 次印刷

ISBN 978 - 7 - 5732 - 1309 - 9

K · 3682　定价：66.00 元

如有质量问题，请与承印公司联系